Die Behandlung des Eigentumsvorbehaltes nach der Insolvenzrechtsreform unter besonderer Berücksichtigung der EG-Verordnung über Insolvenzverfahren

Europäische Hochschulschriften
Publications Universitaires Européennes
European University Studies

Reihe II
Rechtswissenschaft

Série II Series II
Droit
Law

Bd./Vol. 3688

PETER LANG
Frankfurt am Main · Berlin · Bern · Bruxelles · New York · Oxford · Wien

Natascha Kupka

Die Behandlung des Eigentumsvorbehaltes nach der Insolvenzrechtsreform unter besonderer Berücksichtigung der EG-Verordnung über Insolvenzverfahren

PETER LANG
Europäischer Verlag der Wissenschaften

Bibliografische Information Der Deutschen Bibliothek
Die Deutsche Bibliothek verzeichnet diese Publikation in der Deutschen Nationalbibliografie; detaillierte bibliografische Daten sind im Internet über <http://dnb.ddb.de> abrufbar.

Zugl.: Bielefeld, Univ., Diss., 2002

D 361
ISSN 0531-7312
ISBN 3-631-50715-1

www.peterlang.de

Inhaltsübersicht

Inhaltsverzeichnis

Einleitung

1. Teil

Insolvenzspezifische Behandlung des Eigentumsvorbehaltes in der Lieferanteninsolvenz

2. Teil

Insolvenzspezifische Beschränkungen des Eigentumsvorbehaltes in der Abnehmerinsolvenz

Ergebnisse und Schlussbetrachtung

Abkürzungsverzeichnis

Es wird verwiesen auf Hildebert Kirchner, Abkürzungsverzeichnis der Rechtssprache, 4. Auflage, Berlin/New York 1994.

Schrifttumsverzeichnis

Achilles, Alexander/ Greiff, Joachim: Bürgerliches Gesetzbuch BGB - unter Einarbeitung des Gleichberechtigungsgesetzes vom 18.6.1957 Berlin 1958.

Adams, Michael: Ökonomische Analyse der Sicherungsrechte Ein Beitrag zur Reform der Mobiliarsicherheiten Monographie Königstein/Ts. 1980.

Angel Yágüez, Ricardo de: El proyecto de convensión europea sobre la reserva de dominio simple Revista crítica de derecho inmobiliario 1983, S. 561-580.

Asch, Arthur: Zum Recht des Grundgeschäftes beim Eigentumsvorbehalt AcP 139 (1934), 201-227.

Bähr, Biner: Kommentar zu AG Aachen, EWiR § 22 InsO 1/99, 889 - 890.

Ballerstedt, Kurt: Zur Lehre vom Gattungskauf in FS f. Hans Carl Nipperdey S. 261-282 München, Berlin 1955.

Balz, Manfred: Das neue Europäische Insolvenzübereinkommen ZIP 1996, 948-955.

Bartsch, Herbert: Das Kontokorrent in Konkurs und Vergleich Diss. iur., Mainz 1971.

Basty, Gregor: Die Interessen der Gläubiger in einem künftigen Sanierungs- / Reorganisationsverfahren Diss. iur., München 1988.

Bauknecht, Hans: Das Anwartschaftsrecht aus der bedingten Übereignung im Konkurse NJW 1956, 1177-1181.

Baum, Harald: Von der Freiheit des Reformgesetzgebers –

	Verfassungskonforme Behandlung der publizitätslosen Mobiliarsicherheiten im Diskussionsentwurf einer Insolvenzordnung KTS 1989, 553 - 591.
Baumbach, Adolf/ Hopt, Klaus J.:	Handelsgesetzbuch 30. Auflage München 2000.
Baumann, Jürgen:	Konkurs und Vergleich ein Lehrbuch Bielefeld 1981.
Baur, Fritz/ Stürner, Rolf:	Zwangsvollstreckungs-, Konkurs- und Vergleichsrecht Band II Insolvenzrecht 12. Auflage Heidelberg 1995.
Baur, Jürgen F./ Stürner, Rolf:	Lehrbuch des Sachenrechts 17. Auflage München 1999.
Beitzke, Günther:	Probleme des Kontokorrents FS f. Julius von Gierke, S. 9-26 Berlin 1950.
Berger, Klaus Peter:	Zur Wirksamkeit von Lösungsklauseln für den Konkursfall ZIP 1994, 173-184.
Ders.:	Lösungsklauseln für den Insolvenzfall Kölner Schrift zur Insolvenzordnung, S. 499-530. 2. Auflage, Berlin 2000.
Berger, Wolfgang:	Eigentumsvorbehalt und Anwartschaftsrecht - besitzloses Pfandrecht und Eigentum Diss. iur., Trier, Frankfurt/Main, Bern, New York, Nancy 1984.
Bernhardt, Richard:	Die Insolvenzrechtsreform aus der Sicht der gewerblichen Spezialbanken in: Fachtagung zur Insolvenzrechtsreform -Notwendigkeit oder falscher Ansatz zur Bewältigung wirtschaftlicher Krisen-

S. 31-38
Bonn 1985.

Bernhardt, Wolfgang: Buchbesprechung zu:
Georg Kuhn:
Kommentar zur Konkursordnung
7. Auflage
NJW 1962, 2194-2194.

v. Bernstorff, Christoph: Der Eigentumsvorbehalt in den EG-Staaten
RIW 1993, 365-372.

Binz, Fritz/
Hess, Harald: Der Konkurs der Insolvenzrechtsreform
Neuwied 1987.

Blaurock, Uwe: Das Kontokorrent
JA 1980, 691-697.

Bletz, Ralf, D.: Gewährleistung und Erfüllung beim Gattungskauf - BGH v. 22.5.85
Jura 1987, 139-142.

Bley, Erich: Zur Frage der Anwendbarkeit des § 17 KO auf den Kauf unter Eigentumsvorbehalt
Judicium 1932, Sp. 200 - 216.

Ders.: Vergleichsordnung
Kommentar
2. Auflage
Berlin 1955.

Bley, Erich/
Mohrbutter, Jürgen: Vergleichsordnung
3. Auflage
Berlin 1970.

Dies.: Vergleichsordnung
Band I
4. Auflage
Berlin, New York 1979.

Blomeyer, Arwed: Studien zur Bedingungslehre
Zweiter Teil:
Über bedingte Verfügungsgeschäfte
Berlin, Leipzig 1939.

Ders.: Eigentumsvorbehalt und gutgläubiger Erwerb
AcP 153 (1954), 239-254.

Ders.: Die Rechtsstellung des Vorbehaltskäufers
AcP 162 (1963), 193-203.

Böhle-Stamschräder, Aloys : Konkursordnung
Kurzkommentar

6. Auflage
München 1961

12. Auflage
München 1976.

Bötticher, Eduard: Die Wandlung als Gestaltungsakt
Heidelberg 1938.

Bork, Reinhard: Zur Dogmatik von § 17 KO
in: FS f. Albrecht Zeuner
zum 70. Geburtstag, 297-315
Tübingen 1994.

Ders.: Anmerkung BGH ZIP 1995, 926-927.

Ders.: Anmerkung BGH JZ 1996, 51-53.

Ders.: Die Verbindung, Vermischung und Verarbeitung von Sicherungsgut durch den Insolvenzverwalter
in: FS f. Friedhelm Gaul zum 70. Geburtstag
Bielefeld 1997.

Ders.: Einführung in das neue Insolvenzrecht
2. Auflage
Tübingen 1998.

Bosch, Ulrich: Finanztermingeschäfte in der Insolvenz
Zum „Netting" im Insolvenzverfahren - Teil II
WM 1995, 413-428.

Ders.: Differenz- und Finanztermingeschäfte nach der Insolvenzordnung
Kölner Schrift zur Insolvenzordnung, S. 1009-1042.
2. Auflage, Herne, Berlin 2000.

Braun, Hans-Dieter: Kontokorrentvorbehalt und Globalvorbehalt
Diss. iur., Heidelberg 1979.

Braun, Klaus:	Das dingliche Anwartschaftsrecht beim Eigentumsvorbehalt NJW 1962, 382-284.
Breuer, Wolfgang :	Das Regelinsolvenzverfahren Beilage zu Heft 1/ 1999, 1-22.
Breutigam, Axel/ Blersch, Jürgen/ Goetsch, Hans W.: (Hrsg.)	Berliner Praxiskommentar Band I Loseblattsammlung Stand: Berlin 18.10.2000.
Brox, Hans:	Die Einrede des Nichterfüllten Vertrages beim Kauf Köln 1948.
Ders.:	Das Anwartschaftsrecht des Vorbehaltsverkäufers JuS 1984, 656-668.
Ders.:	Allgemeiner Teil des Bürgerlichen Gesetzbuches 24. Auflage Köln 2000.
Brox, Hans/ Elsing, Siegfried:	Die Mängelhaftung bei Kauf, Miete und Werkvertrag JuS 1976, 1-8.
Bruns, Alexander:	Das Wahlrecht des Insolvenzverwalters und vertragliche Lösungsrechte ZZP 110 (1997), 305-341.
Büchert, Herbert:	Eigentumsvorbehalt und Kommissionsverhältnis im Konkurs- und Vergleichsverfahren WP 1952, 207-208.
Bülow, Peter:	Der erweiterte Eigentumsvorbehalt nach der Insolvenzrechtsreform DB 1999, 2196-2199.
Büschgen, Hans E.:	Praxishandbuch Leasing München 1998.
Bundesministerium der Justiz:	Erster Bericht der Kommission für Insolvenzrecht Köln 1985.

Zweiter Bericht der Kommission für Insolvenzrecht
Köln 1986.

Gesetz zur Reform des Insolvenzrechts: Diskussionsentwurf
Köln 1988.

Gesetz zur Reform des Insolvenzrechts: Referentenentwurf
Köln 1989.

Canaris, Claus-Wilhelm: Ansprüche wegen positiver Vertragsverletzung und Schutzwirkung für Dritte bei nichtigen Verträgen
JZ 1965, 475-482.

Ders.: Funktionen und Rechtsnatur des Kontokorrents
in: FS f. Hermann Hämmerle
Graz 1972.

Coing, Helmut: Der Kauf unter Eigentumsvorbehalt in Umstellung und Konkurs
NJW 1952, 48-50.

Creifelds, Carl: Rechtswörterbuch
16. Auflage
München 2000.

Dahnke, Susanne: Zur Sicherungsabtretung von Forderungen, die im Konkurs des Zedenten dem § 17 KO unterliegen
Diss. iur., Freiburg, 1997.

Dauner-Lieb, Barbara: Die geplante Schuldrechtsmodernisierung - Durchbruch oder Schnellschuß ?
JZ 2001, 8-18.

Decker, Ernst: Zinssatz- und Währungsswaps unter rechtlichen Aspekten, dargestellt anhand des Muster-Rahmenvertrages für Swapgeschäfte
WM 1990, 1001-1015.

Delhaes, Wolfgang: Im Überblick: Der Insolvenzverwalter im eröffneten Insolvenzverfahren
NZI 1999, 47-53.

Denck, Johannes: Relativität im Sachenrecht
JuS 1981, 861-866.

Dolezalek, Gero: Plädoyer für Einschränkung des § 950 BGB (Verarbeitung)
AcP 195 (1995), 392-444.

Dorndorf, Eberhard/ Frank, Jürgen: Reform des Rechts der Mobiliarsicherheiten - unter besonderer Berücksichtigung der ökonomischen Analyse der Sicherungsrechte
ZIP 1985, 65-83.

Drobnig, Ulrich: Mobiliarsicherheiten im Internationalen Wirtschaftsverkehr
RabelsZ 38 (1974), 468-489.

Ders.: Empfehlen sich gesetzliche Maßnahmen zur Reform der Mobiliarsicherheiten?
Gutachten F für den 51. Deutschen Juristentag
Band I
München 1976.

Ders.: Die Kreditsicherheiten im Vorschlag der Insolvenzrechtskommission
ZGR 1986, 252-280.

Drobnig, Ulrich: Vorrechte, Sicherheiten und Eigentumsvorbehalt im EG-Konkursübereinkommen, Stellungnahme zu den Art. 43-52 sowie Art. 41 des Entwurfs von 1980
in: Kegel (Hrsg.): Vorschläge und Gutachten zum Entwurf eines EG-Konkursübereinkommens
Tübingen 1988, 357-381.

Drobnig, Ulrich/ Goode, Roy: Security for Payment in Export and Import Transactions
in: Simmonds/Goode (Hg.), Commercial Operations in Europe, 1978, S. 339 - 377.

Drukarczyk, Jochen/ Duttle, Josef/ Rieger, Reinhard: Mobiliarsicherheiten
Arten, Verbreitung, Wirksamkeit
Bonn 1985.

Eckert, Hans-Georg: Miete, Pacht und Leasing im neuen Insolvenzrecht
ZIP 1996, 897-903.

Ehmann, Horst:	Die Verbrauchsgüterkaufrichtlinie JZ 1999, 853-864.
Eichler, Hermann:	Institutionen des Sachenrechts II. Band 1. Halbband Berlin 1957.
Eickmann, Dieter/ Flessner, Axel/ Irschinger, Friedrich/ Kirchhof, Hans-Peter/ Kreft, Gerhart/ Landfermann, Hans-Georg/ Marotzke, Wolfgang: (Hrsg.)	Heidelberger Kommentar zur Insolvenzordnung 2. Auflage Heidelberg 2000
Elz, Dirk:	Verarbeitungsklauseln in der Insolvenz des Vorbehaltskäufers - Aussonderung oder Absonderung ? ZInsO 2000, 478-483.
Emmerich, Volker:	BGB-Schuldrecht Besonderer Teil 9. Auflage Heidelberg 1999.
Enneccerus, Ludwig/ Lehmann, Heinrich:	Recht der Schuldverhältnisse 2. Band 14. Auflage Tübingen 1954.
Erhard, Benno:	Die Insolvenzrechtsreform aus der Sicht der Bundesregierung Fachtagung zur Insolvenzrechtsreform - Notwendigkeit oder falscher Ansatz zur Bewältigung wirtschaftlicher Krisen - S. 23-30 Bonn 1985.
Erman, Walter:	Verlängerter Eigentumsvorbehalt und Globalzession BB 1959, 1109-1113.
Ders.:	Zu den Rechten des Stückkäufers aus Mängeln der Sache JZ 1960, 41-47.
Ders.:	Bürgerliches Gesetzbuch

Bd. I, II
8. Auflage
Münster 1989

10. Auflage
Münster 2000.

Ernst, Wolfgang/ Gsell, Beate: Kaufrechtsrichtlinie und BGB
ZIP 2000, 1410-1427.

Ernst, Wolfgang/ Zimmermann, Reinhard: Zivilrechtswissenschaft und Schuldrechtsreform 2001

Esser, Josef: Schuldrecht Band II
Besonderer Teil
4. Auflage
Karlsruhe 1971.

Esser, Josef/ Weyers, Hans-Leo: Schuldrecht
Band II
1. Teilband
8. Auflage
Heidelberg 1995

Fabricius, Fritz: Schlechtlieferung und Falschlieferung beim Kauf
JuS 1964, 46-53.

Ders.: Die mangelhafte Lieferung beim Kauf beweglicher Sachen
JZ 1967, 464-472.

Fikentscher, Wolfgang: Schuldrecht
9. Auflage
Berlin, New York 1997.

Fischer, Norbert: Kollision des verlängerten Eigentumsvorbehaltes der Warenlieferanten mit den Sicherungsmitteln der Geldkreditgeber
Diss. iur., Münster 1956.

Flessner, Axel: Das künftige Internationale Insolvenzrecht im Verhältnis zum Europäischen Insolvenzübereinkommen
in: Hans Stoll: Vorschläge und Gutachten zur Umsetzung des EU-Übereinkommens über Insolvenzverfahren im deutschen Recht, S. 219-231.
Tübingen 1997.

Ders.: Dingliche Sicherungsrechte nach dem Europäischen Insolvenzübereinkommen in: FS f. Ulrich Drobnig, S. 277-287. Tübingen 1998.

Ders.: Internationales Insolvenzrecht in Deutschland nach der Reform IPrax 1997, 1-10.

Flume, Werner: Der verlängerte und erweiterte Eigentumsvorbehalt NJW 1950, 841-850.

Ders.: Die Rechtsstellung des Vorbehaltskäufers AcP 161 (1962), 385-408.

Ders.: Eigenschaftsirrtum und Kauf Darmstadt 1975.

Franke, Hansalbert: Eigentumsvorbehalt und Verarbeitung BB 1955, 717-720.

Ders.: Eigentumsvorbehalt und Ersatzabsonderung KTS 1957, 139-142.

Gaul, Björn: Verwertungsbefugnis des Insolvenzverwalters bei Mobilien trotz Sicherungsübereignung und Eigentumsvorbehalt ZInsO 2000, 256-263.

Georgiades, Apostolos: Die Eigentumsanwartschaft beim Vorbehaltskauf: Zur Theorie der dinglichen Anwartschaften Tübingen 1963.

Gerhardt, Walter: Vorausabtretungen und § 17 KO in: FS f. Merz zum 70. Geburtstag, 117-132. Köln 1992.

Ders.: Vorausabtretung und Konkurseröffnung in: Gedächtnisschrift f. Brigitte Knobbe-Keuk, 169-186. Köln 1997.

Gerkan, Hartwin von: Kurzkommentar zu BGH EWiR § 17 KO 1/87, 267, 268 +.

Gernhuber, Joachim: Die Erfüllung und ihre Surrogate sowie das

	Erlöschen der Schuldverhältnisse aus anderen Gründen 2. Auflage Tübingen 1994.
Gessner, Volkmar/ Rhode, Barbara/ Strate, Gerhard/ Ziegert, Klaus, A.:	Die Praxis der Konkursabwicklung in der Bundesrepublik Deutschland eine rechtssoziologische Untersuchung Hrsg.: BMinisterium der Justiz Max-Plank-Institut für ausländisches und internationales Privatrecht sozialwissenschaftliche Forschungsgruppe Hamburg.
Götz, Volkmar:	Sachmängelbeseitigung beim Kauf Bielfeld 1960.
Goode, Roy:	Reservation of Title- The EEC's Faulty Approach The Company Lawyer 1 (1980) S. 185-189.
Gottwald, Peter:	Die Rechtsstellung dinglich gesicherter Gläubiger in: Insolvenzrecht im Umbruch, 197-209. Band I Köln, Berlin, Bonn, München 1991.
Ders.:	Nachtrag „Gesamtvollstreckungsordnung“ zum Insolvenzrechts-Handbuch München 1993.
Ders.:	Grenzüberschreitende Insolvenzen Europäische und weltweite Tendenzen und Lösungen München 1997.
Ders.:	Insolvenzrechts-Handbuch 2. Auflage München 2001.
Gottwald, Peter/ Adolphsen, Jens:	Die Rechtsstellung dinglich gesicherter Gläubiger in der Insolvenzordnung Kölner Schrift zur Insolvenzordnung, S. 1043-1082. 2. Auflage, Berlin 2000.
Graue, Eugen Dietrich:	Die mangelfreie Lieferung beim Kauf

	beweglicher Sachen Heidelberg 1964.
Gravenhorst, Wulf:	Eigentumsvorbehalt und Sicherungsübereignung? JZ 1971, 494-497.
Grub, Volker:	Der Regierungsentwurf der Insolvenzordnung ist sanierungsfeindlich! ZIP 1993, 393-398.
Grunsky, Wolfgang:	Grundzüge des Zwangsvollstreckungs- und Insolvenzrechts 5. Auflage Tübingen 1996.
Gsell, Beate:	Kaufrechtsrichtlinie und Schuldrechtsmodernisierung JZ 2001, 65-75.
Haarmeyer, Hans/ Wutzke, Wolfgang/ Förster, Karsten:	Handbuch zur Insolvenzordnung 2. Auflage München 1998.
Häsemeyer, Ludwig:	Das funktionelle Synallagma im Konkurs- und Vergleichsverfahren KTS 1973, 2-16.
Ders.:	Vorbehaltskauf und Finanzierungsleasing im geltenden und künftigen Insolvenzrecht in: FS f. Rolf Serick S. 153-169. Heidelberg, Bonn 1992.
Ders.:	Insolvenzrecht 2. Auflage Köln, Berlin, Bonn, München 1998.
Hagenmüller, Karl Fr.:	Die wirtschaftlichen Auswirkungen einer etwaigen Reform des Rechts der mobilen Kreditsicherheiten Gutachten im Auftrag des Bundesministers für Wirtschaft, 1961.
Hagenmüller, Karl Fr./ Stoppok, Gerhard:	Leasinghandbuch für die betriebliche Praxis 5. Auflage Frankfurt a. Main 1988.

Hahn, C.: Die gesamten Materialien zur Konkursordnung
Berlin 1881.

Hauschild, Winfried: Creditor Protection in the European Community
ICLQ 31 (1982), S. 17-35.

Hauser, Hansheinz: Eröffnung und Einführung in das Tagesthema
in: Fachtagung zur Insolvenzrechtsreform
- Notwendigkeit oder falscher Ansatz zur Bewältigung wirtschaftlicher Krisen -
S. 11-18
Bonn 1985.

Hefermehl, Wolfgang: Grundfragen des Kontokorrents
Das Deutsche Privatrecht in der Mitte des 20. Jahrhunderts
in: FS f. Heinrich Lehmann
Bd. II
Berlin, Tübingen, Frankfurt am Main 1956.

Heidland, Herbert: Welche Änderungen ergeben sich für den Bauvertrag durch die Insolvenzordnung im Verhältnis zur bisherigen Rechtslage?
Wie ist der Wortlaut der VOB Teil A und B zu ändern?
BauR 1998, 643-668.

Heiermann, Wolfgang/ Riedl, Richard/ Rusam, Martin: Handkommentar zur VOB
Teile A und B
9. Auflage
Wiesbaden, Berlin 2000.

Heilmann, Hans: Kein Gestaltungsrecht auf Ablehnung der Erfüllung nach § 17 KO
KTS 1985,639-643.

Heinrichs, Helmut: Die EG-Richtlinie über mißbräuchliche Klauseln in Verbraucherverträgen
NJW 1993, 1816-1822.

Henckel, Wolfram: Sachmängelhaftung beim Kauf im Konkurs
in: FS f. Wolfram Henckel
S. 366-383
Göttingen 1978.

Ders.: Aktuelle Probleme der Warenlieferanten beim Kundenkonkurs
Köln 1983.

Ders.: Aufrechnung in der Insolvenz
in: FS f. Gerhard Lüke
zum 70. Geburtstag, 237-263.
München 1997.

Ders.: Anmerkung zu BGH JZ 1986, 691, 694-697.

Ders.: Gegenseitige Verträge in Konkurs und Vergleich
Zu dem gleichnamigen Buch von Wolfgang Marotzke
ZZP 99 (1986), 419-445.

Ders.: Anmerkung zu BGH JZ 1987, 355, 359-361.

Ders.: Anmerkung zu BGH JZ 1998, 154, 155-158.

Herberger, Klaus: Rechtsnatur, Aufgabe und Funktion der Sachmängelhaftung nach dem Bürgerlichen Gesetzbuch
Berlin 1974.

Herbert, Ulrich: Die Sequestration im Konkursantragsverfahren
Frankfurt a.M., New York, Paris 1989.

Herz, Ernst: Der Rechtsgrund für den Eigentumserwerb am Arbeitsprodukt im Arbeitsvertrag
IhJb. 74, 1-68.

Herz, Günter: Das Kontokorrent insbesondere in der Zwangsvollstreckung und im Konkurs
Tübingen 1974.

Hess, Harald: Konkursordnung
4. Auflage
Neuwied, Frankfurt a. Main 1993.

Ders.: Kommentar zur Insolvenzordnung mit EGInsO
Band 1 Insolvenzordnung
Heidelberg 1999.

Hess, Harald/ Obermüller, Manfred: Die Rechtsstellung der Verfahrensbeteiligten nach der Insolvenzordnung
Heidelberg 1996.

Hess, Harald/ Binz, Fritz: Gesamtvollstreckungsordnung
Kommentar zum Konkursrecht für die Länder Brandenburg, Mecklenburg-Vorpommern, Sachsen, Sachsen-Anhalt und Thüringen
Neuwied, Kriftel/Ts., Berlin 1991.

Hess, Harald/ Kropshofer, Birger: Konkursordnung
3. Auflage
Neuwied, Frankfurt a. Main 1989

Hilgers, Petra: Besitzlose Mobiliarsicherheiten im Absonderungsverfahren unter besonderer Berücksichtigung der Verwertungsprobleme
Diss. iur., Freiburg 1994.

Hoffmann, Uwe: Die Formen des Eigentumsvorbehaltes
Jura 1995, 457-460.

Hofman, Paul: Verarbeitungsklausel und § 950 BGB
NJW 1962, 1798-1803.

Honsell, Heinrich: Aktuelle Probleme des Eigentumsvorbehalts
JuS 1981, 705-712.

Huber, Michael: Die Abwicklung gegenseitiger Verträge nach der Insolvenzordnung
NZI 1998, 97-102.

Ders.: Neues Insolvenzrecht - Eine Einführung mit Fallbeispielen -
JuS 1998, 644-648.

Huber, Ulrich: Zur Haftung des Verkäufers wegen positiver Vertragsverletzung
AcP 177, 281-348.

Der.: Die Stellung des Abnehmers im Konkurs des Lieferanten beim Kauf unter Eigentumsvorbehalt
BB 1964, 731-736.

Hübner, Ulrich: Zur dogmatischen Einordnung der Rechtsposition des Vorbehaltskäufers
NJW 1980, 729-735.

Ders.: Konkursordnung mit Einführungsgesetzen
§§ 1-70 KO
Berlin 1958.

Jaeger, Ernst/ Henckel, Wolfram: Konkursordnung
Kommentar
§§ 1-42
9. Auflage
Berlin, New York 1997.

Jakobs, Horst Heinrich/ Schubert, Werner: Die Beratung des Bürgerlichen Gesetzbuches in systematischer Zusammenstellung der unveröffentlichten Quellen
Recht der Schuldverhältnisse II
§§ 433-651
Berlin, New York 1980.

Jauernig, Othmar: Zwangsvollstreckungs- und Konkursrecht
20. Auflage
München 1990.

Zwangsvollstreckungs - und Insolvenzrecht
21. Auflage
München 1999.

Kick, Sabine: Der Rückzahlungsanspruch nach Minderung im Kaufrecht
Jura 2000, 281-285.

Kieninger, Eva-Maria: Mobiliarsicherheiten im Europäischen Binnenmarkt
Zum Einfluß der Warenverkehrsfreiheit auf das nationale und internationale Sachenrecht der Mitgliedstaaten
Diss. iur., Berlin 1995
Baden-Baden 1996

Kiesel, Helmut: VOB Teil B
Praxiserläuterungen
Stuttgart 1988.

Kilger, Joachim: Der Konkurs des Konkurses
KTS 1975, 142-166.

Ders.: Diskussionsbericht „Offene Sitzung des Insolvenzausschusses"
Der Konkurs des Konkurses
AnwBl. 1975, 279-279.

Ders.: Konkursordnung
Kommentar

16. Auflage
München 1993.

Kirchhof, Hans-Peter: Masseverwertung durch den vorläufigen Insolvenzverwalter
ZInsO 1999, 436-439.

Kirchhoff, Roland: Der Übergang vom Nachlieferungs- und Nachbesserungsanspruch zu Rücktritt bzw. Wandelung beim Kauf
NJW 1970, 2052-2055.

Kissel, Rudolf: Änderungssachen - und grundbuchrechtliche Vorschriften
NJW 1977, 1760-1763.

Klasmeyer, Bernd/ Elsner, Ben P./ Ringstmeier, Andreas: Ausgewählte Probleme bei der Verwertung von Mobiliarsicherheiten
Kölner Schrift zur InsO, S. 1083-1098
2. Auflage, Berlin 2000.

Knöpfle, Robert: Aliud-Lieferung beim Gattungskauf - Nichterfüllungs- oder Gewährleistungsrecht?
NJW 1987, 871-875.

Köhler, Helmut: Grundfälle zum Gewährleistungsrecht bei Kauf, Miete und Werkvertrag
JuS 1979, 496-500.

Koenen, Jürgen: Bankrechtliche Aspekte der Insolvenzrechtsreform
- Eine Untersuchung auf der Grundlage der beiden Berichte der Kommission für Insolvenzrecht
Diss. iur., Köln 1988.

Kötter, Hans-Wilhelm: Die Tauglichkeit der Vorausabtretung als Sicherungsmittel des Geld- und Warenkredits
Frankfurt a.M. 1960.

Komo, Emil: Insolvenzrechtsreform und Mobiliarsicherheiten der Warenlieferanten
BB 1979, 246-244.

Kopfstein, Felix: Der Einfluß des Konkurses auf eine bestehende Kontokorrentverbindung
ZHR 77 (1915), 78-92.

Korintenberg, Werner:	Abschied von der Gewährleistung in: Justizblatt für den OLG-Bezirk Köln 1947, 69-80.
Krapf, Georg:	Der Kontokorrentvertrag Diss. iur., Leipzig 1936.
Kreft, Gerhart:	Die Wende in der Rechtsprechung zu § 17 KO ZIP 1997, 865-871.
Kreuzer, Karl:	Europäisches Mobiliarsicherungsrecht oder: Von den Grenzen des Internationalen Privatrechts in: FS f. von Overbeck Freiburg (Schweiz) 1990, 613-641.
Ders.:	La reconnaissance des sûretés mobilières conventionelles étrangères Rev.crit.d.i.p. 84 (1995), S. 465-505.
Kübler, Bruno M./ Prütting, Hanns:	Das neue Insolvenzrecht Band I Köln 1994.
Dies.:	InsO Kommentar zur Insolvenzordnung Band I Loseblattsammlung Stand: Köln Juni 1999. Band II Loseblattsammlung Stand: Köln Juni 1999.
Kuhn, Georg:	Der Eigentumsvorbehalt im Konkurs WM 1972, 206-212.
Kuhn, Georg/ Uhlenbruck, Wilhelm:	Konkursordnung Kommentar 11. Auflage München 1994.
Krull, Helge:	Globalzession, Erfüllungsverlangen und vorkonkursliche Teilleistung - Überlegungen zur Teilbarkeit der Leistung im Sinne von BGHZ 129, 336 - InVo 1998, 180-183.
Ders.:	Zur Abwicklung schwebender

Vertragsverhältnisse im künftigen Insolvenzverfahren
ZInsO 1998, 291-297.

Kupisch, Berthold: Durchgangserwerb oder Direkterwerb
JZ 1976, 417-429.

Lambsdorff, Hans Georg Graf von: Handbuch des Eigentumsvorbehalts
im deutschen und ausländischen Recht
Frankfurt/Main 1974.

Ders.: Unechtes Factoring - Globalzession:
Viele Fragen sind noch offen
BB 1982, 336-338.

Lambsdorff, Hans Georg Graf von/
Hübner, Ulrich: Eigentumsvorbehalt und AGB-Gesetz
Köln 1982.

Landfermann, Hans-Georg Regierungsentwurf einer neuen
Insolvenzordnung vom 21.11.1991
ZIP 1991, 1660-1662.

Larenz, Karl: Lehrbuch des Schuldrechts
Band II, Halbband 1
Besonderer Teil
13. Auflage
München 1986.

Laufke, Franz: Zum Eigentumserwerb nach § 950 BGB
in: FS f. Alfred Hueck
München, Berlin 1959
S. 69-80.

Lehmann, Heinrich: Der Eigentumsvorbehalt im
Vergleichsverfahren
Festgabe für Richard Schmid
S. 346-367
Leipzig 1932.

Letzgus, Ernst: Die Anwartschaft des Käufers unter
Eigentumsvorbehalt
Habil. iur., Tübingen 1938.

Löwe, Walter/
Westphalen, Friedrich Graf von/
Trinkner, Reinhold: Großkommentar zum AGB-Gesetz
Band III
2. Auflage, München 1985.

Lohkemp, Wolfgang: Die Zwangsvollstreckung während der

	Sequestration und in einem vorläufigen Insolvenzverfahren ZIP 1995, 1641-1650.
Von de Loo, Petra:	Devisentermingeschäft - Rücktrittsrecht der Bank nach Antrag auf Eröffnung des Vergleichs- oder Konkursverfahrens über das Vermögen des Bankkunden? ZIP 1988, 352-357.
Lorenz, Stephan:	Rechtsgrundlagen des Anspruchs „aus Minderung" JuS 1993, 727-731.
Lüke, Stephan:	Das europäische internationale Insolvenzrecht ZZP 111 (1998), 275-314.
Marburger, Peter:	Die Sachmängelhaftung beim Handelskauf JuS 1983, 1-12.
Marotzke, Wolfgang:	Das Konkurrenzverhältnis von § 17 und § 24 KO - ein Scheinproblem- JZ 1977, 552-554.
Ders.:	Kurzkommentar zu BGH EWiR § 17 KO 2/88, 285-286.
Ders.:	Anmerkung zu BGH JR 1990, S. 327 ff, 331-335.
Ders.:	Die Behandlung der „schwebenden Rechtsgeschäfte" Insolvenzrecht im Umbruch, 183-196. Band I Köln, Berlin, Bonn, München 1991.
Ders.:	Anmerkung zu BGH EWiR § 15 KO 1/91, 907.
Ders.:	Kurzkommentar zu BGH EWiR § 55 KO 1/92, 71-72.
Ders.:	Der Eigentumsvorbehalt im neuen Insolvenzrecht JZ 1995, 803-814.
Ders.:	Kurzkommentar zu OLGE v. 12.7.1995 - 11 U

47/94
EWiR 1996, 179-180.

Ders.: Die dinglichen Sicherheiten im neuen Insolvenzrecht
ZZP 109 (1996), 429-471.

Ders.: Gegenseitige Verträge im neuen Insolvenzrecht
2. Auflage
Neuwied, Kriftel, Berlin 1998.

Ders.: Die insolvenzrechtliche Kündigungssperre (§112 InsO)
FS f. Wolfgang Zöllner, 1193-1202.
Bd. II
Köln, Berlin, Bonn, München 1998.

Ders.: Das neue Insolvenzrecht dargestellt am Beispiel der Mobiliarsicherheiten
Regensburg 1999.

Maunz, Theodor/ Dürig, Günter: Grundgesetz
Bd. II, Art. 12-21 GG
Stand: Okt. 1999.

May, Erich: Die Möglichkeit der Beseitigung des Abstraktionsprinzips bei den Verfügungsgeschäften des Fahrnisrechts
Rendsburg 1952.

Medicus, Dieter: Vertragliche und deliktische Ersatzansprüche für Schäden aus Sachmängeln
in: FS f. Eduard Kern, S. 313-334
Tübingen 1968.

Ders.: Bürgerliches Recht
18. Auflage
Köln 1999.

Ders.: Schuldrecht II
Besonderer Teil
10. Auflage
München 2000.

Meilicke, Heinz: Leasing
BB 1969, 691-694.

Meissner, Claus: Der Kontokorrentvorbehalt im Vergleichsverfahrens des Vorbehaltskäufers NJW 1962, 1559-1560.

Mellwig, Rainer M.: Das Vorbehaltsgut als Vermögen in § 1 KO: Anwendbarkeit konkursrechtlicher Grundsätze des Sicherungseigentums auf den Eigentumsvorbehalt? Diss. iur., Berlin 1988.

Mentzel, Franz/ Kuhn, Georg: Konkursordnung Kommentar 8. Auflage München 1976.

Mittmann, Volker: Zulässigkeit und Rechtswirkungen der Konzernklausel NJW 1973, 1108-1110.

Möhring, Rudolf: Konkurrenz und Verarbeitungsklauseln NJW 1960, 697-702.

Mönning, Rolf-Dieter: Betriebsfortführung in der Insolvenz Köln 1997.

Mohrbutter, Harro (Hrsg.) Handbuch der Insolvenzverwaltung 7. Auflage Köln, Berlin, Bonn, München 1997.

Mohrbutter, Jürgen.: Die neue Lehre vom Anwartschaftsrecht und ihr Einfluß auf insolvenzrechtliche Probleme KTS 1965, 185-194.

Ders.: Handbuch des gesamten Vollstreckungs- und Insolvenzrechts 2. Auflage Köln 1974.

Mohrbutter, Jürgen/ Mohrbutter, Harro: Handbuch des gesamten Vollstreckungs- und Insolvenzrechts Berlin 1974.

Mohrbutter, Jürgen/ Haarmann, Heiko: Leitfaden für Vergleichs- und Konkursverwalter 3. Auflage Köln u.a. 1976.

Motive zu dem Entwurfe eines Bürgerlichen Gesetzbuches für das gesamte deutsche Reich	Band II Recht der Schuldverhältnisse Berlin, Leipzig 1838.
Müller, Wulf:	§§ 17, 46 KO JW 1932, 1658-1659.
Müller, Klaus:	Zum Herausgabeanspruch des Vorbehaltsverkäufers Betrieb 1969, 1493-1499.
Münchener Kommentar zum Bürgerlichen Gesetzbuch	Bd. 1, Allgemeiner Teil §§ 1-240, AGB-Gesetz Hrsg.: Rebmann, Kurt/Säcker, Franz Jürgen 3. Auflage München 1993.
	Bd. 3, Besonderes Schuldrecht 1. Halbband, §§ 433-606 Hrsg.: Rebmann, Kurt/Säcker, Franz Jürgen 3. Auflage München 1995.
	Bd. 4, Sachenrecht §§ 854-1296 Hrsg.: Rebmann, Kurt/Säcker, Franz Jürgen 3. Auflage München 1997.
Mugdan, B.:	Die gesamten Materialien zum BGB für das deutsche Reich II. Band Recht der Schuldverhältnisse Berlin 1899.
Musielak, Hans-Joachim:	Leistungsstörungen beim Sukzessivlieferungsvertrag - BGH, WM 1977, 220 - JuS 1979, 96-102.
Ders.:	Die Erfüllungsablehnung des Konkursverwalters; zur Auslegung des § 17 I der Konkursordnung AcP 179 (1979), 189-213.
Nerlich, Jörg/ Römmermann, Volker (Hrsg.):	Insolvenzordnung Kommentar Loseblattsammlung München

Stand: 1. Januar 1999.

Neuschäffer, Hermann: Der Eigentumsvorbehalt in der neuen Vergleichsordnung
JW 1935, 3516-3521.

Nicklisch, Fritz/ Weick, Günter: VOB Teil B
München 1981.

Nierwetberg, Rüdiger: Die Rechtspositionen von Lieferant und Produzent nach Verarbeitung im verlängerten Eigentumsvorbehalt
NJW 1983, 2253-2254.

Niesert, Burkhard: Das neue Recht der Aus- und Absonderung nach der neuen Insolvenzordnung
Teil I
InVo 1998, 85-91.
Teil II
InVo 1998, 141-147.

Obermüller, Manfred: Bestellung von Kreditsicherheiten an einen Treuhänder
DB 1973, 1833-1839.

Ders.: Handbuch Insolvenzrecht für die Kreditwirtschaft
4. Auflage
Wiesbaden 1991.

Ders.: Verwertung von Kreditsicherheiten nach der InsO
InVo 1996, 143-144.

Ders.: Der umgekehrte Konzernvorbehalt
in: FS f. Schimansky
Köln 1999.

Ders.: Auswirkungen des Wahlrechts des Insolvenzverwalters auf Zessionen und Avale
Kölner Schrift zur Insolvenzordnung, S. 985-1008.
2. Auflage, Berlin 2000.

Obermüller, Manfred/ Hess, Harald: Insolvenzordnung
Eine systematische Darstellung unter Berücksichtigung kreditwirtschaftlicher und arbeitsrechtlicher Aspekte

2. Auflage/Heidelberg 1998
3. Auflage/Heidelberg 1999.

Obermüller, Manfred/ Livonius, Barbara: Auswirkungen der Insolvenzrechtsreform auf das Leasinggeschäft DB 1995, 27-32.

Oertmann, P.: Beiträge zur Lehre von der Erfüllungspflicht des Verkäufers LZ 1927, 10-16.

Pagenstecher, Max/ Grimm, Max: „Der Konkurs" Eine Einführung in seine Hauptprobleme mit 78 Lehrbeispielen für junge Juristen, Wirtschaftsprüfer und Kaufleute München 1968.

Palandt, Otto: Bürgerliches Gesetzbuch Kommentar 60. Auflage München 2001.

Pape, Gerhard: Kurzkommentar zu BGH EWiR § 17 KO 1/89, 283-284.

Ders.: Behandlung bei Verfahrenseröffnung nicht vollständig erfüllter gegenseitiger Verträge nach der Insolvenzordnung WPrax 1995, 25-30.

Ders.: Ablehnung und Erfüllung schwebender Rechtsgeschäfte durch den Insolvenzverwalter Kölner Schrift zur Insolvenzordnung, S. 531-591 2. Auflage, Berlin 2000.

Paulus, Gotthard: Kreditsicherung durch Übertragung von Eigentum und Anwartschaften Teil II der Abhandlung „Probleme und Möglichkeiten der institutionellen Ausformung der Sicherungsübereignung" JZ 1957, 41-48.

Paulus, Christoph: Kurzkommentar zu EWiR § 55 KO = 1/93, 697-698.

Pennington, Robert: Retention of the title on the Sale of Goods London, Toronto, Sydney, New York 1989, S. 277-318.

Peters, Frank: Kein gesetzlicher Nachbesserungsanspruch des Käufers?
JZ 1978, 92-98.

Philipowski, Rüdiger: Die Geschäftsverbindung
Tatsachen und rechtliche Bedeutung
Heidelberg 1963.

Pick, Eckhart: Die (neue) Insolvenzordnung - ein Überblick
NJW 1995, 992-997.

Pieroth, Bodo/
Schlinck, Bernhard: Staatsrecht II, Grundrechte
16. Auflage, Heidelberg 2000.

Pikart, Heinz: Die Rechtsprechung des Bundesgerichtshofs zum Kontokorrentvertrag
WM 1960, 1314-1320.

Pletzsch, Martin: Die Erfüllungsverweigerung des Konkursverwalters
Ein Beitrag zur Dogmatik des § 17 KO unter besonderer Berücksichtigung des Eigentumsvorbehaltes
Diss. iur., Frankfurt a. Main 1973.

Pohlmann, Ulrich: Befugnisse und Funktionen des vorläufigen Insolvenzverwalters
Köln 1998.

Protokolle der Kommission für die zweite Lösung des Entwurfs des Bürgerlichen Gesetzbuchs: Band II
Recht der Schuldverhältnisse im Auftrag des Reichsjustizamtes
Bearbeiter: Achilles/Spahn/Gebhard
Berlin 1898.

Raiser, Ludwig: Dingliche Anwartschaften
Tübingen 1961.

Reich, Norbert: Die Sicherungsübereignung
Homburg v.d.H. 1970.

Ders.: Reform der Kreditsicherung
JZ 1976, 463-469.

Reifferscheid, Adolf/
Böckel, Eberhard/
Benseler, Frank:
(Hrsg.) Lexikon des Rechts

Bd. 1
Allgemeines Recht, Schuldrecht, Sachenrecht

	Bd. 2 Wirtschaftsrecht, Zivilprozeßrecht, Konkursrecht Darmstadt 1968.
Reiners, Stephan:	Konzerneigentumsvorbehalt und Konzerverrechnungsklausel als Sicherheiten des Konzernverbundenen Warenlieferanten Diss. iur., Münster 1987.
Reinicke, Dietrich/ Tiedtke, Klaus:	Kaufrecht 6. Auflage Neuwied 1997.
Dies.:	Leasing Neuwied, Kriftel, Berlin 1992.
RGRK	Bürgerliches Gesetzbuch Hrsg.: Mitglieder des Bundesgerichtshofes Band §§ 1-240 12. Auflage Berlin, New York 1967. Band II, 2. Teil §§ 414-610 12. Auflage Berlin, New York 1978. Band III, 1. Teil §§ 854-1011 12. Auflage Berlin, New York 1979.
Rieß, Fritz:	Verlängerter Eigentumsvorbehalt und Globalzession Diss. iur., Köln 1962.
Rosenberger, Fritz:	Vertragsabwicklung im Konkurs des Bauunternehmers BauR 1975, 233-239.
Roth, Herbert:	Die Fortsetzung des Synallagmas mit insolvenzrechtlichen Mitteln (§ 103 InsO) in: FS f. Walter Rolland zum 70. Geburtstag

Köln 1999.

Rothkegel, Ralf: Der Eigentumserwerb bei Verarbeitung
Köln, Berlin, Bonn, München 1974.

Rühl, Helmut: Eigentumsvorbehalt und Abzahlungsgeschäft
Berlin 1930.

Säcker, Franz Jürgen: Zum Begriff des Herstellers in § 950 BGB
JR 1966, 51-53.

Sánchez, Lorenzo, Sixto: La venta de mercancías con pago aplazado y la cláusula de reserva de dominio en el derecho comunitario
Revista de la Corte Español de Arbitraje 1986, S. 97-121.

Schirmer, Andrea: Zur Zulässigkeit des umgekehrten Konzerneigentumsvorbehaltes
ZInsO 1999, 379-383.

Schlegel, Sigrun: Eigentumsvorbehalt und Sicherungsübereignung- unüberwindbare Hindernisse einer Betriebsfortführung durch den vorläufigen Insolvenzverwalter?
DZWiR 2000, 94-104.

Schlegelberger, Franz: Handelsgesetzbuch
Kommentar
3. Band, §§ 343-383
München 1973.

4. Band, §§ 343 - 372
München 1976.

Schlosser, Peter: Entwicklungstendenzen im Recht der Allgemeinen Geschäftsbedingungen
ZIP 1985, 449-462.

Ders.: Der Eigentumsvorbehalt
Jura 1986, 85-89.

Schmidt, Karsten: Organverantwortlichkeit und Sanierung im Insolvenzrecht der Unternehmen
ZIP 1980, 328-337.

Schmidt-Bleibtreu, Bruno/ Kommentar zum Gundgesetz

Klein, Franz: 9. Auflage, Neuwied, Kriftel 1999.

Schmid-Burgh, Klaus/ Ditz, Jan-Christian: Die Refinanzierung beim Leasing nach der Insolvenzrechtsreform ZIP 1996, 1123-1126.

Schmidt-Räntsch, Jürgen: Gedanken zur Umsetzung der kommenden Kaufrechtsrichtlinie ZEuP 1999, 294-302.

Ders.: Der Entwurf eines Schuldrechtsmodernisierungsgesetzes ZIP 2000, 1639-1645.

Schmidt-Räntsch, Ruth: Insolvenzordnung mit Einführungsgesetz 1. Auflage Köln 1995.

Schnorbus, York: Der Konzernvorbehalt in Vertrag und Geschäftsbedingungen BB 1995, 2225-2233.

Schönke, Adolf: Die Einwirkung der Konkuseröffnung auf Krediteröffnungs- und Kontokorrentverträge JW 1934, 2745-2748.

Schönke,Adolf/ Baur, Fritz: Zwangsvollstreckungs- Konkurs- und Vergleichsrecht 10. Auflage Heidelberg, Karlsruhe 1978.

Schollmeyer, Friedrich: Erfüllungspflicht und Gewährleistung für Fehler beim Kauf JherJb 49 (1905), 93-120.

Schreiber, D. : Abhängigkeit des Erfüllungsgeschäftes vom obligatorischen Vertrage bei anfechtbaren und unsittlichen Rechtsgeschäften Gruchot Bd. 52 (1908), S. 515-525.

Schreiber, Klaus: Die Falschlieferung beim Gattungskauf Jura 1986, 444-446.

Ders.: Der Eigentumsvorbehalt im Konkurs Jura 1989, 159-161.

Ders.: Sachenrecht 3. Auflage

Stuttgart, München, Hannover, Berlin, Weimar, Dresden 2000.

Schreiber, Klaus/ Kreutz, Klaus: Der Abstraktionsgrundsatz - Eine Einführung - Jura 1989, 617-622.

Schreiber, Rupert: Die bedingte Übereignung NJW 1966, 2333-2336.

Schultz, Dietrich: Aliud und Gewährschaftsrecht NJW 1980, 2172-2174.

Seifert, Peter: Rechtsfragen beim Leasing-Vertrag BD Beil Nr. 1/83, S. 1-12.

Seifert, Reinhardt: Kontokorrent im Konkurs Diss. iur., Göttingen 1965.

Serick, Rolf: Eigentumsvorbehalt und Sicherungsübereignung Bd. I, Der einfache Eigentumsvorbehalt Heidelberg 1963.

Bd. IV, Verlängerungs- und Erweiterungsformen des Eigentumsvorbehaltes und der Sicherungsübertragung Erster Teil - Verlängerungsformen und Kollisionen - Heidelberg 1976.

Bd. V, Verlängerungsformen des Eigentumsvorbehaltes und der Sicherungsübertragung Zweiter Teil: Erweiterungsformen Dritter Teil: Sonstiges Insolvenzrecht (Konkurs) Heidelberg 1982.

Bd. VI, Verlängerungs- und Erweiterungsformen des Eigentumsvorbehaltes und der Sicherungsübertragung Dritter Teil: Sonstiges Insolvenzrecht (Vergleich); Insolvenzrechtsreform Heidelberg 1986.

Ders.: Causa und Anwartschaft

	AcP 166 (1966), 129-133.
Ders.:	Konfliktloses Zusammentreffen mehrerer Verarbeitungsklauseln BB 1972, 277-285.
Ders.:	Abschied von fragwürdigen Kommissionsklauseln BB 1974, 285-290.
Ders.:	Einhundert Jahre Konkursordnung 1877-1977 Festschrift des Arbeitskreises für Insolvenz- und Schiedsgerichtswesen e.V. Köln zum einhundertjährigen Bestehen der Konkursordnung vom 10. Februar 1877 Hrsg.: Uhlenbruck, Wilhelm/ Hasmeyer, Bernd/ Kübler, Bruno M. Köln, Berlin, Bonn, München 1977 S. 271-292.
Ders.:	Erweiterter Eigentumsvorbehalt und Kontokorrentvorbehalt im Konkurs des Vorbehaltskäufers BB 1978, 1477-1486.
Ders.:	Verarbeitungsklauseln im Wirkungskreis des Konkursverfahrens ZIP 1982, 507-519.
Ders.:	Mobiliarsicherheiten im Diskussionsentwurf zur Reform des Insolvenzrechts - Möglichkeiten der Enteignung von Vorbehaltslieferanten zum Nulltarif ZIP 1989, 409-421.
Ders.:	Die Mobiliarsicherheiten im Referentenentwurf zur Insolvenzrechtsreform BB 1990, 861-866.
Seuffert, Walter:	Verfassungsrechtliche Fragen zu den Reformvorschlägen der Kommission für Insolvenzrecht ZIP 1986, 1157-1165.
Siber, Heinrich:	Schuldrecht Leipzig 1931.
Sinz, Ralf:	Leasing und Factoring im Insolvenzverfahren

in: Kölner Schrift zur InsO,
S. 593-643
2. Auflage
Köln 2000.

Smid, Stefan: Anm. zu BGH DZWiR 1998, 197-198.

Ders.: Grundzüge des neuen Insolvenzrechts
3. Auflage
München 1999.

Ders.: Insolvenzordnung
Kommentar
Stuttgart, Berlin, Köln 1999.

Ders.: Das neue Insolvenzrecht - Probleme, Widersprüche, Chancen
BB 1999, 1-6.

Smid, Stefan/ Rattunde, Rolf: Der Insolvenzplan
- Handbuch für das Sanierungsverfahren nach dem neuen Insolvenzrecht mit praktischen Beispielen und Musterverfügungen -
Stuttgart, Berlin, Köln 1998.

Soergel, Hs. Th.: Bürgerliches Gesetzbuch
Kommentar
Band 1
Allgemeiner Teil, Teil 2
(§§ 104-240)
13. Auflage
Stuttgart 1999.

Band 3
Schuldrecht II
12. Auflage
Stuttgart, Berlin, Köln 1991.
Band 5
Sachenrecht
(§§ 854-1296)
12. Auflage
Stuttgart, Berlin, Köln Mainz 1989.

Staudinger, Julius von: Kommentar zum BGB mit Einführungsgesetz und Nebengesetzen
§§ 90-240
12. Auflage

Berlin 1980

§§ 433-580 a
12. Auflage
Berlin 1978.

§§ 985-1011 BGB
12. Aufalge
Berlin 1993.

Stoll, Hans: Bemerkungen zu Eigentumsvorbehalt und Sicherungsübertragung
ZHR 128 (1966), 237-252.

Stracke, Hartmut: Das Aus- und Absonderungsrecht des Vorbehaltseigentümer im Konkurs des Vorbehaltskäufers
Diss. iur., Göttingen 1972.

Ders.: Das Aus- oder Absonderungsrecht des Vorbehaltseigentümers im Konkurs des Vorbehaltskäufers
KTS 34 (1973), 102-116.

Stürner, Rolf: Aktuelle Probleme des Konkursrechts. Zur Neubearbeitung des Jaegerschen Kommentars
ZZP 94 (1981), 263-310.

Süß, Theodor: Wesen und Rechtsgrund der Gewährleistung für Sachmängel
Leipzig 1931.

Taupitz, Jochen: Das (zukünftige) europäische internationale Insolvenzrecht - insbesondere aus international-privatrechtlicher Sicht -
ZZP 111 (1998), 315-350.

Thamm, Manfred: Der Eigentumsvorbehalt im deutschen Recht
4. Auflage
Heidelberg 1977.

Tiedtke, Klaus: Zur Rechtsprechung des Bundesgerichtshofs auf dem Gebiet des Kaufrechts seit dem 1. Januar 1987 - Teil 2
JZ 1990, 124-130.

Tintelnot, Albrecht: Vereinbarungen für den Konkursfall
Bielefeld 1991.

Ders.: Die gegenseitigen Verträge im neuen Insolvenzverfahren
ZIP 1995, 616-623.

Treffer, Christian: Insolvenzbedingte Lösungsklauseln - Zulässigkeit nach § 119 InsO
MDR 2000, 1178-1179.

Uhlenbruck, Wilhelm: Gläubigerberatung in der Insolvenz
Köln 1983.

Ders.: Anmerkung zu BGH JZ 1992, 424, 425 - 426.

Ders.: Das neue Insolvenzrecht
Insolvenzordnung und Einführungsgesetz nebst Materialien
Herne, Berlin 1994.

Ulmer, Peter/ Brandner, Erich/ Hensen, Horst-Dieter: AGB-Gesetz
Kommentar
9. Auflage
Köln 2001.

Vallender, Heinz: Einzelzwangsvollstreckung im neuen Insolvenzrecht
ZIP 1997, 1993-2002.

Virgos, Miguel/ Schmit, Etienne: Erläuternder Bericht zu dem EU-Übereinkommen über Insolvenzverfahren
in: Hans Stoll:
Vorschläge und Gutachten zur Umsetzung des EU-Übereinkommens über Insolvenzverfahren im deutschen Recht
Tübingen 1997.

Voskuil, C.C.A./ Wade, J.A. (Hg.): Hague-Zagreb Essays 5 on the Law of International Trade, Reservation of Title, Multiparty Arbitration,
Dordrecht/Boston/Lancaster 1985.

Wadle, Elmar: Das Problem der fremdwirkenden Verarbeitung
JuS 1982, 477-483.

Wagner, Eberhard: Anmerkung zu BGH JZ 1998, 258-260.

Wagner, Eberhard: Teilbarkeit der Herstellereigenschaft in § 950 BGB?
ACP 184 (1984), 14-39.

Walb, H.: Der Eigentumsvorbehalt im Konkurs
BB 1953, 577-579.

Wallner, Jürgen: Sonstige Recht in der Verwertung nach den §§ 166 ff. InsO
ZInsO 1999, 453-457.

Weber, Hansjörg: Reform der Mobiliarsicherheiten
NJW 1976, 1601-1607.

Ders.: Sicherungsgeschäfte
3. Auflage
München 1986.

Weber, Martin: Erweiterter Eigentums- und Konzernvorbehalt in allgemeinen Lieferbedingungen
BB 1989, 1768-1775.

Weimar, Wilhelm: Der Eigentumsvorbehalt des Vorbehaltsverkäufers durch Verbindung
JR 1975, 229-231.

Weinbörner, Udo: Die neue Insolvenzordnung und das EU-Übereinkommen über Insolvenzverfahren
Rpfleger 1996, 494-500.

Wellensiek, Jobst: in: Uhlenbruck/Karsten Schmidt:
Die GmbH in Krise, Sanierung und Insolvenz
2. Auflage
Köln 1999.

Ders.: Sanieren oder Liquidieren?
- Unternehmensfortführung und -sanierung im Rahmen der neuen Insolvenzordnung -
WM 1999, 405-460.

Ders.: Die Aufgaben des Insolvenzverwalters nach der Insolvenzordnung
Kölner Schrift zur Insolvenzordnung, S. 403-429
2. Auflage
Berlin 2000.

Ders.: Ein Jahr Insolvenzordnung - Erste Praxiserfahrungen mit dem neuen Recht BB 2000, 1-8.

Westermann, Harm Peter/ Gursky, Karl-Heinz/ Eickmann, Dieter: Sachenrecht Band I Grundlagen und Recht der beweglichen Sachen 7. Auflage Heidelberg 1998.

Westphalen, Friedrich Graf von: Eigentumsvorbehalt unter dem Blickwinkel des AGB-Gesetzes (III) DB 1977, 1685-1688.

Ders.: Klauseln des verlängerten und erweiterten Eigentumsvorbehaltes - § 9 AGB-Gesetz: Inhalt und Grenzen (II) DB 1985, 475-478.

Wieacker, Franz: Leistungshandlung und Leistungserfolg im Bürgerlichen Schuldrecht in: FS f. Hans Carl Nipperdey zum 70. Geburtstag, S. 783-813. München 1965

Wieser, Eberhard: Die Forderung als Anrecht und Zuständigkeit JR 1967, 321-326.

Ders.: Zur Rückgabepflicht des Vorbehaltskäufers bei Konkurs des Verkäufers NJW 1970, 913-917.

Wiethölter, Rudolf : Kauf unter Eigentumsvorbehalt und Gewährleistung für Rechtsmängel JZ 1961, 693-695.

Wilhelm, Jan: Sachenrecht Berlin 1993.

Willmowsky, Peter von: Sicherungsrechte im Europäischen Insolvenzübereinkommen EWS 1997, 295-300.

Wimmer, Klaus: (Hrsg.) Frankfurter Kommentar zur Insolvenzordnung Neuwied, Kriftel 1999.

Windel, Peter A.: Die Insolvenzordnung:

Reform im Banner von Masseanreicherung, Unternehmenssanierung und Schuldbefreiung. Jura 1999, 1-9.

Wissmann, Matthias: Die Insolvenzrechtsreform aus der Sicht des Parlaments in: Fachtagung zur Insolvenzrechtsreform - Notwendigkeit oder falscher Ansatz zur Bewältigung wirtschaftlicher Krisen - S. 39-45 Bonn 1985.

Wolff, Martin/ Raiser, Ludwig: Sachenrecht Ein Lehrbuch 10. Auflage Tübingen 1957.

Wunderer, Regina: Auswirkungen des Europäischen Übereinkommens über Insolvenzverfahren auf Bankgeschäfte WM 1998, 793-844.

Zahn, Herbert: Leasingnehmer und refinanzierende Bank in der Insolvenz des Leasinggebers nach der Insolvenzordnung DB 1995, 1649-1649.

Ders.: Der Leasingvertrag über Mobilien in der Insolvenz des Leasinggebers nach der Novellierung der InsO DB 1996, 1393-1397.

Zeitel, Gerhard: Vorwort in: Fachtagung zur Insolvenzrechtsreform-Notwendigkeit oder falscher Ansatz zur Bewältigung wirtschaftlicher Krisen- S. 7-8 Bonn 1985.

Zeuner, Albrecht: Die fremdwirkende Verarbeitung als Zurechnungsproblem JZ 1955, 196-197.

Ziffer, Rudolf: „Uneigentlicher“ Eigentumsvorbehalt mit „dinglicher Surrogation“ JW 1930, 1358-1359.

Einleitung

A. Bedeutung und Sinn des Eigentumsvorbehaltes

Der Eigentumsvorbehalt[1] mit seinen verschiedenen Ausformungen ist eines der häufigsten und wichtigsten Sicherungsmittel im Warenkredit[2].

Beim einfachen Eigentumsvorbehalt hat sich der Verkäufer einer beweglichen Sache das Eigentum bis zur Zahlung des Kaufpreises vorbehalten, die Eigentumsübertragung erfolgt also unter der aufschiebenden Bedingung vollständiger Kaufpreiszahlung, § 455 I BGB a.F / § 449 I n.F. Mit der aufschiebend bedingten Übereignung und Übergabe der Sache erlangt der Käufer zwar ein Anwartschaftsrecht[3] am Vollrecht Eigentum der Sache, §§ 929 S. 1, 158 I BGB, und ist zu deren Nutzung berechtigt, das Volleigentum geht jedoch erst im Moment des Bedingungseintritts auf ihn über. Mit dieser Regelung wird einerseits dem Sicherungsbedürfnis des Verkäufers gegen Gefahren, die aus seiner Vorleistung erwachsen können Rechnung getragen. Andererseits kann der Abnehmer die Sache bereits nutzen und für seine Zwecke einsetzen.
Vielfach wurde der einfache Eigentumsvorbehalt aber den Anforderungen des Wirtschaftsverkehrs nicht gerecht. Denn in Fällen, in denen die Vorbehaltsware bestimmungsgemäß nicht beim Abnehmer verbleibt, sondern im gewöhnlichen Geschäftsgang weiterveräußert, ver- oder eingearbeitet wird, stellte sich das Problem, wie die noch offene Kaufpreisforderung des Verkäufers gesichert werden sollte, wenn die Ware an einen Dritten veräußert war oder in ihrem ursprünglichen Zustand nicht mehr existierte. Im Handelsverkehr

---

[1] Eine ausdrückliche gesetzliche Regelung hat nur die Grundform des Eigentumsvorbehaltes in § 455 BGB a.F. / § 449 BGB n.F. erfahren. Im Zuge der Insolvenzrechtsreform wurde § 455 BGB a.F. um einen zweiten Absatz ergänzt, der seit dem 1.1.1999 in Kraft ist und bestimmt, dass die Vereinbarung eines Eigentumsvorbehaltes unter der Voraussetzung nichtig ist, dass der Eigentumsübergang davon abhängig gemacht wird, dass „der Käufer Forderungen eines Dritten, insbesondere eines mit dem Verkäufer verbundenen Unternehmens erfüllt". Mit Inkrafttreten des Gesetzes zur Modernisierung des Schuldrechts am 1.1.2002 wurde § 455 BGB a.F zu § 449 BGB n.F., wobei der Inhalt des bisherigen § 455 I BGB a.F in zwei Absätze aufgeteilt und der im Zuge der Insolvenzrechtsreform neu eingefügte Absatz 2 als dritter Absatz angefügt würde.

[2] *Adams*, Ökologische Analyse der Sicherungsrechte, S. 114 ; *v. Bernstorff*, RIW 1993, 365, 365; Palandt-*Putzo*, § 455 BGB Rn. 1; Staudinger-*Honsell*, § 455 Rn. 2; *Weber*, NJW 1976, 1601, 1605; *Wissmann*, Insolvenzrechtsreform, in: Fachtagung zur Insolvenzrechtsreform, S. 50; siehe auch Soergel/Siebert/Siebert-*Mühl*, § 455 Rn. 1.

[3] Die ganz herrschende Meinung geht von der Entstehung einer Eigentumsanwartschaft aus. Uneinigkeit herrscht jedoch darüber, ob es sich dabei um ein dingliches, obligatorisches oder ein Anwartschaftsrecht sonstiger Art handelt.
Für ein dingliches Recht sprechen sich aus: *Baur/Stürner*, Sachenrecht, § 59 V 1 und § 59 V 5; *Berger*, Eigentumsvorbehalt, 164 f.; *Blomeyer*, AcP 153 (1954), 239, 248; 162 (1963), 193, 197; Müko-*Westermann*, § 455 BGB Rn. 50 f; *Raiser*, Dingliche Anwartschaften, S. 37 ff; *Schreiber*, NJW 1966, 2333, 2334; Soergel/Siebert/Siebert-*Mühl*, § 929 BGB Rn. 38 .
Ein obligartorisches Recht wird angenommen von: *Flume*, AcP 161 (1962), 385, 407 f; *Larenz*, Schuldrecht BT II 1 Halbband, § 43 II.
Von einer dazwischenliegenden Art Recht gehen aus: *Georgiades*, Die Eigentumsanwartschaft beim Vorbehaltskauf, S. 111 ff.; *Serick*, Bd. I, § 11 I 2; *ders.*, AcP 166 (1966), 129, 130.
Der BGH hat der Eigentumsanwartschaft in der Entscheidung BGHZ 30, 374, 377 die Eigenschaft eines gegen jedermann wirkenden dinglichen Rechtes abgesprochen, ging dann aber in BGHZ 75, 221, 225 dazu über, sie als subjektiv-dingliches Recht anzusehen.
Demgegenüber lehnen nur wenige Autoren, wie beispielsweise *Kupisch*, JZ 1976, 417, 425 die Entstehung eines Anwartschaftsrechtes gänzlich ab.

erwies sich der einfache Eigentumsvorbehalt daher weitgehend als unzulängliche Regelung[4]. Aus diesem Grund war die Schaffung von Kreditsicherungsmitteln notwendig, die den Gestaltungspielraum der Parteien für individuelle Bedürfnisse nicht von vornherein durch zwingendes Recht im Keim erstickten.
Um diesen Problemen Herr zu werden, wurde die gesetzliche Grundform des Eigentumsvorbehaltes um ein Geflecht aus Erweiterungs- und Verlängerungsformen modifiziert und ausgebaut.
Der verlängerte Eigentumsvorbehalt trägt dem Sicherungsbedürfnis des Vorbehaltsverkäufers auch im Falle der Weiterveräußerung des Vorbehaltsgutes im ordnungsgemäßen Geschäftsbetrieb Rechnung, indem der Abnehmer gemäß § 185 I BGB dazu ermächtigt wird, die Vorbehaltsware im ordnungsgemäßen Geschäftsverkehr weiter zu veräußern, während der Vorbehaltsverkäufer als Surrogat für den mit der Weiterveräußerung untergegangenen einfachen Eigentumsvorbehalt, die aus dem Weiterverkauf an den Abkäufer resultierende Kaufpreisforderung durch Vorausabtretung erlangt. Ähnlich verhält es sich bei Wirtschaftsgütern, die typischerweise zur Ver- oder Einarbeitung bestimmt sind. Hier wird durch Verarbeitungsklauseln dem Umstand Rechnung getragen, dass der einfache Eigentumsvorbehalt an der Vorbehaltssache durch deren Verarbeitung, Vermischung oder Verbindung mit anderen Sachen untergeht[5]. Durch die Verarbeitungsklausel erstreckt sich die Sicherung dann auf die neu entstandene Sache.
Von geringer praktischer Bedeutung ist der weitergeleitete Eigentumsvorbehalt. Dabei handelt es sich um eine Spielart des Eigentumsvorbehaltes, die dem Vorbehaltskäufer die Möglichkeit eröffnet, die Vorbehaltsware unter Offenlegung seines eigenen Vorbehaltskaufes weiter zu veräußern. Der Erstkäufer muss seinen Abkäufer also davon in Kenntnis setzen, dass der Erstverkäufer bis zur Tilgung der letzten Kaufpreisrate Eigentümer des Vorbehaltsgutes bleibt[6]. Ein Eigentumserwerb des Zweitkäufers ist daher erst mit diesem Zeitpunkt möglich. Aus diesem Grund wird sich der Zweitkäufer nur selten auf einen weitergeleiteten Eigentumsvorbehalt einlassen, es sei denn, ihm wurde die Möglichkeit eingeräumt, direkt an den Erstverkäufer zu zahlen, um so den Eigentumsübergang auf sich zu veranlassen[7]. Beim offen weitergeleiteten Eigentumsvorbehalt wird im Zweitgeschäft keine neue Bedingung für den Eigentumserwerb des Zweitkäufers vereinbart. Es besteht daher nur der Eigentumsvorbehalt des Erstkäufers und sein aufgrund dessen erlangtes Anwartschaftsrecht, welches er dem Zweitkäufer überträgt[8]. Mit dem Bedingungseintritt erlangt dann der Zweiterwerber ohne Zwischeneigentum des Erstkäufers das Eigentum[9].
Nicht zuletzt weil der Zweitverkäufer sein eigenes Kreditgeschäft offenlegen muss, wird der verlängerte Eigentumsvorbehalt dem weitergeleiteten in der Praxis vorgezogen[10].
Eine weitere Möglichkeit des Käufers, das Vorbehaltsgut im ordnungsgemäßen Geschäftsverkehr weiter zu veräußern, ohne dass der Vorbehaltsverkäufer seine Sicherheit verliert, wird durch den nachgeschalteten Eigentumsvorbehalt, bei dem der Erstkäufer nicht verpflichtet ist, den Eigentumsvorbehalt aus dem Erstgeschäft aufzudecken und seinerseits dazu berechtigt ist, die Vorbehaltsware ebenfalls unter Eigentumsvorbehalt zu veräußern, eröffnet. Beim pflichtgemäß nachgeschalteten Eigentumsvorbehalt ist der Erstkäufer für den

---

[4] *Ziffer*, JW 1930, 1358, 1358.
[5] vgl. BGHZ 20, 159, 163 f.
[6] *Serick*, Bd. I, § 5 I 3 a.
[7] *Graf Lambsdorff*, Handbuch des Eigentumsvorbehalts, Rn. 461.
[8] *Serick*, Bd. I, § 13 IV 1.
[9] Nerlich/Römmermann-*Andres*, § 47 Rn. 21-
[10] *Graf Lambsdorff*, Handbuch des Eigentumsvorbehalts, Rn. 461.

Fall, dass der Weiterverkauf der Sache ebenfalls ein Kreditgeschäft ist, dazu verpflichtet, die Weiterveräußerung der Sache ebenfalls unter Eigentumsvorbehalt vorzunehmen[11]. Es entsteht also ein zweites Anwartschaftsrecht, das im zweiten Vorbehaltskauf wurzelt. Gleichsam wird der nachgeschaltete Eigentumsvorbehalt zur Sicherung des Erstverkäufers mit einer Vorausabtretungsklausel derart kombiniert, dass der Erstverkäufer bis zur vollständigen Bezahlung des Zweitkaufpreises die im voraus abgetretene Forderung erhält. Damit wird nicht nur dem Sicherungsbedürfnis des Erstverkäufers sondern auch dem des Erstkäufers genüge getan. Denn er muss seinen Vertragspartner nicht darüber unterrichten, dass an der von ihm veräußerten Ware bereits ein Eigentumsvorbehalt des Erstverkäufers besteht[12]. Von praktisch größerer Bedeutung als der pflichtgemäß nachgeschaltete Eigentumsvorbehalt ist der freiwillig nachgeschaltete Eigentumsvorbehalt, bei dem es im Ermessen des Erstkäufers liegt, ob er das Zweitgeschäft unter Eigentumsvorbehalt vornimmt oder nicht. Obwohl der Erstkäufer nur dazu ermächtigt, nicht aber verpflichtet ist, die Ware im eigenen Namen weiter zu veräußern, ist er in der heutigen Formularpraxis die Regel[13]. Denn der Erstkäufer wird in der Regel nicht auf die Sicherheit eines nachgeschalteten Eigentumsvorbehalts verzichten wollen. Zur Sicherung des Erstverkäufers wird auch der freiwillig nachgeschaltete Eigentumsvorbehalt regelmäßig mit einer Vorausabtretungsklausel verbunden, durch die die Kaufpreisforderung aus dem Zweitgeschäft dem Erstverkäufer übertragen wird[14].

Eine weitere Ausformung des Eigentumsvorbehaltes, die nur beim Warenkredit vorkommt ist der uneigentliche Eigentumsvorbehalt. Dieser ist dadurch gekennzeichnet, dass die Übereignung unbedingt erfolgt, während sich der Käufer im Kaufvertrag dazu verpflichtet, erst nach vollständiger Kaufpreiszahlung über die Sache zu verfügen[15]. Der uneigentliche Eigentumsvorbehalt wurde entwickelt, um dem Bedürfnis genüge zu tun, eine ausreichende Sicherung des Vorbehaltsverkäufers zu erlangen und dennoch der Tatsache Rechnung zu tragen, dass im Handel befindliche Waren zur Veräußerung bestimmt sind[16]. Der Käufer könne es nicht von der Zustimmung des Verkäufers abhängig machen, dass er die Ware nicht vor vollständiger Kaufpreiszahlung veräußern darf. Eine hinreichende Sicherung würde durch die schuldrechtliche Bedingung erfolgen[17]. Der uneigentliche Eigentumsvorbehalt ist jedoch nur von geringer praktischer Bedeutung und daher nur der Vollständigkeit halber erwähnt.

Dem Bestreben des Gläubigers, die Sicherheit am Vorbehaltsgut solange, wie möglich zu erhalten, indem sie sich über die konkret gesicherte Forderung hinaus auch auf weitere offene Forderungen des Vorbehaltslieferanten erstreckt, dienen die Erweiterungsformen des Eigentumsvorbehaltes[18].

Bei der Grundform des erweiterten Eigentumsvorbehaltes wird die Eigentumsübertragung neben der Bedingung vollständiger Kaufpreiszahlung auch von der Erfüllung anderer Forderungen aus selbständigen Verträgen abhängig gemacht[19]. Erstreckt sich die aufschiebende Bedingung für den Eigentumsübergang auf alle oder auf Teile der Forderungen aus einer laufenden Geschäftsverbindung i.S.v. § 355 HGB, liegt ein Kontokorrentvorbehalt vor[20], während von einem Konzernvorbehalt gesprochen wird, wenn das Sicherungsgut auch

---

[11] *Serick*, Bd. I, § 13 IV 2.
[12] *Serick*, Bd. I, § 5 I 3 b.
[13] *Serick*, Bd. I, § 5 I 3 b.
[14] *Serick*, Bd. I, § 5 I 3 b.
[15] *Serick*, Bd. I § 5 II 1 c.
[16] *Ziffer*, JW 1930, 1358, 1358.
[17] *Ziffer*, JW 1930, 1358, 1358.
[18] *Serick*, Bd. IV, § 42 I 1.
[19] *Adams*, Ökonomische Analyse der Sicherungsrechte, S. 115.
[20] *Serick*, Bd. I, § 2 I 2 ; Bd. IV, § 40 I 1.

Forderungen Konzernangehöriger sichert[21]. Denkbar ist der Konzernvorbehalt auf Seiten des Vorbehaltsverkäufers, in der Form, dass der Verkäufer solange Eigentümer bleibt, bis nicht nur die Kaufpreisforderung sowie alle anderen Forderungen des Verkäufers, sondern auch die Forderungen anderer mit dem Verkäuferunternehmen verbundene Unternehmen gegenüber dem Käufer getilgt sind. Ein Konzernvorbehalt auf Käuferseite ist demgegenüber in der Gestalt konstruierbar, dass der Vorbehaltskäufer als Konzernunternehmen erst dann Eigentum erlangt, wenn auch die anderen Konzernunternehmen ihre dem Verkäufer gegenüber bestehenden Verbindlichkeiten, die wiederum durch erweiterte Eigentumsvorbehalte gesichert sind, erfüllt haben. Möglich ist ferner eine Kombination von Konzernvorbehalten auf Verkäufer- und Käuferseite. So beispielsweise, wenn der Verkäufer an eine Konzernunternehmen liefert und er selbst auch Teil eines Konzernes ist[22].

B. Das Problem

In den letzten Jahren ist das Konkursrecht weitgehend funktionsunfähig geworden[23]. Aufgrund der rückläufigen Eigenkapitalquote[24] mittelständischer Unternehmen ist vier Fünftel des bei insolventen Schuldnern vorhandenen Vermögens mit Aus- und Absonderungsrechten Dritter belastet und wird vorweg verteilt[25]. Die Hälfte der Sicherheiten sind Sicherheiten an beweglichen Sachen, wobei der größte Anteil auf Eigentumsvorbehalte und Sicherungsübereignungen fällt[26]. Die besondere Bedeutung des Eigentumsvorbehaltes und seiner verschiedenen Ausformungen für den Warenkredit zeigt sich daran, dass mehr als 50 % der Warenlieferanten den Eigentumsvorbehalt als Sicherungsform wählen[27].

Eine von *Drukarczyk/Duttle/Rieger* durchgeführte Studie hat ergeben, dass der Anteil der durch Eigentumsvorbehalt gesicherten Lieferantenkredite bei 99,4 % liegt[28]. Dabei war eine Kombination aus verlängertem und erweitertem Eigentumsvorbehalt mit 54,3 % am weitesten verbreitet, während der einfache Eigentumsvorbehalt nur einen Anteil von 16,1 % ausmachte[29]. Bei der Eröffnung eines Insolvenzverfahrens über das Vermögen des Vorbehaltskäufers-, verkäufers oder des Abnehmers dominiert der Eigentumsvorbehalt daher als gewählte Sicherungsform der Sicherungsgläubiger.

Die aus dem Jahre 1985 stammende Untersuchung hat weiter gezeigt, dass 50 % der befragten mittelständischen Unternehmen ihr Mobiliarvermögen als Sicherungsinstrument einsetzt[30]. Auf Bankenseite hat die Befragung verdeutlicht, dass 40 % der gesicherten Bankkredite

---

[21] *Serick*, Bd. V, § 68 IV 2.

[22] *Bülow*, DB 1999, 2196, 2196.

[23] Erster Bericht der Kommission für Insolvenzrecht, S. V, 3; *Erhard*, Insolvenzrechtsreform, in: Fachtagung zur Insolvenzrechtsreform, S. 23.

[24] *Bernhardt*, Insolvenzrechtsreform in: Fachtagung zur Insolvenzrechtsreform, S. 31; *Zeitel*, Vorwort, S. 7, in: Fachtagung zur Insolvenzrechtsreform.

[25] BT-Drucks. 12/2443 S. 73.; *Erhard*, Insolvenzrechtsreform, in: Fachtagung zur Insolvenzrechtsreform, S. 24/25.

[26] *Erhard*, Insolvenzrechtsreform, in: Fachtagung zur Insolvenzrechtsreform, S. 25; vgl. auch die Untersuchung des Max-Planck-Institutes für ausländisches und internationales Privatrecht, Sozialwissenschaftliche Gruppe, S. 170.

[27] *BMinisterium der Justiz*, Die Praxis der Konkursabwicklung, S. 173.

[28] *Drukarczyk/Duttel/Rieger*, Mobiliarsicherheiten, S. 64.

[29] *Drukarczyk/Duttel/Rieger*, Mobiliarsicherheiten, S. 65.

[30] *Drukarczyk/Duttle/Rieger*, Mobiliarsicherheiten, S. 59 ff.

mobiliargesichert sind[31]; 95 % der Banken hielten Mobiliarsicherheiten für das Kreditgeschäft als unverzichtbar[32].

Die Konkursordnung sah in den §§ 47 ff die Absonderung, in den §§ 43 ff die Aussonderung vor. Sowohl aus- als auch absonderungsberechtigte Gläubiger entziehen der Masse Werte. Der wesentliche Unterschied liegt darin, dass Aussonderungsberechtigte die Nichtzugehörigkeit eines Gegenstandes zur Masse geltend machen und diesen damit vollständig aus der Masse herausnehmen, während Absonderungsberechtigte die Masse schmälern, indem sie einen in ihr verhafteten Gegenstand primär zur eigenen Befriedigung in Anspruch nehmen[33].
Im Geltungsbereich der Konkursordnung berechtigte der einfache Eigentumsvorbehalt zur Aussonderung[34], die Verlängerungs- und Erweiterungsformen nach Eintritt des Erweiterungs-/Verlängerungsfalls zur abgesonderten Befriedigung[35]. Gleiches galt nach der Gesamtvollstreckungsordnung auch für das Gebiet der ehemaligen DDR[36]. Nach § 127 II KO waren die absonderungsberechtigten Gläubiger grundsätzlich[37] zur Inbesitznahme und sofortigen Selbstverwertung des Sicherungsgutes berechtigt[38], und hatten bei einer gemäß § 127 KO durchgeführten Pfandverwertung lediglich den überschüssigen Erlös an die Masse zurück zu führen. Ihr Interesse an einer bestmöglichen Verwertung des Sicherungsgutes, die insbesondere über den noch gesicherten Betrag hinausging, war daher regelmäßig sehr gering. Unerwünschte Folge dieser Verwertungsregelung war neben der Förderung der Funktionslosigkeit des Konkursrechts, eine generelle Zerschlagungstendenz, ausgelöst durch die fehlende Rücksicht der Sicherungsgläubiger. Denn diese waren weder dazu verpflichtet die Interessen der übrigen Beteiligten zu beachten, noch mussten sie dem Konkursverwalter das Sicherungsgut zur Nutzung überlassen, und auch keinen Sanierungsbeitrag leisten[39].

---

31 *Drukarczyk/Duttle/Rieger*, Mobiliarsicherheiten, S. 63, Tab U-21.

32 vgl. auch *Bernhardt*, Insolvenzrechtsreform, in: Fachtagung zur Insolvenzrechtsreform, S. 33.

33 *Kuhn/Uhlenbruck*, § 47 Rn. 1.

34 BGHZ 54, 214, 219; *Baur/Stürner*, Zwangsvollstreckungs- Konkurs- und Vergleichsrecht, Rn. 14.8; *Grunsky*, Grundzüge des Zwangsvollstreckungs- und Insolvenzrechts, Rn. 156; *Jauernig*, Zwangsvollstreckungs- und Konkursrecht, § 45 I a ; *Kuhn/Uhlenbruck*, § 17 Rn. 28; *Marotzke*, ZZP 109 (1996), 429, 430; *Serick*, Bd. I, § 13 II 3.

35 Ein Teil der Literatur nahm mit dem Hinweis darauf, dass der Berechtigte Vollinhaber der Forderung wäre, auch in den Fällen des erweiterten und verlängerten Eigentumsvorbehaltes ein Aussonderungsrecht nach § 43 KO an - *Baumann*, Konkurs und Vergleich, § 10 I 3 a; *Baur/Stürner*, Zwangsvollstreckungs-, Konkurs- und Vergleichsrecht, Rn. 14.9 ff; *Jauernig*, § 45 I 1 a- . Die überwiegende Ansicht in Literatur und Rechtsprechung ging hingegen von einem Absonderungsrecht analog § 48 KO aus - BGHZ 70, 86, 92; BGH NJW 1971, 799, 799; NJW 1978, 632, 633;BGH KTS 1971, 213, 213; 1978, 165, 166; BGH JZ 1971, 506, 506; BGH WM 1977, 1422, 1422; *Henckel*, Aktuelle Probleme, S. 12; Jaeger-*Lent*, § 43 Rn. 37 i, 62; *Kuhn/Uhlenbruck*, § 43 Rn. 36, 42 a; *Serick*, FS Einhundert Jahre KO 1877-1977, S. 280 ff, 282; *ders.*, BB 1978, 1478, 1479; *ders,*. Bd V, § 68 II b, S. 673; *ders.*, ZIP 1982, 507, 508. Begründet würde diese Ansicht mit der funktionalen Gleichheit der Erweiterungs- und Verlängerungsformen des Eigentumsvorbehaltes mit der Sicherungsübereignung und Sicherungszession. Denn ähnlich wie bei der Sicherungsübereignung gäbe das Vorbehaltseigentum hier nur eine pfandrechtsartige Berechtigung.

36 *Gottwald*, Nachtrag „Gesamtvollstreckungsordnung" zum Insolvenzrechts-Handbuch, S. 62 Rn. 10-12.

37 Das Verhältnis der Bestimmungen des § 127 I und II KO hat sich aufgrund der Pfandverwertungsvorschriften des BGB und des HGB mit Inkrafttreten des BGB umgekehr, so dass absonderungsberechtigte Gläubiger grundsätzlich zur Selbstverwertung befugt waren, während die Verwaltung durch den Konkursverwalter nach § 127 II KO die Ausnahme bildete, vgl. *Kilger/Schmidt*, § 127 KO Anm. 1; *Kuhn/Uhlenbruck*, § 127 Rn. 1; *Mönning*, FS f. Uhlenbruck, 239, 240.

38 *Klasmeyer/Elsner/Ringstmeier*, Kölner Schrift zur InsO, 1083, 1084 Rn. 2.

39 *Mönnig*, Betriebsfortführung in der Insolvenz, Rn. 22 ff.

Nur ausnahmsweise verwertete der Konkursverwalter nach § 127 I KO das mit Absonderungsrechten belastete Fahrnis selbst[40]. Aber auch in diesem Fall ergaben sich keine Vorteile für die Masse. Denn die Sicherungsgläubiger hatten einen Anspruch auf volle Befriedigung aus dem der Absonderung unterliegenden Gegenstand[41], während die Konkursordnung keinen Beitrag der Sicherungsgläubiger für die Masse vorsah. Kosten für Sicherung, Feststellung sowie Verwertung des Sicherungsgutes wurden daher vollständig von der Masse getragen[42].

Dies entsprach im Wesentlichen auch der Rechtslage in der ehemaligen DDR, denn obwohl die Gesamtvollstreckungsordnung neben der Liquidation auch auf die Betriebsfortführung und Sanierung des schuldnerischen Unternehmens gerichtet war, oblag die Verwertungsbefugnis nach § 12 I GesO auch hier dem Dritten und nicht dem Verwalter. Die GesO sah jedoch keine § 127 II 1 KO entsprechende Regelung vor, nach der der Verwalter dem Gläubiger eine Frist zur eigenen Verwertung setzten und nach Ablauf dieser Frist selbst zur Verwertung berechtigt war, § 127 II 2, I KO. Dem Gesamtvollstreckungsverwalter blieb daher lediglich die Möglichkeit, nicht hinterlegungsfähige Sachen nach Androhung gemäß §§ 383, 384 BGB versteigern zu lassen[43].
Die Geltendmachung dieser Rechte hat zu einer weitgehenden Aushöhlung der Konkursmasse geführt, so dass die Anzahl der in den letzten Jahren mangels Masse abgewiesenen Konkursanträgen stetig anstieg[44]. In dem Zeitraum von 1985-1990 belief sich der Anteil der Einstellungen mangels Masse an den Gesamteinstellungen beispielsweise auf über 75 %[45]. Im Durchschnitt mussten 20 % aller eröffneten Konkursverfahren nachträglich mangels Masse eingestellt werden[46].
Die Hauptursache der Massearmut, die allgemein in der großen Verbreitung besitzloser Mobiliarsicherheiten gesehen wird, war im Bereich des Warenverkehrs damit im wesentlichen auf die durch Eigentumsvorbehalte aus- und absonderungsberechtigten Lieferanten zurückzuführen[47].
Realisierten diese dinglich Berechtigten ihr sofortiges Verwertungsrecht, verlor das insolvente Unternehmen Betriebsmittel, die für eine zeitweilige oder dauerhafte Fortführung unentbehrlich sind, wodurch die Sanierungschance oft nicht nur erschwert, sondern vielfach sogar vereitelt wurde[48]. Aus den §§ 129 II, 130, 132 I KO ergibt sich aber, dass die Betriebsfortführung auch unter Geltung der Konkursordnung möglich war, was jedoch zunächst eher die Ausnahme bildete. Denn hierzu war die Weiterbeschäftigung der Arbeitnehmer notwendig, der jedoch häufig insolvenzbedingte Liquidationsschwierigkeiten entgegenstanden[49]. Hinzu kam die weit verbreitete Auffassung, die Betriebsfortführung

---

40 *Kilger/Schmidt*, § 127 KO Anm. 5 a.

41 Das hieß, dass gemäß § 367 I BGB zunächst die Kosten, dann die Zinsen und erst im Anschluß daran das Kapital getilgt wurde.

42 *Landfermann*, KTS 1987, 381, 391.

43 *Gottwald*, Nachtrag „GesamtvollstreckungsO zum Insolvenzrechts-Handbuch, S. 65 Rn. 28.

44 vgl. auch Erster Bericht der Kommission für Insolvenzrecht, S. 3; *Erhard*, Insolvenzrechtsreform, in: Fachtagung zur Insolvenzrechtsreform, S. 23; *Zeitel*, Vorwort, in: Fachtagung zur Insolvenzrechtsreform, S. 7.

45 *Hauser*, Eröffnung, S. 12, in: Fachtagung für Insolvenzrecht; *Kübler/Prütting*, Das neue Insolvenzrecht, Bd. I, S. 90.; *Mönning*, FS f. Uhlenbruck, 239, 239; vgl. dazu auch *Pick*, NJW 1995, 992, 993.

46 *Zeitel*, Vorwort in: Fachtagung zur Insolvenzrechtsreform, S. 7.

47 Bereits vor Einsetzung der Kommission für Insolvenzrecht wurde die große Massearmut der Insolvenzen unter anderem auf die große Verbreitung des Eigentumsvorbehaltes zurückgeführt, vgl. dazu *Kilger*, KTS 1975, 142 ff, 165; Diskussionsbericht, AnwBl. 1975, 279, 279.

48 *Klasmeyer/Elsner/Ringstmeyer*, Kölner Schrift zur InsO, 1083, 1083 Rn. 1.

49 *Wellensiek*, WM 1999, 405, 405.

vertrage sich nicht mit Ziel des Konkursverfahrens, das schuldnerischen Unternehmen möglichst rasch zu liquidieren[50]. Darüber hinaus ist die Betriebsfortführung mit der Eingehung von Masseverbindlichkeiten verbunden, was weitgehend als haftungsrechtlich unangebracht angesehen wurde. Und selbst wenn der Betrieb fortgeführt werden sollte, fanden sich kaum Kreditgeber oder andere Gründe führten zur Stillegung des konkursbefangegnen Unternehmens.
Auch das insofern seit etwa 25 Jahren veränderte Bewußtsein, im Hinblick auf größere Unternehmensinsolvenzen, bei denen vor allem auch wirtschafts- und arbeitsmarktpolitische Gründe von Bedeutung waren, noch das Gesetz über Konkursausfallgeld[51], durch das Arbeitnehmer bis zur Konkurseröffnung unter Sicherstellung ihrer Entgeldansprüche weiterbeschäftigt werden, vermochten etwas Wesentliches an diesem Zustand zu ändern.
Hinzu kommt, dass die Befriedigung nicht bevorrechtigter Gläubiger mit zunehmender Anzahl Aus- und Absonderungsberechtigter fast vollends in die Bedeutungslosigkeit herabgesunken war. Seit Jahren erzielten sie bereits nur etwa maximal 5 % auf ihre Forderungen[52]. Die Diskrepanz der Befriedigungsquoten für ungesicherte und gesicherte Gläubiger widersprach aber dem Grundsatz gleichmäßiger Gläubigerbehandlung aus § 3 I KO. Hinzu kam noch das stetige Ansteigen der abgewiesenen Konkursanträge sowie die fehlende Fähigkeit der Konkursordnung, insolvente Unternehmen frühzeitig zum Ausscheiden aus dem Wirtschaftsleben zu zwingen, die dazu geführt hat, dass bis dahin florierende Unternehmen mit in den Zusammenbruch gezogen wurden[53]. Insofern wurden also sowohl Gläubigerunternehmen als auch - bedingt durch die von der großen Anzahl von Aus- und Absonderungberechtigten entzogenen Werte - das Schuldnerunternehmen als an sich möglicherweise sanierungsfähige Betriebsstätte vernichtet[54], was in Kombination mit den durch die von den Verwaltern erzielten Verwertungsverlusten zu erheblichen volkswirtschaftlichen Einbußen führte[55].
Neben der Abweisung der Mehrzahl der Konkursanträge führte die Massearmut auch zur Aussichtslosigkeit von Vergleichsverfahen, die auf eine Reorganisation des Schuldners ausgerichtet waren. Denn wenn entsprechend den Anforderungen der Vergleichsordnung 86-90 % der bevorrechtigten Gläubiger voll befriedigt werden, und die nicht gesicherten, nicht bevorrechtigten Gläubiger eine Mindestquote von 35 % erbringen müssen, § 7 VerglO, bleibt regelmäßig kein Raum für einen Vergleich[56].

Mit der am 1.1.1999 in Kraft getretenen Insolvenzordnung sollen diese Mißstände beseitigt werden. Die zentralen Ziele der Insolvenzordnung, die die Konkurs- und Vergleichsordnung[57] ablöst, werden vom Gesetzgeber in § 1 InsO benannt. Im Mittelpunkt der Reform steht danach die gemeinschaftliche und gleichmäßige Befriedigung aller Gläubiger durch Erhalt und Fortführung oder Liquidation des Unternehmens. Um das Insolvenzverfahren wieder funktionsfähig zu machen, sollen die Rechte der gesicherten Gläubiger besser in das

---

[50] *Wellensiek*, WM 1999, 405, 405.

[51] Gesetz vom 19.7.1974, BGBl. I, S. 1481.

[52] Erster Bericht der Kommission für Insolvenzrecht, S. 3 ; BT-Drucks. 12/2443, S. 72; *Erhard*, Insolvenzrechtsreform, in: Fachtagung zur Insolvenzrechtsreform, S. 23; *Zeitel*, Vorwort, in Fachtagung zur Insolvenzrechtsreform, S. 7.

[53] *Erhard*, Insolvenzrechtsreform, in: Fachtagung zur Insolvenzrechtsreform, S. 23.

[54] Neben der Vielzahl konkursfester Mobiliar- und Immobiliarsicherheiten gründete sich die Unzulänglichkeit der Masse zudem in den gesetzlich geschützten Arbeitnehmer- und Fiskalansprüchen.

[55] *Zeitel*, Vorwort, in: Fachtagung für Insolvenzrecht, S. 7.

[56] *Erhard*, Insolvenzrechtsreform in: Fachtagung zur Insolvenzrechtsreform, S. 25.

[57] Und in den neuen Bundesländern die GesO.

Insolvenzverfahren eingepaßt und Vorrechte abgebaut werden, um so die Befriedigungsaussichten der einfachen Insolvenzgläubiger zu verbessern[58]. Da bei Verfahrenseröffnung noch nicht absehbar ist, ob der Erhalt oder die Zerschlagung des Unternehmens vorteilhafter ist, soll die Entscheidung hierüber erst nach hinreichender Prüfung der Gesamtumstände erfolgen[59]. Zu diesem Zweck dehnt § 107 II 1 InsO die Entscheidungsfrist des Verwalters hinsichtlich der Erfüllung von Vorbehaltskäufen in der Käuferinsolvenz bis nach dem Berichtstermin aus, der nach § 29 I Nr. 1 InsO frühestens nach sechs Wochen, spätestens nach drei Monaten stattfinden muss.

Durch die starke Vormachtstellung der Inhaber besitzloser Mobiliarsicherheiten sah man diese Ziele gefährdet. Das hatte ursprünglich dazu geführt, dass deren Beteiligung am Verfahren nur als Insolvenzgläubiger diskutiert wurde und sie auch sonst extreme Einschränkungen erfahren sollten[60]. Aufgrund starker öffentlicher Kritik[61] und Bedenken hinsichtlich der Vereinbarkeit solcher Regelungen mit Art. 14 GG[62], besann man sich aber auf die Funktion der Kreditsicherheiten, sich gerade in der Insolvenz zu bewähren und kam zu dem Schluß, dass sich dies auch in der Insolvenzordnung niederschlagen müßte. Ein weiterer Grund für die Abkehr von diesen ursprünglich ins Auge gefaßten Änderungen barg die Gewichtigkeit der mittelständischen Wirtschaft, die sich dadurch verdeutlichen läßt, dass 99 % aller Unternehmenseinheiten vom Mittelstand gestellt werden, dieser 88% der Nettofinanzierung aller Staatsleistungen trägt, er 3/4 aller Lehrlinge ausbildet, 2/3 aller

---

58 *Hauser*, Eröffnung, in: Fachtagung für Insolvenzrecht, S. 12.

59 *Erhard*, Insolvenzrechtsreform in: Fachtagung zur Insolvenzrechtsreform, S. 24.

60 Die bereits mehrere Jahrzehnte bewegt geführte Diskussion über die Reform des Insolvenzrechts nahm 1978 mit der Einsetzung der Kommission für Insolvenzrecht durch den Bundesminister der Justiz offizielle Form an. 1985 legte die Komission ihren ersten, 1986 ihren zweiten Bericht vor (Erster und Zweiter Bericht der Kommission für Insolvenzrecht, Bundesministerium der Justiz, Köln 1985, 1986). Die Kommissionsvorschläge sahen neben der grundsätzlichen Verwertungskompetenz des Verwalters bei besitzlosen Sicherheiten eine extreme Beschneidung der durch Mobiliarsicherheiten gesicherten Gläubiger vor. Einerseits wurde den Sicherungsgläubigern ein Pauschalbeitrag von 25 % des Verwertungserlöses für die Rechtsfeststellung und -verwertung auferlegt. Andererseits sollten sie weder einen finanziellen Ausgleich für den mit der Nutzung des Sicherungsgutes einhergehenden Wertverlust noch Zinsleistungen aus der Masse erhalten. Darüber hinaus sollten Mobiliarsicherheiten ihre Inhaber weder zur aus- noch zur abgesonderten Befriedigung berechtigen.

Die zweite Reformetappe, in der im August 1988 der Diskussionsentwurf / Juli 1989 der Ergänzungsentwurf eines Gesetzes zur Reform des Insolvenzrechts und im November 1989 der nahezu inhaltsgleiche Referentenentwurf eines Gesetzes zur Reform des Insolvenzrechts vorgelegt wurde, zeichnete sich insbesondere durch eine weitaus schonendere Behandlung der Mobiliarsicherheiten aus. In beiden Entwürfen berechtigten alle Formen des Eigentumsvorbehaltes zur abgesonderten Befriedigung, § 55.

Im November 1991 schließlich brachte die Bundesregierung eine nur leicht modifizierte Version des Diskussions- bzw. Referentenentwurfs als Regierungsentwurfs in das Gesetzgebungsverfahren ein. In dieser dritten und letzten Phase der Reform sollte der einfache Eigentumsvorbehalt nun wie bisher auch zur Aussonderung berechtigen.

61 *Hauser*, Eröffnung, in: Fachtagung zur Insolvenzrechtsreform, S. 12, der darauf aufmerksam macht, dass ein Verfahrensbeitrag von 25 % vom Verwertungserlös, zur Gefährdung der Kreditversorgung der mittelständischen Wirtschaft führt, da diese noch immer in hohem Maße auf Fremdkapital angewiesen sei. Mit einem 25-prozentigen Verfahrensbeitrag sei die dem Mittelstand zumutbare Opfergrenze überschritten, was nicht nur zu einer nachhaltigen Störung der natürlichen Marktmechanismen, sondern im schlimmsten Fall zu deren Ausschaltung führen werde; *Bernhardt*, Insolvenzrechtsreform, in: Fachtagung zur Insolvenzrechtsreform, S. 31, 32 ; Zum Ganzen siehe auch *Landfermann*, KTS 1987, 381 Fn. 2.

62 *Basty*, Die Interessen der Gläubiger in einem künftigen Sanierungs-/Reorganisationsverfahren, S. 301 ff; *Binz/Hess*, Der Konkurs der Insolvenzreform, S. 21 ff; *Serick*, ZIP 1989, 409, 419; *ders.*, BB 1985, 2202 ff; *ders.*, ZIP 1989, 409 ff; A.A.: *Baum*, KTS 1989, 553, 563 ff; *Drobnig*, ZGR 1986, 252, 275 ff; *Koenen*, Bankrechtliche Aspekte der Insolvenzrechtsreform, 1988, 101 ff.

gewerblichen Angestellten stellt, die Hälfte des gesamten Volkseinkommens produziert und 2/5 aller Investitionen trägt[63] und die Notwendigkeit diese zu finanzieren.
Dadurch, dass die mittelständische Wirtschaft einerseits andere Sicherheiten als Mobiliarsicherheiten für Investitionskredite in der Regel nicht zur Verfügung stellen kann und andererseits die Aufnahme ungesicherter Kredite wegen der geringen Eigenkapitalquote von 18-20 % nicht möglich ist, wird deutlich, dass der Mittelstand auf Mobiliarsicherheiten angewiesen ist[64]. Notwendig war also die Schaffung von Regelungen, die es sowohl ermöglichen, den eigenkapitalschwachen Mittelstand zu finanzieren, als auch die bestehende Bevorzugung der mobiliargesicherten Gläubiger und die damit bestehenden Probleme bei den Konkursabwicklungen zu beseitigen[65].

Um das Anlage- und Vorratsvermögen des Gemeinschuldners, an dem regelmäßig besitzlose Mobiliarsicherheiten bestehen, gerade in der kritischen Anfangsphase einer Insolvenz zusammen zu halten und so Sanierungschancen des Unternehmens zu gewährleisten, versagt § 166 I InsO Absonderungsberechtigten ab dem Zeitpunkt der Verfahrenseröffnung die Inbesitznahme ihres Sicherungsgutes, das sich im Besitz des Insolvenzverwalters befindet[66]. Das im Geltungsbereich der Konkursordnung nach § 127 II KO den absonderungsberechtigten Gläubigern oblegene Verwertungsrecht hat gemäß § 166 I InsO nun grundsätzlich der Insolvenzverwalter inne. Ausnahmsweise kann er dem Gläubiger die betroffene Sache nach § 170 II InsO zur Verwertung herausgeben[67]. Zur Kompensation dieses Rechtsverlustes legt § 167 I InsO dem Verwalter aber die Pflicht auf, dem Gläubiger auf dessen Verlangen Auskunft über den Zustand der Sache zu erteilen, ihm vor Veräußerung der Sache Mitteilung zu geben, auf welche Weise diese vorgesehen ist und auf Verbesserungsvorschläge des Gläubigers einzugehen, § 168 I InsO. Neben der Verwertung ist der Verwalter nach § 172 I InsO zur Nutzung der Sachen, an denen Absonderungsrechte bestehen, und die er in seinem Besitz hat für die Insolvenzmasse berechtigt.
Für Aussonderungsrechte fehlt es an einer neuen Regelung. Gegenstände die nicht zur Insolvenzmasse gehören unterstehen daher nicht dem Verwertungsrecht des Verwalters. Ihre Herausgabe kann vielmehr weiterhin, nun allerdings nach § 47 InsO unverzüglich außerhalb des Insolvenzverfahrens geltend gemacht werden. Eine Ausnahme davon macht § 107 II InsO für bewegliche Sachen, an denen Eigentumsvorbehalte bestehen, indem er das

---

63 *Bernhardt*, Insolvenzrechtsreform, in: Fachtagung zur Insolvenzrechtsreform, S. 32.

64 vgl. dazu auch die oben angegebenen Zahlen.

65 Mit der Beschränkung der Mobiliarsicherheiten entsprechend dem Kommissionsvorschlag konnte dieses Ziel nicht erreicht werden. Die Konsequenz einer solchen Regelung wäre, dass eine Vielzahl gesunder mittelständischer Unternehmen auf Lieferanten - und Unternehmerseite in große Bedrängnis geraten würden, so dass nicht ausgeschlossen wäre, dass diese in die Existenzunfähigkeit getrieben und neue Existenzgründungen erschwert, wenn nicht gar unmöglich gemacht würden, *Bernhardt*, Insolvenzrechtsreform, in: Fachtagung zur Insolvenzrechtsreform, S. 31, 32. *Bernhardt*, Insolvenzrechtsreform, in: Fachtagung zur Insolvenzrechtsreform, S. 37, ging weiter davon aus, dass die Verwirklichung der Kommissionsvorschläge die beabsichtigten Verbesserungen gerade ins Gegenteil verkehren würden. Denn die auf der einen Seite stetig weiter sinkende Eigenkapitalquote der Unternehmen und die dadurch bedingten immer größeren Anforderungen an die Finanzierungs- und Risikobereitschaft der Financiers, sowie die Tatsache, dass objektgesicherte Kredite demzufolge nur noch an einwandfreie Adressen vergeben werden könnten, würden zu einem Anstieg der Insolvenzen führen. Auch *Wissmann*, Insolvenzrechtsreform, in: Fachtagung zur Insolvenzrechtsreform, S. 50, 51 ging davon aus, dass die vorgesehene Beschränkung der Aus- und Absonderungsrechte bei Großunternehmen zu einer Anzahl von Anschlußkonkursen gerade mittelständischer Unternehmen führen würde, und die geplanten Reformen im Ergebnis massive Finanzierungsprobleme für kleine und mittelständische Unternehmen mit sich brächten.

66 RegBegr. zu § 191 RegE, BT. Drucks. 12/2443 S. 178.

67 Daneben obliegt dem Gläubiger nur dann das Verwertungsrecht, wenn er die Sache bereits vor Verfahrenseröffnung an sich gezogen hat, vgl. *Wellensiek*, Kölner Schrift zur InsO, 403, 413, Rn. 38.

Verwalterwahlrecht bis nach dem Berichtstermin hinausschiebt und damit bedingt, dass solche Güter, die zur Aussonderung berechtigen, nicht unverzüglich sondern erst nach der Entscheidung der Gläubigerversammlung im Berichtstermin aus dem schuldnerischen Unternehmen gezogen werden dürfen. Dadurch wird sichergestellt, dass auch Gegenstände, an denen ein Aussonderungsrecht besteht zunächst im Unternehmen verbleiben, so dass auch auf diese Weise der Zerschlagungsautomatik des bisherigen Konkursrechtes entgegengewirkt wird.

Ein Zugriff der Gläubiger auf die wirtschaftliche Einheit des schuldnerischen Unternehmens ist damit nicht mehr ohne weiteres möglich. Dadurch soll einerseits die dauernde oder zumindest zeitweilige Unternehmensfortführung ermöglicht werden. Der Insolvenzverwalter kann so aber auch eine Steigerung des Verwertungserlöses erzielen, denn Gegenstände, die mit Sicherungsrechten unterschiedlicher Gläubiger belastet sind können nun gemeinsam verwertet werden[68]. Die Rechtfertigung des automatischen Verwertungsstops von Gegenständen, an denen Absonderungsrechte bestehen und die zeitweise Aussetzung des Aussonderungsrechtes für unter Eigentumsvorbehalt gelieferte Gegenstände liegt darin, dass die wirtschaftlichste Verwertung dann möglich ist, wenn der Verbund des schuldnerischen Vermögens erhalten bleibt.

Ein weiteres Anliegen der Reform lag darin, die Streitfrage des bisherigen Rechts zur Insolvenzfestigkeit des Anwartschaftsrechts in der Verkäuferinsolvenz zu beseitigen[69].

Nach bisherigem Recht bestimmte sich das Schicksal zweiseitiger Verträge und mangels Ausnahmeregelung auch das von Kaufverträgen unter Eigentumsvorbehalt nach § 17 KO[70]. Die Rechtsprechung stand dabei auf dem Standpunkt, dass der Konkursverwalter die Vertragserfüllung in der Verkäuferinsolvenz auch dann ablehnen konnte, wenn der andere Teil bereits den größten Teil der Raten gezahlt hatte und die Erfüllungsablehnung zur Zerstörung des Anwartschaftsrechts geführt hatte[71]. Dabei auftretende unbillige Rechtsfolgen wurden über den Grundsatz von Treu und Glauben korrigiert[72].

Die Insolvenzordnung sieht eine differenzierte Behandlung vor und hat damit den dieser Rechtsprechung gegenüber kritischen Stimmen der Literatur[73] nachgegeben: Dabei findet sich in der Grundnorm, § 103 InsO, im wesentlichen unverändert das Regelungswerk des § 17 KO wieder, während § 107 InsO eine Spezialvorschrift für die Behandlung von Eigentumsvorbehaltskäufen enthält. § 107 I InsO räumt dem Vorbehaltskäufer in der Insolvenz des Vorbehaltsverkäufers ein, Erfüllung des Kaufvertrages zu verlangen, sofern der Schuldner vor Verfahrenseröffnung eine bewegliche Sache unter Eigentumsvorbehalt verkauft und den Besitz auf den Käufer übertragen hat. § 107 II InsO verlängert die Entscheidungsfrist des Verwalters zwischen Erfüllung des Vorbehaltskaufes und Erfüllungsablehnung in der Käuferinsolvenz bis nach dem Berichtstermin, sofern der

---

68 BT Drucks. 12/2443, S. 178.

69 BT-Drucks. 12/2443, S. 146.

70 § 17 KO lautet:

(1) Wenn ein zweiseitiger Vertrag zur Zeit der Eröffnung des Konkursverfahrens von dem Gemeinschuldner und von dem anderen Teil nicht oder nicht vollständig erfüllt ist, so kann der Konkursverwalter an Stelle des Gemeinschuldners den Vertrag erfüllen und die Erfüllung von dem anderen Teil verlangen.

(2) Der Verwalter muss auf Erfordern des anderen Teils, auch wenn die Erfüllungszeit noch nicht eingetreten ist, demselben ohne Verzug erklären, ob er die Erfüllung verlangen will. Unterläßt er dies, so kann er auf die Erfüllung nicht bestehen.

71 BGHZ 98, 160, 168; BGH NJW 1962, 2296, 2297; 1986, 2948, 2949; JZ 1987, 355, 358.

72 BGHZ 98, 160, 168; BGH NJW 1962, 2296, 2297; BGH KTS 1962, 248, 249.

73 *Böhle-Stamschräder*, § 17 Anm. 3 b; Jaeger-*Henckel*, § 17 Rn. 53; *Kuhn/Uhlenbruck*, § 17 KO Rn. 18 d; *Marotzke*, JZ 1977, 552, 553; *Musielak*, AcP 179 (1979), 189, 210; *Stürner*, ZZP 94 (1981), 263, 299; *Uhlenbruck*, Gläubigerberatung in der Insolvenz, S. 307.

Schuldner vor Verfahrenseröffnung eine bewegliche Sache unter Eigentumsvorbehalt gekauft hat und vom Verkäufer den Besitz an der Sache erlangt hat.

C. Gegenstand und Gang der Untersuchung

Gegenstand der Untersuchung wird zunächst die Frage sein, ob mit § 107 I InsO eine Regelung geschaffen wurde, die den Zielsetzungen des Gesetzgebers entspricht. Ausgehend von der Intention, die Insolvenzfestigkeit des Anwartschaftsrechts im Insolvenzverfahren über das Vermögen des Vorbehaltsverkäufers zu statuieren, wird zuerst die Notwendigkeit einer vor Verfahrenseröffnung vorgenommenen bedingten dinglichen Einigung untersucht werden. Ausgangspunkt werden dabei Entstehungsgeschichte, Systematik und Wortlaut von § 107 I 1 InsO sein. Als bedeutsam wird sich in diesem Zusammenhang der Einfluß von EU-Regeln, insbesondere der InsV erweisen. Im Anschluß daran wird die Frage erörtert werden, welche Bedeutung dem in § 107 I 1 InsO statuierten Erfüllungsverlangen des Vorbehaltskäufers zukommt. Im Rahmen dieser Ausführungen wird es vor allem darauf ankommen aufzuzeigen, wie sich das, was der Käufer als Erfüllung i.S.v. § 107 I 1 InsO verlangen kann auf die Frage nach der bedingten dinglichen Einigung als Tatbestandsvoraussetzung auswirkt. Daneben wird auf die Auswirkungen der Schuldrechtsreform für den Fall eingegangen werden, dass der DiskE in der Fassung vom 4. August 2000 Gesetz wird. Abschließend werden die Auswirkungen der Rechtsfolgenbestimmung von § 107 I 1 InsO auf das dogmatische Verständnis des Verwalterwahlrechts thematisiert werden.
Den zweiten Schwerpunkt im Rahmen der Untersuchung von Absatz eins bildet im Anschluß daran die Frage, welche Formen des Eigentumsvorbehaltes von § 107 I 1 InsO erfaßt sind.

Wird über das Vermögen des Vorbehaltskäufers ein Insolvenzverfahren eröffnet, hat der Verwalter unter den Voraussetzungen der §§ 107 II, 103 InsO ein Wahlrecht hinsichtlich der Erfüllung des Vorbehaltskaufs. Danach kann die Ausübung des Wahlrechtes bis nach dem Berichtstermin hinausgezögert werden. Das Vorbehaltsgut verbleibt dann unabhängig von der späteren Entscheidung des Verwalters zunächst in der Masse und steht für die Reorganisation des schuldnerischen Unternehmens zur Verfügung. § 107 II InsO soll auf diese Weise die Sanierungschancen von Unternehmen fördern. Voraussetzung für den Verbleib des Gegenstandes im Unternehmen ist aber die Subsumierbarkeit des jeweiligen Vorbehaltskaufes unter § 107 II InsO. Der Frage, ob sich die Norm auf jeden Kauf unter Eigentumsvorbehalt erstreckt oder nur bestimmte Formen des Eigentumsvorbehaltes erfaßt, während die anderen unter die Grundnorm des § 103 InsO, die keine verzögerte Wahlrechtsausübung gewährt, subsumiert werden, wird im Rahmen des Zweiten Teils im Mittelpunkt stehen.
Ausgangspunkt dabei wird die mit § 107 II InsO verfolgte Intention des Gesetzgebers sein, das schuldnerische Vermögen möglichst lange zusammenzuhalten, um Sanierungen zu gewährleisten[74]. Daneben wird das Interesse der Frage gelten, an welche Voraussetzungen die verlängerte Entscheidungsfrist des Verwalters nach § 107 II InsO anknüpft.
In einem zweiten Schritt wird dann erörtert werden, ob § 107 II InsO allein ausreicht, um das mit dieser Norm verfolgte Ziel zu erreichen, oder ob die Norm noch ergänzungsbedürftig ist.

[74] RegBegr zu § 121 RegE, abgedruckt in: *Uhlenbruck*, Insolvenzrecht, S. 433.

1. Teil

Insolvenzspezifische Behandlung des Eigentumsvorbehaltes in der Lieferanteninsolvenz

Ob der am 1.1.1999 in Kraft getretene § 107 I 1 InsO es vermag, die bisherigen Unklarheiten zu beseitigen und durch ein umfassendes Regelwerk zu ersetzen, das hinsichtlich der Insolvenzfestigkeit des Anwartschaftsrechts zu befriedigenden Ergebnissen für alle Spielarten des Eigentumsvorbehaltes führt wird im Folgenden Gegenstand der Untersuchung sein.

A. Grundlegendes

Die schuldrechtliche Seite des Eigentumsvorbehaltes zeichnet sich dadurch aus, dass § 455 BGB a.F / § 449 BGB n.F den Grundsatz des § 320 BGB, nach dem die gegenseitigen Leistungen Zug-um-Zug zu gewähren sind, dahingehend modifiziert, dass der Vorbehaltsverkäufer den Kaufpreis weder sofort noch Zug-um-Zug gegen Übergabe der Vorbehaltssache, sondern ratenweise erlangt, seinerseits aber zur Besitzverschaffung und aufschiebend bedingten Übereignung[75] verpflichtet ist. Die Eigentumsverschaffungspflicht ist also dahingehend modifiziert, dass zwischen den vom Verkäufer vorgenommenen Leistungshandlungen, durch die der Käufer nur bedingtes Eigentum erlangt und dem Eintritt des Leistungserfolges eine längere Schwebezeit besteht[76]. Aus dieser Vorleistungspflicht des Lieferanten ergibt sich ein Sicherungsbedürfnis einerseits hinsichtlich der noch ausstehenden Kaufpreisraten, andererseits bezüglich des Rückgewähranspruchs hinsichtlich der Sache, falls der Käufer seiner Zahlungsverpflichtung nicht nachkommt. Diesem Sicherungsbedürfnis trägt § 455 I BGB a.F. Rechnung, indem er dem Verkäufer bei Zahlungsverzug des Käufers unabhängig von § 326 BGB ein Rücktrittsrecht gewährt[77].
Dinglich erfolgt die Übertragung des Vorbehaltsgutes gemäß §§ 929 S. 1, 158 I BGB unter der aufschiebenden Bedingung vollständiger Kaufpreiszahlung. Erst mit Bedingungseintritt erlangt der Vorbehaltskäufer Volleigentum an der Sache. Bis dahin bleibt der Veräußerer Eigentümer; dem Erwerber obliegt aber das Nutzungsrecht.
Proportional zur zunehmenden Ratenzahlung wächst auch das Interesse des Käufers daran, seine dingliche Rechtsstellung zu stärken. Diesem Bedürfnis wird durch die Einräumung eines Anwartschaftsrechts[78] am Vollrecht Eigentum, das mit zunehmender Ratenzahlung immer wertvoller wird, Rechnung getragen. Das Anwartschaftsrecht erfährt als

---

[75] MüKo-*Westermann*, § 455 Rn. 27; Palandt-*Putzo*, § 455 Rn. 5.

[76] MüKo-Westermann, § 455 Rn. 28.

[77] Gemäß § 449 II BGB n.F. kann der Verkäufer die Sache aufgrund des Eigentumsvorbehaltes nur dann herausverlangen, wenn er vom Vertrag zurücktritt. Das bedeutet, dass der Verkäufer an die Voraussetzungen des § 323 I BGB n.F. gebunden ist. Er kann also erst dann zurücktreten, wenn er dem Käufer eine angemessene Frist zur Zahlung des Kaufpreises gesetzt hat und diese erfolglos verstrichen ist. Nur in den Fällen des § 323 II Nr. 1-3 BGB n.F. bedarf es einer derartigen Fristsetzung nicht. Damit ist der Verkäufer nicht mehr sofort zum Rücktritt berechtigt, wenn der Käufer seine Kaufpreisraten nicht mehr zahlt. § 449 II n.F. hat das Regel-Ausnahme-Prinzip der alten Regelung des § 455 I BGB a.F. daher umgekehrt. Zu bedenken ist aber, dass der Verkäufer durch diese Änderung nicht wesentlich belastet wird, da regelmäßig die Voraussetzungen von § 323 II BGB gegeben sein werden, mit der Folge dass der Verkäufer auch weiterhin ohne weitere Fristsetzung zurücktreten können wird. Hinzu kommt, das § 449 bloße Auslegungsregel ist, eine abweichende Vereinbarung der Parteien dahingehend, dass ein Rücktritt der Verkäufers bei Verzug des Käufers mit der Kaufpreiszahlung auch ohne Fristsetzung und unabhängig von den Voraussetzungen von § 323 II BGB möglich ist. Dies gilt auch für den Verbrauchsgüterkauf, da das Verbot abweichender Vereinbarungen in § 475 I BGB Eigentumsvorbehalte i.S.v. § 449 BGB nicht erfaßt.

[78] siehe oben Fn. 3.

„wesensgleiches Minus„ des jeweiligen Vollrechts[79], den gleichen Schutz, wie das Vollrecht selbst. Dem Anwartschaftsberechtigten auf das Vollrecht Eigentum stehen gegen störende Dritte daher die Ansprüche eines Eigentümers zu. Gegenüber einem Herausgabeverlagen des Vorbehaltsverkäufers steht ihm § 986 I 1 BGB, gegenüber dem Begehren eines Dritten, an den der Vorbehaltsverkäufer sein Eigentum während der Schwebezeit übertragen hat, steht ihm § 986 II BGB zur Seite[80]. Darüber hinaus hat der Anwartschaftserwerber bei Besitzstörung- oder entziehung die Besitzschutzansprüche nach §§ 861, 862, 1007 BGB[81]. Deliktischen Schutz erreicht der Anwartschaftsberechtigte einmal wegen Besitzverletzungen. Ferner ist er nach § 823 I BGB aber auch wegen Verletzung des Sachwertinteresses schadensersatzberechtigt[82]. Denn nach überwiegender Ansicht ist das Anwartschaftsrecht ein sonstiges Recht i.S.v. § 823 I BGB[83]. Bei Zwischenverfügungen des Verkäufers ist der Erwerber mit der Ausnahme des § 161 III BGB nach §§ 160 I, 161 I BGB geschützt.
Die dingliche Seite des Eigentumsvorbehaltes dient mithin dem Interesse des Käufers, seine durch die bedingte Übereignung entstandenen Rechte während der Schwebezeit gegenüber Handlungen des Verkäufers, dessen Rechte bei Eintritt der aufschiebenden Bedingung enden, zu schützen[84].

Die Eröffnung eines Insolvenzverfahrens über das Vermögen des Vorbehaltsverkäufers ändert nichts an dem Interesse des Käufers, seinen eingeleiteten Eigentumserwerb zu vollenden. Von entscheidender Bedeutung ist daher, ob das Anwartschaftsrecht auch nach Eröffnung des Insolvenzverfahrens noch zum Vollrecht erstarken kann. Das setzt voraus, dass die Bedingung unter der das Vorbehaltsgut übereignet wurde noch eintreten kann; der Vorbehaltskäufer muss daher auch nach Verfahrenseröffnung noch berechtigt sein, den noch ausstehenden Kaufpreis zu begleichen.
Das rechtliche Schicksal des Kaufvertrages entscheidet also über die Stellung des Vorbehaltseigentümers[85] und ist somit von maßgeblicher Bedeutung.

B. Rechtslage nach der KO

Das Los zweiseitiger Verträge, die zum Zeitpunkt der Konkurseröffnung noch von keiner der Parteien vollständig erfüllt waren, bestimmte sich unter Geltung der Konkursordnung nach § 17 KO. Heftig umstritten war allerdings, ob § 17 KO auch im Verkäuferkonkurs Anwendung finden sollte. Die in Literatur und Rechtsprechung überwiegende Ansicht stellte darauf ab, dass der Käufer noch nicht alle Raten getilgt und auch der Lieferant noch nicht vollständig erfüllt hatte, weil der Leistungserfolg, die Übereignung des Vorbehaltsgutes noch nicht eingetreten war. Damit war der Vorbehaltskauf bei Verfahrenseröffnung noch von keiner Seite vollständig erfüllt, woraus die in Literatur und Rechtsprechung unter Geltung der KO vorherrschende Meinung den Schluß zog, § 17 KO in den Grenzen des Grundsatzes von Treu

[79] BGHZ 28, 16, 21; 35, 85, 89; Palandt-*Bassenge*, § 929 37.

[80] Entsprechendes gilt auch für den Beseitigungs- und Unterlassungsanspruch nach § 1004 BGB.

[81] Der Anwartschaftserwerber ist regelmäßig unmittelbarer Besitzer. Die ganz überwiegende Meinung geht darüber hinaus davon aus, dass der Vorbehaltskauf ein Besitzmittlungsverhältnis begründet, so dass der Lieferant mittelbarer Besitzer bleibt, statt vieler Erman-*Grunewald*, § 455 Rn. 16.

[82] *Brox*, JuS 1984, 658, 660.

[83] statt vieler Erman-*Schiemann*, § 823 Rn. 42.

[84] *MüKo-Westermann*, § 455 Rn. 42, 43.

[85] *Serick*, Bd. I § 13 I 1.

und Glauben auch im Verkäuferkonkurs anzuwenden[86]. Entschied sich der Verwalter für die Erfüllung des Vertrages, trat er an die Stelle des Gemeinschuldners in dessen Rechte und Pflichten ein[87]. Der Anspruch des Käufers auf Eigentumsverschaffung wurde nach § 59 I Nr. 2 KO zu einer Masseforderung. Mit Zahlung der noch ausstehenden Raten trat die Bedingung ein und der Käufer erlangte das Volleigentum.

Lehnte der Verwalter die Vertragserfüllung hingegen ab, konnte die Bedingung nicht mehr eintreten, das Besitzrecht des Käufers aus dem Kaufvertrag und das Anwartschaftsrecht erloschen[88]. Das hatte zur Folge, dass der Käufer die dem Verkäufer noch gehörende Vorbehaltsware herausgeben musste. Die bereits erbrachten Teilleistungen konnte er nicht aus der Masse zurückverlangen, § 26 S. 1 KO. Er war lediglich berechtigt eine Schadensersatzforderung wegen Nichterfüllung als Konkursforderung geltend zu machen. Das hatte zur Folge, dass sich der Verwalter stets dann gegen die Vertragserfüllung entschied, wenn der Käufer bereits einen beträchtlichen Anteil des Kaufpreises getilgt hatte. Denn in diesem Fall flossen tatsächlich sowohl das Vorbehaltsgut als auch die bereits gezahlten Raten in die Masse[89].

Dieses für den Vorbehaltskäufer oft unbillige Ergebnis wurde im Schrifttum mit den unterschiedlichsten Argumenten kritisiert:

Teilweise wurde bei der Bestimmung des Erfüllungsbegriffs entgegen der üblichen Praxis nicht auf den Eintritt des Leistungserfolges sondern auf die Vornahme der Leistungshandlungen abgestellt[90]. Andere reduzierten die Leistungspflicht des Lieferanten auf die Bestellung des Anwartschaftsrechtes[91].

Ein Teil der Literatur stützte seine ablehnende Haltung gegenüber der Anwendung von § 17 KO im Verkäuferkonkurs auf § 161 I 2 BGB, der den Verwalter daran hindere, das fremde Anwartschaftsrecht durch Verfügungen zu vereiteln[92]. Nach § 161 I BGB ist jede Zwischenverfügung über eine Sache insoweit unwirksam, als dadurch die Erstarkung des Anwartschaftsrechts zum Vollrecht beeinträchtigt würde. Da das Anwartschaftsrecht durch

---

[86] RGZ 64, 204, 206; 64, 334, 336 f; 85, 402, 403; 133, 40, 42; 140, 156, 162; BGHZ 48, 203, 205; 68, 379, 380 m.w.N.; 98, 160, 169; BGH NJW 1962, 2296, 2297; 1986, 2948, 2949; BGH KTS 1962, 248, 249; BGH JZ 1987, 355, 358; BGH WM 1961, 888, 891; 1962, 1240, 1242; 1986, 433, 434; BGH ZIP 1986, 1059, 1062; BGH LM § 17 KO Nr. 6; OLG Düsseldorf ZIP 1996, 337, 338; *Böhle-Stamschräder*, § 17 KO Anm. 4c, jedoch nur bis einschließlich 6. Auflage 1961; *Coing*, NJW 1952, 48, 50; *Graf Lambsdorff*, Handbuch des Eigentumsvorbehalts im deutschen und ausländischen Recht, Rn. 499; *Häsemeyer*, KTS 1973, 2, 15; *ders.* in: FS. f. Serick (1992) 153, 157; Mentzel-*Kuhn*, § 17 KO Anm. 22; *Serick*, Bd. I, § 13 III 1, S. 35; Bd V, § 62 III 2 c; *ders.* in : „Einhundert Jahre Konkursordnung 1877-1977", 271, 286 f; Staudinger-*Gursky*, § 986 Rn. 55 ff; *Thamm*, Der Eigentumsvorbehalt im deutschen Recht, S. 91 f.

[87] *Kuhn/Uhlenbruck*, § 17 Rn. 23 a.

[88] *Serick*, Bd. I, § 13 II 3 .

[89] *Grunsky*, Grundzüge des Zwangsvollstreckungs- und Insolvenzrechts, Rn. 186 .

[90] *Wieser*, NJW 1970, 913, 915.

[91] *Esser/Weyers*, Schuldrecht BT, § 9 I 2 a.

[92] *Bauknecht*, NJW 1956, 1177; 1178; *Bernhardt*, NJW 1962, 2194, 2194; *Bley*, § 50 Anm. 15; *Braun*, NJW 1962, 382, 384; *Flume*, AcP 161 (1962), 385, 404; *Jauernig*, Zwangsvollstreckungs- und Konkursrecht, § 48 II; *Kilger*, § 17 Rn. 3 b; *Kuhn*, WM 1972, 206, 210 f; *Paulus*, JZ 1957, 41, 44 Fn. 20; *Raiser*, Dingliche Anwartschaften, S. 94, 95; *Stoll*, ZHR 128 (1966), 239, 243 f; *Weber*, NJW 1976, 1601, 1606; *Bley* und *Raiser* (aaO) gingen überdies davon aus, dass § 161 I 2 BGB für die Wirkung des Anwartschaftsrechts im Konkurs eine Sonderregel statuiert und daher lex specialis gegenüber § 17 KO wäre. *Huber*, BB 1964, 731, 736 und Staudinger-*Honsell*, § 455 Rn. 51 hingegen verneinten die Anwendung des § 17 KO auf den Verkäuferkonkurs mit dem Hinweis darauf, dass die Begründung des Anwartschaftsrechts bereits die Erfüllung i.S.v. § 17 KO darstelle und es aufgrund dessen bereits an der Voraussetzung eines beiderseits noch nicht vollständig erfüllten Vertrages fehlten. Noch anders begründeten *Pagenstecher/Grimm*, Der Konkurs, § 14 IV die Nichtanwendbarkeit des § 17 KO im Verkäuferkonkurs. Sie gingen davon aus, dass der Konkursverwalter nach § 17 KO kein dem Vergleichsverfahren entsprechendes Ablehnungsrecht hätte.

die Erfüllungsablehnung des Verwalters sogar erlösche, müßte eine solche Handlung erst recht unwirksam sein[93]. Überdies sei das Anwartschaftsrecht des Vorbehaltskäufers einem dinglichen Recht an der Sache gleichzustellen[94], was bereits durch § 161 III BGB deutlich werden würde. Argumentiert wurde, dass die Erfüllungsablehnung eine unmittelbare Rechtsänderung in Form des Untergangs des Anwartschaftsrechtes und damit eine Verfügung über dasselbe darstellte[95]. Dass die Erfüllungsablehnung über das Schuldverhältnis ein fremdes Anwartschaftsrecht vernichte, werde aber nicht von § 161 BGB gebilligt und sei damit auch nicht von § 17 KO gedeckt. *Mohrbutter* verwies darüber hinaus auf einen Vergleich mit § 24 KO. Hiernach entfiel das Wahlrecht des Konkursverwalters in dem Fall, in dem der Erfüllungsanspruch des Vertragspartners durch eine Vormerkung gesichert war. Wenn aber § 24 KO für die Vormerkung wegen ihrer einer dinglichen Wirkung ähnlichen Ausgestaltung eine Ausnahme mache, müsse das erst Recht für das dingliche Recht einer Anwartschaft gelten[96]. *Grunsky* führte die Funktion des Eigentumsvorbehaltes in Feld. Der Eigentumsvorbehalt würde den Rückgewähranspruch des Verkäufers in dem Fall, in dem er den Rücktritt vom Kaufvertrag wegen Zahlungsverzugs erkläre, die Sache aber nicht zurückbekommen hätte, sichern[97]. Mit Eröffnung des Konkursverfahrens über das Vermögen des Verkäufers ändere sich diese Funktion nicht. Schon gar nicht würde der Eigentumsvorbehalt ab diesem Zeitpunkt dazu dienen, den Gläubigern des Gemeinschuldners die Sache und die bereits geleisteten Teilzahlungen als Haftungsgrundlage zur Verfügung zu stellen. Daher sei es nicht gerechtfertigt, dem Konkursverwalter die Möglichkeit der Erfüllungsablehnung zuzubilligen.

Die überwiegende Ansicht ging jedoch davon aus, dass der Vorbehaltskäufer mit dem Anwartschaftsrecht als Vorstufe zum Eigentum eine dingliche Rechtsposition erlangt hätte, die der Konkursverwalter nicht einseitig vernichten dürfte, obwohl der Vorbehaltskäufer zahlungsfähig und zahlungswillig sei[98]. Berücksichtigt werden müßte, dass der Vorbehaltskäufer sowohl in schuldrechtliche als auch in sachenrechtliche Beziehung zum Vorbehaltsverkäufer getreten und das Anwartschaftsrecht eine Vorstufe zum Eigentum, ein dem Eigentum wesensgleiches Minus wäre[99]. Überdies hätte der Vorbehaltskäufer mit dem Anwartschaftsrecht eine Rechtsposition erlangt, die ihm nur unter den Voraussetzungen des § 455 BGB a.F. / § 449 BGB n.F. genommen werden könnte[100]. Das Anwartschaftsrecht stelle ferner eine Kreditunterlage dar, die wertlos würde, wenn der Verwalter die Vertragserfüllung trotz Angebots der restlichen Kaufpreisraten ablehnen dürfte. Zuletzt sei erwähnt, dass der

---

93 *Bauknecht*, NJW 1956, 1177, 1178, *Flume*, AcP 161 (1962), 285, 404 ; siehe auch *Letzgus*, Anwartschaftsrecht, S.75 ; *Müller*, JW 1932, 1658, 1659 .

94 Statt vieler Palandt-*Bassenge*, § 929 Rn. 37.

95 *Bauknecht*, NJW 1956, 1177, 11787.

96 *Mohrbutter/Mohrbutter*, Handbuch des gesamten Vollstreckungs- und Insolvenzrechts, § 73 II 2; *Mohrbutter*, KTS 1965, 185, 192; auch *Stoll*, ZHR 128 (1966), 237, 243 befürwortet die Gleichstellung des Anwartschaftsrechtes mit dem vorgemerkten Anspruch.

97 *Grunsky*, Grundzüge des Zwangsvollstreckungs- und Insolvenzrechts, Rn. 189.

98 *Bauknecht*, NJW 1956, 1177, 1178; *Baumann*, Konkurs und Vergleich, § 9 I 2 b; seit der 7. Auflage 1964 auch *Böhle-Stamschräder/Kilger*, § 17 Anm. 3 b; *Brox*, JuS 1984, 657, 667; *Flume*, AcP 161 (1962), 385, 404; *Gottwald/Adolphsen*, Kölner Schrift zur InsO, S. 1043, 1046 Rn. 10 m.w.N; *Honsell*, JuS 1981, 705, 712; Jaeger-*Henckel*, § 17 Rn. 52 ff; *Jauernig*, Zwangsvollstreckungs- und Konkursrecht, § 48 II; *Kuhn*, WM 1972, 206, 210, 211, 212; *Kuhn/Uhlenbruck*, § 17 Rn. 18 d; *Marotzke*, JZ 1977, 552, 553; *Musielak*, AcP 179 (1979), 189, 210; *Sürner*, ZZP Bd. 94 (1981), 263, 299; *Uhlenbruck*, Gläubigerberatung in der Insolvenz, S. 307.

99 *Kuhn*, WM 1972, 206, 210; *Mohrbutter/Mohrbutter*, Handbuch des gesamten Vollstreckungs- und Insolvenzrechts, § 73 II 2.

100 *Mohrbutter/Mohrbutter*, Handbuch des gesamten Vollstreckungs- und Insolvenzrechts, § 73 II 2; *Uhlenbruck*, Gläubigerberatung in der Insolvenz, S. 307; Schlegelberger-*Hefermehl*, § 368 HGB, Rn. 127.

Vorbehaltsverkäufer vor unberechtigten Verfügungen des Käufers zwar dadurch geschützt wäre, dass ihm die Sache noch gehöre, sein Konkursverwalter aber keinesfalls den gleichen Schutz erführe, wenn der Vorbehaltskäufer die vereinbarten Zahlungsbedingungen einhält. Die Funktion des Anwartschaftsrechtes, sich bei vollständiger Kaufpreiszahlung in Volleigentum zu wandeln, dürfte vom Konkursverwalter nicht wegen der Verfahrenseröffnung zerstört werden. Denn dann wäre das Anwartschaftsrecht seines ihm zuerkannten Inhaltes entkleidet[101].

Im übrigen führe die Anwendung des § 17 KO dazu, dass der Schutzzweck dieser Norm, der darauf gerichtet sei, den Käufer davor zu bewahren voll in die Masse zu leisten, seinerseits aber nur auf die Konkursquote verwiesen zu werden, unterlaufen würde[102].

C. Rechtslage nach des GesO

Im Gebiet der früheren DDR galt bis zur Ablösung durch die neue Insolvenzordnung[103], die eine gesamtdeutsche Regelung vorsieht, die Gesamtvollstreckungsordnung der früheren DDR vom 18.12.1975[104] in der Fassung vom 6.6.1990[105], in der durch den Einigungsvertrag vom 31.8.1990[106] modifizierten Form fort[107]. Im Geltungsbereich der GesO wurden gegenseitige Verträge, die zur Zeit der Gesamtvollstreckung vom Schuldner und vom anderen Teil nicht oder nicht vollständig erfüllt waren, dem Wahlrecht des Verwalters unterstellt, § 9 I 1 GesO. Diese Regelung entsprach inhaltlich § 17 KO[108], so dass § 9 I 1 GesO die Ausführungen zu § 17 KO zugrundezulegen sind.

D. Rechtslage nach der InsO

I. Voraussetzungen für die Anwendung von § 107 I 1 InsO

Mit § 107 I 1 InsO beabsichtigte der Gesetzgeber die bisherige Ansicht in der Literatur, die das Anwartschaftsrecht des Vorbehaltskäufers für konkursfest hielt zu bestätigen und damit zugleich der gegenteiligen Auffassung des BGH seine Gefolgschaft zu versagen[109].

Der Insolvenzverwalter soll das Anwartschaftsrecht des Abnehmers am Vollrecht Eigentum nicht durch Erfüllungsablehnung des Kaufvertrages zerstören können[110] und ferner nicht dazu berechtigt sein, die Kaufsache zurückzuverlangen, solange der Käufer vertragstreu bleibt.

Ob der Gesetzgeber diese Zielsetzung mit § 107 I InsO zweifelsfrei erreicht hat, steht angesichts der Formulierung dieser Norm jedoch in Frage.

---

101 *Kuhn*, WM 1972, 206, 212.

102 *Kuhn*, WM 1972, 206, 210; *Kuhn/Uhlenbruck*, § 17 Rn. 18 d; ebenso *Wieser*, NJW 1970, 913, 916 der die Unanwendbarkeit des § 17 KO im Verkäuferkonkurs zusätzlich daran festmachte, dass der Erfolgseintritt ohne Einflußnahme des Vorbehaltsverkäufers eintrete.

103 Gesetzesentwurf der Bundesregierung, Entwurf einer Insolvenzordnung vom 15.4.1992, BT-Drucks. 12/2443.

104 GBl-DDR 1976 I, S. 5.

105 GBl-DDR I Nr. 32, S. 285.

106 BGB. II 889.

107 Einigungsvertrag Anlage II Kapitel III Sachgebiet A: Rechtspflege Abschnitt II Nr. 1.

108 Siehe auch *Hess/Binz*, GesO, § 9 Rn. 21 ff, m.w.N; *Gottwald*, Nachtrag „Gesamtvollstreckungsordnung", S. 58, der hinsichtlich der Tatbestandsmerkmale auf seine entsprechenden Ausführungen in *Gottwald*, Insolvenzrechts-Handbuch, § 37 Rn. 13 ff verweist.

109 RegBEgr. zu § 121 RegE, abgedruckt in *Uhlenbruck*, Insolvenzrecht, S. 432.

110 BT-Drucks. 12/ 2443, S. 146.

§ 107 I 1 InsO bestimmt, dass der Abnehmer die Erfüllung des Vertrages verlangen kann, wenn der Schuldner ihm vor Insolvenzeröffnung eine bewegliche Sache unter Eigentumsvorbehalt verkauft und den Besitz an der Sache übertragen hat.
Vom Wortlaut dieser Vorschrift ausgehend ist der Anwendungsbereich des § 107 I 1 InsO dann eröffnet, wenn eine bewegliche Sache unter Eigentumsvorbehalt verkauft und der Besitz an dieser auf den Käufer übertragen würde.

1. Aufschiebend bedingte Einigung

Der Schutz des Vorbehaltskäufers knüpft gemäß § 107 I 1 InsO zunächst daran an, dass eine bewegliche Sache vor der Eröffnung des Insolvenzverfahrens unter Eigentumsvorbehalt verkauft wurde.
Die Notwendigkeit einer vor Verfahrenseröffnung erfolgten dinglichen Einigung sieht der Wortlaut auf den ersten Blick nicht vor. Das wirft die Frage auf, ob sich die Schutzfunktion dieser Ausnahmevorschrift bereits dann entfaltet, wenn der Vorbehaltskauf geschlossen und die Sache übergeben wurde, oder ob deren Schutzrichtung darüber hinaus auch eine bedingte dingliche Einigung der Parteien erfordert.

a. Mangelnde Erwähnung im Gesetzeswortlaut

Unter der Prämisse, dass die bedingte Übereignung des Vorbehaltsgutes keine Tatbestandsvoraussetzung ist, würde der Vorbehaltskäufer auch dort Insolvenzschutz genießen, wo es an der Entstehung eines Anwartschaftsrechtes im bisherigen Sinne fehlt. Dies nimmt die überwiegende Ansicht zum Anlaß, § 107 I 1 InsO dahingehend berichtigend auszulegen, dass der Käufer die Erfüllung des Kaufvertrages nur dann verlangen kann, wenn ihm die Sache bereits vor Verfahrenseröffnung aufschiebend bedingt übereignet wurde.
Der Insolvenzschutz des § 107 I InsO wird also vorwiegend an die Existenz eines durch bedingte Übereignung des Kaufgegenstandes entstandenen Anwartschaftsrechts geknüpft[111]. Dabei besteht Einigkeit darüber, dass es die Intention des Gesetzgebers war, entgegen der bisherigen Rechtsprechung zur Konkursordnung, den Verwalter in der Insolvenz des Vorbehaltsverkäufers daran zu hindern, das Anwartschaftsrecht des Vorbehaltskäufers durch Erfüllungsablehnung zunichte machen zu können[112]. Wenn das Schutzgut von § 107 I InsO das Anwartschaftsrecht des Vertragspartners ist, dann setzte die Anwendung dieser Vorschrift zwingend voraus, dass ein solches entstanden ist[113]. Da der Wortlaut darauf aber nicht

---

[111] *Bork*, Einführung in das neue Insolvenzrecht, Rn. 162; *Delhaes*, NZI 1999, 47, 48; FK-*Wegener*, § 107 Rn. 1; *Gottwald/Adolphsen*, Kölner Schrift zur InsO, S. 1043, 1046 Rn. 12; *Häsemeyer*, Insolvenzrecht, Rn. 18.36; *Hess*, § 107 InsO Rn. 15; HK-*Marotzke*, § 107 Rn. 3; *Huber*, NZI 1998, 97, 100; *Krull*, ZInsO 1998, 291, 293, 294; Kübler/Prütting-*Tintelnot*, § 107 Rn. 5; *Tintelnot*, ZIP 1995, 616, 619; *Marotzke*, Gegenseitige Verträge im neuen Insolvenzrecht, Rn. 9.80; *ders.*, JZ 1995, 803, 807, 810; *ders,.* ZZP 109 (1996), 429, 432; *ders.*, EWiR 1996, 179, 180; Nerlich-Römmermann-*Andres*, § 47 InsO Rn. 20; *Niesert*, InVo 1998, 141, 141; *Obermüller*, Kölner Schrift zur InsO, S. 985, 990 Rn. 17; *Pape*, Kölner Schrift zur InsO, S. 533, 557 Rn. 5, der auf S. 561 Rn. 44 aber bemerkt, dass der Wortlaut durchaus auch die Möglichkeit offen läßt, § 107 I InsO auch dann anzuwenden, wenn es vor Verfahrenseröffnung noch an einer aufschiebend bedingten Eigentumsübertragung mangelt; *Schmidt-Räntsch*, InsO, § 107 Rn. 1; *Uhlenbruck*, Das neue Insolvenzrecht, S. 95; *Wellensiek*, BB 2000, 1, 4; *ders.*, Kölner Schrift zur InsO, S. 403, 407 Rn. 15.

[112] FK-*Wegener*, § 107 Rn. 2; *Hess*, § 107 InsO Rn. 11, 15; HK-*Marotzke*,§ 107 Rn. 1; Kübler/Prütting-*Tintelnot*, § 107 Rn. 5; *Marotzke*, JZ 1995, 803, 803; Nerlich/Römmermann-*Balthasar*, § 107 Rn. 1; *Niesert*, InVo 1998, 141, 141.

[113] HK-*Marotzke*, § 107 Rn. 3.

eindeutig schließen lasse, sei § 107 I InsO dahingehend berichtigend auszulegen[114]. Ließe man hingegen den Abschluß des Kausalgeschäftes ausreichen, könnte das mit § 107 I InsO angestrebte Ziel nicht erreicht werden.
Als Ausnahmevorschrift zur § 103 InsO gebiete § 107 InsO überdies eine enge Auslegung, so dass der Insolvenzschutz nicht bereits ab dem Zeitpunkt des Kaufvertragsschutzes greifen könne[115].
Smid schließt hingegen aus dem „eindeutigen Gesetzesvorbehalt, der auf den (schuldrechtlichen) Verkauf und nicht etwa auf die Veräußerung" abstelle, dass der Schutzbereich von § 107 I InsO bereits dann eröffnet sei, wenn die Parteien den Eigentumsvorbehalt schuldrechtlich vereinbart haben und der Besitz auf den Käufer übertragen wurde[116]. Zwar stellt er die mißliche Folge dieser Interpretation, dass die Norm damit über die gängige Formulierung des Anwartschaftsrechts des Vorbehaltskäufers, die an die bedingte Übereignung anknüpfe hinausgehe fest, bemerkt aber, dass dies nichts an dem eindeutigen Wortlaut ändern könne[117].
Die Frage, ob aus der Zielsetzung des § 107 I InsO auf die Notwendigkeit einer aufschiebend bedingten Übereignung geschlossen werden kann, kann dahin stehen, wenn die Norm eine eindeutige oder zumindest schlüssige Aussage über die Notwendigkeit einer aufschiebend bedingten Einigung über den Eigentumsübergang entnommen werden kann.

b. Ausdrückliche Erwähnung

Lediglich *Niesert* schlußfolgert aus der Verwendung des Wortes „Eigentumsvorbehalt" im Gesetzestext auf die eindeutige Erwähnung einer aufschiebend bedingten Übereignung im Wortlaut des § 107 I 1 InsO[118]. Ein Eigentumsvorbehalt setze nach übereinstimmender Auffassung in Rechtsprechung und Literatur eine aufschiebend bedingte Einigung über den Eigentumsübergang voraus. Eine gesonderte Erwähnung der bedingten Übereignung sei daher nicht mehr erforderlich[119].
Dieser Argumentation kann in mehrfacher Hinsicht nicht gefolgt werden:
Zunächst stellt *Niesert* fest, dass die aufschiebend bedingte Einigung über den Eigentumsübergang in § 107 I 1 InsO durch den Gebrauch des Wortes Eigentumsvorbehalt eindeutig vorausgesetzt wird. Das aber würde bedeuten, dass mit der Verwendung des Wortes „Eigentumsvorbehalt" stets auch gesagt würde, dass eine bedingte Übereignung vorgenommen worden ist. Dass das nicht sein kann, bestätigt bereits die Trennung zwischen schuldrechtlicher und dinglicher Seite des Eigentumsvorbehaltes[120]. Darüber hinaus spricht auch die Entstehungsgeschichte gegen eine solche Annahme:
Im ersten Entwurf des BGB war eine Regelung des Eigentumsvorbehaltskaufes nicht vorgesehen. Aus der Begründung der Motive geht hervor, dass der Vorbehalt die Wirkung des dinglichen Übertragungsaktes beeinflußt und die Bedeutung des bei einem Kaufvertrage

114 HK-*Marotzke*, § 107 Rn. 3.
115 *Hess*, § 107 InsO Rn. 15.
116 Smid-*Smid*, § 107 Rn. 2.
117 Smid-*Smid*, § 107 Rn. 2 i.V.m. Fn. 6.
118 *Niesert*, InVo 1998, 141, 141.
119 FK-*Wegener*, § 107 Rn. 2; *Niesert*, InVo 1998, 141, 141.
119 *Niesert*, InVo 1998, 141, 141.
120 Erman-*Grunewald*, § 455 Rn. 8, 16; MüKo-*Westermann*, § 455 Rn. 12, 26; Palandt-*Putzo*, § 455 Rn. 5, 6 ff.; Palandt-*Bassenge*, § 929 Rn. 26 ff.; RGRK-*Mezger*, § 455 Rn. 3; *Serick*, Bd. I, § 4 I 2; Soergel/Siebert/Siebert-*Mühl*, § 455 Rn. 1.

vereinbarten Eigentumsvorbehaltes daher auf dem Gebiet des Sachenrechts liegt[121]. Erst aufgrund der in der zweiten Kommission gestellten Anträge[122], in denen auf die Notwendigkeit einer gesetzlichen Regelung von Fällen hingewiesen wurde, bei denen beim Kauf eine bewegliche Sache übergeben wurde, sich der Verkäufer bis zur Zahlung des Kaufpreises aber das Eigentum vorbehalten hat, wurde eine Regelung des Eigentumsvorbehaltes eingefügt[123]. Die Konstatierung einer Regelung der dinglichen Seite des Eigentumsvorbehaltes stand aber weiterhin im Vordergrund. Weil der Parteiwille bis zu einem gewissen Grade schon aus dem Vertragsinhalt hervorgehe, genüge schuldrechtlich die Aufstellung einer Auslegungsregel, um mangelhaft zum Ausdruck gebrachte Parteivereinbarungen zu ergänzen[124]. Mit dem Wort „Eigentumsvorbehalt" wurde ursprünglich also in erster Linie die dingliche Seite des Eigentumsvorbehaltes in Zusammenhang gebracht. Indem in der Begründung der Protokolle darauf verwiesen wird, dass es unzureichend sei, lediglich die obligatorische Wirkung des Vorbehaltes aus dem Kaufvertrag zu bestimmen, die dingliche Wirkung aber außer Acht zu lassen[125], geht andererseits aber hervor, dass bereits hier zwischen schuldrechtlicher und dinglicher Seite des Eigentumsvorbehaltes unterschieden wurde. An dieser Trennung wird auch heute noch festgehalten[126]. Für den Fall, dass der Eigentumsvorbehalt im Kaufvertrag vereinbart wird, ist der Verkäufer zur Besitzverschaffung und bedingten Übereignung verpflichtet[127]. Er darf den Eintritt der Bedingung dann nicht mehr verhindern. Der Vorbehaltskauf verpflichtet den Verkäufer daher zur bedingten Übereignung und bedingt diese damit, er setzt sie aber nicht voraus. Denn die bedingte Übereignung, zu der sich der Verkäufer verpflichtet hat, erfolgt sachenrechtlich nach §§ 929 S. 1, 158 I BGB; wobei im Einzelfall jeweils durch Auslegung ermittelt werden muß, ob die Übergabe der Sache das Angebot zur bedingten Übereignung und die Besitzergreifung des Käufers die Annahme darstellt. Fehlt es an einer Vereinbarung im Kausalgeschäft - die Vereinbarung des Eigentumsvorbehaltes im Kaufvertrag ist nicht zwingend – muß ebenfals durch Auslegung ermittelt werden, ob die Übergabe der Sache den Übereignungswillen ohne Eigentumsvorbehalt zum Ausdruck bringt[128]. Ferner ist es möglich,

---

121 Motive zum 1. Entwurf eines Bürgerlichen Gesetzbuches, S. 319.

122 Beantragt war:

(1) einen § 473 a des Inhalts einzustellen:

Hat sich der Verkäufer einer beweglichen Sache zur Sicherung seiner Ansprüche aus dem Kaufvertrage das Eigenthum an der Sache vorbehalten, so ist dadurch, falls die Uebergabe der Sache an den Käufer stattgefunden hat, der Rücktritt von dem Vertrage wegen Nichterfüllung als vorbehalten anzusehen.

(2) als § 475 a zu bestimmen:

Hat bei dem Verkauf einer beweglichen Sache der Verkäufer sich bis zur Zahlung des Kaufpreises das Eigenthum an der dem Käufer übergebenen Sache vorbehalten, so ist im Zweifel anzunehmen, dass dieses auf den Käufer unter der aufschiebenden Bedingung vollständiger Zahlung des Kaufpreises übertragen und der Verkäufer für den Fall, dass der Käufer mit der Zahlung in Verzug kommt, berechtigt ist, von dem Kaufvertrage zurückzutreten.

Und hierzu der Unterantrag, die Worte „unter der aufschiebenden Bedingung durch die Worte „ unter der auflösenden Bedingung„ zu ersetzen.

Der Antrag (2) gelangte unter Ablehnung des Antrags (1) und des Unterantrags zur Annahme.

123 Prot. II, S. 78, 79; *Mugdan*, Materialien zum BGB II, S. 780, 781; siehe auch *Jakobs/Schubert*, BGB, S. 111, 112.

124 Prot. II, S. 80, 81.

125 Prot. II, S. 81; *Mugdan*, Materialien zum BGB II, S. 782; siehe auch *Asch*, AcP 139 (1934), 201, 204.

126 Erman-*Grunewald*, § 455 Rn. 8, 16; MüKo-*Westermann*, § 455 Rn. 12, 26; Palandt-*Putzo*, § 455 Rn. 5, 6; Palandt-*Bassenge*, § 929 Rn. 26 ff.; RGRK-*Mezger*, § 455 Rn. 3; *Serick*, Bd. I, § 4 I 2; Soergel/Siebert/Siebert-*Mühl*, § 455 Rn. 1.

127 Erman-*Grunewald*, § 455 Rn. 8; MüKo-*Westermann*, § 455 Rn. 27; Palandt-*Putzo*, § 455 Rn. 5.

128 Palandt-*Bassenge*, § 929 Rn. 29.

dass der Verkäufer die Einigung dennoch unter Eigentumsvorbehalt anbietet, was bei Annahme des Käufers zur Vereinbarung eines nachträglichen Eigentumsvorbehaltes führt[129]. Lehnt der Käufer ab, scheitert die Einigung, der Käufer erwirbt kein aufschiebend bedingtes Eigentum[130]. Um diese Unsicherheit zu vermeiden wird der Eigentumsvorbehalt regelmäßig bereits im Kaufvertrag vereinbart[131]. Der Vorbehaltskauf wird also dadurch begründet, dass sich die Parteien darüber einigen, dass das Eigentum nur bedingt übertragen werden soll. Erst durch das anschließende[132] Vollzugsgeschäft wird die Sache übergeben und bedingt übereignet[133]. Wenn der Gesetzgeber den Insolvenzschutz des § 107 I 1 InsO daran knüpft, dass „der Schuldner eine bewegliche Sache unter Eigentumsvorbehalt verkauft" hat, dann hat er damit eindeutig die schuldrechtliche Seite des Eigentumsvorbehaltes angesprochen. Die Benutzung des Wortes „Eigentumsvorbehalt" - insbesondere im Zusammenhang mit dem obligatorischen Grundgeschäft - setzt damit keine aufschiebend bedingte Einigung über den Eigentumsübergang voraus. Sie sagt vielmehr aus, dass der Verkäufer zu einer solchen verpflichtet ist und legt damit die Folge fest, die eintritt, wenn ein Eigentumsvorbehalt vereinbart wurde. Hätte der Gesetzgeber durch die Verwendung des Wortes Eigentumsvorbehalt zum Ausdruck bringen wollen, dass die bedingte Übereignung bereits vor Eröffnung des Insolvenzverfahrens stattgefunden haben muss, hätte er dies entweder explizit erwähnen oder zumindest durch die Kombination mit dem Wort Veräußerung zum Ausdruck bringen können. Möglich gewesen wäre auch, das Wort „Anwartschaftsrecht" mit in den Tatbestand aufzunehmen, denn die Existenz eines Anwartschaftsrechtes beinhaltet eine vorausgegangene aufschiebend bedingte Übereignung[134].

Dafür spricht auch die systematische Stellung des § 107 InsO als Ausnahmevorschrift zu § 103 InsO, der die Abwicklung von gegenseitigen Verträgen nach Eröffnung des Insolvenzverfahrens regelt. Wenn § 107 InsO eine Ausnahme für die Abwicklung von Vorbehaltskäufen ist und der Gesetzeswortlaut ausdrücklich von einem Verkauf unter Eigentumsvorbehalt spricht, kann damit nur das schuldrechtliche Geschäft gemeint sein. Diese schuldrechtliche Seite verpflichtet den Verkäufer jedoch eben nur zur bedingten Übereignung, bewirkt eine solche aber selbst nicht.

Die Verwendung des Wortes Eigentumsvorbehalt deutet sicherlich auf eine bedingte Übereignung des Vorbehaltsgutes hin. Aus der Kombination mit dem Kausalgeschäft und der systematischen Stellung kann aber nur geschlossen werden, dass die Verpflichtung zur bedingten Übereignung vor Verfahrenseröffnung eingegangen worden sein muss. Wenn das Wort Eigentumsvorbehalt also auf etwas hindeutet, dann nur auf die bedingte Übereignungspflicht des Verkäufers, keinesfalls kann dem Wort aber entnommen werden, dass eine aufschiebend bedingte Einigung über den Eigentumsübergang Tatbestandsvoraussetzung des § 107 I 1 InsO ist.

Sowohl aus der systematischen Stellung von § 107 I InsO, als auch aus der Kombination des Wortes „Eigentumsvorbehalt" mit dem Kausalgeschäft ergibt sich überdies sowohl die Notwendigkeit eines Kaufvertrages als auch die Verankerung des Eigentumsvorbehaltes in demselben. Damit ist auch eine eventuelle Erwägung hinfällig, dass die auf den Schutz des

---

129 Palandt-*Bassenge*, § 929 Rn. 29.

130 Palandt-*Bassenge*, § 929 Rn. 29.

131 RGRK-*Mezger*, § 455 Rn. 3 a; vgl. auch die Musterformulierungen der Vorbehaltsklauseln in: *Thamm*, der Eigentumsvorbehalt im deutschen Recht, S. 116 ff.

132 Es sei denn die bedingte Einigung ist bereits antezipiert im Kaufvertrag vorgenommen worden.

133 MüKo-*Westermann*, § 455 Rn. 12; *Thamm*, Der Eigentumsvorbehalt im deutschen Recht, S. 46.

134 MüKo-*Quack*, § 929 BGB Rn. 29, 30.

Anwartschaftsrechts gerichtete gesetzgeberische Intention das Erfordernis eines Kaufvertrages überflüssig macht.
Den größten Widerspruch liefert *Niesert* aber selbst, indem er einerseits feststellt, dass sich die aufschiebend bedingte Einigung über den Eigentumsübergang aus der Verwendung des Wortes Eigentumsvorbehalt ergibt, kurz darauf, bei der Erörterung der Frage, ob sich die Nichtigkeit des Konzernvorbehaltes gemäß § 455 II BGB a.F. / § 449 III BGB n.F. nur auf die schuldrechtliche oder auch auf die sachenrechtliche Seite des Eigentumsvorbehaltes erstreckt aber bemerkt, dass nach dieser Norm nur die schuldrechtliche Seite des Eigentumsvorbehaltes nichtig sei. § 455 II BGB[135] sei eine Vorschrift des besonderen Schuldrechts, so dass die sachenrechtliche Seite des Eigentumsvorbehaltes nicht erfaßt sein könnte[136]. Im Ergebnis sei die schuldrechtliche Vereinbarung eines Eigentumsvorbehaltes damit nichtig. Es fehle aber an einem unbedingten Übereignungswillen des Verkäufers, wenn er die Konzernvorbehaltsklausel in den Vertrag einführt, so dass die Ware weiterhin im Eigentum des Verkäufers verbleibe.
Nun stellt sich aber die Frage, weshalb das Wort Eigentumsvorbehalt i.S.v. § 107 I 1 InsO eindeutig auf eine aufschiebend bedingte Einigung schließen läßt, die Vereinbarung eines Eigentumsvorbehaltes i.S.v. § 455 II BGB a.F. / § 449 III BGB n.F. diesen Schluß aber keineswegs zulasse. § 455 II BGB a.F. / § 449 BGB n.F. bestimmt, dass „die Vereinbarung eines Eigentumsvorbehaltes„ unter gewissen Voraussetzungen nichtig ist. § 107 I 1 InsO spricht hingegen davon, dass „eine bewegliche Sache unter Eigentumsvorbehalt verkauft„ worden sein muss. Während der Wortlaut des § 455 II BGB a.F. / § 449 III BGB n.F. im Gegensatz zu § 107 I 1 InsO nicht einmal erkennen läßt, ob das schuldrechtliche oder dingliche Geschäft gemeint ist, schlußfolgert *Niesert* lediglich daraus, dass § 455 II BGB a.F. / § 449 BGB n.F. eine Norm des besonderen Schuldrechts ist, dass hier die schuldrechtliche Vereinbarung eines Eigentumsvorbehaltes gemeint sein müsse[137]. Wenn aber allein aus der Formulierung „die Vereinbarung eines Eigentumsvorbehaltes ist nichtig" und der systematische Stellung des § 455 II BGB a.F. / § 449 III BGB n.F. der Schluß gezogen werden kann, dass der Eigentumsvorbehalt nur schuldrechtlich vereinbart worden sein muss, es aber noch an einem bedingten Übereignungswillen fehle, kann in die Formulierung, „hat ... der Schuldner eine bewegliche Sache unter Eigentumsvorbehalt verkauft", die explizit auf das Kausalgeschäft abstellt, die Notwendigkeit einer bedingten Einigung nicht hineingelesen werden. Dies gilt um so mehr, als § 107 InsO in einem Abschnitt steht, der die Abwicklung von gegenseitigen Verträgen im Insolvenzverfahren regelt.
Zieht man dies alles in Betracht, so kann die von *Niesert* vertretene These, dass sich die aufschiebend bedingte Einigung über den Eigentumsübergang ausdrücklich aus dem Wort Eigentumsvorbehalt ergibt nicht befürwortet werden.

c. Klarstellende Funktion des Erfordernisses der Besitzübertragung

Es bleibt daher der Frage nachzugehen, ob die bedingte Übereignung im Tatbestand anderweitig verankert ist, und aufgrund dessen eine ausdrückliche Erwähnung außer Betracht geblieben ist.

---

135 Jetzt § 449 III BGB n.F.
136 *Niesert*, InVo 1998, 141, 141.
137 *Niesert*, InVo 1998, 141, 141.

aa. Meinungsstand

Marotzke weist zwar darauf hin, dass § 107 I 1 InsO allein vom Wortlaut her keine aufschiebend bedingte Einigung voraussetzt, er entnimmt diese Notwendigkeit aber dem Besitzerfordernis des § 107 I 1 InsO[138]. Weil die aufschiebend bedingte Übereignung im Gesetzeswortlaut sonst gar nicht erwähnt wäre, sie aber zwingende Voraussetzung für die Entstehung eines Anwartschaftsrechtes sei, könne mit der Formulierung, dass der Verkäufer dem Käufer „den Besitz an der Sache übertragen" haben müsse, nichts anderes gemeint sein, als eben diese bedingte Übereignung. Im übrigen werde auf diese Weise sinnvoll verhindert, dass ein Streit über das Verständnis des besitzrechtlichen Elementes i.S.v. § 107 I 1 InsO entfache und am Ende Fälle unter die Norm subsumiert würden, die der Gesetzgeber bei der Schaffung der Norm außen vor lassen wollte, gleichsam aber solche Fallgruppen in Frage gestellt werden, die eindeutig vom Anwendungsbereich erfaßt sein sollten[139]. Argumentativ verweist *Marotzke* auf die Entwurfsbegründung, in der nicht nur von Verkauf sondern von Übergabe und Lieferung die Rede sei und selbst das Anwartschaftsrecht des Vorbehaltskäufers ausdrückliche Erwähnung finde. Eine solche Formulierung lasse nur den Schluß zu, dass der Gesetzgeber wie selbstverständlich von dem Erfordernis einer aufschiebend bedingten Übereignung ausgegangen wäre[140]. Und dies wiederum lege es nahe, die in § 107 I 1 InsO formulierte Voraussetzung, dass dem Käufer der „Besitz übertragen„ worden sein müsse, als eine der wortlautübersteigenden Auslegung zugängliche falsa demonstratio zu behandeln, mit der tatsächlich nichts besitzrechtliches sondern die „sonst gar nicht erwähnte aufschiebend bedingte Übereignung" gemeint sei[141].

Auch *Tintelnot* versteht das Erfordernis der Besitzübertragung in § 107 I 1 InsO ebenso wie *Marotzke* nicht als tatsächliche Übertragung des Besitzes, welcher Ausformung auch immer, sondern als Hinweis auf das Übergabeerfordernis i.S.v. § 929 S. 1 BGB[142]. Weil mit dem Verkauf einer Sache unter Eigentumsvorbehalt nur unzureichend deutlich gemacht werde, dass der Anwendungsbereich der Norm nur dann eröffnet sei, wenn ein Anwartschaftsrecht des Käufers begründet worden ist, und das Erfordernis der Besitzübertragung als einziges auf die Notwendigkeit einer bedingten Eigentumsübertragung hindeute, könne diesem keine eigenständige Bedeutung zukommen[143].

Wegener mißt dem Besitzerfordernis hingegen eine solche bei[144]. Der Gesetzeswortlaut lasse zwar nicht erkennen, welche Besitzform der Gesetzgeber bei der Formulierung des § 107 I 1 InsO ins Auge gefaßt habe, im Hinblick auf die Formulierung in den Motiven, in der von einer „Auslieferung„ vor Verfahrenseröffnung gesprochen werde[145], sei aber die Aufgabe der tatsächlichen Gewalt über die Sache entscheidend[146]. Wichtig sei ferner, dass die Besitzübertragung vollständig abgeschlossen sein müsse[147]. Zur Unterstützung führt *Wegener* einerseits den Verlauf des Vorbehaltskaufs, andererseits praktische Erwägungen an. Stelle man auf die Aufgabe der tatsächlichen Gewalt ab, entspreche das dem Verlauf des Vorbehaltskaufes, denn bis zur Übereignung der Sache verbleibe der mittelbare Besitz beim

138 HK-*Marotzke*, § 107 Rn. 6; *Marotzke*, JZ 1995, 803, 811.

139 *Marotzke*, JZ 1995, 803, 811.

140 *Marotzke*, ZZP 109 (1996), 429, 432.

141 HK-*Marotzke*, § 107 Rn. 6.

142 Kübler/Prütting-*Tintelnot*, § 107 Rn. 7.

143 Kübler/Prütting-*Tintelnot*, § 107 Rn. 7.

144 FK-*Wegener*, § 107 Rn. 9.

145 BT-Drucks. 12/ 2443, S. 146 .

146 FK-*Wegener*, § 107 Rn. 9.

147 FK-*Wegerner*, § 107 Rn. 13.

Verkäufer. Daraus lasse sich schließen, dass der Gesetzgeber der InsO die Anwendung des § 107 I InsO und damit den Verlust des Verwalterwahlrechts mit dem Verbleib des mittelbaren Besitzes beim Schuldner einher gehen sehe. Entscheidend sei also, dass der Schuldner den unmittelbaren Besitz aufgegeben habe. Die Auffassung werde im übrigen auch durch praktische Erwägungen unterstützt: Dass ein Besitzverlust nicht anzunehmen sei, wenn die Kaufsache beim Verkäufer verbleibe, zeige sich deutlich bei Streckengeschäften des täglichen Lebens. Und auch bei Frachtgeschäften verliere der Verkäufer seinen unmittelbaren Besitz bereits mit Übergabe der Kaufsache an den Frachtführer gemäß § 450 HGB und Aushändigung der Ladepapiere an den berechtigten Empfänger[148]. Gleiches gelte für Leasinggeschäfte, bei denen der Leasinggegenstand vom Verkäufer auftragsgemäß direkt an den Leasingnehmer ausgeliefert werde. Dadurch, dass der Verkäufer die tatsächliche Gewalt auf den Leasingnehmer übertrage, werde der Käufer mittelbarer Besitzer. In beiden Fällen gebe der Verkäufer den unmittelbaren Besitz an der Sache auf, so dass der Anwendungsbereich des § 107 I 1 InsO eröffnet sei. Anders stelle es sich hingegen in Fällen des Sale- and Leaseback Verfahrens dar. Hier verkaufe der Eigentümer eine Sache an den zukünftigen Leasinggeber unter Eigentumsvorbehalt und lease sie dann unter Aufrechterhaltung der Nutzung, er behalte also den unmittelbaren Besitz an der Sache[149]. Dem Verwalter stehe das Wahlrecht dann weiterhin zu. Der auf den Vorbehaltskauf folgende Leasingvertrag sei gesondert nach §§ 103 ff. InsO zu beurteilen.

bb. Würdigung

Um zu bewerten, ob dem Besitzerfordernis eigenständige Bedeutung zukommt, gilt es, die dargestellten Positionen einer kritischen Untersuchung zu unterziehen und ihnen, soweit erforderlich ein eigenes Konzept entgegen zu stellen.

aaa. Gesetzeswortlaut und Systematik

Ausgangspunkt ist die Wortbedeutung des Besitzbegriffs. Dabei ist der in der Gesetzesvorschrift zum Ausdruck kommende objektive Wille des Gesetzgebers maßgeblich, so wie er sich aus dem Wortlaut der Gesetzesbestimmung und dem Sinnzusammenhang in den diese hineingestellt ist, ergibt[150].

Nach dem Wortlaut des § 107 I 1 InsO knüpft der Insolvenzschutz des Vorbehaltskäufers daran an, dass dem Käufer der Besitz an der Sache übertragen wurde.

An einer gesetzlichen Definition des Besitzbegriffs fehlt es. Ursprünglich wurde Besitz als rein tatsächliche Beziehung verstanden[151]. Mit zunehmender Aufnahme rechtlicher Elemente in das Verhältnis zwischen Sache und Besitzer, haben sich die verschiedenen Erscheinungsformen des Besitzes entwickelt[152]. Besitz im juristischen Sinne wird daher als die von der Rechtsordnung geschützte und von den jeweiligen Anschauungen des Lebens und des Verkehrs anerkannte tatsächliche Sachherrschaft einer Person über eine Sache verstanden[153]. Im Gegensatz zum Eigentum, das die rechtliche Zuordnung der Sache bestimmt, sagt der Besitz etwas über die tatsächliche Beziehung zwischen dem Besitzer und

---

148 FK-*Wegener*, § 107 Rn. 10.

149 FK-*Wegener*, § 107 Rn. 11.

150 BVerfGE 1, 299, 312; BGH 46, 74, 76.

151 Soergel/Siebert/Siebert-*Mühl*, Vor § 854 Rn. 4.

152 vgl. MüKo-*Haase*, Vor § 854 Rn. 2.

153 Soergel/Siebert/Siebert-*Mühl*, Vor § 854 Rn. 6.

der Sache aus[154]. Dabei wird zwischen Allein- und Mitbesitz, Voll- und Teilbesitz, Eigen- und Fremdbesitz sowie unmittelbarem und mittelbarem Besitz unterschieden[155]. Demzufolge ist der Besitz i.S.v. § 107 I 1 InsO dann dem Käufer übertragen worden, wenn dieser die tatsächliche Herrschaft über das Vorbehaltsgut oder eine der anderen Erscheinungsformen des Besitzes an diesem erlangt hat. Dies gilt auch unabhängig davon, ob man bei der Übertragung des Besitzes i.S.v. § 107 I 1 InsO an die für eine Besitzübertragung erforderliche Handlung oder an den Besitzübertragungserfolg anknüpft.

Etwas anderes kann nur dann gelten, wenn dem Besitzbegriff im Insolvenzrecht entweder generell oder speziell in § 107 I 1 InsO eine davon abweichende Bedeutung zukommt.

Eine spezifische konkursrechtliche Besitzbedeutung gab es nicht, so dass daraus keine Anhaltspunkte für das Besitzverständnis i.S.d. § 107 I 1 InsO hergeleitet werden können[156].

Es fragt sich aber, ob das Verständnis des Besitzes in anderen Normen der Insolvenzordnung Rückschlüsse auf eine spezifische insolvenzrechtliche Besitzbedeutung oder auf den Besitzbegriff konkret in § 107 I 1 InsO zuläßt.

Neben § 107 I 1 InsO wird der Besitz in den §§ 107 II 1, 148 I, 166 I InsO erwähnt. In der Insolvenz des Vorbehaltskäufers knüpft das Wahlrecht des Insolvenzverwalters neben dem Kauf einer beweglichen Sache daran an, dass der Käufer vom Verkäufer den Besitz an der Sache erlangt hat. Unabhängig von der inhaltlichen Ausgestaltung herrscht im Gegensatz zu Absatz 1 weitgehend Einigkeit darüber, dass dem Besitzerfordernis in Absatz 2 eigenständige Bedeutung zukommt[157]. Einvernehmen besteht auch darin, dass die eigenständige Bedeutung des besitzrechtlichen Elementes in § 107 II 1 InsO ihren Grund in der dem ersten Absatz verschiedenen Funktion des 2. Absatzes, das Vermögen möglichst lange im Besitz des Schuldners zu belassen, um Fortführungs- und Sanierungschancen zu gewährleisten, findet[158]. Unterstützend wird teilweise auf die ähnlichen Motive des Gesetzgebers bei der inhaltlichen Ausgestaltung der besitzrechtlichen Voraussetzungen des § 166 I und § 107 II 1 InsO[159] und die bis zur Entscheidung des Verwalters seitens des Verkäufers hinzunehmenden Opfer verwiesen[160]. Inhaltlich wird übereinstimmend auf die Übertragung des unmittelbaren Besitzes abgestellt[161], während der mittelbare Besitz nur dann als hinreichend erachtet wird, wenn er nicht mehr durch den Verkäufer gemittelt werde[162].

Auch bei § 148 I InsO steht das Besitzerfordernis nicht in Frage. Erfaßt sind hier in erster Linie der unmittelbare Besitz[163], um die Kosten der Inbesitznahme zu sparen werden aber häufig auch Besitzmittlungsverhältnisse vereinbart, durch die der Verwalter mittelbarer Besitzer bleibt. Stellt der Verwalter sicher, dass der unmittelbare Besitzer seinen Anweisungen folgt, ist auch der mittelbare Besitz erfaßt[164]. Ähnlich verhält es sich bei § 166 I

---

154 *Creifelds*, Rechtswörterbuch, S. 198.

155 *Creifelds*, Rechtswörterbuch, S. 199.

156 vgl. Lexikon des Rechts, Bd. 3.

157 FK-*Wegener*, § 107 Rn. 18; HK-*Marotzke*, § 107 Rn. 26; Kübler/Prütting-*Tintelnot*, § 107 Rn. 17, 18; *Marotzke*, JZ 1995, 803, 812; lediglich *Hess*, § 107 InsO Rn. 28 verzichtet auch im zweiten Absatz darauf, dass der Schuldner den Besitz an der Sache erlangt hat. Näher dazu im zweiten Teil.

158 FK-*Wegener*, § 107 Rn. 19; HK-*Marotzke*, § 107 Rn. 26; Kübler/Prütting-*Tintelnot*, § 107 Rn. 17.

159 HK-*Marotzke*, § 107 Rn. 26.

160 FK-*Wegener*, § 107 Rn. 19.

161 FK-*Wegener*, § 107 Rn. 18; HK-*Marotzke*, § 107 Rn. 26; Kübler/Prütting-*Tintelnot*, § 107 Rn. 17.

162 Kübler/Prütting-*Tintelnot*, § 107 Rn. 18; vgl. auch FK-*Wegener*, § 107 Rn. 19, der sich auch für die Einbeziehung des Mitbesitzes ausspricht, sowie HK-*Marotzke*, § 107 Rn. 26.

163 OLG Hamburg, ZIP 1996, 386, 387; FK-*Wegener*, § 148 Rn. 7; HK-*Irschinger*, § 148 Rn. 4; Kübler/Prütting-*Holzer*, § 148 Rn. 11.

164 FK-*Wegener*, § 148 Rn. 7.

InsO. Während Einigkeit besteht, dass der Verwalter die Sache in Besitz hat, wenn er unmittelbaren Besitz i.S.v. § 854 BGB begründet hat[165], wird die Frage, ob auch mittelbarer Besitz des Verwalters ausreicht, kontrovers beantwortet[166].
Die inhaltliche Ausgestaltung des Besitzerfordernisses in den §§ 107 II 1, 148 I, 166 I InsO läßt erkennen, dass dem Besitzbegriff in der Insolvenzordnung keine eigenständige Bedeutung zukommt. Der Wortlaut entspricht inhaltlich dem Besitzverständnis der §§ 854 ff BGB, so dass dieses auch § 107 I 1 InsO zugrunde zulegen ist.
Ein weiteres systematisches Argument gegen die Annahme, dass die Besitzübertragung das Erfordernis einer bedingten dinglichen Einigung mitenthält ergibt sich aus § 433 I 1 BGB. Hier wird die Pflicht des Käufers als Übergabe und Eigentumsübertragung an der Sache beschrieben. Würde die Besitzübertragung die bedingte dingliche Einigung der Parteien daher mitumfassen wäre eine gesonderte Erwähnung der Eigentumsverschaffungspflicht in § 433 I 1 BGB nicht nötig. Hinzu kommt, dass die Übereignung einer Sache deren Besitzübertragung bereits enthält. Sogesehen hätte der Gesetzgeber bei § 433 I 1 BGB daher sogar zu viel formuliert: Die Übereignung enthält die Besitzübertragung und das Übergabeerfordernis enthält nach *Marotzkes* These die bedingte dingliche Einigung, was im Ergebnis dazu führen würde, dass die Übereignung der Sache zweimal im Tatbestand Erwähnung gefunden hätte. Weiterhin macht die Formulierung von § 433 I 1 InsO deutlich, dass die dingliche Einigung nicht in ein Besitzübertragungserfordernis hineingelesen werden kann, und der Gesetzgeber mit dessen Aufnahme in den Tatbestand auch tatsächlich ein besitzrechtliches Element anspricht, während er von Übereignung spricht, wenn auch die dingliche Einigung miterfaßt sein soll.
Obwohl der eindeutige Wortsinn entscheidend und bindend ist, kann der Gesetzeszweck aber dennoch eine abweichende Auslegung nahelegen[167]. Die Frage ist daher, ob die Entstehungsgeschichte des § 107 I 1 InsO eine divergierende Interpretation notwendig macht.

bbb. Entstehungsgeschichte

Im ersten Bericht der 1978 eingesetzten Kommission für Insolvenzrecht, fehlt es an einem dem § 107 InsO entsprechenden Leitsatz. In den für die Abwicklung gegenseitiger Verträge vorgesehenen Leitsätzen 2.4 ff war auch keine anderweitige Spezialregelung für Vorbehaltskäufe in Aussicht genommen[168]. Diese finden nicht einmal Erwähnung.
Zwar bildete die Einbeziehung der besitzlosen Mobiliarsicherheiten, und insbesondere die des Eigentumsvorbehaltes, in das Liquidationsverfahren einen Schwerpunkt der Reformbestrebungen[169], diese Einbeziehung fand jedoch nicht im Bereich der Abwicklung gegenseitiger Verträge, sondern bei der Befriedigung der durch Eigentumsvorbehalt gesicherten Gläubiger[170], der Erweiterung und Klarstellung des Begriffs der

---

165 *Jauernig*, § 45 IV 2 b; *Klasmeyer/Elsner/Ringstmeier* in: Kölner Schrift zur InsO, S. 1083, 1086 Rn. 15; Kübler/Prütting-*Kemper*, § 166 Rn. 4; *Marotzke*, JZ 1995, 803, 812; *ders.*, ZZP 109 (1996), 429, 443; *Zahn*, DB 1995, 1649, 1649; krit.: FK-*Wegener*, § 166 Rn. 4; HK-*Landfermann*, § 166 Rn. 7 ff.

166 Dafür sprechen sich aus: FK-*Wegener*, § 166 Rn. 4, mit Hinweis auf die vergleichbare Lage in der Vorbehatskäuferinsolvenz; HK-*Landfermann*, § 166 Rn. 11; dagegen: Kübler/Prütting-*Kemper*, § 166 Rn. 4 m.w.N..

167 BGHZ 2, 176, 184 m.w.N.

168 *Serick*, Bd. VI, § 82 IV 4, ging aber bereits damals davon aus, dass diese Leitsätze auf Vorbehaltskäufe keine Anwendung finden.

169 Erster Bericht der Kommission für Insolvenzrecht, S. 14.

170 Erster Bericht der Kommission für Insolvenzrecht, S. 16.

Insolvenzmasse[171] und der Gewährleistung einer gleichmäßigen Gläubigerbefriedigung durch die Einführung von Publizitätsmerkmalen[172] statt.
Vorgesehen war eine Regelung, durch die die durch einen Eigentumsvorbehalt gesicherten Gläubiger das Sicherungsgut während des Verfahrens weder aussondern, noch an ihm abgesonderte Befriedigung erlangen durften[173]. Ferner wurde der Umfang der Insolvenzmasse auf die im Besitz des Schuldners befindlichen Sachen, an denen sich der Verkäufer das Eigentum vorbehalten hat erweitert[174]. Um der Entwicklung entgegenzuwirken, dass durch die zunehmende Vereinbarung von Kreditsicherheiten die wesentlichen Teile des Schuldnervermögens vorweg verteilt werden und das haftende Vermögen des Schuldners dadurch unzutreffend groß erscheint, was wiederum den Grundsatz gleichmäßiger Gläubigerbefriedigung im Insolvenzverfahren weitgehend außer Kraft setzt, sollte bei den Verlängerungs- und Erweiterungsformen des Eigentumsvorbehaltes die Publizität durch ein einseitiges Schriftformerfordernis vergrößert werden und es war vorgesehen, den Konzernvorbehalt im Gegensatz zu Kontokorrentvorbehalten und Geschäftsverbindungsklauseln, für die bei Massegeschäften mit äußerlich nicht unterscheidbaren Waren, die in großen Mengen schnell umgesetzt werden, ein echtes wirtschaftliches Bedürfnis besteht[175], unwirksam zu erklären[176].
Für das Besitzverständnis i.S.v. § 107 I 1 InsO gibt der erste Bericht der Kommission für Insolvenzrecht daher keinen Aufschluß.
Der zweite Bericht der Kommission für Insolvenzrecht diente der Ausfüllung der durch den ersten Bericht noch offen gelassenen Lücken[177]. Daneben sieht der Bericht zwar auch ergänzende Regelungen zu Leitsätzen des ersten Berichtes vor, diese widmen sich jedoch nicht der Abwicklung von Vorbehaltskäufen, so dass sich auch hier keine Anhaltspunkte für das Besitzverständnis i.S.v. § 107 I 1 InsO finden lassen.
Auch im Diskussionsentwurf blieb die Frage nach einer speziellen Regelung für die Abwicklung von Vorbehaltsverkäufen nach Verfahrenseröffnung unbeantwortet[178].
Die Behandlung von Vorbehaltskäufen im Insolvenzverfahren wird erstmalig in § 111 III RefE. normiert. § 111 III RefE. schließt das Wahlrecht des Verwalters in dem Fall aus, in dem sich der Verkäufer einer beweglichen Sache „das Eigentum bis zur Zahlung des Kaufpreises vorbehalten, im übrigen jedoch seine Verpflichtungen aus dem Kaufvertrag erfüllt,, hat[179].

---

[171] Erster Bericht der Kommission für Insolvenzrecht, S. 94.

[172] Erster Bericht der Kommission für Insolvenzrecht, S. 299, 308, 310.

[173] Erster Bericht der Kommission für Insolvenzrecht, S. 16.

[174] Erster Bericht der Kommission für Insolvenzrecht, S. 94.

[175] Erster Bericht der Kommission für Insolvenzrecht, S. 307, 308.

[176] Erster Bericht der Kommission für Insolvenzrecht, S. 299, 308, 310.

[177] Neben der verfahrensrechtlichen Ausgestaltung von Insolvenzverfahren, Aufgaben und Befugnissen des Insolvenzgerichtes- und Verwalters, der Regelung von Verbraucherinsolvenzverfahren, dem Schutz der Bauhandwerker in der Insolvenz ihres Auftraggebers und Fragen des Insolvenzsteuerrechts, wird der konkursbeendende Vergleich weiterentwickelt, vgl. Zweiter Bericht der Kommission für Insolvenzrecht, S. VII ff.
Auch hier bemängelt *Serick*, Bd. VI § 82 IV 12 das Fehlen einer Regelung über die Abwicklung von Vorbehaltskäufen nach Verfahrenseröffnung.

[178] Erwähnt wird der Eigentumsvorbehalt bei der Bestimmung des Umfang der Insolvenzmasse (§ 40 des Gesetzes zur Reform des Insolvenzrechts, Diskussionsentwurf, S. 19), bei den zur abgesonderten Befriedigung berechtigten Gläubigern (§ 55 des Gesetzes zur Reform des Insolvenzrechts, Diskussionsentwurf, S. 25) und bei der Verwertungsbefugnis des Insolvenzverwalters. Die Verwertung des Eigentumsvorbehaltes obliegt grundsätzlich dem Verwalter, es sei denn der insofern gesicherte Gläubiger beschleunigt die Verwertung oder veräußert selbst (vgl. §§ 181 ff des Gesetzes zur Reform des Insolvenzrechts, Diskussionsentwurf, S. 92 ff.).
Serick, ZIP 1989, 409, 411 verweist auch hier erneut darauf, dass § 111 DiskE. dem Verwalter kein Wahlrecht gibt.

[179] § 111 des Gesetzes zur Reform des Insolvenzrechts, Referentenentwurf, S. 64.

Ohne dass § 111 III RefE. die Übertragung des Besitzes oder des Anwartschaftsrechtes explizit erwähnt, setzt die Begründung des Referentenentwurfs dies ohne nähere Erläuterung voraus[180]. Auch *Marotzke* sieht die Funktion von § 111 III RefE darin, den Käufer in der Insolvenz des Verkäufers davor zu schützen, sein Anwartschaftsrecht am Vorbehaltsgut durch Erfüllungsablehnung nach § 111 RefE zu verlieren[181]. In der allgemeinen Begründung zum Zweiten Abschnitt des Referentenentwurfs heißt es, dass bei Kaufverträgen, „bei denen die verkaufte Sache unter Eigentumsvorbehalt übergeben worden ist" künftig kein Wahlrecht des Verwalters bestehen soll. Und für den Fall der Verkäuferinsolvenz wird darauf hingewiesen, dass das Anwartschaftsrecht des Vorbehaltskäufers nunmehr nicht mehr durch die Erfüllungsablehnung zerstört werden kann[182]. Ohne dass der Entwurfswortlaut ausdrücklich besitzrechtliche Anforderungen stellt, wird die Übergabe des Vorbehaltsgutes also als notwendig vorausgesetzt, um die angestrebte Insolvenzfestigkeit des Anwartschaftsrechtes zu erreichen. Da die Entstehung eines Anwartschaftsrechtes aber nicht nur die Besitzübertragung, sondern auch eine bedingte Einigung erfordert wird deutlich, dass bereits zu diesem Zeitpunkt eine dingliche Einigung vorausgesetzt wurde, obwohl diese im Tatbestand des § 111 III RefE. keine Erwähnung fand.
Die spezielle Begründung zu § 111 III RefE. weist darauf hin, dass die Regelung des § 111 III RefE. in Verbindung mit der Ersetzung des bisherigen Aussonderungsrechts des Vorbehaltsverkäufers durch ein Absonderungsrecht steht[183]. Entsprechend dieser Verbindung muss der Besitzbegriff beider Normen gleich verstanden werden[184]. Entscheidend ist daher das Verständnis des Besitzbegriffs i.S.v. § 55 RefE.
Nach § 55 I Nr. 1 RefE. sind Gläubiger, die sich das Eigentum an einer beweglichen Sache, die dem Schuldner verkauft und deren Besitz ihm übertragen worden ist, vorbehalten haben, zur abgesonderten Befriedigung berechtigt. Die Besitzübertragung wird auch hier als die Lieferung der dem Schuldner unter Eigentumsvorbehalt verkauften Sache verstanden[185] und meint damit die Übertragung des unmittelbaren Besitzes. Entsprechend dieser Deutung ist auch die in der Begründung zu § 111 III RefE. geforderte Übergabe des Vorbehaltsgutes zu verstehen.
Eine dahingehende Interpretation wird auch durch die Erläuterungen der Referentenbegründung zur Verkäuferinsolvenz bestätigt, indem dort festgestellt wird, dass der Verwalter nicht berechtigt ist die Sache zurückzuverlangen, solange der Käufer vertragstreu bleibt[186]. Denn zurückgegeben werden kann eine Sache nur, wenn sie zuvor hingegeben wurde.
Auch *Serick* stellt in seinen Äußerungen zu § 111 III RefE. fest, dass es sich hierbei um eine Regelung für Eigentum an solchen Vorbehaltswaren handelt, „deren Besitz dem Schuldner schon im Zeitpunkt der Verfahrenseröffnung übertragen worden war„[187]. Darüber hinaus weist er ausdrücklich darauf hin, dass der Insolvenzverwalter das Wahlrecht aus § 111 I RefE.

180 Begr. zum Referentenentwurf, S. 109.
181 *Marotzke* in: Insolvenzrecht im Umbruch, 183, 186.
182 Begr. zum Referentenentwurf, S. 109.
183 Begr. zum Referentenentwurf, S. 111.
184 So wohl auch *Serick*, der die Anwendung von § 111 III RefE. ablehnt, wenn der Lieferant die Vorbehaltsware vor Verfahrenseröffnung noch nicht übergeben hat, und bedingt durch die fehlende Besitzüberlassung auch § 55 RefE. für unanwendbar erklärt.
185 Begr. zum Referentenentwurf, S. 49.
186 Begr. zum Referentenentwurf, S. 111.
187 *Serick*, BB 1990, 861, 864.

behält, wenn der Vorbehaltslieferant die Ware vor Verfahrenseröffnung noch nicht übergeben hat[188].

Obwohl in § 111 III RefE. keine Besitzübertragung gefordert wird, geht sowohl die Begründung zum Referentenentwurf unterstützt durch einen Verweis auf § 55 I Nr. 1 RefE als auch die Literatur von dieser Notwendigkeit aus. Dadurch, dass die allgemeine Begründung zum zweiten Abschnitt und auch die Begründung zu §§ 111, 55 RefE von einer Übergabe bzw. Lieferung der Vorbehaltssache spricht, wird deutlich, dass der unmittelbare Besitz übertragen werden muss.

Wenn aber hier die Übergabe des Vorbehaltsgutes verlangt wird, ohne dass der Wortlaut dies erwähnt, drängt sich die Frage nach dem Grund auf, aus dem dem in § 107 I 1 InsO enthaltenen Besitzerfordernis keine Bedeutung zukommen soll.

Die Antwort darauf könnte im Regierungsentwurf zu finden sein.

§ 107 I InsO entspricht § 121 I RegE, der erstmalig eine eigenständige Regelung über die Abwicklung von Vorbehaltskäufen im Insolvenzverfahren aufstellt. Während der Wortlaut des § 111 III RefE. noch kein Besitzerfordernis enthielt, aber allgemein eine Besitzübertragung des Vorbehaltsgutes vorausgesetzt wurde, verlangt § 121 I RegE. ausdrücklich, dass dem Käufer der Besitz an der Sache übertragen wurde[189]. Die bisher als notwendige Voraussetzung für den Ausschluß des Verwalterwahlrechts angesehene Übergabe des Vorbehaltsgutes vor Verfahrenseröffnung wird damit erstmalig in einer eigenständigen Regelung gesetzlich kodifiziert. Zwar läßt die Begründung zu § 121 I RegE. eine hinsichtlich des Tatbestandsmerkmals der Besitzübertragung eingehende Begründung vermissen, dennoch wird durch die Verwendung des Ausdrucks „Lieferung unter Eigentumsvorbehalt,,[190] und durch den Hinweis darauf, dass der Verwalter nicht berechtigt ist, die Kaufsache zurückzuverlangen, solange sich der Käufer vertragstreu verhält[191] deutlich, dass der Käufer vor Verfahrenseröffnung Besitz am Vorbehaltsgut erlangt haben muss, damit die Schutzfunktion des § 121 I RegE. greift. Die Formulierung, dass die Kaufsache unter Eigentumsvorbehalt geliefert worden sein muss, macht darüber hinaus auch deutlich, dass das Vorbehaltsgut vor Verfahrenseröffnung aufschiebend bedingt übereignet worden sein muss. Denn mit der Verwendung des Wortes „Lieferung" im Zusammenhang mit dem Wort Eigentumsvorbehalt wird eindeutig auf die dingliche Seite des Eigentumsvorbehaltes hingewiesen. Anderenfalls hätte die Entwurfsbegründung von „Verkauf unter Eigentumsvorbehalt" gesprochen. Zwar könnte man sagen, dass § 107 I 1 InsO die Entstehung des Anwartschaftsrechtes gewährleisten soll, wenn die Parteien einen Vorbehaltskauf geschlossen haben. Dagegen spricht aber der eindeutige Wortlaut der Regierungsbegründung, in der von der Zerstörung des Anwartschaftsrechtes die Rede ist. Zerstört werden kann aber nur bereits Entstandenes. Die Regierungsbegründung geht also davon aus, dass die aufschiebend bedingte Übereignung Tatbestandsvoraussetzung des § 107 I 1 InsO ist.

In der Begründung zum Regierungsentwurf findet neben der Besitzübertragung das Anwartschaftsrecht des Vorbehaltskäufers explizite Erwähnung. Mit Absatz 1 sollte die Streitfrage der Konkursordnung hinsichtlich der Insolvenzfestigkeit des Anwartschaftsrechtes zugunsten eines solchen geklärt werden, indem die Anwartschaft des Vorbehaltskäufers nicht durch Erfüllungsablehnung des Kaufvertrages seitens des Verwalters zerstört werden darf[192].

188 *Serick*, BB 1990, 861, 864.
189 RegE. vom 21.11.1991 abgedruckt in: ZIP 1991, 1660, 1662.
190 BT-Drucks.12/2443, S. 146.
191 BT-Drucks.12/2443, S. 146.
192 BT-Drucks.12/2443, S. 146.

Wenn die Funktion von § 107 I 1 InsO aber darin liegt, das Anwartschaftsrecht des Käufers vor der Erfüllungsablehnung des Verwalters zu schützen, wird dadurch impliziert, dass zum Zeitpunkt der Verfahrenseröffnung bereits ein Anwartschaftsrecht entstanden sein muss, wodurch deutlich wird, dass neben der Besitzübertragung auch eine dingliche Einigung Voraussetzung für die Anwendung von § 107 I 1 InsO und nicht Teil dessen Rechtsfolge ist. Dadurch, dass die Existenz eines Anwartschaftsrechtes neben der Lieferung der Kaufsache als Voraussetzung für die Anwendung von § 121 I RegE. gesonderte Erwähnung gefunden hat wird deutlich, dass die Besitzübertragung als eigenständige Voraussetzung des § 121 I RegE. für den Gesetzgeber keineswegs obsolet war. Vielmehr läßt sich daraus schließen, dass er die dingliche Einigung der Parteien als so selbstverständlich empfand, dass deren Aufnahme in den Wortlaut nicht notwendig war.
Bis zur Kodifizierung des § 121 I RegE. fehlte es sowohl an einer ausdrücklichen gesetzlichen Regelung darüber, dass der Käufer den Besitz am Vorbehaltsgut vor Verfahrenseröffnung erlangt haben muss, als auch an einer generellen gesetzlichen Aussage hinsichtlich der Tatsache, dass die Anwendung dieser Vorschrift an die Existenz eines Anwartschaftsrechtes geknüpft ist. Aber sowohl die Begründungen zu den Vorentwürfen als auch die Begründung zu § 121 I RegE. lassen keine Zweifel an der kumulativen Notwendigkeit dieser beiden Voraussetzungen. Denn die Existenz eines Anwartschaftsrechtes wurde stets neben die Notwendigkeit der Besitzübertragung auf den Käufer gesetzt. Mit anderen Worten hat der Gesetzgeber die Existenz eines Anwartschaftsrechtes nicht dadurch zum Ausdruck bringen wollen, dass er in Abs. 1 bestimmte, dem Käufer solle der Besitz an der Sache übertragen werden. Denn wenn die Begründung neben der Entstehung eines Anwartschaftsrechts stets auch von der Auslieferung der Vorbehaltssache spricht wird deutlich, dass die Existenz eines Anwartschaftsrechtes als so selbstverständlich vorausgesetzt wurde, dass deren Erwähnung im Tatbestand als überflüssig angesehen wurde.
Diese Sichtweise wird auch durch folgendes bestätigt:
In § 121 I RegE. ist erstmalig die Rede davon, dass dem Käufer der Besitz an der Sache übertragen worden sein muss. Ebenso wie an der Besitzübertragung auf den Käufer bestanden bisher auch an der Notwendigkeit eines Anwartschaftsrechtes keine Zweifel. Dennoch wurde nur das Besitzerfordernis in den Tatbestand aufgenommen. Das läßt erkennen, dass der Gesetzgeber nur an dieser Stelle Handlungsbedarf sah. Er wollte damit die bisherige, nicht ausdrücklich kodifizierte Auffassung, dass der Besitz übertragen werden muss, unmißverständlich festlegen. Die Existenz eines Anwartschaftsrechtes aber, zu dessen Schutz § 121 I RegE./§ 107 I 1 InsO eingeführt wurde, war derart zweifelsfrei, dass eine Erwähnung im Tatbestand als überflüssig erachtet wurde. Denn wenn Schutzgut des § 107 I 1 InsO das Anwartschaftsrecht des Vertragspartners ist, setzt die Anwendung dieser Vorschrift zwingend voraus, dass ein solches zunächst einmal entstanden ist[193]. Zugegebenermaßen hätte der Gesetzgeber diesen Mißverständnissen vorbeugen können, indem er anstelle von einer Besitzübertragung von der Übertragung des Anwartschaftsrechtes oder noch besser von einer bedingten Übereignung des Vorbehaltsgutes gesprochen hätte. Denn in diesen Fällen hätten keine Zweifel darüber aufkommen können, dass sowohl die Besitzübertragung als auch die bedingte dingliche Einigung der Parteien Tatbestandsvoraussetzung ist. Die fehlende Erwähnung eines Anwartschaftsrechts im Tatbestand kann daher nicht einmal als redaktionelles Versehen angesehen werden.
Damit vermag auch das Argument *Marotzkes*[194], dass es erlaubt sein müsse, die Voraussetzung der Besitzübertragung dahingehend zu verstehen, dass tatsächlich die

[193] HK-*Marotzke*, § 107 Rn. 3.
[194] *Marotzke*, JZ 1995, 803, 811.

aufschiebend bedingte Übereignung gemeint ist, wenn schon in der Begründung des Regierungsentwurfs das Anwartschaftsrecht des Vorbehaltskäufers zwar erwähnt wird, aber von Verkaufen und Übergeben gesprochen wird, wenn die aufschiebend bedingte Übereignung gemeint ist, nicht zu überzeugen. In der Regierungsbegründung wird die Anwartschaft des Vorbehaltskäufers zwar im Zusammenhang mit der Erfüllungsablehnung genannt, ohne dass von einer aufschiebend bedingten Übereignung die Rede ist, dies hat seinen Grund aber weniger darin, dass der Gesetzgeber dieses Erfordernis durch die Besitzübertragungspflicht ausdrücken wollte, als vielmehr in der Tatsache, dass das Wort Anwartschaftsrecht bereits eine vorausgegangene aufschiebend bedingte Übereignung beinhaltet[195]. Denn das Anwartschaftsrecht des Vorbehaltskäufers entsteht erst dann, wenn ihm das Vorbehaltsgut bedingt übereignet wurde. Die Verwendung der aufschiebend bedingten Übereignung und des Wortes Anwartschaftsrecht sind also alternativ. Im übrigen spricht die Regierungsbegründung vom Anwartschaftsrecht im Zusammenhang mit der Erfüllung des Kaufvertrages, weil der zentrale Regelungsgehalt der Norm die Insolvenzfestigkeit des Anwartschaftsrechtes ist. Diese soll dadurch erreicht werden, dass dem Verwalter die Möglichkeit entzogen wird, die Anwartschaft durch Erfüllungsablehnung des Kaufvertrages zu zerstören. Nur hierin ist der Grund zu sehen, aus dem die Anwartschaft im Zusammenhang mit dem Kaufvertrag genannt wird.
Die Entwurfsbegrüdung spricht daher nicht von „Verkaufen und Übergeben, wenn sie die aufschiebend bedingte Übereignung meint„[196], sondern meint auch Verkaufen und Übergeben, während sie die vorausgegangene Übereignung unter der aufschiebenden Bedingung vollständiger Kaufpreiszahlung meint, wenn sie von „Anwartschaftsrecht" spricht.
Die Entstehungsgeschichte des § 107 I 1 InsO spricht daher dafür, dass sich die Funktion der Besitzübertragung i.S.v. § 107 I 1 InsO nicht lediglich darin erschöpft, auf die Existenz eines Anwartschaftsrechtes hinzuweisen, ihr kommt vielmehr eigenständige Bedeutung zu. Dem Gesetzgebungsverfahren ist weiterhin zu entnehmen, dass das Fehlen der aufschiebenden Bedingung im Tatbestand des § 107 I InsO im Hinblick auf dessen Schutzgut darauf zurückzuführen ist, dass die Notwendigkeit einer dinglichen Einigung für die Entstehung eines Anwartschaftsrechtes so selbstverständlich ist, dass der Gesetzgeber nur aus diesem Grund von ihrer Aufnahme in den Tatbestand abgesehen hat.

ccc. Zweck des § 107 I 1 InsO

Die Insolvenzordnung hat die Abwicklung gegenseitiger Verträge, die zum Zeitpunkt der Eröffnung des Insolvenzverfahrens nicht oder nicht vollständig erfüllt sind dem Wahlrecht des Insolvenzverwalters nach § 103 InsO unterstellt, um dem Verwalter ein Instrument in die Hand zu geben, mit dem er hinsichtlich der Erfüllung von zum Zeitpunkt der Verfahrenseröffnung noch nicht vollständig erfüllter gegenseitiger Verträge eine für die Masse günstige Entscheidung treffen kann. Entscheidet sich der Verwalter für die Erfüllung, tritt er in den Vertrag ein, der dann von beiden Seiten voll zu erfüllen ist, wodurch die Forderung des Gläubigers zur Masseschuld, § 55 I Nr. 2 InsO, wird. Lehnt der Verwalter die Vertragserfüllung ab, entsteht ein einseitiger Schadensersatzanspruch des Vertragspartners wegen Nichterfüllung. Dieser ist lediglich einfache Insolvenzforderung.
Mit § 107 I InsO hat der Gesetzgeber noch nicht vollständig erfüllte Vorbehaltskäufe in der Verkäuferinsolvenz von diesem Wahlrecht ausgenommen, um das Anwartschaftsrecht der

---

195 MüKo-*Quack*, § 929 Rn. 29, 30.
196 *Marotzke*, JZ 1995, 803, 811.

Vorbehaltskäufers vor den Rechtsfolgen der Erfüllungsablehnung durch den Verwalter zu schützen.
Wenn das Schutzgut des Absatzes 1 das Anwartschaftsrecht des Vorbehaltskäufers in der Verkäuferinsolvenz sein soll, dann macht die Anwendung dieser Norm die Existenz eines Anwartschaftsrechtes aber zwingend erforderlich. Um sachwidrige Ergebnisse zu vermeiden ist es daher sinnvoll, dieses Erfordernis im Tatbestand des § 107 I InsO zu verankern. Und als solche bietet sich die Besitzübertragung als Teil der bedingten Übereignung geradezu an.
Vom objektiven Zweck der Norm ist dies sicherlich sachgerecht, problematisch ist bei einer solchen Interpretation aber, dass die Besitzübertragung nur ein Element bei der Entstehung eines Anwartschaftsrechtes ist, während die aufschiebend bedingte dingliche Einigung keine Erwähnung findet. Insbesondere läßt sie sich wegen seines Zusammenhangs mit dem Kausalgeschäft und der systematischen Stellung des § 107 I InsO auch nicht in das Wort „Eigentumsvorbehalt" interpretieren.
Läßt man die vom Gesetzgeber mit § 107 I InsO verfolgte Intention außer Betracht, läßt der Wortlaut des ersten Absatzes auch eine dahingehende Auffassung zu, dass die schuldrechtliche Vereinbarung eines Eigentumsvorbehaltes und die Besitzübertragung auf den Käufer vor Verfahrenseröffnung erfolgt sein muss, ohne dass zu diesem Zeitpunkt bereits ein Anwartschaftsrecht entstanden ist. Daraus ergibt sich, dass die Sichtweise *Marotzkes*, die Besitzübertragung als bloße Verweisung auf das Übergabeerfordernis des § 929 S. 1 BGB zu verstehen, nicht zwingend[197] ist. Zweifellos deutet die Besitzübertragung auf die sachenrechtliche Seite des Eigentumsvorbehaltes und damit auf die Notwendigkeit einer aufschiebend bedingten Übereignung hin, was durch den in den Motiven verwandten Begriff der „Auslieferung", der auf die Aufgabe der tatsächlichen Gewalt i.S.v. § 854 BGB als entscheidendes Kriterium[198] und damit auf die für Bestellung eines Eigentumsvorbehaltes typische Form der Besitzübertragung hinweist, noch unterstützt wird. Festzuhalten ist aber, dass jegliche Aussage hinsichtlich der Notwendigkeit einer aufschiebend bedingten dinglichen Einigung fehlt. Obwohl also gewichtige Gründe dafür sprechen, die aufschiebend bedingte Übereignung des Vorbehaltsgutes in der Besitzübertragung auf den Käufer zu sehen, ist im Ergebnis festzuhalten, dass die Besitzübertragung zwar auf deren Notwendigkeit hindeutet, sie das Tatbestandsmerkmal der aufschiebend bedingten Übereignung aber nicht konkludent mißumfaßt.
Das bereits durch die Wortlaut-, systematische und historische Auslegung ermittelte Ergebnis wird durch die Analyse des mit der Vorschrift verfolgten Zweckes bestätigt. Die Entstehungsgeschichte von § 107 I 1 InsO und der mit dieser Norm verfolgte gesetzgeberische Zweck sprechen überdies dafür, dass die Existenz eines durch aufschiebend bedingte Übereignung entstandenen Anwartschaftsrechtes Voraussetzung für die Anwendung des ersten Absatzes ist.

ddd. Parallele zu § 108 I 2 InsO

Für die eigenständige Bedeutung des Besitzerfordernisses läßt sich auch folgender Vergleich mit § 108 I 2 InsO anführen, der einerseits verdeutlicht, dass es der InsO nicht fremd ist, dass bestimmte Voraussetzungen des Tatbestandes nicht zwingend im Wortlaut einer Vorschrift auftauchen müssen und umgekehrt veranschaulicht, dass die Notwendigkeit tatbestandsmäßig erfaßter Voraussetzungen zu Unrecht angezweifelt wird.

---

[197] *Marotzke*, JZ 1995, 803, 811.
[198] FK-*Wegener*, § 107 Rn. 9.

Während die Konkursordnung von einem Fortbestand von Miet- und Pachtverträgen nach Verfahrenseröffnung ausging, wurden Miet- und Pachtverträge über bewegliche Sachen nach der Reform dem Verwalterwahlrecht des § 103 InsO unterstellt. Das hatte zur Folge, dass die Refinanzierung von Mobilienleasingverträgen in der Insolvenz des Leasinggebers nicht mehr insolvenzfest vorgenommen werden konnte, weil die Erfüllungsansprüche mit Verfahrenseröffnung nach § 103 InsO erlöschen waren. Der Refinanzierer konnte die Leasingforderung in der Insolvenz des Leasinggebers bei Erfüllungswahl wegen § 91 I InsO nicht erwerben. Im Geltungsbereich der Konkursordnung konnten Leasingraten hingegen konkursfest abgetreten werden, ohne dass § 15 KO einem Forderungserwerb an nach Verfahrenseröffnung fällig werdenden Forderungen entgegenstand[199]. Obwohl der Wortlaut von § 108 I 2 InsO von Miet- und Pachtverhältnissen spricht herrscht unter Hinweis auf die gesetzgeberische Intention Einigkeit darüber, dass mit dem erst später[200] eingeführten Satz 2 der Fortbestand von Leasingverträgen in der Insolvenz des Leasinggebers auch nach neuem Recht sicher gestellt werden sollte[201]. Diskutiert wird hingegen die Frage, ob auch die Refinanzierung von Mietverträgen in der Insolvenz des Vermieters von § 108 I 2 InsO erfaßt ist[202]. Ähnlich verhält es sich aber mit dem Besitzerfordernis des § 107 I 1 InsO. Auch hier spricht der Wortlaut eindeutig von einer bestimmten Tatbestandsvoraussetzung[203], und auch hier herrscht Uneinigkeit darüber, ob mit diesem Tatbestandsmerkmal etwas anderes als das Beschriebene ausgedrückt werden soll. Das macht deutlich, dass es der InsO nicht fremd ist, dass nicht nur das nicht genannte, sondern auch das genannte Tatbestandsmerkmal Tatbestandvoraussetzung ist. Für § 107 I 2 InsO läßt sich daraus schlußfolgern, dass das Erfordernis der Besitzübertragung auf den Käufer eigenständige Bedeutung zukommt, was ebenso, wie die Erfassung von Mietverträgen bei § 108 I 2 InsO[204] nicht zu untragbaren wirtschaftlichen Ergebnissen führt[205].

eee. Einfluß der EG-Verordnung über Insolvenzverfahren[206]

Im Rahmen zunehmender Europäisierung ist das Augenmerk im weiteren darauf zu richten, ob und inwiefern EU-Regelungen im Bereich des Insolvenzrechts als Auselgungshilfe für die Beantwortung der Frage nach der eigenständigen Bedeutung des Besitzübertragungserfordernisses i.S.v. § 107 I 1 InsO sowie der Notwendigkeit einer bedingten dinglichen Einigung herangezogen werden können.

---

199 BGH NJW 1990, 1113 ff. = WM 1990, 197 ff. = ZIP 1990, 180 ff.

200 § 108 I 2 InsO wurde auf Drängen der Leasingverbände durch Gesetz vom 19.7.1996 eingeführt, vgl. BGBl. I, 1013; BR-Drucks. 401/96.
Obermüller/Livonius wiesen aber bereits drei Monate nach Verkündung der Insolvenzordnung im Oktober 1994 darauf hin, dass die InsO die Möglichkeit versagt, Mobilienleasingverträge insolfenzfest zu refianzieren, DB 1995, 27 ff.

201 *Schmid-Burgk/Ditz*, ZIP 1996, 1123, 1124; *Sinz*, Kölner Schrift zur InsO, S. 593 ff; *Zahn*, DB 1996, 1393 ff.

202 vgl. insofern *Livonius*, ZInsO 1998, 111, 112.

203 der Besitzübertragung auf den Käufer

204 vgl. insofern die Ausführungen von *Livonius*, ZInsO 1998, 111, 113 ff.

205 Vgl. dazu unten, die Ausführungen zu der Frage, welche Formen des Eigentumsvorbehaltes von § 107 I 1 InsO erfaßt werden. Denn diese Frage steht in engem Zusammenhang mit der nach dem Verständnis des Besitzbegriffes i.S.v. Absatz eins Satz eins.

206 Vom 29 Mai 2000, Abl. Der EG L 160 vom 30.6.2000, S. 1 ff;im folgenden InsV.

(1) Geschichtliche Entwicklung

In der Einheitlichen Europäischen Akte haben die Mitgliedstaaten als gemeinsames Ziel die Schaffung des „Binnenmarktes 1992“ definiert. Dies und die Gewährleistung von Art. 14 EGV[207], einen freien Verkehr von Waren, Personen, Dienstleistungen und Kapital ohne Grenzen innerhalb der EU zu ermöglichen, haben dazu geführt, dass die Mobilität von Personen und Gütern über die Landesgrenzen hinaus immer stärker zunimmt[208]. Um das Binnenmarktziel zu verwirklichen, wurden zahlreiche Regelungen geschaffen, die den Unternehmen eine problemlose, europaweite Tätigkeit ermöglichen. In der Handelspraxis wird jedoch oft nicht darauf geachtet, dass mit den fallenden Grenzen nicht zwangsläufig eine Rechtsangleichung in den EG-Staaten einhergeht. Proportional dazu, dass immer mehr Unternehmen ihre Geschäftstätigkeit über die Landesgrenzen hinaus ausdehnen, steigt auch das Bedürfnis nach einer Regelung für die Abwicklung insolventer Unternehmen über die Staatsgrenze hinaus. Aber weder zwischenstaatlichen Abkommen, wie das EuGVÜ[209] und das Lugano-Abkommen, deren Art. 1 II Nr. 2 ihre Anwendung auf Konkurse und ähnliche Verfahren nicht erlaubt, noch der deutsch-niederländische[210] oder der deutsch- österreichische Vertrag[211], die spezielle Regelungen für die beiden betroffenen Länder aufstellen und voraussichtlich durch die Verordnung über Insolvenzverfahren[212] ersetzt werden, haben zu einer befriedigenden Lösung geführt.

Ein Beispiel für erste Bestrebungen auf europäischer Ebene hinsichtlich der Vereinheitlichung des Rechts der besitzlosen Mobiliarsicherheiten ist der Entwurf einer Anerkennungsrichtlinie von besitzlosen Sicherheiten an beweglichen Sachen einschließlich des Eigentumsvorbehaltes aus dem Jahre 1973[213], dessen Art. 1 die Mitgliedstaaten verpflichtete, besitzlose Sicherungsrechte anzuerkennen, wenn sie nach dem Recht des Staates, in dem sie zur Zeit ihrer Begründung belegen waren, wirksam entstanden sind. Er lehnt sich an einen vorausgegangenen Entwurf der Fédération Bancaire de la Communauté Economique Européenne für ein Abkommen der EWG-Staaten über die extrateritoriale Wirkung besitzloser Mobiliarsicherheiten[214] an, das sich jedoch nicht auf den Eigentumsvorbehalt erstreckte. Die Anerkennungsrichtlinie sparte jedoch solche Fälle aus, bei denen das Sicherungsgut nicht in den Herrschaftsbereich einer neuen lex rei sitae verbracht wurde[215]. Wegen starker Kritik an dem Entwurf, die unter anderem auf der unterschiedlichen Behandlung von Eigentumsvorbehalt und sonstigen Sicherungsrechten[216] sowie der fehlenden Berücksichtigung von verlängertem und erweitertem Eigentumsvorbehalt[217] basierte und wegen des Beitritts Großbritanniens, Irlands und Dänemarks wurden die Arbeiten an ihm

---

207 Amsterdamer Fassung.

208 *v. Bernstorff*, RIW 1993, 365, 365.

209 ABl. der EG C 221 vom 3.8.1999, S. 8.

210 Vertrag vom 30.8.1962, BGBl. II, 1965, 26.

211 vom 25.5.1979, BGBl. II, 1985, 410.

212 Vgl. Art. 44 Verordnung über Insolvenzverfahren vom 29.5.2000, ABl. der EG L 160, S. 1 ff.

213 Dokument XI/466/73-D, abgedruckt in: *Drobnig/Goode*, Security for payment in export and import transactions in: *Goodes/Simmonds* (Hg.), Commercial Operations in Europe, S. 378 ff.

214 Dokument K/4/4 Nr. 153, veröffentlicht in: *Voskuil/Wade* (Hg.), Hague-Zagreb Essays 5 on the law of international trade, Reservation of title: Conflict of Laws, Annex IV (S. 109 ff); näher dazu *Drobnig*, Mobiliarsicherheiten im internationalen Wirtschaftsverkehr, RabelsZ 38 (1974), 468, 483.

215 *Drobnig/Goode*, aaO, S. 370.

216 *Drobnig/Goode*, Security for payment in export and import transactions in: *Goode/Simmonds* (Hg.), Commercial Operations in Europe, S. 370; *Goode*, Reservation of title: the EEC´s faulty approch, The Company Lawyer 1 (1980), S. 195.

217 *Pennington*, Retention of title to the sale of goods under european law, ICLQ 1978, S. 316 f.

eingestellt[218]. Nach dem Scheitern der Anerkennungsrichtlinie für alle besitzlosen Sicherheiten beschränkten sich die weiteren Harmonisierungsversuche der EG auf den Eigentumsvorbehalt zur „Förderung des innergemeinschaftlichen Warenverkehrs" und „Verbesserung und Verbilligung des Warenkredits"[219]. Auf der Grundlage von Art. 100 EWGV wurden von der EG-Kommission in den Jahren 1979/80 verschiedene nahezu inhaltsgleiche Entwürfe erarbeitet, die im wesentlichen darauf abzielten, den Verkäufern in allen Mitgliedstaaten im Fall der schriftlichen Vereinbarung eines einfachen Eigentumsvorbehaltes ein Recht auf Herausgabe der noch vorhandenen Sache zu gewähren, unabhängig davon, ob gegen den Käufer die Zwangsvollstreckung eingeleitet oder über sein Vermögen ein Konkursverfahren eröffnet wurde[220]. Ziel war es, die maximalen Wirksamkeitsvoraussetzungen des Eigentumsvorbehaltes anzugleichen und zu harmonisieren[221]. Parallel zu den EG-Entwürfen wurde Ende der 70er Jahre eine Expertengruppe des Europarates mit der Ausarbeitung eines Übereinkommens über die Anerkennung des Eigentumsvorbehaltes betraut. Der von dieser Gruppe im April 1982 beschlossene Entwurf[222] entsprach weitgehend dem Entwurf der EG-Richtlinie von 1980. Aber weder die Arbeiten der EG-Kommission noch die des Europarates wurden zu Ende geführt. Während erstere mit der Begründung, die Ausarbeitungen des Europarates abwarten zu wollen[223] eingestellt wurden, fielen letztere im Jahre 1984 den von einigen Mitgliedstaaten begonnenen Insolvenzrechtsreformen zum Opfer[224].

Seit dem 1.1.1999 besteht die autonome nationale Regelung des Deutschen Internationalen Insolvenzrechts aus Art. 102 EGInsO[225]. Dieser ist das Ergebnis einer ursprünglich beabsichtigten umfassenden Gesamtregelung eines deutschen Internationalen Insolvenzrechts[226]. Art. 102 Abs. 1 EGInsO statuiert den Grundsatz eingeschränkter Universalität und lehnt sich damit der Rechtsprechung des BGH zum Internationalen Konkursrecht an[227]. Das Universalitätsprinzip findet seine Grenzen in Abs. 2 und 3 des Art. 102 EGInsO. Abs. 2 stellt klar, dass zum Schutz inländischer Gläubiger Sonderregelungen möglich sind, die in Abs. 3 durch die Möglichkeit von Sonderinsolvenzverfahren über im Inland befindliches Vermögen des Schuldners konkretisiert werden[228]. Durch die automatische Anerkennung eines ausländischen Insolvenzverfahrens im Inland wird

[218] *Hauschild*, Creditor Protection in the European Community, ICLQ 1982, S. 31; *Sánchez Lorenzo*, La venta de mercancías con pago aplazado y cláusula de reserva de dominio en el derecho comunitario, Revista de la Corte Española de Arbitraje 1986, S. 108.

[219] Arbeitsdokument EG-Kommission, Generaldirektion Binnenmarkt und gewerbliche Wirtschaft, Direktion Rechtsangleichung, Niederlassungsfreiheit, Dienstleistungsfreiheit, Dokument III/D/278/80, Ziff. 2.

[220] *Kieninger*, Mobiliarsicherheiten, S. 223.

[221] *Kieninger*, Mobiliarsicherheiten, S. 224.

[222] European Committee on legal Cooperation (CDCJ), Final Activity Report, Dokument (82) 15, S. 5 ff; Vorentwurf vom Juni 1981: ZIP 1981, 1156 ff.; Endgültige Version vom 1.4.1982: *Angel Yágüez*, El proyecto de convención europea sobre la reserva de dominio simple, Revista crítica de derecho inmobiliario 1983, S. 561-580.

[223] *Kreuzer*, La reconnaissance des sûretés mobilières conventionelles étrangères, Rev.crit.d.i.p. 84 (1995), 465, 500.

[224] *Kreuzer*, FS f. von Overbeck, 613, 631.

[225] Kübler/Prütting-*Kemper*, InsO Bd. II, Art. 102 EGInsO Rn. 21.

[226] S. neunter Teil des RegE zur InsO, §§ 379-399; BT-Drucks. 12/2443, S. 68 ff.

[227] BGHZ 95, 256 ff = BGH NJW 1985, 2897ff (siehe auch *Weinbörner*, Rpfleger 1996, 494 Fn. 4). Die Durchsetzung des Universalitätsprinzips entspricht ferner auch dem Kerngedanken des EuIÜ. An der universellen Geltung von Inlandsinsolvenzen bestehen seit je her keine Bedenken, so dass eine ausdrückliche Normierung nicht notwendig war.

[228] Kübler/Prütting-*Kemper*, Art. 102 EGInsO Rn. 58.

bezweckt, dass sich das ausländische Verfahren auch auf das Inland erstreckt. Inländisches und ausländisches Insolvenzverfahren werden daher nahezu identisch behandelt. In Bezug auf die Behandlung von Sicherungsrechten fehlt es in Art. 102 EGInsO jedoch an einer Regelung[229]. Die Behandlung von Sicherungsrechten in internationalen Insolvenzen ist de lege lata also ungeklärt[230].

Der Hauptgrund für die Streichung der ausführlichen Regelungen des Regierungsentwurfs[231] durch den Rechtsausschuß des Deutschen Bundestages zugunsten der nur rudimentären Regelung des Art. 102 EGInsO lag in den laufenden Beratungen zum Europäischen Übereinkommen über Insolvenzverfahren[232], in dem eine dem RegE entsprechende Regelung[233] vorgesehen war. Eine Regelung des Deutschen Internationalen Insolvenzrechts war später im Zusammenhang mit der Umsetzung des Übereinkommens beabsichtigt. Bis dahin sollte Art. 102 EGInsO lediglich die wesentlichen Leitlinien des Deutschen Internationalen Insolvenzrechts wiedergeben[234]. Nicht absehbar war allerdings, dass Großbritannien die Zeichnungsfrist des am 23.11.1995 von allen Mitgliedstaaten

---

[229] vgl. auch *v. Willmowsky*, EWS 1997, 295, 296; Kübler/Prütting-*Kemper*, Art. 102 EGInsO Anh. II, Rn. 143.

[230] *v. Willmowsky*, EWS 1997, 295, 296 sowie dort Fn. 6.

[231] BT-Drucks. 12/2443, 68 ff..

[232] abgedruckt in: ZIP 1996, 976 ff.

Die Bestrebungen, für die Mitgliedstaaten der EG zu einem einheitlichen Insolvenzrecht zu gelangen, reichen bereits vierzig Jahre zurück. Angefangen bei dem Zusammenschluß einiger Sachverständiger der Mitgliedstaaten 1963, zur Erarbeitung des Entwurfs eines entsprechenden Übereinkommes (FK-*Wimmer*, Art. 102 Rn. 61 f.; *Hess*, Art. 102 EGInsO Rn. 145 f; *Weinbörner*, Rpfleger 1996, 494, 497), über die Vorlage eines Vorentwurfes 1971, der ersten Fassung 1980 (KTS 1971, 167 ; ZIP 1980, 582) und der zweiten überarbeiteten Fassung 1984, bis hin zu deren Scheitern wegen zu großer systematischer, struktureller und inhaltlicher Unterschiede (FK-*Wimmer*, Art. 102 EGInsO Rn. 61 f; *Hess*, Art. 102 EGInsO Rn. 145 f). Als Reaktion auf dieses Scheitern (siehe FrankfurterKom, Art. 102 EGInsO, Anlage 3) entstand der Entwurf eines Europarats-Übereinkommens. Dieses am 5.6.1990 in Instanbul zur Zeichnung vorgelegte und daher auch Istanbuler Abkommen genannte Übereinkommen ist bisher nur von acht Staaten gezeichnet und ausschließlich von Zypern ratifiziert worden und wird im Hinblick darauf, dass sein Wirkungskreis gegenüber dem EU-Übereinkommen weitaus bescheidener ist, da dieses letztlich nur auf die gegenseitige Anerkennung von Insolvenzverfahren abzielt und insbesondere weil Art. 48 des EuIÜ vorsieht, dass Istanbuler Europarats-Übereinkommen zu ersetzten, dessen Wirksamkeit also unter der auflösenden Bedingung des Inkrafttretens des EuIÜ steht, wohl letztlich auch nicht in Kraft treten. Hinzu kommt, dass das Istanbuler Abkommen gemäß seines Art. 34 noch der Ratifizierung zweier weiterer Staaten bedarf, damit es in Kraft treten kann [vgl. *Taupitz*, ZZP 111(1998)], 315, 318.]

Ungeachtet dessen hat es jedoch hinreichend Vorschub für das Europäische Übereinkommen über Insolvenzverfahren geleistet. Anfang 1990 rief der Ausschuß der ständigen Vertreter beim Rat der EG eine Ad-hoc-Gruppe Konkursrecht ins Leben, die im März1991 einen ersten Entwurf [Ratsdokument 5419/91 DRS 12 (CFC) vom 25.3.1991], im April 1992 dann eine überarbeitete Fassung (vgl. ZIP 1992, 1197 ff) des Insolvenzübereinkommens vorlegte.

[233] § 390 I RegEInsO lautet: „ Das Recht eines Dritten an einem Gegenstand der Insolvenzmasse wird von der Eröffnung des ausländischen Verfahrens nicht berührt, wenn der Gegenstand zur Zeit der Eröffnung im Inland belegen ist".

Art. 5 EuIÜ ist allgemeiner formuliert, indem er bestimmt, dass „das dingliche Recht eines Gläubigers oder eines Dritten an körperlichen oder unkörperlichen Gegenständen des Schuldners, die sich zum Zeitpunkt der Eröffnung des Insolvenzverfahrens im Gebiet eines anderen Vertragsstaates befindet, von der Eröffnung des Verfahrens nicht berührt wird". Eine spezielle Regelung für Eigentumsvorbehalte findet sich in Art. 7 EuIÜ, wobei Absatz eins für die Käuferinsolvenz bestimmt, dass „[..] die Rechte des Verkäufers aus einem Eigentumsvorbehalt unberührt" bleiben, „wenn sich diese Sache zum Zeitpunkt der Eröffnung des Verfahrens im Gebiet eines anderen Mitgliedstaates als dem der Verfahrenseröffnung befindet". Absatz 2 gwährleistet den Rechtserwerb des Vorbehaltskäufers in der Insolvenz des Verkäufers, indem er festlegt, dass „die Eröffnung eines Insolvenzverfahrens gegen den Verkäufer einer Sache nach deren Lieferung nicht die Auflösung oder Beendigung des Kaufvertrages„ rechtfertige, und „dem Eigtentumserwerb des Käufers nicht entgegen" stehe, „wenn sich diese Sache zum Zeitpunkt der Verfahrenseröffnung im Gebiet eines anderen Mitgliedstaates als dem der Verfahrenseröffnung befindet".

[234] BT-Drucks. 12/7303 S. 111; FK-*Wimmer*, Art. 102 EGInsO Rn. 270.

verabschiedeten Übereinkommens[235] aus politisch motivierten Gründen[236] am 23.5.1996 verstreichen lies, während alle anderen Mitgliedstaaten bereits unterzeichnet hatten[237].
Auf die Initiative Deutschlands und Finnlands[238] hat der Rat der Europäischen Union am 29.5.2000 die Verordnung über Insolvenzverfahren[239], die inhaltlich dem Übereinkommen über Insolvenzverfahren[240] entspricht, erlassen. In diesem finden sich auch Art. 5 und 7 InsV wieder, die Regelungen über die Behandlung dinglicher Rechte im allgemeinen und des Eigentumsvorbehaltes im besonderen enthalten. Während Art. 7 InsV wortgleich übernommen wurde, ist der ursprüngliche Art. 5 I EuIÜ um eine Definition solcher Gegenstände, die von der Eröffnung eines Insolvenzverfahren in einem anderen Mitgliedstaat nicht berührt werden, erweitert worden.
Auf der Grundlage, dass die ausführlich vorgesehenen Regelungen im Deutschen Internationalen Insolvenzrecht zugunsten einer bevorstehenden einheitlichen europäischen Regelung, die mit der Ratsverordnung vom 29.5.2000 erlassen wurde und zum 31.5.2002 in Kraft treten wird, gewichen sind, können die entsprechenden Regelungen über die Behandlung dinglicher Sicherheiten in grenzüberschreitenden Insolvenzen bereits jetzt als Auslegungshilfe herangezogen werden.

(2) Die Behandlung von Vorbehaltskäufen nach Art. 7 II InsV und Schlußfolgerungen für die nationale Regelung des § 107 I 1 InsO

Art. 4 InsV statuiert zur Verwirklichung des Universalitätsprinzips als Kernanliegen der Verordnung[241], dass sich Insolvenzverfahren auf der Grundlage von Art. 4 I InsV grundsätzlich nach dem Insolvenzstatut richten. Damit erfaßt das in einem Land eröffnete Insolvenzverfahren, das nach dortigem Recht abgewickelt wird, auch das im Ausland belegene Vermögen des Schuldner sowie ausländische Gläubiger und Berechtigte[242]. Aus Vertrauensschutzgründen und zum Schutz des Geschäftsverkehrs sind zahlreiche Sonderanknüpfungen, wie beispielsweise für dingliche Rechte Dritter vorgesehen[243]. Von besonderer Bedeutung ist hier, dass Sicherungsrechte gerade deshalb bestellt werden, um das Insolvenzrisiko möglichst gering zu halten[244]. Wenn aber entsprechend dem Universalitätsgedanken das Recht des Staates der Verfahrenseröffnung auch auf fremde Sicherungsrechte anwendbar ist, besteht die Gefahr, dass die im Geltungsbereich der lex rei sitae begründeten Sicherungsrechte selbst zu einer unsicheren Quelle würden, und damit ihre Funktion, im Insolvenzfall eine möglichst uneingeschränkte Befriedigung zu ermöglichen, nicht mehr wahrnehmen können[245]. Um dem entgegenzuwirken postuliert Art. 5 InsV, dass

---

[235] Als einen Staatsvertrag auf der Grundlage von Art. 293,4.-EG-Vertrag.

[236] Hintergrund der Weigerung Großbritaniens war die Verärgerung über die BSE-Problematik und das andauernde Importverbot für britisches Rindfleisch.

[237] *Balz*, ZIP 1996, 948, 948; *Lüke*, ZZP 111 (1998), 275, 276.

[238] Vorlage eines Entwurfs über eine Verordnung über Insolvenzverfahren vom 26.5.1999, ABl. der EG C 221 vom 3.8.1999, S. 8 ff.

[239] ABl. der EG L 160 S. 1 ff.

[240] Ausgenommen ist lediglich die Zuständigkeit des Europäischen Gerichtshofes, vgl. Art. 44 III InsV.

[241] Vgl. zum EUIÜ *Taupitz*, ZZP 111 (1998), 315, 324.

[242] *Balz*, ZIP 1996, 948, 948; *Taupitz*, ZZP 111 (1998), 315, 324.

[243] Erwägungsgrund Nr. 22 der InsV, ABl. der EG C 221 vom 3.8.1999, S, 9, 10; vgl. auch zum EuIÜ: *Flessner*, FS f. Drobnig, 277, 278, 279, 283; *Taupitz*, ZZP 111 (1998), 315, 325; *Virgos/Schmit*, Erläuternder Bericht, Nr. 92 S. 69; *Wunderer*, WM 1998, 793, 798.

[244] Drobnig, in: Kegel (Hrsg.), S. 357, 358 f; *Virgos/Schmit*, Erläuternder Bericht, Nr. 97, S. 70; *v. Willmowsky*, EWS 1997, 295, 295.

[245] *Virgos/Schmit*, Erläuternder Bericht, Nr. 97, S. 70.

dingliche Rechte eines Gläubigers oder Dritten vom Hauptverfahren unberührt bleiben[246]. Speziell für den Eigentumsvorbehalt sieht Art. 7 InsV eine Sonderregelung vor. Nach Abs. 1 bleiben die Rechte des Vorbehaltskäufers aus dem Eigentumsvorbehalt unberührt, wenn gegen den Abnehmer ein Insolvenzverfahren eröffnet wird und sich das Vorbehaltsgut bei Verfahrenseröffnung nicht im Verfahrensstaat befindet. Absatz 2 ist der Insolvenz des Vorbehaltsverkäufers gewidmet. Er legt fest, dass die Eröffnung eines Insolvenzverfahrens weder dazu berechtigt, dass der Verkäufer einer Sache nach deren Lieferung den Kaufvertrag beendet oder auflöst, noch dem Eigentumserwerb des Käufers entgegensteht, vorausgesetzt, die Sache befindet sich bei Verfahrenseröffnung in einem anderen Mitgliedsstaat als dem der Verfahrenseröffnung.

Art. 7 II InsV ist eine echte einheitliche materielle Vorschrift[247], die im Wesentlichen § 107 I InsO entspricht[248]. Dies liegt nicht nur daran, dass beide Vorschriften nahezu identisch formuliert sind. Art. 7 II InsV versteht den Eigentumsvorbehalt überdies als Annex zum Kaufvertrag[249] und ist damit ebenso wie § 107 I InsO eine Vorschrift, die auf die schuldrechtliche Seite des Eigentumsvorbehaltes ausgerichtet ist, obwohl sie eine Art. 5 InsV entsprechende Regelung, der ausdrücklich auf die dingliche Rechtslage abstellt, enthält. Ungeachtet dessen, dass Art. 7 II InV als Annex zum Kaufvertrag verstanden wird, steht außer Zweifel, dass durch ihn die Insolvenzfestigkeit des Anwartschaftsrechts des Vorbehaltskäufers erreicht werden soll[250], das Vorbehaltsgut also vor Verfahrenseröffnung bereits aufschiebend bedingt übereignet worden sein muss[251]. Der Vorbehaltskäufer soll seine

---

246 Art. 5 InsV birgt eine Reihe von Problemen:

Zunächst besteht Uneinigkeit darüber, welche Rechtsordnung für die Frage maßgeblich ist, ob ein dingliches Recht, welches dem Schutz von Art. 5 InsV unterstellt ist, überhaupt wirksam entstanden ist [vgl hierzu *Gottwald*, Grenzüberschreitende Insolvenzen, S. 33 ; *v. Willmowsky*, EWS 1997, 295, 297; *Wunderer*, WM 1998, 793, 198; sowie *Taupitz*, ZZP 111 (1998), 315, 334].

Nicht eindeutig ist ferner, inwiefern die dinglichen Rechte von der Verfahrenseröffnung „nicht berührt" werden. Teilweise wird vertreten, dass sich die Wirkungen des ausländischen Insolvenzverfahrens nicht nach der lex fori concurso sondern nach der lex rei sitae richten, welche für das dingliche Recht des Gläubigers oder eines Dritten maßgeblich ist [zum EuIÜ *Flessner*, FS f. Drobnig, 277, 284; zum wortgleichen § 390 I RegEInsO: *ders.*, IPrax 1997, 1, 7]. Andere Stimmen verstehen „ nicht berührt" i.S.v Art. 5 InsV dahingehend, dass ein ausländisches Insolvenzverfahren auf ein dingliches Recht eines Gläubigers oder Dritten keine Auswirkungen hat: [Erwägungsgrund Nr. 23 der InsV, ABl. der EG C 221 vom 3.8.1999, S. 10; zum EuIÜ: *Virgos/Schmit*, Erläuternder Bericht, Nr. 23, S. 41; Nr. 95, S. 70; FK-*Wimmer*, Art. 102 EGInsO Rn. 85; *Taupitz*, ZZP 111 (1998), 315, 335; *v. Willmowsky*, EWS 1997, 295, 297]

Auf der Grundlage, dass alle Sicherungsrechte an im Ausland belegenen Gegenständen vom Hauptverfahren unberührt bleiben und diese in einem Sekundärinsolvenzverfahren [*Virgos/Schmit*, Erläuternder Bericht, Nr. 98, S. 71] in dem Staat, in dem sie belegen sind, verwertet werden, erhebt sich das Problem, dass Sekundärinsolvenzverfahren nur dort eröffnet werden dürfen, wo der Schuldner eine eigene Niederlassung hat. Problematisch ist dann, dass der Schuldner in all den Ländern, in denen er keine Niederlassung hat, insolvenzfreies Vermögen ansammeln kann [vgl. *Gottwald*, Grenzüberschreitende Insolvenzen, S. 35]. Trotz dieser Probleme wird Art. 5 InV dennoch weitgehend als praxistaugliche Vorschrift angesehen, die ausreichend Raum zur Beseitigung aufkommender Schwierigkeiten lasse [vgl. *Taupitz*, ZZP 111 (1998), 315, 342; anders *v. Wilmowsky*, EWS 1997, 295, 300].

247 Zum EuIÜ: *Taupitz*, ZZP 111 (1998), 315, 342; *Virgos/Schmit*, Erläuternder Bericht, Nr. 112, S. 75.

248 Zum EuIÜ: *Taupitz*, ZZP 111 (1998), 315, 342; *Flessner* in: Vorschläge und Gutachten zur Umsetzung des EU-Übereinkommens über Insolvenzverfahren im deutschen Recht, 220, 223, der sogar davon spricht, dass mit Art. 7 II InsV, die Lösung des deutschen Rechts aus § 107 I InsO für die Insolvenz des Vorbehaltsverkäufers auf internationale Ebene übertragen wird.

249 *Gottwald*, Grenzüberschreitende Insolvenzen, S. 35; *Taupitz*, ZZP 111 (1998), 315, 324.

250 *Balz*, ZIP 1996, 948, 950; *Taupitz*, ZZP 111 (1998), 315, 342; *Flessner* in: Vorschläge und Gutachten zur Umsetzung des EU-Übereinkommens über Insolvenzverfahren im deutschen Recht, 220, 223.

251 *Taupitz*, ZZP 111 (1998), 315, 341, 342; *Flessner* in: Vorschläge und Gutachten zur Umsetzung des EU-Übereinkommens über Insolvenzverfahren im deutschen Recht, 220, 223.

Zahlungen weiterhin vornehmen dürfen, damit das bereits erlangte Anwartschaftsrecht mit Eintritt der aufschiebenden Bedingung zum Vollrecht Eigentum erstarken kann[252]. Das Anwartschaftsrecht entsteht jedoch mit bedingter dinglicher Einigung der Parteien und Übergabe[253] oder Übergabesurrogat[254]. Art. 7 II InsV läßt keinen Zweifel daran, dass die Vorbehaltsware vor Verfahrenseröffnung geliefert worden sein muss[255], und stellt damit auf die typischerweise nach § 929 S. 1 BGB vorgenommene Übertragung bedingten Eigentums ab[256]. Bereits daraus wird deutlich, dass Art. 7 II InsV auf die Übertragung der tatsächliche Sachherrschaft abstellt. Zum anderen deutet auch der Regelungsgehalt dieser Vorschrift auf die Übertragung unmittelbaren Besitzes hin: Art. 7 II InsV regelt einen Sachverhalt, bei dem sich eine Sache außerhalb des Gebietes der Verfahrenseröffnung befindet. Wenn aber der Ort der Verfahrenseröffnung und der Aufenthaltsort der Sache auseinanderfallen müssen[257], ist der Schluß, dass der unmittelbare Besitz an dieser auf den Käufer übertragen werden muss zwar nicht zwingend aber doch sehr naheliegend. Aus der Schutzrichtung von Art. 7 II InsV hat sich ferner ergeben, dass sich die Parteien vor Verfahrenseröffnung über den Eigentumsübergang auch bedingt geeinigt haben müssen, da anderenfalls kein Anwartschaftsrecht entstanden wäre. Die Schutzrichtung von § 107 I InsO entspricht daher derjenigen des Art. 7 II InsV, so dass beiden die Notwendigkeit einer dinglichen Einigung zu entnehmen ist. Damit bestätigt sich, was durch den eindeutigen Wortlaut bereits hervorgeht, die Sache muss vor Verfahrenseröffnung geliefert, d.h. der Besitz an ihr muss übertragen worden sein.

Im Ergebnis bestärkt der Blick auf Art. 7 II InsV als internationales Pendant zu § 107 I 1 InsO[258] daher nicht nur die bisherigen Annahme, dass sich die Parteien vor Verfahrenseröffnung aufschiebend bedingt über den Eigentumsübergang geeinigt haben müssen, sondern auch, dass das in § 107 I 1 InsO vorausgesetzte Besitzübertragungserfordernis nicht lediglich ein Hinweis auf die Übertragung bedingten Eigentum ist, sondern eigenständige Bedeutung hat.

cc. Fazit

aaa. In Bezug auf die klarstellende Funktion der Besitzübertragung

Aus all dem folgt, dass die Besitzübertragung i.S.v. § 107 I 1 InsO allerhöchstens auf den für eine aufschiebend bedingte Übereignung typischen Übereignungstatbestand des § 929 S.1 BGB hindeutet, die dazu neben einer Besitzübertragung notwendige, im Tatbestand des § 107 I InsO aber fehlende Erwähnung der aufschiebend bedingten dinglichen Einigung aber weder ersetzt noch mitumfaßt. Die Notwendigkeit einer aufschiebend bedingten Einigung über den Eigentumsübergang kann daher nicht dem Besitzübertragungserfordernis des § 107 I 1 InsO

---

[252] *Balz*, ZIP 1996, 948, 950; *Taupitz*, ZZP 111 (1998), 315, 342; *Virgos/Schmit*, Erläuternder Bericht, Nr. 112, S. 74.

[253] MüKo-*Quack*, § 929 Rn. 29, 30; Palandt-*Putzo*, § 455 Rn. 6.

[254] In der Regel erfolgt die Übergabe nach § 929 BGB, weil der Vorbehaltskäufer das Vorbehaltsgut bereits unmittlbar besitzen soll. Möglich ist jedoch auch eine Übereignung nach §§ 930, 931 BGB, vgl. Palandt-*Bassenge*, § 99 Rn. 26.

[255] *Taupitz*, ZZP 111 (1998), 315, 342;*Virgos/Schmit*, Erläuternder Bericht, Nr. 114 S. 75.

[256] *Flessner* in: Vorschläge und Gutachten zur Umsetzung des EU-Übereinkommens über Insolvenzverfahren im deutschen Recht, S. 220, 223.

[257] Vgl. *Virgos/Schmit*, Erläuternder Bericht, Nr. 114, S. 75.

[258] *Flessner* in: Vorschläge und Gutachten zu Umsetzung des EU-Übereinkommens über Insolvenzverfahren im deutschen Recht, S. 220, 223.

mitentnommen werden, und ist damit weder ausdrücklich noch schlüssig im Wortlaut des § 107 I InsO enthalten. Hinsichtlich des Besitzes ist vielmehr mit *Wegener* davon auszugehen, dass der Besitzübertragung eigenständige Bedeutung zukommt.

bbb. Hinsichtlich der inhaltlichen Ausgestaltung des Besitzübertragungserfordernisses

Was die inhaltliche Ausgestaltung der Besitzübergabe i.S.v. § 107 I 1 InsO anbetrifft, so ist dem Wortlaut, der dahingehend lautet, dass der Schuldner „dem Käufer den Besitz an der Sache übertragen" haben muss, zu entnehmen, dass der Lieferant sämtliche Besitzpositionen am Vorbehaltsgut aufgegeben haben muss. Das aber hätte zur Folge, dass ein Vorbehaltskäufer, dem die Sache nach § 930 BGB übereignet wurde, nicht in den Schutzbereich von § 107 I 1 InsO fällt, obwohl die aufschiebend bedingte Übereignung des Vorbehaltsgutes auch nach §§ 930, 158 I BGB möglich ist[259]. In diesem Fall hätte der Lieferant dann zwar ein Anwartschaftsrecht an der Sache erlangt würde aber in der Insolvenz seines Vertragspartners nicht den Schutz von § 107 I InsO genießen können. Die Formulierung von § 107 I 1 InsO legt weiterhin nahe, dass die Besitzübertragung durch den Veräußerer veranlaßt worden sein muss. Dies ist aber sowohl bei einer Veräußerung nach § 931 BGB, mit der sehr wohl bedingtes Eigentum übergehen kann[260], als auch dann nicht der Fall, wenn der Vorbehaltskäufer kraft Verarbeitungsklausel und infolge einer antezipierten Einigung nach § 929 S. 2 BGB bedingtes Eigentum an der neu hergestellten Sache erlangt.
Als nächstes drängt sich die Frage auf, welche Besitzposition der Vorbehaltskäufer inne haben muss, um von § 107 I 1 InsO erfaßt zu werden. Probleme ergeben sich bereits dann, wenn der Vorbehaltskäufer den unmittelbaren Besitz an der Vorbehaltsware durch Vereinbarung eines Besitzkonstitutes erlaubterweise auf einen Dritten, beispielsweise ein mit ihm konzernverbundenes Unternehmen übertragen hat. In diesem Fall ist der Käufer in der Insolvenz seines Lieferanten nur dann nach § 107 I 1 InsO geschützt, wenn § 107 I 1 InsO auch mittelbaren Besitz erfaßt[261].
Wie bereits festgestellt kommt dem Besitzerfordernis in § 107 I 1 InsO entgegen der Auffassung *Marotzkes*[262] eigenständige Bedeutung zu[263]. Es fragt sich jedoch, ob an das Tatbestandsmerkmal der Besitzübertragung andere Anforderungen zu stellen sind, als die, die für eine bedingte Übereignung des Vorbehaltsgutes erforderlich sind.
Die Regierungsbegründung spricht davon, dass die Kaufsache vor Verfahrenseröffnung geliefert worden sein muss[264]. Damit stellt sie auf die Übertragung der tatsächlichen Gewalt über die Sache und damit auf die des unmittelbaren Besitzes ab[265]. Dieses Verständnis entspricht zwar dem typischen Verlauf eines Vorbehaltskaufs und mag auch aus diesem Grund vom Gesetzgeber der Insolvenzordnung als die Grundform für den Verlust des Verwalterwahlrechts angeführt worden sein[266]. Es schließt aber nicht aus, dass der Vorbehaltskäufer von seinem Lieferanten zwar den unmittelbaren Besitz am Vorbehaltsgut erlangt, diesen aber auf einen Dritten übertragen hat, so dass er danach lediglich mittelbarer Besitzer ist. Dieser Fall ist daher nicht nur vom Wortlaut der Vorschrift sondern auch von den

---

259 Palandt-*Bassenge*, § 929 Rn. 26.

260 Palandt-*Bassenge*, § 929 Rn. 26.

261 Zu denken ist ferner an die Möglichkeit, die Übergabe der Sache durch Übergabe eines Traditionspapieres zu ersetzen, §§ 424, 450, 650 HGB.

262 HK-*Marotzke*, § 107 Rn. 6; *ders.*, JZ 1995, 805, 811.

263 Vgl. dazu oben S. 63.

264 Begr. zu § 121 RegE, abgedruckt in: *Uhlenbruck*, Insolvenzrecht, S. 433.

265 So auch FK-*Wegener*, § 107 Rn. 9.

266 Begr. zu § 121 RegE, abgedruckt in: *Uhlenbruck*, Insolvenzrecht, S. 433.

Ausführungen in der Regierungsbegründung gedeckt. Etwas anderes ergibt sich aber, wenn der unmittelbare Besitz beim Lieferanten verbleibt, während dem Käufer nur der mittelbare Besitz übertragen wird. Denn eine solche Konstellation läßt sich nicht mehr mit dem Wortlaut der Regierungsbegründung vereinbaren. Denn hier fehlt es gerade an einer „Lieferung" der Kaufsache.

Obwohl bedingtes Eigentum regelmäßig nach §§ 929 S. 1, 158 I BGB übertragen wird, ist die Möglichkeit nicht ausgeschlossen, dass Vorbehaltseigentum auf andere Weise übereignet wird. Für den Fall, dass eine Form der Besitzübertragung für die bedingte Übereignung ausreicht, diese aber nicht den Anforderungen der Besitzübertragung i.S.v. § 107 I 1 InsO genügt, müßten die Parteien auf besitzrechtlicher Ebene mehr Aufwand betreiben als zur Übereignung der Sache notwendig ist, um dem Käufer für den Fall der Insolvenz des Lieferanten den Schutz von § 107 I 1 InsO zu sichern. Dass das nicht sein kann liegt auf der Hand. Es ist daher zu schlußfolgern, dass die Besitzübertragung den Anforderungen entsprechen muss, die für die Entstehung eines Anwartschaftsrechtes grundsätzlich möglich und im konkreten Fall notwendig ist.

ccc. Die Notwendigkeit einer dinglichen Einigung betreffend

Der Schutzzweck von § 107 I InsO sowie die Eigenständigkeit der Besitzübertragung bestärken ferner darin, die oben aufgeworfene Frage nach der Tatbestandsmäßigkeit einer bedingten Einigung der Parteien über den Eigentumsübergang zu bejahen.

dd. Folgen der fehlenden Begründung eines Anwartschaftsrechtes vor Verfahrenseröffnung

Versteht man die bedingte dingliche Einigung der Parteien nicht als Tatbestandsvoraussetzung ergibt sich ferner das Problem, dass der Weg dafür geebnet wäre, Konstellationen den Schutz von § 107 I InsO zuzubilligen, bei denen vor Verfahrenseröffnung nur der Vorbehaltskaufvertrag geschlossen und der Besitz am Vorbehaltsgut auf den Käufer übertragen wurde. Geht man hingegen mit dem überwiegenden Anteil der Literatur davon aus, dass § 107 I InsO die Existenz eines durch bedingte Übereignung entstandenen Anwartschaftsrechtes zwingend voraussetzt und das bloße Vorliegen eines Vorbehaltskaufes und der Besitzübertragung nicht ausreicht, muss in solchen Fällen auf § 103 InsO zurückgegriffen werden.

Es gilt also zu untersuchen, ob es im Sinne der Intention des Gesetzgebers, unter dem Gesichtspunkt praktischer Erwägungen und dogmatischer Vertretbarkeit am sinnvollsten ist, auch solche Fälle in den Schutzbereich des § 107 I InsO einzubeziehen, bei denen sich die Parteien vor Verfahrenseröffnung nicht über den bedingten Eigentumsübergang geeinigt haben, oder ob dies den Schutzbereich von § 107 I InsO zu weit ausdehnen würde._Eine solche Überlegung macht aber nur dann Sinn, wenn überhaupt Konstellationen mit praktischer Relevanz vorstellbar sind, bei denen das schuldrechtliche Geschäft und die bedingte Übereignung zeitlich auseinander fallen.

Insofern sind zwei Konstellationen denkbar: Entweder existiert vor Verfahrenseröffnung nur der Vorbehaltskauf, sei es, dass nur dieser geschlossen wurde, sei es, dass die dingliche Einigung nichtig ist, oder vor Verfahrenseröffnung liegt neben dem Vorbehaltskauf auch das dingliche Angebot vor, während die Annahme noch aussteht.

Die dingliche Seite des Eigentumsvorbehaltes dient dem Interesse des Abnehmers, seine durch die bedingte Übereignung entstandenen Rechte während der Schwebezeit gegenüber Handlungen des Verkäufers, dessen Rechte bei Eintritt der aufschiebenden Bedingung enden,

und Handlungen Dritter zu schützen[267]. Der Vorbehaltskäufer ist daher daran interessiert, die bedingte Übereignung so frühzeitig, wie möglich vorzunehmen, um so ein Anwartschaftsrecht zu begründen und damit die Vollendung des Rechtserwerbs zu sichern.
Obwohl dem BGB das Trennungsprinzip zugrunde liegt[268], besteht die Möglichkeit, dass die dingliche Einigung antezipiert im schuldrechtlichen Geschäft vorgenommen wird[269]. Um das Sicherungsbedürfnis des Vorbehaltskäufers zu befriedigen wird die bedingte Einigung daher entweder bereits antezipiert im Kaufvertrag oder bei der Besitzübergabe erklärt. Da aus der Sicht des Lieferanten nichts gegen eine solche Regelung spricht, dürfte dies wohl den Regelfall darstellen.
Auf dieser Grundlage bleiben daher bereits solche Konstellationen außer Betracht, bei denen auf dinglicher Seite vor Verfahrenseröffnung nur ein Angebot vorliegt. Denn wenn die Einigung konkludent im Verpflichtungsgeschäft enthalten ist, liegt mit Abschluß des schuldrechtlichen bereits auch das dingliche Geschäft vor; erfolgt die Eigentumsübertragung bei Besitzübertragung, ist in dem Besitzerwerb des Erwerbers konkludent die Annahme des dinglichen Angebotes zu sehen; und eine Eigentumsübertragung bei Zahlung des vereinbarten Kaufpreises scheidet bei einem Vorbehaltskauf schon deshalb aus, weil die Übereignung gerade durch die vollständige Kaufpreiszahlung aufschiebend bedingt ist.
Im Hinblick auf das Sicherungsbedürfnis des Vorbehaltskäufers und seines darin begründeten Interesses an einer zügigen Vornahme des dinglichen Geschäftes, erhebt sich die Frage, wann überhaupt ein Interesse daran bestehen kann, dass die dingliche Einigung nicht antezipiert vorgenommen wird.
Zunächst ist daran zu denken, dass der Vorbehaltsverkäufer eine Sache zur Sicherung einer Forderung übereignet und dieselbe Sache während des Abzahlungszeitraums unter Eigentumsvorbehalt an einen Dritten verkauft und übergibt, die bedingte Einigung aber erst zu dem Zeitpunkt erfolgen soll, wenn die auflösende Bedingung aus der Sicherungsübereignung eingetreten ist. Der Abschluß des Vorbehaltskaufes und die bedingte Übereignung fallen damit zeitlich auseinander.
Wird nun vor Zahlung der letzten Rate das Insolvenzverfahren über das Vermögen des Vorbehaltsverkäufers eröffnet, so stellt sich die Frage, nach der rechtlichen Behandlung.
Diese Konstellation erscheint aber im Hinblick darauf, dass der Abnehmer sich wohl kaum darauf einlassen wird, mit der Ratenzahlung zu beginnen, ohne zuvor eine Sicherheit - in Form des Anwartschaftsrechtes - erlangt zu haben, sehr unwahrscheinlich. Die Praxisrelevanz dieses Falles dürfte daher sehr beschränkt sein.
Ein weiteres Beispiel sieht *Marotzke* im Abschluß eines Kaufvertrages, dem eine „Leasingphase“[270] vorangegangen ist. Da der Leasinggeber die Sache dem Leasingnehmer zwar übergebe, für gewöhnlich aber nicht zu übereignen pflege, entstünde das Anwartschaftsrecht zeitlich versetzt zum Abschluß des Kaufvertrages und der Besitzübertragung[271]. Sähe man die Vornahme der dinglichen Einigung nun nicht als Tatbestandsvoraussetzung des § 107 I InsO, hätte das zur Folge, dass die Erwerbsaussicht des Käufers bereits in der vorangegangenen Leasingphase insolvenzsicher wäre[272].

---

267 MüKo-*Westermann*, § 455 Rn. 42, 43.
268 *Brox*, BGB AT, Rn. 115.
269 *Baur/Stürner*, Sachenrecht, § 51 IV 2; *Kuhn*, WM 1972, 206, 206; MüKo-*Quack*, § 929 Rn. 45; Staudinger-*Wiegand*, § 929 Rn. 119.
270 *Marotzke*, JZ 1995, 803, 805.
271 *Marotzke*, JZ 1995, 803, 805.
272 *Marotzke*, JZ 1995, 803, 805.

Bei einem Leasingvertrag mit Kaufoption, bei dem der Leasingnehmer das Recht hat, den Leasinggegenstand nach Ablauf der Grundmietzeit zu erwerben, kann sich die Erklärung, diese Option auszuüben nur auf den vertraglich frühstmöglichen Zeitpunkt der Optionsausübung, also auf den Ablauf der unkündbaren Grundmietzeit beziehen[273]. Die Annahmeerklärung des Leasingnehmers kann folglich auch erst nach Ablauf der unkündbaren Mietzeit vom Leasinggeber angenommen werden, so dass der Kaufvertrag erst mit Abschluß der Leasingphase zustande kommt. Da die Sache bereits in der tatsächlichen Gewalt des Leasingnehmers ist, wird die Veräußerung daher regelmäßig nach § 929 S. 2 BGB erfolgen, was zur Folge hat, dass die bedingte Übereignung antizipiert im Kaufvertragsschluß nach Ablauf der Leasingphase enthalten sein wird. In Betracht kommt zwar, dass Übereignung und Kaufvertragsschluß bereits bei Übergabe der Sache unter den aufschiebenden Bedingungen, dass der Leasingnehmer von der Kaufoption Gebrauch macht und den Kaufpreis zahlt vorgenommen werden, diese Vorgehensweise dürfte jedoch hinsichtlich der darin enthaltenen Umständlichkeit eher selten sein[274]. Im übrigen würde auch in diesem Fall der Abschluß des schuldrechtlichen mit dem dinglichen Vertrag zeitlich zusammenfallen[275]. Bei einem Leasingvertrag mit Kaufoption hat der Käufer daher mit dem Abschluß des Vorbehaltskaufes auch bereits das Anwartschaftsrecht an der Sache erlangt.

Ähnlich verhält es sich auch bei Leasingverträgen, bei denen der Leasinggeber ein Andienungsrecht hat. Auch hier kommt der Kaufvertrag erst dann zustande, wenn der Leasinggeber sein Andienungsrecht nach Ablauf der unkündbaren Grundmietzeit ausübt[276]. Und ebenso, wie beim Leasingvertrag mit Kaufoption ist kein Grund ersichtlich, aus dem die bedingte Einigung nicht antizipiert im Kaufvertragsschluß vorgenommen werden sollte.

Bei Kaufverträgen, denen eine Leasingphase vorangegangen ist, stellt sich damit nicht das Problem, dass der Vorbehaltskauf bereits geschlossen und der Besitz übertragen wurde, es aber noch an der Entstehung eines Anwartschaftsrechtes fehlt. Als Beispiel ließe sich jedoch der Mietkauf, bei dem dem Mieter eine Kaufoption eingeräumt wird und die Mietzahlungen bis zur Annahme des Verkaufangebotes durch den Mieter in voller Höhe angerechnet werden, anführen. Während beim Leasingvertrag mit Kaufoption oder Andienungsrecht der anschließende Kaufvertrag den Leasingvertrag ablöst[277], besteht der Mietkauf aus einer Kombination von Kauf- und mietvertraglichen Elementen[278]. In der Praxis wird in dem meist aus einem Vertrag bestehenden Mietkauf, bereits bei Vertragsabschluß der spätere Eigentumserwerb aufschiebend bedingt vereinbart. Der Mietkäufer hat daher nicht nur ein Optionsrecht, dessen Ausübung ihm überlassen wird[279]. Neben dem durch diese Erklärung des Mieters aufschiebend bedingten Kaufvertragsschluß bewirkt die Wahrnehmung der Option gleichzeitig die Auflösung des durch diese Erklärung auflösend bedingte Mietvertrages[280]. Da die Parteien aber bereits von vornherein davon ausgingen, dass das Mietobjekt verkauft werden solle, läßt die Übergabe der Sache in der Regel bereits den Schluß auf den Willen zu, die Sache auch unter der aufschiebenden Bedingung vollständiger

---

273 *Büschgen*, Praxishandbuch Leasing, S. 376.

274 So hinsichtlich der aufschiebend bedingten Übereignung auch *Marotzke*, JZ 1995, 803, 806.

275 Beide Rechtsgeschäfte wären zeitgleich mit der Übergabe geschlossen, während ihre Rechtswirkungen erst mit Eintritt der aufschiebenden Bedingungen eintreten würden.

276 *Büschgen*, Handbuch Leasing, S. 376.

277 *Reinicke/Tiedtke*, Leasing, S. 8.

278 MüKo-*Voelskow*, Vor § 535 Rn. 37.

279 *Hagenmüller/Stoppok*, Leasinghandbuch, S. 15; *Seifert*, DB Beil Nr. 1/83, S. 1, 3.

280 *MüKo-Voelskow*, Vor § 535 Rn. 38.

Kaufpreiszahlung zu übereignen[281]. Das Eigentum an der Sache geht dann automatisch mit Zahlung der letzten Rate auf den Mietkäufer über[282].
Im Ergebnis lassen sich also weder der Mietkauf noch das Leasing mit Kaufoption oder Andienungsrecht als praxisrelevante Beispiele für ein Auseinanderfallen von schuldrechtlichem und dinglichem Geschäft anführen.
Anders verhält es sich aber, wenn schuldrechtliche und dingliche Einigung zwar vor Verfahrenseröffnung geschlossen, letztere aber nichtig ist, während das zugrundeliegende Kausalgeschäft wirksam bleibt. Dann wären entsprechend dem Wortlaut des § 107 I 1 InsO der Vorbehaltskauf geschlossen und die Besitzübertragung erfolgt, der Käufer hätte jedoch noch kein Anwartschaftsrecht erlangt. Wird das Vorbehaltsgut zeitlich nach Abschluß des Kaufvertrages an den Käufer oder an eine von diesem bestimmte Person ausgeliefert, und haben sich die Parteien nicht antezipiert geeinigt, fallen schuldrechtliche und dingliche Einigung auseinander. In diesem Fall können in der Zeit zwischen Abschluß des schuldrechtlichen und dinglichen Geschäftes Umstände eintreten, die zur Nichtigkeit des Verfügungsgeschäftes führen, das Kausalgeschäft aber unberührt lassen[283].
Fallen Verpflichtungs- und Verfügungsgeschäft hingegen zusammen und beruhen beide Geschäfte auf einem einheitlichen Willensakt, geht die überwiegende Ansicht davon aus, dass beiden Rechtsgeschäften der gleiche Fehler anhafte[284]; die Nichtigkeit des Grundgeschäftes erfaßt dann auch die Verfügung. Unabhängig davon, ob man den einheitlichen Willensakt mit *Schreiber* inhaltlich versteht, und diesen dann annimmt, wenn der Wille des Erklärenden zwischen Grund- und Verfügungsgeschäft unbeeinflußt bleibt[285], oder mit der überwiegenden Ansicht auf das historische Zusammenfallen beider Erklärungen abstellt[286], bei einer antezipierten Einigung beruhen beide Geschäfte auf einer Handlung. Der Fehler des Verpflichtungsgeschäftes ist daher auch für das Verfügungsgeschäft kausal, beiden Geschäften liegt daher ein einheitlicher Willensakt zugrunde.
Aufgrund der Tatsache, dass Fälle, in denen vor Verfahrenseröffnung der Vorbehaltskauf geschlossen und der Besitz auf den Erwerber übertragen wurde, ohne dass es bereits zu einer aufschiebend bedingten Einigung über den Eigentumsübergang gekommen ist, nur von geringer praktischer Bedeutung sind, wird die befürchtete unverhältnismäßig weite Ausdehnung des durch § 107 I InsO gewährten Insolvenzschutzes[287] ausbleiben, wenn die aufschiebend bedingte Einigung über den Eigentumsübergang nicht Tatbestandsvoraussetzung ist.

---

281 *Marotzke*, JZ 1995, 803, 805 Fn. 12.

282 *Seufert*, DB Beil Nr. 1/83, S. 1, 3.

283 In Betracht kommt beispielsweise ein erst bei Abschluß des dinglichen Vertrages eintretender Anfechtungsgrund, oder später eintretende Geschäftsunfähigkeit des Veräußerers.

284 RGZ 66, 385, 390; *Schreiber/Kreutz*, Jura 1989, 617, 620; Soergel/Siebert/Siebert-*Herfermehl*, § 142 Rn. 5; Staudinger-*Dilcher*, § 142 Rn. 8.

285 *Schreiber*, Gruchot, Bd.52 (1908), 515, 522.

286 *RGRK-Krüger*, § 142 Rn. 3; MüKo-*Mayer-Maly*, § 142 Rn. 10.

287 vgl. *Marotzke*, JZ 1995, 803, 805, der eine solche Ausdehung befürchtet und sie durch einen Vergleich mit § 21 I KO , wonach Mietverhältnisse eine Verdinglichung erfahren haben, zu rechtfertigen versucht: Diese Rechtfertigung verwirft er selbst aber gleichwohl wieder mit Hinweis darauf, dass § 108 I InsO, der § 21 I KO ersetzt habe, diesen hohen Insolvenzschutz künftig auf Fälle beschränke, in denen es sich bei dem Mietobjekt um ein Grundstück handele.

d. Argument des Erfüllungsverlanges, § 107 I 1 InsO

Wenn aber der Tatbestand des § 107 I 1 InsO keine unverhältnismäßige Ausdehnung erfährt, wenn die aufschiebend bedingte Übereignung des Vorbehaltsgutes nicht Tatbestandsvoraussetzung ist, stellt sich die Frage, ob der Gesetzgeber die aufschiebend bedingte Übereignung des Vorbehaltsgutes als Rechtsfolge von § 107 I 1 InsO verstanden hat und was für ein solches Verständnis sprechen könnte.

Eine Stütze für diese Sichtweise bildet der Wortlaut von § 107 I 1 InsO. Denn dieser räumt dem Vorbehaltskäufer ein, die Erfüllung des Kaufvertrages verlangen zu können, und lautet nicht dahingehend, dass „der Käufer durch Zahlung des restlichen Kaufpreises seinen Eigentumserwerb vollenden kann". Der Vorbehaltskäufer benötigt das Recht, etwas als Erfüllung zu verlangen jedoch nur dann, wenn der Lieferant noch nicht alles seinerseits Erforderliche getan hat[288]. Es müssen also noch Leistungshandlungen des Vorbehaltsverkäufers ausstehen. Im Hinblick auf die Formulierung der Rechtsfolgenseite des § 107 1 InsO und die Tatsache, dass die Besitzübertragung und der Abschluß des Vorbehaltskaufes bereits Tatbestandsvoraussetzungen sind, liegt die Vermutung nahe, dass der Vorbehaltskäufer nur noch die Mitwirkung an der aufschiebend bedingten dinglichen Einigung als Erfüllung i.S.v. § 107 I InsO verlangen kann[289].

Von entscheidender Bedeutung ist daher, ob das Erfüllungsverlangen des Käufers i.S.v. § 107 I InsO tatsächlich nur auf die Mitwirkung des Verkäufers an der bedingt dinglichen Einigung ausgerichtet sein kann, oder ob sich weitere Erfüllungspflichten des Lieferanten ausmachen lassen.

aa. Vertretene Ansätze

Auf der Grundlage, dass sich § 107 I 1 InsO darin erschöpfe, den Fortbestand des dinglichen Anwartschaftsrechtes des Käufers zu sichern und ihm die Möglichkeit einzuräumen, den Eigentumserwerb durch Zahlung des vereinbarten Kaufpreises zu vollenden[290] geht *Tintelnot* davon aus, dass sich die Funktion von § 107 I 1 InsO darauf beschränke, den Käufer davor zu schützen, dieses und das Recht des Käufers zum Besitz der Sache durch Erfüllungsablehnung des Verwalters zu verlieren. Denn aufgrund der bereits vor Verfahrenseröffnung vorgenommenen bedingten Übereignung bedürfte es keiner Erfüllungshandlung, die der Käufer verlangen könne; die Vollendung des Rechtserwerbes werde vielmehr durch Zahlung des Restkaufpreises herbeigeführt[291]. Die Erfüllung des Kaufvertrages mit allen Sekundär- und Nebenpflichten könne daher nicht verlangt werden[292].

Wegener[293] und *Marotzke* stimmen mit *Tintelnot* darin überein, dass der Verkäufer, der bereits vor Verfahrenseröffnung unter der aufschiebenden Bedingung vollständiger Kaufpreiszahlung verfügt habe, die erforderlichen Erfüllungshandlungen bereits vorgenommen habe[294]. Tatsächlich „Verlangen" könne der Käufer nur, dass die Vollendung seines Rechtserwerbs durch Zahlung des Restkaufpreises nicht gehindert und sein Besitzrecht respektiert werde[295].

---

288 *Kuhn/Uhlenbruck*, § 17 Rn. 18 a.

289 Vgl. zu dieser These, *Marotzke*, JZ 1995, 803, 805.

290 BT-Drucks. 12/2443, S. 146; *Kübler/Prütting*, RWS-Dok. 18, Bd. 1, S. 298.

291 Kübler/Prütting-*Tintelnot*, § 107 Rn. 9.

292 Kübler/Prütting-*Tintelnot*, § 107 Rn. 9.

293 FK-*Wegener*, § 107 Rn. 21.

294 *Marotzke*, Gegenseitige Verträge, Rn. 9.81.

295 HK-*Marotzke*, § 107 Rn. 8, der darauf hinweist, dass die Vindikation bereits durch § 986 I 1 BGB ausgeschlossen sei; *Marotzke*, Gegenseitige Verträge, Rn. 9.81.

Der Zweck des ersten Absatzes beschränke sich darauf, den durch die bedingte Übereignung bereits eingeleiteten Eigentumserwerb des Erwerbers gegen denkbare insolvenzrechtliche Hindernisse abzuschirmen[296]. Entgegen dem Wortlaut von Absatz 1 könne der Käufer also nicht die Vornahme irgendeiner Leistungshandlung verlangen, sondern er müsse sich den durch die vorgenommene Leistungshandlung bereits ausreichend vorbereiteten Erfolg durch Herbeiführung des Bedingungseintritts selbst nehmen[297]. Problematisch sei aber die Frage, inwiefern der Verwalter Verpflichtungen, die das zivilrechtliche Kaufrecht vorsieht, erfüllen muss. Während *Marotzke* bei der Erfassung des Nachlieferungsanspruchs nach § 480 I BGB a.F.[298] zweifelt, geht er davon aus, dass sich der Erfüllungsanspruch des § 107 I 1 InsO zumindest auf die Nachbesserung i.S.v. § 476 a BGB a.F. erstrecke, beziehe sich diese doch auf die bereits gelieferte Sache[299].

Hess und *Pape* sehen die Funktion des § 107 I 1 InsO darin, das Wahlrecht des Verwalters bei Eigentumsvorbehaltskäufen auszuschließen[300]. *Pape* führt weiter aus, dass durch § 107 I 1 InsO die Anwartschaft des Käufer nicht mehr durch Erfüllungsablehnung des Verwalters zerstört werden könne, und der Käufer einen Anspruch auf Erfüllung des Kaufvertrages habe. Da mit der bedingten Übereignung aber bereits alle Leistungshandlungen vorgenommen worden sind, kann damit nur die Garantie des Leistungserfolges gemeint sein. Da sich der Käufer diesen aber durch Herbeiführung des Bedingungseintritts selbst nehme[301], könne das Erfüllungsverlangen i.S.v. § 107 I 1 InsO nur so verstanden werden, dass der Verwalter den Käufer nicht daran hindern dürfe, den Rechtserwerb zu vollenden.

Dem schließt sich auch *Huber* an, der das Erfüllungsverlangen des § 107 I 1 InsO als gesetzgeberische Fehlformulierung sieht. Der Vorbehaltsverkäufer habe seine Verpflichtungen bereits vor Verfahrenseröffnung erfüllt, lediglich der Eintritt des Leistungserfolges stehe noch aus[302]. Im Gegensatz zu *Marotzke*[303], geht Huber davon aus, dass der Eintritt des Leistungserfolges nicht durch § 107 I 1 InsO sichergestellt werden müsse, sondern mit Zahlung der letzten Rate nach allgemeinen Regeln eintrete[304].

Gottwald/Adolphsen lassen zwar eine differenzierte Auseinandersetzung mit der Frage, was der Käufer vom Verkäufer „verlangen kann" vermissen, sie halten jedoch fest, dass § 107 I 1 InsO dem Verwalter die Möglichkeit entziehe, das Anwartschaftsrecht des Vorbehaltskäufers durch Erfüllungsablehnung zu zerstören und verweisen auf das unentziehbare Recht zum Besitz, das dem Vorbehaltskäufer auf diese Weise eingeräumt werde[305]. Im Ergebnis gehen damit auch sie davon aus, dass der Verwalter durch § 107 I 1 InsO nur daran gehindert werde, den Bedingungseintritt zu vereiteln.

Auch *Krull* verweist auf den mißglückten Gesetzeswortlaut des § 107 I 1 InsO und gesteht dem Käufer nicht das Recht zu, Erfüllung des Kaufvertrages einschließlich sämtlicher

---

296 HK-*Marotzke*, § 107 Rn. 8.

297 HK-*Marotzke*, § 107 Rn. 8.

298 Zur geänderten Rechtslage nach Inkrafttreten des Gesetzes zur Modernisierung des Schuldrechts eingehend unten unter Punkt D I 1 d dd.

299 *Marotzke*, JZ 1995, 803, 808.

300 *Hess*, § 107 InsO Rn. 19; *Pape*, Kölner Schrift zur InsO, 531, 562 Rn. 47, 48.

301 HK-*Marotzke*, § 107 Rn. 8.

302 *Huber*, NZI 1998, 98, 101.

303 *Marotzke*, JZ 1995, 803, 807 versteht § 107 I 1 InsO als Klarstellung dahingehend, dass der Käufer, solange er sich vertragstreu verhält, durch Zahlung des Restkaufpreises den Eigentumserwerb vollenden kann und gegenüber dem Insolvenzverwalter unabhängig von irgendwelchen Erklärungen zum Besitz berechtigt bleibt.

304 *Huber*, NZI 1998, 98, 101.

305 *Gottwald/Adolphsen*, Kölner Schrift zur InsO, S. 1043, 1046 Rn. 12.

Nebenpflichten verlangen zu können[306]. Mit *Häsemeyer* ist er vielmehr darin einig, dass der Käufer die Kaufsache gegen Zahlung des Restkaufpreises aussondern könne[307]. § 107 I 1 InsO bestätige damit die bisherige Ansicht in der Literatur, wonach der Bestand des Anwartschaftsrechtes aus Vorbehaltskauf geschützt werde[308].

bb. Bewertung

Um beurteilen zu können, was der Käufer vom Verkäufer als Erfüllung des Kaufvertrages verlangen kann, muss zunächst Klarheit über den Begriff der Erfüllung i.S.v. § 107 I 1 InsO herrschen.Insofern sind zwei Anknüpfungspunkte denkbar: Einerseits könnte der Erfüllungsbegriff an die Vornahme der Leistungshandlungen anknüpfen, andererseits könnte die Erfüllungswirkung darüber hinaus auch den Eintritt des Leistungserfolges erfordern.
§ 107 InsO regelt als lex specialis zu § 103 InsO[309] die Abwicklung noch nicht vollständig erfüllter Vorbehaltskäufe ab dem Zeitpunkt der Verfahrenseröffnung. Der Erfüllungsbegriff des § 103 InsO ist dem des § 107 InsO daher inhaltsgleich. Von entscheidender Bedeutung ist also das Verständnis der Erfüllung i.S.v. § 103 InsO.
§ 103 InsO ist § 17 KO[310] unverändert nachempfunden[311], so dass die Wertungen zu § 17 KO auch für den Erfüllungsbegriff i.S.v. § 107 InsO heranzuziehen sind.

aaa. Meinungsübersicht zum Erfüllungsbegriff i.S.v. § 107 I InsO

Das Reichsgericht hielt den Leistungserfolg, der erst mit Übergang des Eigentums auf den Vorbehaltskäufer eintrete, für maßgeblich[312]. Denn die Pflicht des Verkäufers liege in der Verschaffung des Eigentums. Diese Pflicht werde aber erst mit Eintritt der Bedingung, unter der die Übertragung erfolgt sei, erfüllt. Bis zu diesem Zeitpunkt fehle es an der objektiven Erfüllung der Bedingung. Diese aber sei gerade maßgeblich, da der Zweck des § 17 KO/ § 103 InsO gerade auf den objektiven Erfolg gerichtet sei[313]. Im übrigen müsse der Käufer auch

---

306 *Krull*, ZInsO 1998, 291, 293.

307 *Häsemeyer*, Insolvenzrecht, Rn. 20.31; *Krull*, ZInsO 1998, 291, 293.

308 *Krull*, ZInsO 1998, 291, 294; ebenso *Wellensiek*, Kölner Schrift zur InsO, S. 403, 407 Rn. 15.

309 FK-*Wegener*, § 107 Rn. 1; *Hess*, § 107 InsO Rn. 10; Kübler/Prütting-*Tintelnot*, § 107 Rn. 1; was nicht zuletzt auch dadurch deutlich werde, dass § 107 II InsO für den Fall, dass es an einer speziellen Regelung der Käuferinsolvenz fehlt, auf § 103 InsO verweist.

310 Im Geltungsbereich der Konkursordnung bestimmte sich die Abwicklung von gegenseitigen Verträgen, die bis zur Verfahrenseröffnung noch nicht oder noch nicht vollständig erfüllt waren nach § 17 KO. Hinsichtlich der Frage, ob der Vorbehaltsverkäufer den Vertrag bereits mit Übergabe der Kaufsache oder erst zu dem Zeitpunkt, zu dem das Eigentum vollständig auf den Käufer übergeht erfüllt hat herrschte Uneinigkeit. Für eine Erfüllung bereits mit Übergabe der Kaufsache sprach sich Staudinger-*Honsell*, § 455 Rn. 49 aus. Demgegenüber ging die überwiegende Ansicht davon aus, dass die Erfüllungswirkung erst mit Übergang des Eigentums auf den Käufer eingetreten sei: RGZ 133, 40, 42 m.w.N; RGZ 140, 156, 157; BGH NJW 1980, 226 ff; OLG Düsseldorf NJW 1960, 157 ff; *Baur/Stürner*, Sachenrecht, § 59 III 1 a; *Bley/Mohrbutter*, § 36 VglO Rn. 37; *Böhle-Stamschräder/Kilger*, § 17 Rn. 3; *Coing*, NJW 1952, 48, 50; Jaeger-*Lent*, § 17 Rn. 1; *Mohrbutter*, Handbuch des gesamten Vollstreckungs- und Insolvenzrechts, § 73 II 2; *Mohrbutter/Mohrbutter*, Handbuch der Konkurs- und Vergleichsverwaltung, Rn. 93; *Serick*, Bd. I, § 13 I b; *Uhlenbruck*, Gäubigerberatung in der Insolvenz, S. 307.

311 Vgl. insofern bereits die Begründungen zu § 111 Diskussionsentwurf sowie § 111 I, II Referentenentwurf; *Huber*, NZI 1998, 97, 97; *Obermüller*, Kölner Schrift zur InsO, S. 985, 988 Rn. 13; *Pape*, WPrax 1995, 25, 25; als auch BegrRegE. BT Drucks. 12/2443, S. 145.

312 RGZ 64, 204, 207; 64, 334, 336 f; 133, 40, 42; 85, 402, 403 f; RG JW 1936, 2881, 2882.

313 RGZ 133, 40, 43.

davor bewahrt werden, seinerseits den Kaufvertrag erfüllen zu müssen, während er selbst nur auf die Konkursquote verwiesen werde[314].

Der BGH[315] schloß sich der Rechtsprechung des Reichsgerichtes an, indem er argumentiert, dass der Verkäufer solange der Leistungserfolg noch nicht eingetreten ist, nach bedingter Einigung und Übergabe der Sache zwar keine Leistungstätigkeit schulde, aber alles zu unterlassen habe, was den Eintritt der Bedingung vereitele[316]. Diese Unterlassungspflichten bestünden als schuldrechtliche Ansprüche bis zum Eintritt der Bedingung.

Auch die Rechtsprechung des OLG läßt die bedingte Übereignung der Sache als Erfüllung i.S.v. § 17 KO/ § 103 InsO nicht genügen[317]. Denn der Übergang des Eigentums auf den Käufer erfolge erst mit Tilgung der letzten Rate. Die Tatsache, dass es dazu keiner weiteren Mitwirkung des Verkäufers bedürfe ändere nichts daran, dass der Verkäufer weiterhin dazu verpflichtet sei, die Erfüllung, die im Eigentumserwerb des Käufers liege zu ermöglichen[318].

Gleichfalls geht auch der überwiegende Teil der Literatur davon aus, dass der Eintritt des Leistungserfolges für den Erfüllungsbegriff entscheidend sei[319], wobei der Leistungserfolg als die vollständige Eigentumsübertragung verstanden wird.

Ein anderer Teil der Literatur stellt darauf ab, dass der Vorbehaltsverkäufer bereits mit der bedingten Übereignung der Vorbehaltssache vollständig erfüllt habe, mit der Folge, dass § 17 KO/ § 103 InsO keine Anwendung findet[320]. Dieses Ergebnis wird jedoch unterschiedlich begründet:

Eine Strömung sieht die Beendigung der Leistungshandlung als für den Erfüllungszeitpunkt maßgeblich an. Mit der bedingten Übereignung des Vorbehaltsgutes habe der Vorbehaltslieferant alle ihm obliegenden Leistungshandlungen vorgenommen und damit vollständig erfüllt[321]. *Oertmann* stützt dieses Ergebnis auf die Erwägung, dass die Verkäuferpflicht aus § 433 BGB nur auf die Vornahme bestimmter Handlungen gerichtet sei. Verlangt werden könne nur die Vornahme einer Leistungshandlung, denn die Herausgabe des Leistungserfolges sei nicht möglich. Im übrigen war bei der Schaffung des § 17 KO noch nicht bekannt, dass der Erfüllungsbegriff sowohl i.S. einer Handlung als auch i.S. eines

---

314 RGZ 140, 156, 162.

315 BGH NJW 1954, 1325 f; 1980, 226, 227; ZIP 1986, 1059, 1061 f; BGHZ 87, 156, 162 = NJW 1983, 1605; BGHZ 98, 160, 168 = NJW 1986, 2948; BGH JZ 1984, 420, 421.

316 BGH NJW 1954, 1325, 1326.

317 OLG Düsseldorf, NJW 1960, 157, 157; OGHZ 3, 226, 234; OLG Düsseldorf ZIP 1996, 337, 338.

318 OLG NJW 1960, 157, 157.

319 Achilles/Greiff-*Brüggemann*, § 455 BGB Anm. 2; *Bauknecht*, NJW 1956, 1177, 1178; *Bley/Mohrbutter*, § 36 VglO Anm. 37; *Böhle-Stamschräder*, § 17 Anm. 3 a; *Brox*, JuS 1984, 657, 667; *Büchert*, WP 1952, 235, 235; *Coing*, NJW 1952, S. 48, 50; FK-*Wegener*, § 103 Rn. 36; *Gottwald*, Insolvenzrechts-Handbuch, § 35 Rn. 22; *Häsemeyer*, KTS 1973, 2, 12; *Hess*, § 103 InsO Rn. 60; *Hess/Kropshofer*, § 17 Rn. 16; *Huber*, NZI 1998, 97, 97 in Bezug auf § 17 KO; Jaeger-*Henckel*, § 17 Rn. 40/49; Jaeger-*Lent*, § 17 Rn. 40, 49; *Jauernig*, § 48 II; *Kilger*, § 17 Rn. 3a/b; Kübler/Prütting-*Tintelnot*, § 107 Rn. 1, vgl. auch Rn. 41; *ders.*, § 103 Rn. 32; *Kuhn*, WM 1972, 206, 210; *Kuhn/Uhlenbruck*, § 17 Rn. 18 a /c; *Marotzke*, Gegenseitige Verträge, S. 10 Fn. 8; *ders.*, EWiR 1996, 179; *Mentzel/Kuhn*, § 17 Anm. 18; *Mohrbutter*, Handbuch des gesamten Vollstreckungs- und Insolvenzrechts, § 73 II 2; *Müller*, Betrieb 1969, 1493, 1495; *Musielak*, AcP 179, 189, 209; *Pagenstecker/Grimm*, § 14 V; Palandt-*Putzo*, § 455 Anm. 5; *Pape*, Kölner Schrift zur InsO, S. 531, 545 Rn. 19; *Rühl*, Eigentumsvorbehalt und Abzahlungsgeschäft, S. 193; *Schönke/Baur*, § 53 B II c; *Serick*, Band I, § 13 II 1 b; Staudinger-*Ostler*, § 455 BGB Rn. 67; *Stracke*, Das Aus- und Absonderungsrecht des Vorbehaltseigentümers im Konkurs des Vorbehaltskäufers, S. 114 ff; *Walb*, BB 1953, 577, 578; *Weimar*, JR 1975, 229 f; *Wieser*, NJW 1970, 913, 914.

320 *Georgiades*, Eigentumsanwartschaft, S. 122 f; *ders.*, LZ 27, 9; *Rühl*, Eigentumsvorbehalt und Abzahlungsgeschäft, S. 204 ff; Schlegelberger-*Hefermehl*, Anh. zu § 368 Rn. 17; Staudinger-*Honsell*, § 455 Rn. 29; *Weber*, Sicherungsgeschäfte, § 9 I, VII 1; *Weber*, NJW 1976, 1601, 1606; *Wiethölter*, JZ 1961,693,694.
Zum bisherigen Streitstand: Mellwig, Vorbehaltsgut, S. 39 ff.

321 *Lehmann*, Festgabe für Richard Schmidt, 346, 351; *Rühl*, Eigentumsvorbehalt und Abzahlungsgeschäft, S. 205; *Oertmann*, LZ 1927, 10, 16.

Erfolges verstanden werden kann[322]. *Rühl* leitet die Notwendigkeit auf die Leistungshandlung abzustellen einerseits aus einem Vergleich mit Grundstücksverkäufen, andererseits aus dem Zweck des § 17 KO ab. Wenn der Verkäufer beim Vorbehaltskauf mit der Übergabe und der bedingten Übereignung der Sache noch nicht vollständig erfüllt habe, müsse gleiches auch für einen Grundstücksverkauf gelten, bei dem es noch an der Umschreibung fehle. Beim Grundstücksverkauf widerspreche eine solche Regelung aber § 878 BGB, der Verfügungsbeschränkungen des Veräußerers in dem Zeitpunkt zwischen Eingang des Umschreibungsantrages und Eintragung der Rechtsänderung ohne Einfluß auf die Rechtslage läßt[323]. Wenn § 878 BGB aber festlege, dass Verfügungsbeschränkungen generell keinen Einfluß auf die Einigung haben, dann bleibe auch eine durch Konkurs eingetretene Verfügungsbeschränkung ohne Einfluß auf das Anwartschaftsrecht des Erwerbers. Wäre es aber nun möglich den Anwartschaftsberechtigten seiner Stellung durch eine Erfüllungsablehnung zu berauben, so widerspräche eben das den in § 878 BGB niedergelegten Grundsätzen[324]. Wenn aber die Regelung des § 878 BGB für die beiderseits eingetretene Erfüllung i.S.v. § 17 KO beim Grundstückskauf spricht, dann kann für den Verkauf einer Mobilie nichts anderes gelten, hat doch der Verkäufer in beiden Fällen gleich wenig Einfluß auf den Eintritt der Rechtsänderung[325].
Darüber hinaus bestehe der Zweck des § 17 KO darin, den Vertragsgegner des Gemeinschuldners zu schützen. Dies könne aber nur dann gelingen, wenn an die Leistungshandlung angeknüpft werde[326]. Im übrigen werde das Synallagma der Leistungspflichten mit Übergabe und bedingter Übereignung und damit durch Vorleistung des Vorbehaltsverkäufers gelöst[327].
Letzgus führt einen von § 17 KO vorausgesetzten und damit zwingend notwendigen Erfüllungsanspruch ins Feld. Wenn alle Leistungshandlungen vorgenommen wären, fehle es jedoch an einem solchen, mit der Folge, dass § 17 KO keine Anwendung finden könne[328]. *Wieser* schlußfolgert aus der gesetzlichen Formulierung, der Konkursverwalter erfülle an Stelle des Gemeinschuldners, dass der Vertrag den Gemeinschuldner noch zu einem Verhalten verpflichten müsse. Seien aber sämtliche Leistungshandlungen bereits vorgenommen worden, wäre der Vertrag seitens des Verkäufers bereits erfüllt. Der Eigentumserwerb des Vorbehaltskäufers erfolge jedoch automatisch mit der letzten Ratenzahlung, also ohne eine dazu notwendige Handlung des Gemeinschuldners bzw. seines Verwalters. Bis zum Rechtswechsel obläge dem Verwalter zwar die Pflicht alles zu unterlassen, was den Eigentumserwerb des Abnehmers verhindern könnte, bei dieser Unterlassungspflicht handele es sich aber nicht um eine vertragliche Verhaltenspflicht des Gemeinschuldners, sondern um eine gesetzliche, auf § 160 I BGB beruhende Pflicht. Im Verkäuferkonkurs fehle es daher an einer Erfüllung des Vertrages durch den Verwalter[329].
Eine andere Richtung sieht zwar ebenso, wie die Rechtsprechung und der überwiegende Teil der Literatur den Leistungserfolg als maßgeblich an, geht aber dennoch davon aus, dass der Lieferant bereits mit der bedingten Übereignung erfüllt habe, indem sie den Leistungserfolg

[322] *Oertmann*, ZHR 93, 1929, 356, 397.
[323] *Rühl*, Eigentumsvorbehalt und Abzahlungsgeschäft, S. 206; ebenso Jaeger-*Lent*, § 15 Anm. 37.
[324] *Rühl*, Eigentumsvorbehalt und Abzahlungsgeschäft, S. 206.
[325] *Rühl*, Eigentumsvorbehalt und Abzahlungsgeschäft, S. 206 ff.
[326] *Rühl*, Eigentumsvorbehalt und Abzahlungsgeschäft, S. 207.
[327] *Rühl*, Eigentumsvorbehalt und Abzahlungsgeschäft, S. 204 ff.
[328] *Letzgus*, Anwartschaft, S. 17 ff, 66 ff.
[329] *Wieser*, NJW 1970, 913, 915.

anders definiert. Vom Vorbehaltsverkäufer sei nicht die vollständige sondern nur die aufschiebend bedingte Eigentumsübertragung geschuldet[330]. Diese sei aber bereits erfolgt.
Eine letzte Meinungsgruppe nimmt zwar eine beiderseits noch nicht eingetretenen vollständigen Erfüllung des Kaufvertrages an, billigt die Anwendung von § 17 KO jedoch nur im Käuferkonkurs[331].
Huber sieht einen Vertrag i.S.v. § 17 KO als erfüllt an, wenn die Leistung in „konkursbedingter Weise„ erbracht sei[332]. Aus § 161 I 2 BGB werde der Vorrang der bedingten Verfügung vor der Konkursbeschlagnahme deutlich, was wiederum begründe, weshalb der Verkäufer in seinem Konkurs die Leistung erbracht habe, nicht jedoch im Konkurs des Käufers. Eine vollständige Erfüllung des Verkäufers liege also vor, da der Eigentumserwerb des Käufers durch den Konkurs des Verkäufers nicht beeinträchtigt werde.
Raiser trifft seine Entscheidung, § 17 KO weder im Käufer- noch im Verkäuferkonkurs anzuwenden nicht anhand des Erfüllungsbegriffs. Entscheidend sei vielmehr, dass Lieferant und Abnehmer vor Eintritt der Bedingung geteiltes Eigentum und geteilte Sachherrschaft inne haben, so dass § 17 KO aus haftungsrechtlichen Gesichtspunkten nicht zur Anwendung komme[333].
Auch diejenigen Vertreter, die dem Anwärter bereits eine wie auch immer geartete Eigentümerstellung zusprechen gehen von einer einseitigen Erfüllung des Vorbehaltskaufes aus[334]: Während *Blomeyer* die Stellung des Vorbehaltsverkäufers als besitzloses Verfallpfandrecht[335] charakterisiert, spricht *Georgiades* dem Erwerber eine auflösend bedingte Eigentümerstellung zu[336]. Diese konkretisiert er näher als eine Anwartschaft auf Eigentumsrückfall, die inhaltlich der Anwartschaft des Erwerber bei der aufschiebend bedingten Übereignung entspreche[337].
Marotzkes Argumentation gründet in der Auffassung des § 103 InsO als einer Vorschrift, die dem Verwalter lediglich ein Erfüllungsrecht zuspricht, während er das Recht zur insolvenzrechtlichen Nichterfüllung bereits den allgemeinen Vorschriften der §§ 3 I, 12 KO/ §§ 1 I, 38, 87 InsO entnimmt[338]. Habe der Vorbehaltsverkäufer die ihm obliegenden Leistungshandlungen bereits erbracht, gäbe es nichts mehr, was der Verwalter durch den von § 103 InsO allein gewährten Erfüllungsanspruch verlangen könnte; der Eintritt des Leistungserfolges könne dann nicht mehr verhindert werden[339]. Das habe zur Folge, dass sich die Frage, ob der Erfüllungsbegriff des § 17 KO/§ 103 InsO an die Leistungshandlungen oder an den Leistungserfolg anknüpfe, überhaupt nicht mehr stelle[340].

---

330 *Esser*, Schuldrecht Bd. II, § 65 I 1 a; *Weber*, NJW 1976, 1601, 1606.
331 *Bley*, § 36 Anm. 38 a; *Bauknecht*, NJW 1956, 1177, 1178; *Baur*, Sachenrecht, § 59 III 1 a i.V.m. Fn. 2.
332 *Huber*, BB 1964, 731, 735.
333 *Raiser*, Dingliche Anwartschaften, S. 94 ff, 103.
334 *Blomeyer*, AcP 162, 193 ff; *Georgiades*, Eigentumsanwartschaft, S. 82.
335 *Blomeyer*, AcP 162, 193, 200; *ders.*, Studien zur Bedingungslehre, Zweiter Teil, S. 186; *Blomeyer* folgend auch *Hübner*, NJW 1980, 729, 735 sowie *Berger*, Eigentumsvorbehalt, S. 177 ff.
336 *Georgiades*, Eigentumsanwartschaft, S. 157 ff.
337 *Georgiades*, Eigentumsanwartschaft, S. 158.
338 *Marotzke*, Gegenseitige Verträge, Rn. 3.57.
339 *Marotzke*, Gegenseitige Verträge, Rn. 4.2.
340 *Marotzke*, Gegenseitige Verträge, Rn. 4.1, 4.2.

bbb. Anwendung auf den konkreten Fall

Von entscheidender Bedeutung für das Verständnis des Erfüllungsbegriffs i.S.v. § 107 I 1 InsO ist, welche Auswirkungen die unterschiedlichen Anknüpfungspunkte auf die Frage nach dem, was der Vorbehaltskäufer als Erfüllung verlangen kann haben.

(1) Erfüllung durch Vornahme der Leistungshandlungen

Unter der Prämisse, dass der Erfüllungsbegriff des § 107 I 1 InsO an die Vornahme der Leistungshandlungen anknüpft, erhebt sich die Frage, welche Leistungshandlungen der Verkäufer außer der Mitwirkung am Kaufvertragsschluß sowie an der bedingten dinglichen Einigung und der Besitzübertragung vornehmen muss, um den Kaufvertrag seinerseits zu erfüllen.

(1 a) Mangelfreie Sache

In Betracht kommt zunächst, dass die vom Vorbehaltsverkäufer vorgenommenen Leistungshandlungen auf die Übereignung eines sachmangelfreien Gegenstandes gerichtet sein müssen.

(1 aa) Gattungsschuld

Bei Gattungskäufen besteht Einigkeit darüber, dass der Verkäufer zur Lieferung einer fehlerfreien Sache verpflichtet ist[341]. Ausgangslage ist dabei der gegenüber Stückkäufen unterschiedliche Inhalt der Verkäuferpflicht beim Gattungskauf. Während der Verkäufer beim Spezieskauf zur Lieferung der bestimmten, wenn auch fehlerhaften Sache verpflichtet ist, hat er beim Gattungskauf lediglich ein Exemplar mittlerer Art und Güte zu leisten, § 243 I BGB[342]. Der Verkäufer hat daher das Recht und die Pflicht, aus der vertraglich umschriebenen Menge von Sachen diejenige, die er zur Erfüllung bestimmen will, selbst auszuwählen. Ihn trifft also die Haftung dafür, dass er zur Lieferung aus der Gattung in der Lage ist[343]. Bei der Gattungschuld gehört die Lieferung einer mangelfreien Sache daher zur Leistungspflicht des Verkäufers[344]. Der Verkäufer hat bei einer Gattungsschuld mithin erfüllt, wenn er eine Sache mittlerer Art und Güte übergeben und übereignet hat.
Vor diesem Hintergrund ergibt sich aber folgendes Problem:
Wenn der Verkäufer bei Lieferung einer fehlerhaften Sache seine Leistungspflicht noch nicht erfüllt hat und nach § 243 I BGB weiterhin zur Lieferung einer Sache mittlerer Art und Güte verpflichtet ist, die Gewährleistungsrechte aber erst dann greifen, wenn Konkretisierung eingetreten ist[345], würde das zur Folge haben, dass die Lieferung einer mangelhaften Sache beim Gattungskauf die Anwendung der Gewährleistungsvorschriften regelmäßig ausschlösse. Der Käufer wäre also auf Lieferung einer Sache mittlerer Art und Güte beschränkt.
Dass das nicht sein kann, bestätigt bereits die Existenz des § 480 BGB a.F.

---

341 zur Erfüllungstheorie statt aller Soergel/Siebert/Siebert-*Huber*, Vor § 459 Rn. 61/62.

342 Soergel/Siebert/Siebert-*Huber*, Vor § 459 Rn. 62.

343 *Ballerstedt*, FS f. Nipperdey, S. 272; *Canaris*, JZ 1965, 475, 477, differenziert zwar grundsätzlich zwischen Haupt-, Nebenleistungs- und Schutzpflichen (S. 478), geht bei Gattungskäufen aber davon aus, dass sich Hauptleistungs- und Schutzpflichen wegen des Anspruchs auf eine Sache mittlerer Art und Güte decken.

344 *Ballerstedt*, FS f. Nipperdey, S. 277; *Süß*, Gewährleistung, S. 90 m.w.N.

345 *Herberger*, Sachmängelhaftung, S. 99; MüKo-*Emmerich*, § 243 Rn. 24.

Auf dieser Grundlage geht die ganz überwiegende Ansicht davon aus, dass der ursprüngliche Erfüllungsanspruch, der in modifizierter Form als Nachlieferungsanspruch fortbestehe, erst mit Vollzug von Wandelung oder Minderung erlösche, wodurch die Schuld des Verkäufers auf die gelieferte Sache konkretisiert werde[346]. Denn in diesem Fall verzichte der Käufer auf Erfüllung seines Anspruchs auf Lieferung einer Sache mittlerer Art und Güte. Etwas anderes müsse aber dann gelten, wenn er sich für die Nachlieferung entscheide, denn der Nachlieferungsanspruch entspreche dem ursprünglichen Erfüllungsanspruch und sei daher mangels Konkretisierung nicht als Gewährleistungsrecht zu qualifizieren[347].
Wählt der Käufer daher Nachlieferung, so besteht der ursprüngliche Erfüllungsanspruch in modifizierter Form fort[348]. Erst die Geltendmachung von Wandelung und Minderung führe zur Umgestaltung des Schuldverhältnisses, mit der Folge, dass das Schuldverhältnis auf die gelieferte Sache beschränkt werde, so dass Konkretisierung eintrete[349].
Nach dieser Ansicht würde sich der Erfüllungsbegriff des § 107 I 1 InsO beim Gattungskauf auch auf den Nachlieferungsanspruch erstrecken. Die übrigen Gewährleistungsrechte, durch die zum Ausdruck gebracht werde, dass die gelieferte Sache nicht zur Erfüllung geeignet ist[350], scheiden damit als Gegenstand der Erfüllung i.S.v. § 107 I 1 InsO aus.
Auf der Grundlage, dass der Nachlieferungsanspruch aus § 480 I 1 BGB a.F. an dieselben Voraussetzungen anknüpft, wie die Ansprüche auf Wandelung und Minderung wird andererseits vertreten, dass sich der ursprüngliche Erfüllungsanspruch bereits mit Annahme der mangelhaften Sache auf diese konkretisiert habe und der Nachlieferungsanspruch daher als weiterer Gewährleistungsanspruch neben Wandelung und Minderung trete, wodurch zunächst erfüllt sei[351].

(1 bb) Stellungnahme

Die zuletzt dargestellte Ansicht verkennt, dass die Annahme der mangelhaften Ware als Erfüllung mit einem späteren Wandlungsbegehren nicht in Einklang zu bringen ist. Der Käufer kann zwar mindern ohne sich selbst zu widersprechen, indem er die Auffassung vertritt, die mangelhafte Ware unter dem Vorbehalt der Minderung angenommen zu haben. Das Wandelungsbegehren aber ist mit der ursprünglichen Annahme der mangelhaften Sache nicht mehr vereinbar[352]. Denn dann würde der Käufer die mangelhafte Sache nur annehmen, um die Schuld auf die gelieferte Sache zu konkretisieren, und damit die Möglichkeit zu haben, sich vom Vertrage loszusagen. Ein solches Verhalten verstößt aber gegen den Grundsatz von Treu und Glauben[353].
Ein weiteres Problem ergibt sich daraus, dass die Qualifizierung des Nachlieferungsanspruchs als Gewährleistungsrecht Konkretisierung voraussetzt. Denn beim Gattungskauf ist die gekaufte Sache nur dann mangelhaft, wenn das Schuldverhältnis bereits auf diese Sache

---

346 BGH LM Nr. 5 = NJW 1967, 33, 33; *Ballerstedt*, FS. f. Nipperdey, S. 277 ff., 281; *Enneccerus/Lehmann*, § 113 I 1; *Esser-Weyers*, Schuldrecht II 1, § 5 IV 6; *Herberger*, Sachmängelhaftung, S. 99 ff., 108; *Larenz*, Schuldrecht II 1, S. 78; *Medicus*, Schuldrecht II, § 75 I 2; MüKo-*Westermann*, § 480 Rn. 1; *Musielak*, JuS 1979, 96, 97; *Schultz*, NJW 1980, 2172, 2172; Staudinger-*Honsell*, § 480 Rn. 7; *Süß*, Gewährleistung, S. 91.

347 *Herberger*, Sachmängelhaftung, S. 100.

348 Die Modifikation ergibt sich insbesondere daraus, dass der Nachlieferungsanspruch der kurzen Verjährung des § 477 BGB a.F. unterliegt.

349 *Herberger*, Sachmängelhaftung, S. 1002.

350 Soergel/Siebert/Siebert-*Huber*, Vor § 459 Rn. 63.

351 *Bletz*, Jura 1987, 139, 139; *Esser*, Schuldrecht BT II 1, § 5 IV 3 b; *Kirchhoff*, NJW 1970, 2052, 2053; *Köhler*, JuS 1979, 496, 499; Palandt-*Putzo*, § 480 Rn. 2 m.w.N; *Schollmeyer*, JherJb 49 (1905), 93, 101.

352 *Ballerstedt*, FS f. Nipperdey, S. 277.

353 *Ballerstedt*, FS f. Nipperdey, S. 277.

beschränkt wurde[354]. Von entscheidender Bedeutung für die Frage, ob der Nachlieferungsanspruch ein Gewährleistungsrecht ist, ist daher die Frage, ob beim Gattungskauf bereits mit Abnahme einer mangelhaften Sache Konkretisierung eingetreten ist, oder ob diese erst mit Geltendmachung von Wandelung oder Minderung eintritt.

Dazu ein Vergleich mit den Rechtsfolgen, die ohne den Anspruch auf Nachlieferung einträten: Würde es an einer Regelung der Sachmängelhaftung für den Gattungskauf fehlen, hätte der Verkäufer bei Lieferung einer mangelhaften Sache noch nicht erfüllt, da die gelieferte Sache nicht mittlerer Art und Güte wäre. Der Anspruch des Käufers auf Lieferung einer mangelfreien Sache bestünde fort[355]. Hieran kann die Regelung der §§ 480 I, 459 BGB a.F. nichts ändern. Der Anspruch auf Lieferung einer mangelfreien Sache würde daher auch ohne die Regelung des § 480 I BGB a.F. bestehen.

Es wird also deutlich, dass der Akt der Konkretisierung den Nachlieferungsanspruch von den Gewährleistungsrechten trennt[356]. Der Nachlieferungsanspruch kommt daher nur solange in Betracht, wie der Kaufgegenstand noch nicht auf einen bestimmten beschränkt ist. Ist hingegen Konkretisierung eingetreten, scheidet der Anspruch auf Nachlieferung aus, der Käufer ist auf die Gewährleistungsrechte beschränkt. Nachlieferung und Gewährleistung sind daher weder identisch noch können sie nebeneinander bestehen[357].

Dem ließe sich entgegensetzten, dass der Nachlieferungsanspruch bestimmten Beschränkungen, § 480 I 2 BGB a.F., unterworfen ist, die für den ursprünglichen Erfüllungsanspruch nicht gelten, mit der Folge, dass Nachlieferungs- und Erfüllungsanspruch von unterschiedlicher Rechtsnatur sein müssen. Aber auch dieses Argument ist zu wiederlegen. Zugegebenermaßen erfährt der Nachlieferungsanspruch im Gegensatz zum Erfüllungsanspruch gewisse Einschränkungen[358], diese rechtfertigen sich jedoch damit, dass es dem Verkäufer nicht zuzumuten ist, eine weitere Sache zu liefern, bevor er die bereits übergebene, auch wenn diese mangelhaft ist, zurückerhalten hat. Insbesondere soll der Verkäufer nicht auf unbestimmte Zeit im Unklaren darüber bleiben, ob der Käufer die gelieferte Sache als vertragsmäßig anerkennt[359]. Dadurch, dass der Nachlieferungsanspruch den gleichen Einschränkungen unterliegt, wie die Ansprüche auf Wandelung oder Minderung, wird lediglich auf die ähnliche Interessenlage der Parteien hingewiesen[360].

Die unterschiedliche Rechtsnatur von Nachlieferungsanspruch und Gewährleistungsrechten wird auch durch §§ 480 I 2, 465 BGB a.F. verständlich. Macht der Käufer Wandelung, Minderung oder Schadensersatz geltend, so führt § 465 BGB a.F. zur Umgestaltung des Schuldverhältnisses. Wäre der Nachlieferungsanspruch aber gleichfalls ein Gewährleistungsrecht, würde § 465 BGB a.F. bei Geltendmachung der Nachlieferung auch zur Umgestaltung des Schuldverhältnisses führen. Einer solchen Umgestaltung bedarf es aber nicht, da sowohl der Nachlieferungs- als auch der Erfüllungsanspruch auf Lieferung einer Sache mittlerer Art und Güte gerichtet ist. Die Funktion des § 465 BGB a.F. erschöpft sich beim Nachlieferungsanspruch also in einer Bindung auf die Entscheidung, Nachlieferung verlangt zu haben[361].

---

354 *Bletz*, Jura 1987, 139, 139; *Herberger*, Sachmängelhaftung, S. 99.

355 Soergel/Siebert/Siebert-*Huber*, Vor § 459 Rn. 63.

356 *Herberger*, Sachmängelhaftung, S. 99.

357 *Herberger*, Sachmängelhaftung, S. 100.

358 Verwiesen sei in sofern auf § 477 BGB a.F.

359 *Herberger*, Sachmängelhaftung, S. 100; *Süß*, Gewährleistung, S. 91, 100.

360 *Musielak*, JuS 1979, 96, 97.

361 *Herberger*, Sachmängelhaftung, S. 102.

Ein weiteres Argument läßt sich aus dem Zeitpunkt des Gefahrübergangs herleiten. Die §§ 459, 480 BGB a.F. setzen Gefahrübergang voraus. Da aber eine fehlerhafte Sache i.S.v. § 446 BGB a.F. verkauft wurde, führt die Übergabe nicht zum Gefahrübergang. Erst mit Geltendmachung der Gewährleistungsrechte wird die übergebene Sache zur geschuldeten konkretisiert und damit zur verkauften Sache i.S.v. § 446 BGB a.F.[362].

In dem Zeitpunkt, in dem der Käufer Wandelung oder Minderung erklärt, macht er also deutlich, dass er auf seinen Anspruch auf Lieferung einer mangelfreien Sache verzichtet und statt dessen Gewährleistungsrechte geltend macht. Anders stellt es sich aber nur dann dar, wenn der Käufer Nachlieferung verlangt, denn dann bringt er zum Ausdruck, dass der ursprüngliche Erfüllungsanspruch bestehen bleiben soll.

Für das Verständnis des Nachlieferungsanspruchs als Gewährleistungsrecht wird die Formulierung des § 480 I 1 BGB a.F., wonach statt Wandelung oder Minderung, Nachlieferung verlangt werden kann, angeführt[363]. Diesem kann insbesondere wegen der systematischen Stellung des Nachlieferungsanspruchs im Gewährleistungsrecht nichts entgegengesetzt werden. Auf den ersten Blick läßt sich ferner aus der Tatsache, dass der Käufer Schadensersatz wegen Nichterfüllung verlangen kann schlußfolgern, dass auch die Gewährleistungsrechte eine Folge der Nichterfüllung sind. Der in den §§ 463, 480 II BGB a.F. gewährte Schadensersatz wegen Nichterfüllung ist aber kein Hinweis auf eine Erfüllungspflicht des Verkäufer hinsichtlich der Lieferung einer mangelfreien Sache, sondern vielmehr die Angabe über den Umfang des zu leistenden Schadensersatzes[364]

Wenn aber behauptet wird, dass die Qualifizierung des Nachbesserungsanspruchs als Gewährleistungsrecht zu einer übersichtlichen, einheitlichen Handhabung aller in § 480 I 1 BGB a.F. aufgezählten Rechte führt[365], so ist dazu zu sagen, dass aus einer bequemen Handhabung des Rechts noch keine Rückschlüsse auf dessen Richtigkeit gezogen werden können. Und auch die Tatsache, dass auf diese Weise an einen Zeitpunkt angeknüpft wird, der vielfach im Kaufgewährleistungsrecht maßgeblich ist[366], vermag nicht zu überzeugen. Denn die Anknüpfung an die Abnahme führt für den Käufer zu unhaltbaren Ergebnissen, weil sich der Käufer selbst dann nicht von dem Nachlieferungsanspruch befreien könnte, wenn die Nachlieferung vollzogen und der Verkäufer mit der Nachlieferung in Verzug wäre. Sieht man den Nachlieferungsanspruch hingegen als den ursprünglichen Erfüllungsanspruch, ist in diesem Fall § 326 I BGB a.F. anwendbar.

Es bleibt somit festzuhalten, dass keine überzeugenden Gründe für die Qualifizierung des Nachlieferungsanspruchs als Gewährleistungsrecht sprechen. Bis zum Vollzug von Wandelung oder Minderung bleibt der ursprüngliche Erfüllungsanspruch daher in der Form des Nachlieferungsanspruchs bestehen.

Bei Zugrundelegung der vom Verkäufer vorzunehmenden Erfüllungshandlung umfaßt der Erfüllungsanspruch des Käufers i.S.v. § 107 I 1 InsO bei Gattungsschulden lediglich die Nachlieferung[367]. Die Geltendmachung von Gewährleistungsrechten ist hingegen ausgeschlossen.

---

362 *Herberger*, Sachmängelhaftung, S. 102.

363 *Bletz*, Jura 1987, 139, 139.

364 *Medicus*, FS .f. Kern, 313, 317.

365 *Bletz*, Jura 1987, 139, 139.

366 *Bletz*, Jura 1987, 139, 140, der darauf hinweist, dass die Annahme auch für den Zeitpunkt des Gefahrenübergangs maßgeblich ist, S. 141.

367 Für die Minderung vgl. Kübler/Prütting-*Tintelnot*, § 107 Rn. 10.

(1 cc) Stückschuld

Anders hingegen verhält es sich bei Stückschulden, da hier die eine Sache, auch wenn sie fehlerhaft ist, geschuldet wird[368]. Ein Anspruch des Stückkäufers auf Lieferung einer mangelfreien Sache besteht daher nicht[369].
Der Stückverkäufer hat eine Leistungspflicht wesentlich anderer Art übernommen als der Gattungsverkäufer[370]. § 433 I 1 BGB a.F. bestimmt, dass der Verkäufer dem Käufer „die Sache" zu übergeben hat, dass die Sache auch mangelfrei sein muss, ist nicht kodifiziert. An einer § 434 BGB a.F. entsprechenden Vorschrift fehlt es gerade[371]. Aber auch in §§ 459 ff BGB a.F. ist die mangelfreie Erfüllungspflicht nicht statuiert[372]. Denn während das Gesetz dem Gattungskäufer einen Anspruch auf Nachlieferung gewährt, und dadurch zu erkennen gibt, dass die Mangelfreiheit zur Erfüllungspflicht des Verkäufers gehört, fehlt es an einer entsprechenden Regelung beim Stückkauf[373]. Denn dadurch, dass der Gesetzgeber in § 480 I 1 BGB a.F. mit dem Nachlieferungsanspruch in das Erfüllungsstadium zurückgekehrt ist, es für den Stückkauf aber an Entsprechendem mangelt, wird deutlich, dass der Gesetzgeber in allen anderen Fällen das Erfüllungsstadium mit dem Gefahrübergang als endgültig abgeschlossen ansah. Nach dem BGB sind Stück- und Gattungskauf also unterschiedlich geregelt. Und auch die Tatsache, dass Gewährleistungsrechte bestehen, läßt den Schluß auf die Existenz einer Leistungspflicht als Rechtsgrund der Gewährleistungspflichten nicht zu[374]. Vielmehr ist aus dem Umstand, dass dem Käufer im Falle mangelhafter Lieferung nur Gewährleistungsrechte zustehen, zu schlußfolgern, dass gerade kein Anspruch auf mangelfreie Lieferung bestehen kann[375]. Zwar könnte man sagen, dass die Gewährleistungspflicht eintrete, weil eine

---

368 Die herrschende Gewährleistungstheorie sieht die Lieferung einer mangelhaften Sache infolgedessen als Erfüllung an und versteht die Gewährleistungsrechte als Reaktion auf die Mangelhaftigkeit: *Brox*, Die Einrede des nichterfüllten Vertrages beim Kauf, 1948, S. 39; *Enneccerus/Lehmann*, Schuldrecht, S. 415, 416; *Esser*, Schuldrecht BT II 1, § 64 I; *Esser-Weyers*, Schuldrecht II 1, § 5 I 1 a; *Fikentscher*, Schuldrecht, § 70 I; *Graue*, Lieferung, S. 269 ff; *Larenz*, Schuldrecht II 1, § 41 II e; *Medicus*, FS f. Kern, 1986, 313, 316; *Schollmeyer*, Jher.Jb. 49, 93, 94 ff; Soergel/Siebert/Siebert-*Ballerstedt*, Vor § 459 Rn. 14; Staudinger-*Ostler*, Vor § 459 Rn. 7; *Süß*, Gewährleistung, S. 48, 84.

Demgegenüber wird die Erfüllungstheorie, nach der eine Pflicht des Verkäufers zu Lieferung einer mangelfreien Sache besteht, teilweise auch bei Stückkäufen vertreten; vgl. insofern *Brox/Elsing*, JuS 1976, 1, 2; *Emmerich*, Schuldrecht BT, § 4 I; *Erman*, JZ 1960, 41, 41; vgl. *Graue*, Lieferung, S. 278 ff; *Herberger*, S. 76 ff, 87; *Korintenberg*, Justizblatt f. d. OLG-Bezirk Köln 1947, 69, 75.

Vermittelnd *Fabricius*, JZ 1967, 464, 469, 470: Sofern die Parteien nicht ausdrücklich vereinbart haben, dass die Mangelfreiheit in das Synallagma einbezogen ist, ist mittels Auslegung und ergänzender Vertragsauslegung zu ermitteln, ob die Lieferung in mangelfreiem Zustand zur Hauptleistung des Verkäufers erhoben wurde. Erst wenn auch das nicht der Fall ist, ergibt die Heranziehung des Grundsatzes von Treu und Glauben, dass die Pflicht zur Lieferung einer mangelfreien Sache zumindest eine vertragliche Nebenpflicht ist.

Flume, Eigenschaftsirrtum und Kauf, S. 41, 35, nimmt an, dass die Eigenschaften der Sache auch beim Stückkauf von der Parteivereinbarung umfaßt sind, leitet daraus jedoch keine Leistungspflichten ab, die bei Fehlen der vereinbarten Eigenschaften nicht erfüllt sind. Die Lieferung einer mangelhaften Sache sei vielmehr Nichterfüllung des Kaufvertrages. Wenn aber Erfüllung, als das Bewirken der geschuldeten Leistung verstanden wird, § 362 BGB, kann die Nichterfüllung eines Vertrages nur die Nichterfüllung einer Leistungspflicht bedeuten. Eine Vertragspflicht kann daher nur dann nicht erfült sein, wenn eine Leistungspflicht aus dem Vertrag nicht erfüllt wurde, *Larenz*, Schuldrecht II, § 41 e. Im übrigen widerspricht die Unterscheidung von Vertrags- und Leistungspflicht auch den gesetzlichen Regelungen des §§ 241, 242 BGB, so auch *Ermann*, JR 1960, 41, 41.

369 *Ballerstedt*, FS f. Nipperdey, S. 277.

370 *Ballerstadt*, FS f. Nipperdey, S. 262; Soergel/Siebert/Siebert-*Ballerstedt*, Vor § 459 Rn. 13.

371 *Larenz*, Schuldrecht II 1, § 41 II e.

372 *Flume*, Eigenschaftsirrtum und Kauf, S. 35.

373 Staudinger-*Honsell*, Vor § 459 Rn. 7.

374 *Flume*, Eigenschaftsirrtum und Kauf, S. 35.

375 *Flume*, Eigenschaftsirrtum und Kauf, S. 36.

Leistungspflicht besteht, die Tatsache, dass das Gesetz nur die Gewährleistungspflicht begründet beweist aber gerade umgekehrt, dass kein Erfüllungsanspruch existiert. Der Kaufvertrag bezieht sich auf die eine, konkrete Sache mit der der Verkäufer zu erfüllen hat. Würde sich die Leistungspflicht auch auf die Mangelfreiheit dieser Sache erstrecken, müßte der Verkäufer im Falle des Mangels zur Beseitigung verpflichtet sein, um seiner Pflicht nachzukommen. Die Statuierung einer Leistungspflicht macht daher auch die Existenz eines entsprechenden Mangelbeseitigungsanspruchs notwendig. Denn ohne Sanktion ist eine Erfüllungspflicht eine unnötige Maßnahme[376]. Aus den Motiven geht aber hervor, dass es beim Stückkauf grundsätzlich keine Herstellungs- und Mangelbeseitigungspflicht gibt[377]. Wenn es aber an einer derartigen Mängelbeseitigungspflicht fehlt, kann umgekehrt auch kein entsprechender Leistungsanspruch existieren.

Die dogmatische Grundlage der Gewährleistungsrechte besteht daher nicht in Nichterfüllung einer Leistungspflicht, sondern ist vielmehr darin zu sehen, dass der Verkäufer für die vertragsgemäße Beschaffenheit der Sache einzustehen hat. Sie ist daher Ausfluß des Gedankens der Wertgleichheit beiderseitiger Leistungen[378]. Weicht daher die Ist- von der vertraglich vereinbarten Sollbeschaffenheit zum Nachteil des Käufers ab, fehlt es an der von den Parteien angenommenen Äquivalenz von Leistung und Gegenleistung mit der Folge, dass der Käufer den Kaufpreis entweder an das bestehende Werteverhältnis angleichen lassen oder vom Vertrage zurücktreten kann[379]. Ist die Speziessache daher mangelhaft, hat der Verkäufer keine Hauptleistungspflicht verletzt, sondern eine auf die Beschaffenheit gerichtete Tätigkeit entgegen den begründeten Erwartungen des Käufer nicht erfüllt[380].

Im übrigen würde die Einbeziehung der Pflicht zur mangelfreien Lieferung in das Synallagma zur Folge haben, dass die Lieferung einer mangelhaften Sache, deren Fehler nicht behebbar ist, zur Nichtigkeit des Vertrages nach § 306 BGB a.F. führt[381]. Dann aber wären die Gewährleistungsrechte auf die Fälle behebbarer Mängel beschränkt. Für eine derartige Sichtweise finden sich jedoch keine Anhaltspunkte. Um dem Gedanken Rechnung tragen, dass der Käufer die mangelhafte Sache oft deshalb annehmen wird, weil er sie benötigt, geht die gesetzgeberische Intention vielmehr von der Wirksamkeit von Kaufverträgen bei behebbaren Mängeln aus[382].

Gleichfalls müßte der Käufer bei Lieferung einer mangelhaften Sache auf Leistung in mangelfreiem Zustand klagen und hätte nach § 283 BGB a.F. einen Anspruch auf Schadensersatz wegen Nichterfüllung, wenn der Verkäufer nicht innerhalb der Frist eine mangelfreie Sache liefert. Ein solcher Schadensersatzanspruch, der zwingende Folge einer Leistungspflicht gerichtet auf Lieferung einer mangelfreien Sache ist, scheidet aber wegen der Regelung der §§ 459 ff BGB a.F. aus. Nicht zuletzt führte eine solche Sichtweise dazu, dass der Käufer entsprechend der Regelung des § 440 BGB a.F. auch die Rechte die aus §§ 320-327 BGB a.F. haben müßte[383].

Ebenso enthält das Kaufrecht keinen dem durch § 633 II BGB a.F. eingeräumten Beseitigungsanspruch. Fehlt es daher an einer entsprechenden vertraglichen Vereinbarung,

---

376 Staudinger-*Honsell*, Vor § 459 Rn. 7.

377 Prot I, S. 697, 698; Mot II, S. 227.

378 *Larenz*, Schuldrecht II 1, § 41 II e; Soergel/Siebert/Siebert-*Ballerstedt*, Vor § 459 Rn. 15.

379 *Larenz*, Schuldrecht II 1, § 41 II e.

380 *Esser/Weyers*, Schuldrecht II 1, § 5 I 1 a; *Fikentscher*, Schuldrecht, § 70 I 1; *Flume*, Eigenschaftsirrtum und Kauf, S. 35 ff.; *Larenz*, Schuldrecht II 1, § 41 II e; *Siber*, Schuldrecht, S. 237; Soergel/Siebert/Siebert-*Ballerstedt*, Vor § 459 Rn. 10, 13; Staudinger-*Honsell*, Vor § 459 Rn. 1, 3.

381 *Fabricius*, JZ 1967, 464, 468.

382 *Fabricius*, JZ 1967, 464, 468.

383 vgl. mit entsprechender Begründung *Flume*, Eigenschaftsirrtum und Kauf, S. 37 ff.

kann der Käufer aus Gesetz nur auf Übergabe und Übereignung der Sache in ihrem bestehenden Zustand klagen[384]. Bei nachteiligem Auseinanderfallen von Ist- und Sollbeschaffenheit ist er daher auf seine Gewährleistungsrechte beschränkt, ein Anspruch auf Lieferung einer mangelfreien Sache steht ihm nicht zu. Der Verkäufer hat daher so zu leisten, wie die Sache tatsächlich beschaffen ist[385].
Mit Lieferung einer mangelhaften Sache verletzt der Verkäufer daher keine ihm aus dem Kaufvertrag obliegende Leistungspflicht[386].
Eine Stückschuld ist daher auch mit Übergabe und Übereignung einer fehlerhaften Sache erfüllt, so dass der Käufer die Gewährleistungsansprüche auch hier nicht im Rahmen des § 107 I 1 InsO geltend machen kann.

(1 dd) Nachbesserung

Im Anschluß daran stellt sich die Frage, nach der Einordnung eines Nachbesserungsrechtes. Beim Gattungskauf könnte aus der Pflicht des Verkäufers zur Lieferung einer Sache mittlerer Art und Güte, §§ 243 I, 480 I 1 BGB a.F., ein gesetzlicher Anspruch des Käufers auf Nachbesserung nach Gefahrübergang hergeleitet werden[387]. Insofern ließe sich argumentieren, dass es widersinnig erschiene, den Käufer nach § 480 I 1 BGB a.F. dazu zu berechtigen, Nachlieferung zu verlangen, wenn die zunächst gelieferte Sache nicht von mittlerer Art und Güte ist, ihm einen Anspruch auf Nachbesserung, der nichts anderes als die Versetzung der gelieferten Sache in ordnungsgemäßen Zustand bedeutet, und damit eine Beschränkung des Nachlieferungsanspruchs auf einzelne Teile ist, aber zu verweigern. Das gilt um so mehr, als ein teilweiser Austausch vielfach interessengerechter ist, als ein vollständiger[388].
Dabei ist jedoch zu beachten, dass der Gesetzgeber den Nachlieferungsanspruch gesetzlich geregelt hat, während es an einer Regelung eines Nachbesserungsrechtes fehlt. Insofern ist der Käufer auf ein Nachbesserungungsrecht kraft vertraglicher Vereinbarung beschränkt[389], das wegen des dispositiven Charakters von § 462 BGB a.F.[390] begründet werden kann. Zwar tritt die Nachbesserungspflicht des Verkäufers nach § 476 a BGB a.F. an die Stelle von Wandelung und Minderung, beim Gattungskauf ist der Nachbesserungsanspruch wegen seiner Eigenschaft als dem Nachlieferungsanspruch wesensgleiches Minus[391] aber kein Gewährleistungsrecht, sondern die Weiterführung des ursprünglichen

---

384 *Larenz*, Schuldrecht II 1, § 41 II e.

385 *Larenz*, Schuldrecht II 1, § 41 II e; *Süß*, Gewährleistung, S. 225.

386 *Huber*, AcP 177, 281, 294; *Flume*, Eigenschaftsirrtum und Kauf, S. 41; *Larenz*, Schuldrecht II 1, § 41 II e.

387 Für den Begriff der Erfüllung i.S.v. § 107 I 1 InsO ist es irrelevant, auf die Rechtslage vor Gefahrüberegang einzugehen, da § 107 I 1 InsO die Besitzübertragung auf den Käufer voraussetzt.

388 *Peters*, JZ 1978, 92, 98.

389 Ein gesetzliches Nachbesserungsrecht ohne Differenzierung zwischen Gattungs- und Spezieskauf ablehnend, *Enneccerus-Lehmann*, Schuldrecht, § 112 I 2; Erman-*Grunewald*, Vor § 459 Rn. 62; *Esser-Weyers*, Schuldrecht II 1, S. 32 f; *Flume*, Eigenschaftsirrtum und Kauf, S. 35; *Graue*, Lieferung, 272, 276; *Herberger*, Sachmängelhaftung, S. 75 ff; *Larenz*, Schuldrecht II 1, S. 40, 45; MüKo-*Westermann*, § 462 Rn. 8; Palandt-*Putzo*, § 462 Rn. 4; Soergel/Siebert-*Ballerstedt*, § 462 Rn. 58 f; Staudinger-*Honsell*, § 462 Rn. 11.

390 § 476 a BGB a.F., der durch Art. 25 AGBG in das BGB eingeführt wurde und seit dem 1.4.1977 gilt, trägt dem Umstand Rechnung, dass die Nachbesserung praktische Regel geworden ist, indem er deutlich macht, dass der Verkäufer nicht nur die Kosten der Nachbesserung, sondern auch die damit verbundenen Aufwendungen tragen muss. Weil die Kosten der vertraglich vereinbarten Nachlieferung aber bereits durch Auslegung dem Verkäufer aufgebürdet werden können, falls es an einer entsprechenden Regelung im Vertrag fehlt, ist die praktische Bedeutung des § 476 a BGB a.F. nur sehr gering.

391 *Peters*, JZ 1978, 92, 98.

Erfüllungsanspruches[392]. Haben die Parteien daher vertraglich ein Nachbesserungsrecht vereinbart, tritt dieses an die Stelle des Erfüllungsanspruchs und kann im Rahmen des § 107 I 1 InsO geltend gemacht werden[393].
Beim Spezieskauf besteht die Pflicht des Käufers hingegen in der Lieferung eben der verkauften Sache, unabhängig von ihrem Qualitätszustand. Auf dieser Grundlage kann dem Käufer kein Nachbesserungsanspruch zugebilligt werden, der mit einer entsprechenden Pflicht des Verkäufers zur mangelfreien Lieferung korrespondiert[394].
Dennoch wird die Frage, ob dem vor Gefahrübergang generell und nach Gefahrübergang in den Ausnahmefällen der §§ 157, 242, 226 BGB a.F., § 346 HGB zugebilligten Nachbesserungsrecht des Verkäufers[395] ein entsprechender Erfüllungsanspruch des Käufers korrespondiert, nicht einheitlich beantwortet.
Die ganz überwiegende Meinung lehnt einen solchen Anspruch des Käufers ab[396]. Daraus, dass ein Nachbesserungsrecht des Verkäufers allgemein anerkannt sei, was darauf zurückzuführen sei, dass oft auch ohne spezielle Abrede ein Bedürfnis an Nachbesserungen bestehe, wie beispielsweise wenn der Hersteller für nicht allzu große Nachbesserungen eigens einen Kundendienst eingerichtet habe[397], könne keine allgemeine Nachbesserungspflicht abgeleitet werden. Eine solche sei mit einem Geschäft, das auf die Hingabe von Ware gegen Geld gerichtet ist, nicht vereinbar[398].
Während die Pflicht des Gattungsverkäufers durch §§ 243 I, 480 I 1 BGB a.F. näher beschrieben wird, fehlt es an einer dementsprechenden Regelungen für den Spezieskauf. Hier bietet lediglich § 433 I 1 BGB, der die Pflicht des Verkäufers ganz allgemein zur Übergabe und Eigentumsverschaffung der Sache beschreibt, eine Auslegungshilfe. Insbesondere fehlt es auch an einer den §§ 536, 633 II BGB a.F. entsprechenden Regelung, die eine Einstandspflicht des Verkäufers für das Vorhandensein bestimmter Eigenschaften festlegt. Der Nachbesserungsanspruch wird gesetzlich daher nur im Werkvertrags- und Mietrecht als Ausgestaltung des Erfüllungsanspruches[399] verstanden.
Diese Besserstellung des Gattungskäufers im Hinblick auf das Nachbesserungsrecht wird von *Kirchhoff*[400] in Zweifel gezogen. Unter Hinweis darauf, dass die Nachbesserungspflicht des Werkunternehmers aus § 633 II BGB a.F. Teil seiner Erfüllungspflicht aus § 633 I BGB a.F. ist[401], schlußfolgert *Kirchhoff* zunächst den Erfüllungscharakter des Nachbesserungsrechtes für den Gattungskauf[402]. Darüber hinaus müsse Nachlieferung aber auch beim Stückkauf,

---

392 *Götz*, Sachmängelbeseitigung, S. 66, 67.

393 Im Gegensatz zur noch geltenden Rechtslage ergibt sich aus § 437 I des Diskussionsentwurfes eines Schuldrechtsmodernisierungsgesetzes eindeutig, dass die Nachlieferung einer mangelfeien Sache und die Nachbesserung Teil der Leistungspflicht des Verkäufers sind, www.bmj.bund.de/ggv/eschurmo.pdf. vgl. zur veränderten Rechtslage nach dem Stand der Schuldrechtsreform vom 4. August 2000 unten unter S.

394 Die Vertreter der Erfüllungstheorie beim Stückkauf müssen dem Käufer hingegen einen Nachbeserungsanspruch zugestehen, da sie von der Pflicht des Verkäufers zur Lieferung einer mangelfreien Sache ausgehen.

395 MüKo-*Westermann*, § 462 Rn. 8; Staudinger-*Honsell*, § 462 Rn. 11, 12.

396 Vgl. insofern *Enneccerus-Lehmann*, Schuldrecht, § 112 I 2; Erman-*Grunewald*, Vor § 459 Rn. 62; *Esser-Weyers*, Schuldrecht II 1, S. 32 f; *Flume*, Eigenschaftsirrtum und Kauf, S. 35; *Graue*, Lieferung, 272, 276; *Herberger*, Sachmängelhaftung, S. 75 ff; *Larenz*, Schuldrecht II 1, S. 40, 45; MüKo-*Westermann*, § 462 Rn. 8; Palandt-*Putzo*, § 462 Rn. 4; Soergel/Siebert/Siebert-*Ballerstedt*, § 462 Rn. 58 f; Staudinger-*Honsell*, § 462 Rn. 11. Anders Götz: Sachmängelbeseitigung beim Kauf, 1960, S. 60 ff.

397 *Peters*, JZ 1978, 92, 95.

398 MüKo-*Westermann*, § 462 Rn. 8.

399 *Süß*, Gewährleistung, S. 49.

400 *Kirchhoff*, NJW 1970, 2052, 2052.

401 BGHZ 26, 337, 340 = NJW 1958, 706, 706; Soergel/Siebert-*Ballerstedt*, 10. Aufl., § 633 Rn. 1.

402 *Kirchhoff*, NJW 1970, 2052, 2052.

unabhängig von der Rechtsnatur der Gewährleistungsrechte, als Erfüllungsanspruch verstanden werden. Denn im Hinblick auf den dispositiven Charakter der Gewährleistungsrechte sei entscheidend auf den vertraglichen Willen der Parteien abzustellen, wonach eine mangelhafte Sache nicht als Erfüllung gesehen werde; in diesem Fall soll vielmehr der Nachbesserungsanspruch als spezifischer Erfüllungsanspruch bestehen[403].
Im übrigen folge bereits aus dem Verständnis des Nachlieferungsanspruchs als unechtem Gewährleistungsanspruch, dass zumindest auch der Nachbesserungsanspruch beim Gattungskauf als Erfüllungsanspruch qualifiziert werden müsse[404].
Zugegebenermaßen hat die Rechtsprechung Kaufverträge über Grundstücke mit einem darauf noch zu errichtenden Haus in Bezug auf die Gewährleistungsrechte dem Werkvertragsrecht unterstellt[405], mit der Folge, dass hier § 633 II BGB a.F. Anwendung findet. Das generelle Heranziehen der werkvertraglichen Gewährleistungsvorschriften hätte aber zur Konsequenz, dass Wandelung und Minderung entgegen den Wertungen des Kaufrechts wegen § 634 I BGB a.F. zu sekundären Rechtsbehelfen würden und darüber hinaus wäre die Schadensersatzpflicht des Verkäufers an einfachere Bedingungen geknüpft, als in § 463 BGB a.F. vorgesehen[406]. Auch das eigene Verständnis der Parteien als Verkäufer und Käufer, nicht aber als Unternehmer und Besteller spricht gegen die Heranziehung werkvertraglicher Grundsätze. Im übrigen sind die vom BGH entschiedenen Fälle über Grundstücke, auf denen ein Haus zu errichten ist, nicht mit dem gewöhnlichen Spezieskauf zu vergleichen. Denn im Gegensatz zum Werkvertragsrecht ist Gegenstand des Stückkaufes regelmäßig eine bereits hergestellte Sache. § 633 II BGB a.F. trägt dem Umstand Rechnung, dass die zentrale Pflicht des Unternehmers in der mangelfreien Herstellung des Werkes über den Zeitpunkt der Ablieferung hinaus liegt, mit der Folge, dass der Nachbesserungsanspruch lediglich die Weiterführung des ursprünglichen Erfüllungsanspruchs ist. Demgegenüber ist der Kauf auf den Austausch von Ware gegen Geld gerichtet, und selbst wenn der Verkäufer die Ware selbst herstellt, bleibt dies im Vorfeld des Vertrages, denn den Erwerber interessiert nur der fertige Gegenstand[407]. Und nicht zuletzt ist darauf hinzuweisen, dass eine derartige Praxis zu einer nicht wünschenswerten Aushöhlung des Kaufrechts zugunsten des Werkvertragsrechts führen würde.
Mit Geltendmachung des Nachbesserungsanspruches macht der Besteller daher deutlich, dass der Unternehmer mit der angebotenen Leistung noch nicht erfüllt hat[408]. Hingegen verdeutlicht der Stückkäufer mit Geltendmachung des Nachbesserungsanspruchs, dass die als Erfüllung angenommene Sache dem Äquivalenzinteresse widerspricht und er infolgedessen Gewährleistung verlange. Dies verkennt auch *Peters*, der von einem grundsätzlichen Anspruch des Käufers auf mangelfreie Lieferung, dessen Grenze das wirtschaftliche Bedürfnis und die Zumutbarkeit der Nachbesserung für den Verkäufer bildet, ausgeht, mit der Folge, dass der Nachbesserungsanspruch des Käufers auf behebbare Mängel beschränkt sei[409]. Denn in diesen Fällen widerspräche die allgemeine Lebensauffassung, wollte man von einer Leistungspflicht des Verkäufers, gerichtet auf die Sache als solche ausgehen.

---

403 *Kirchhoff*, NJW 1970, 2052, 2052; Staudinger-*Ostler*, § 462 Rn. 17.

404 Dieses Argument läßt sich aber bereits damit ausheblen, dass die Ansicht, nach der der Nachbesserungsanspruch ein unechter Erfüllungsanspruch ist abgelehnt wurde.

405 BGHZ 60, 362, 364 = JZ 1973, 735 ff; BGHZ 61, 369, 371, 373; BGHZ 65, 359, 361 = NJW 1976, 515 ff; vgl. auch BGH NJW 1977, 1336 ff.

406 *Peters*, JZ 1978, 92, 92.

407 *Peters*, JZ 1978, 92, 93.

408 Soergel/Siebert/Siebert-*Ballerstedt*, § 633 Rn. 1.

409 *Peters*, JZ 1978, 92, 94.

Diesem Gedanken liegt das Verständnis zugrunde, dass sich die Erfüllungspflicht des Verkäufers auf Lieferung einer mangelfreien Sache erstreckt, was beim Stückkauf gerade nicht der Fall ist[410].

Gleiches gilt auch für den Anspruch auf Nachbesserung kraft vertraglicher Vereinbarung. Weil die Pflicht des Stückverkäufers wegen der eindeutigen Formulierung des § 476 a BGB a.F., der den Nachbesserungsanspruch an die Stelle von Wandelung und Minderung setzt nicht auf Lieferung einer Sache in mangelfreiem Zustand gerichtet ist, ist der vertraglich vereinbarte Nachbesserungsanspruch des Käufers keine Verlängerung des Erfüllungsanspruchs, sondern Gewährleistungsrecht[411]. Er kann daher ebenfalls nicht im Rahmen von § 107 I 1 InsO geltend gemacht werden.

Der Nachbesserungsanspruch ist daher lediglich beim Gattungskauf Teil der Erfüllungspflicht des Verwalters aus § 107 I 1 InsO, sofern dieser von den Parteien vertraglich vereinbart wurde.

(1 ee) Vereinbarkeit der Ergebnisse mit der gesetzgeberischen Intention

Die Frage ist aber, ob diese Ergebnisse mit der gesetzgeberischen Intention von § 107 I 1 InsO in Einklang stehen.

Wenn der Käufer im Rahmen von § 107 I 1 InsO Nachlieferung einer mangelfreien Sache verlangen kann, entspricht das zwar den Anforderungen einer ordnungsgemäßen Erfüllung. Es könnte sich aber ein Widerspruch zu dem mit § 107 I 1 InsO verfolgten Zweck ergeben.

Denn § 107 I 1 InsO soll dem Käufer die Möglichkeit eröffnen, seinen bereits eingeleiteten Rechtserwerb an der gelieferten Sache, zu vollenden. Verlangt der Käufer Nachlieferung einer mangelfreien Sache bringt er jedoch zum Ausdruck, diese Möglichkeit nicht wahrnehmen zu wollen. Vielmehr strebt er die Rückgabe der mangelhaften Sache, an der sein Rechtserwerb bereits eingeleitet ist, sowie Erlangung einer neuen, mangelfreien Sache, an der er Eigentum erlangen will, an. Mit § 107 I InsO soll der Vorbehaltskäufer aber lediglich vor den negativen Auswirkungen der Erfüllungsablehnung durch den Verwalter, genauer vor der Zerstörung seines Anwartschaftrechtes bewahrt werden[412]. Mit § 107 I InsO wird daher lediglich das Ziel verfolgt, den insofern unter Geltung der KO geführten Streit zugunsten der Insolvenzfestigkeit des Anwartschaftsrechtes beizulegen[413]. Würde dem Vorbehaltskäufer nach § 107 I InsO auch das Recht, Nachlieferung zu verlangen zugestanden werden, würde sein Schutz im Widerspruch zu der mit § 107 I InsO verfolgten Intention nicht nur weiter ausgedehnt, als nach bisherigem Recht unzweifelhaft unzulässig war, sondern der Käufer würde gegenüber dem Fall, dass der Verkäufer nicht insolvent geworden wäre auch bessergestellt. Denn da der Nachlieferungsanspruch wegen der Pflicht des Gattungsverkäufers zur Lieferung einer Sache mittlerer Art und Güte, ein modifizierter Erfüllungsanspruch ist, hat der Vorbehaltsverkäufer, wenn er eine mangelhafte Sache geliefert hat seinerseits noch nicht erfüllt und ist zur erneuten Lieferung verpflichtet. Kaufpreisanspruch und Nachlieferungsanspruch stehen daher auch im Synallagma[414]. Der Nachlieferungsanspruch entsteht jedoch erst mit Vollzug der Entscheidung des Käufers für die Nachlieferung und

[410] Insofern sei auf die obigen Ausführungen verwiesen.

[411] Anders *Götz*, Sachmängelbeseitigung, S. 69, der den Nachbesserungsanspruch beim Stückkauf ebenso, wie beim Gattungskauf als Erfüllungsanspruch zur Verwirklichung des primären Rechts auf Lieferung des Kaufs in mangelfreiem Zustand versteht. Der Erfüllungstheorie kann beim Stückkauf aber aus den o.g. Gründen nicht gefolgt werden.

[412] RegBegr. zu § 121 RegE, abgedruckt in *Uhlenbruck*, Insolvenzrecht, S. 433.

[413] RegBegr. zu § 121 RegE, abgedruckt in *Uhlenbruck*, Insolvenzrecht, S. 433.

[414] vgl. dazu auch Jaeger-*Henckel*, § 17 Rn. 98, 105.

damit gegen Wandelung oder Minderung nach §§ 480 I 2, 465 BGB a.F., so dass die Ausübung dieses Wahlrechts und Vollzug das Synallagma zwischen Kaufpreisforderung und Nachlieferung einer mangelfreien Sache erst begründen[415]. Bis zu diesem Vollzug kann der Vorbehaltskäufer die Kaufpreiszahlung verweigern, ohne dass es zu einer Zug-um-Zug-Verurteilung kommt[416]. Der Käufer hat daher aus §§ 480 I 2, 465 BGB a.F. einen Anspruch auf Zustimmung des Verwalters zur Nachlieferung, wobei sich die Funktion von § 465 BGB a.F. in diesem Fall auf eine Bindung auf die Entscheidung für die Nachlieferung beschränkt. Es kommt daher nicht wie beim Vollzug der Wandelung zu einer Umwandlung des Schuldverhältnisses.

Allein die Entscheidung des Käufers für die Nachlieferung führt also nicht unmittelbar zu deren Rechtsfolgen, dazu bedarf es noch des Einverständnisses des Verwalters oder dessen Ersatz durch gestaltendes Urteil[417]. Zu bedenken ist ferner, dass sich aus §§ 480 I 2, 467, 348, 320, 322 BGB a.F. ergibt, dass die Pflicht zur Lieferung einer mangelfreien Sache im Synallagma zur Pflicht des Käufers, die mangelhafte Sache zurückzugeben steht[418]. Erteilt der Verwalter seine Einwilligung zum Vollzug der Nachlieferung, entscheidet er sich gleichzeitig für die Erfüllung dieses Rückabwicklungsverhältnis, das die Voraussetzungen von § 103 InsO erfüllt. In diesem Fall ist er zur Lieferung einer mangelfreien Sache Zug-um-Zug gegen Rückgewähr der mangelhaften Sache verpflichtet, während er gleichzeitig den Kaufpreis zur Masse einziehen kann[419]. Gibt er sein Einverständnis nicht, so kann ihn der Käufer nach § 103 II 2 InsO auffordern zu erklären, ob er für den Fall, dass der Mangel festgestellt wird, die Erfüllung des Rückabwicklungsverhältnisses wählen will. Schweigt der Verwalter oder lehnt er die Erfüllung ab, kann er die mangelhafte Sache zwar behalten, darüber hinaus aber nur Schadensersatz in Form einer Insolvenzforderung geltend machen, § 103 II 1 InsO.

Würde hingegen § 107 I InsO Anwendung finden, würde dem Vorbehaltskäufer nicht nur die Möglichkeit zugestanden, seinen Rechterwerb vollenden zu können, darüber hinaus könnte er auch diese Rückabwicklung und die Anwendung von § 103 InsO auf das Rückabwicklungsverhältnis umgehen. Aus der ratio legis des § 107 I InsO ergibt sich aber eindeutig, dass das nicht gewollt sein kann.

Etwas anderes gilt nur dann, wenn die Nachlieferung bereits vor Verfahrenseröffnung vollzogen worden ist und der Käufer an der nachgelieferten Sache ein Anwartschaftsrecht erlangt hat. Denn dann erstreckt sich die Schutzfunktion von § 107 I InsO wieder auf dieses Vorstufe zum Eigentum.

Die Geltendmachung eines Nachlieferungsanspruchs liegt daher außerhalb des Schutzbereichs von § 107 InsO. Um diese Spannung zwischen Gesetzeswortlaut und Sinn und Zweck des § 107 I InsO zu lösen, muss die Norm derart teleologisch reduziert werden, dass lediglich die mit ihr verfolgte Bestimmung, der Schutz des käuferischen Anwartschaftsrechtes vor Zerstörung durch Erfüllungsablehnung durch den Insolvenzverwalter, erreicht werden kann.

Eine entsprechende sinngemäße Einschränkung erfordert die Rechtsfolge von § 107 I InsO auch hinsichtlich der Nachbesserung des ursprünglich gelieferten Gegenstandes. Denn auch hier ist der Wortsinn zu weit gefaßt.

---

[415] *Henckel*, FS f. Wieacker, 366, 369.

[416] Kübler/Prütting-*Tintelnot*, § 103 Rn. 64.

[417] *Henckel*, FS f. Wieacker, 366, 369; Jaeger-*Henckel*, § 17 Rn. 98; Palandt-*Putzo*, § 480 Rn. 2; RGRK-*Mezger*, § 480 Rn. 5.
A.A.: *Larenz*, Schuldrecht BT II 1, § 41 III, Staudinger-*Ostler*, § 480 Rn. 23.

[418] FK-*Wegener*, § 103 Rn. 51; vgl. bereits zur KO Jaeger-*Henckel*, § 17 Rn. 98; *Kuhn/Uhlenbruck*, § 17 Rn. 18 u.

[419] *Henckel*, FS f. Wieacker, 366, 380.

Verlangt der Käufer Nachbesserung, kann er diesen Anspruch folglich auch dann nicht auf § 107 I InsO stützen, wenn die Nachlieferung vom Erfüllungsbegriff des § 107 I InsO erfaßt ist. Im Weiteren stellt sich daher die Frage, ob der Ausschluß der Gewährleistungsrechte mit der ratio legis des § 107 I 1 InsO in Einklang steht.
Ist die Wandlung zum Zeitpunkt der Verfahrenseröffnung bereits vollzogen, hat sich das ursprüngliche Schuldverhältnis in ein Rückgewährschuldverhältnis gewandelt. Mit Geltendmachung der Wandelung hat der Vorbehaltskäufer zum Ausdruck gebracht, dass er kein Interesse mehr an der Vollendung seines Rechtserwerbs hat und damit von der in § 107 I InsO eröffneten Möglichkeit keinen Gebrauch machen will. Damit bewegt er sich außerhalb des Schutzbereichs von § 107 I InsO, mit der Folge, dass § 103 InsO anwendbar ist, sofern das Rückgewährschuldverhältnis bei Verfahrenseröffnung noch von keiner Seite vollständig erfüllt ist[420]. Entscheidet sich der Verwalter für die Vertragserfüllung, hat er den bereits geleisteten Teil des Kaufpreises als Masseschuld zurückzugeben. Anderenfalls hat der Vorbehaltskäufer die Wahl zwischen großem und kleinem Schadensersatz. Behält der Käufer das mangelhafte Vorbehaltsgut, hat er einen Schadensersatzanspruch wegen Nichterfüllung des Rückgewährschuldverhältnisses, wobei sich der Schaden auf die Differenz zwischen dem Kaufpreis und dem Minderwert der Sache beläuft[421]. Gibt der Käufer die Vorbehaltsware zurück und macht Schadensersatz nach der Surrogationstheorie geltend, erhält der Verwalter die mangelhafte Vorbehaltsware nur Zug um Zug gegen Zahlung von Schadensersatz in Höhe des Wertes der mangelhaften Sache zurück. Hinsichtlich des darüber hinausgehenden Schadens hat der Käufer nur eine Insolvenzforderung.
Mit Vollzug der Minderung nach § 465 BGB a.F. ist die Pflicht des Käufers auf Zahlung des geminderten Kaufpreises beschränkt, denn die Minderung bewirkt, dass der Kaufvertrag in einen einseitigen Anspruch des Verkäufers auf den geminderten Preis verändert wird[422]. Zahlt der Käufer den geminderten Kaufpreis, verhält er sich vertragstreu, die Bedingung unter der die Sache übereignet worden ist kann jedoch nicht eintreten. Denn diese lautet auf Zahlung des vollständigen Kaufpreises, so, wie er bei Abschluß des Kaufvertrages vereinbart worden war[423]. Das aber hätte zur Folge, dass das Eigentum am Vorbehaltsgut nicht auf den Käufer übergehen könnte; Besitz und Eigentum würden dauerhaft auseinanderfallen. Um dem Käufer den Eigentumserwerb trotz Minderung des Kaufpreises zu ermöglichen, ohne dass er den ursprünglich vereinbarten Kaufpreis zunächst zahlen muss, damit die Bedingung eintritt, die Differenz zwischen vereinbartem und geminderten Kaufpreis im Anschluß aber wieder kondizieren kann, ist es notwendig, die Bedingung, unter der die Sache übereignet wurde, dem veränderten Kaufpreis[424] anzupassen. Zwar tritt die Bedingung grundsätzlich erst mit vollständiger Kaufpreiszahlung ein, bis zum Bedingungseintritt kann der Inhalt der Bedingung aber durch Vertrag nach § 305 BGB a.F. geändert werden[425]. Die Parteien müssen den geminderten Kaufpreis daher durch Änderungsvertrag nach § 305 BGB a.F. zur neuen

---

420 vgl. dazu bereits zur KO *Kuhn/Uhlenbruck*, § 17 Rn. 18 u; FK-*Wegener*, § 103 Rn. 48; Smid-*Smid*, § 103 Rn. 14.

421 FK-*Wegener*, § 103 Rn. 49.

422 *Henckel*, FS f. Wieacker, 366, 377.

423 Denkbar wäre zwar auch die aufschiebend bedingte Übeignung dahingehend zu verstehen, dass die Bedingung auf vollständige Kaufpreiszahlung, in der jeweiligen Höhe des Kaufpreises lautet, also nach Vollzug der Minderung nur noch dem geminderten Kaufpreis entspricht. Dies ist aber dogmatisch nicht vertretbar, denn einerseits haben sich die Parteien beim Verkauf des Vorbehaltsgutes auf einen bestimmten Kaufpreis als Bedingung für den Eigentumsübergang geeinigt und nicht auf den jeweils aktuellen. Zum anderen müssen die Parteien ihrem ausdrücklichen Willen, die Bedingung dem veränderten Kaufpreis anzupassen, Ausdruck verleihen.

424 Die hier zugrundegelegte modifizierten Vertragstheorie versteht die Minderung als Vereinbarung zwischen Verkäufer und Käufer über die Herabsetzung des Kaufpreises.

425 BGHZ 42, 53, 58; Palandt-*Putzo*, § 455 Rn. 23.

Bedingung für den Eingentumsübergang erheben. Das aber hätte zur Folge, dass der Käufer auf das Einverständnis des Verkäufers zum Abschluß des Vertrages klagen müßte, sollte sich der Verkäufer nicht bereit erklären, die dazu notwendige Willenserklärung abzugeben. Um dieses langwierige Verfahren zugunsten des Käufers zu beschleunigen, muss sich die Einverständniserklärung des Verkäufers zur Minderung auch auf das Einverständnis zum Abschluß des Änderungsvertrages nach § 305 BGB a.F. erstrecken, mit der Folge, dass, sollte sich der Verkäufer mit der Minderung nicht einverstanden erklären, das stattgebende Urteil ein Gestaltungsurteil enthält, das sowohl die Minderung als auch den Änderungsvertrag vollzieht[426].

Da der Vollzug der Minderung im Gegensatz zur Wandelung jedoch lediglich bewirkt, dass der Kaufpreis reduziert wird[427], wird mit Vollzug der Minderung daher gerade kein gegenseitiges Schuldverhältnis i.S.v. § 103 InsO begründet, dessen Erfüllung dem Wahlrecht des Verwalters obliegt.

Der Vorbehaltskäufer erlangt daher bereits durch Zahlung des geminderten Kaufpreises Eigentum am Vorbehaltsgut[428]. Eines zusätzlichen Schutzes durch § 107 I 1 InsO bedarf er daher nicht mehr.

Hat der Käufer die dem geminderten Kaufpreis entsprechenden Raten bereits gezahlt, ist die Bedingung eingetreten und das Eigentum am Vorbehaltsgut ist auf ihn übergegangen. Für den Fall, dass der Verkäufer bereits einen den geminderten Kaufpreis übersteigenden Betrag erhalten hat, ist die Anwendung von § 107 I 1 InsO auf die Rückforderung des zuviel gezahlten Betrages jedoch ausgeschlossen. Denn die Rückforderung[429] des zuviel Geleisteten ist weder Teil der Erfüllungspflicht des Verkäufers, noch entspricht es dem mit § 107 I 1 InsO verfolgten Zweck, dem Käufer eine Leistung, die er über den für den Bedingungseintritt notwendigen Betrag hingegeben hat, zurückzugewähren. Der zuviel gezahlte Betrag kann daher nur als einfache Insolvenzforderung geltend gemacht werden.

Auch in diesem Fall scheidet die Anwendung von § 103 InsO aus, weil der durch die geleisteten Raten bereits beglichene Kaufpreisanspruch und der Anspruch des Käufers auf Rückerstattung der bereits geleisteten Raten nicht im Syallagma stehen[430]. Hinzu kommt, dass der Kaufpreisanspruch bereits erloschen ist, weil die gezahlten Raten den geminderten Kaufpreis übersteigen, so dass er mit dem noch bestehenden Rückzahlungsanspruch, der nur einfache Insolvenzforderung ist, nicht synallagmatisch verbunden werden kann.

---

426 Dem liegt die modifizierte Vertragstheorie, nach der Verkäufer seine Zustimmung zur Minderung/Wandelung geben muss, zugrunde. Weigert er sich, ergeht ein Doppelurteil, was sowohl die fehlende Willenserklärung des Verkäufers, § 894 I ZPO, ersetzt als auch dem Käufer gestattet direkt aus dem Urteil gegen den Verkäufer vorzugehen.

427 *Henckel*, FS f. Wieacker, 366, 377.

428 Jaeger-*Henckel*, § 17 Rn. 90.

429 Uneinigkeit herrscht über die Rechtsgrundlage für die Rückforderung des Betrages, den der Käufer infolge der Minderung vom Verkäufer wieder herausverlangen kann. Auf der Grundlage, dass sich die Regelung des § 462 BGB a.F. nicht in der Regelung der Gewährleistungsansprüche, die dem Käufer zustehen erschöpft, sondern auch einen Anspruch auf die Rechtsfolgen nach Ausübung dieser Rechte enthalte, wird überwiegend § 462 BGB a.F. als Anspruchsgrundlage für den Rückforderungsanspruch gesehen, vgl. nur Staudinger-*Honsell*, § 472 Rn. 2. Demgegenüber erblicken die Anhänger der modifizierten Vertragstheorie den Rückzahlungsanspruch in der Vereinbarung zwischen Käufer und Verkäufer, *Lorenz*, JuS 1993, 727, 730. Noch andere greifen auf § 812 I 2 1. Fall BGB zurück, Staudinger-*Peters*, § 634 Rn. 60 , wobei sich das Problem ergibt, ob der Käufer die Einrede der Entreicherung geltend machen kann.
Eine umfassende Auseinandersetzung mit der Frage der Rechtsgrundlage des Rückforderungsanspruchs findet sich bei *Kick*, Jura 2000, 281 ff.

430 *Henckel*, FS f. Wieacker, 366, 378.

Ist die Wandelung vor Verfahrenseröffnung noch nicht vollzogen, ergibt sich im Hinblick auf die Anwendung von § 107 I 1 InsO kein abweichendes Bild.
Denn auch nach Verfahrenseröffnung kann der Käufer noch wandeln, weil dies für die Masse nicht nachteilig ist[431]. Nach der modifizierten Vertragstheorie muss der Verkäufer seine Zustimmung zur Wandelung geben. Weigert er sich, muss der Käufer auf Abgabe der Willenserklärung des Verkäufers klagen, wobei das stattgebende Urteil sowohl die fehlende Willenserklärung des Verkäufers ersetzt, als auch den Käufer ermächtigt direkt aus dem Urteil gegen den Verkäufer vorzugehen[432]. Nach Verfahrenseröffnung ist diese Klage des Käufers aber nur dann zulässig, wenn eine Masseschuld begründet wird. Der Verwalter ist zur Rückgabe der bereits gezahlten Kaufpreisraten als Masseschuld aber nur dann verpflichtet, wenn der Verwalter die Erfüllung des Rückabwicklungsverhältnisses wählt, was im Ergebnis dazu führt, dass der Käufer den Verwalter bereits vor Klageerhebung dazu auffordert, ob er bei stattgebendem Urteil das Rückgewährschuldverhältnis erfüllen wird[433]. Das Wahlrecht des Verwalters bezieht sich also nicht mehr auf die Erfüllung des Kaufvertrages, sondern auf das Rückabwicklungsverhältnis[434]. Bereits daraus ergibt sich, dass die Anwendung von § 107 I InsO mit Vollzug der Wandelung ausscheidet. Es fehlt jedoch nicht nur an einem Vorbehaltskauf, sondern auch an dem Interesse des Käufers Volleigentum an der Ware zu erlangen[435].
Und auch Minderung ist nach Verfahrenseröffnung noch zulässig[436]. Denn anderenfalls würde die im BGB zum Ausdruck kommende Symmetrie der Gewährleistungsrechte im Insolvenzrecht seine Wirkung verlieren. Hat der Käufer vor Verfahrenseröffnung weniger als den geminderten Kaufpreis gezahlt, muss er den noch ausstehenden Kaufpreis in die Masse fließen lassen. Hat der Käufer vor Verfahrenseröffnung bereits mehr als den geminderten Kaufpreis gezahlt, hat er einen Anspruch auf Rückerstattung des den geminderten Kaufpreis übersteigenden Betrages. Dieser ist jedoch nur einfache Insolvenzforderung. Auch hier wird deutlich, dass der Schutz des § 107 I InsO für die Rechtsvollendung nicht notwendig ist, weil sich der Rechtserwerb bereits durch Zahlung des geminderten Preises ergibt und daher auch nicht die Gefahr der Erfüllungsablehnung durch die Anwendung von § 103 InsO ergibt.
Macht der Käufer Schadensersatz geltend, fehlt es an einem zur Anwendung von § 103 InsO führenden Gegenseitigkeitsverhältnis, weil sich das Schuldverhältnis in einen einseitigen Schadensersatzanspruch gewandelt hat[437]. Den Kaufpreis schuldet er dann nicht mehr[438]. Ein

---

431 Jaeger-*Henckel*, § 17 Rn. 92; FK-*Wegener*, § 103 Rn. 49.

432 *Bötticher*, Die Wandlung als Gestaltungsakt, S. 26 ff; *Larenz*, Schuldrecht BT II 1, § 41 II a.

433 Zum gleichen Ergebnis kommen auch die Herstellungs- und die Vertragsthorie. Erstere behandelt das Recht auf Wandelung wie ein Rücktrittsrecht, und da letzeres nicht durch die Verfahrenseröfnung berührt wird, bleibt auch das Recht auf Wandelung bestehen, vgl dazu Soergel/Siebert/Siebert-*Ballerstedt*, § 462 Rn. 3. Nach der Vertragstheorie, vgl. dazu *Leonhard*, Schuldrecht II, § 31, hat der Vorbehaltskäufer einen schuldrechtlichen Anspruch auf Einwilligung zur Wandelung, der einfache Insolvenzforderung ist. Mit dieser Einwilligung entsteht aber erst das Rückgewährschuldverhältnis dessen Erfüllung dem Verwalter nach § 103 InsO obliegt. Nur für den Fall, dass der Verwalter die Erfüllung wählt, wird der Anspruch des Käufers zur Masseschuld erhoben, anderenfalls bleibt sie einfache Insolvenzforderung.
Nach beiden Theorien ist der Vollzug der Wandlung nach Verfahrenseröffnung daher für die Masse nicht nachteilig.

434 *Henckel*, FS f. Wieacker, 366, 374.

435 Zu den weiteren Rechtsfolgen vgl. die Aufführungen zum Vollzug der Wandlung vor Verfahrenseröffnung.

436 Jaeger-*Henckel*, § 17 Rn. 95.

437 Vgl. insofern auch Jaeger-*Henckel*, § 17 Rn. 96.

438 *Henckel*, FS f. Wieacker, 366, 378.

Wahlrecht des Verwalters scheidet wegen Erfüllung des Kaufvertrages seitens des Käufers aus[439].
Macht der Käufer den großen Schadensersatzanspruch geltend, ist er zur Rückgabe des Kaufgegenstandes verpflichtet, während er einen einseitigen Schadensersatzanspruch in Form einer Insolvenzforderung erhält. Mit Rückgabe der Sache macht er deutlich, dass er an einem Eigentumserwerb nicht mehr interessiert ist. Es fehlt daher sowohl an einem schutzwürdigen Interesse i.S.v. § 107 I 1 InsO, als auch an zur Anwendung von § 103 InsO führenden, beiderseits noch nicht vollständig erfüllten synallagmatischen Pflichten[440].
Ähnlich verhält es sich auch dann, wenn sich der Käufer für den keinen Schadensersatz entscheidet. Der vom Käufer zu zahlende Kaufpreis beläuft sich dann auf den ursprünglich vereinbarten Kaufpreis minus der Differenz zwischen dem Wert der mangelhaften und der mangelfreien Sache, was letztendlich den Wertungen der Minderung entspricht. Problematisch ist jedoch, dass der so errechnete Betrag nicht dem als Bedingung für den Eigentumsübergang vereinbarten Kaufpreis entspricht, mit der Folge, dass die Bedingung nicht eintreten kann und der Käufer trotz vertragsgemäßen Verhaltens kein Eigentum am Vorbehaltsgut erlangen könnte. Hier muss aber ebenso, wie bei der Minderung die Bedingung durch Vertragsänderung nach § 305 BGB a.F. der Höhe des vom Käufer zu zahlenden Betrages angepaßt werden. Das Einverständnis des Verkäufers hierzu ist dann in der Gewährung des Schadensersatzes zu sehen. Weigert sich der Verkäufer, Schadensersatz zu gewähren, erstreckt sich das stattgebende Urteil auch auf die Willenserklärung zum Abschluß des Änderungsvertrages.
Zum Abschluß bleibt daher festzuhalten, dass das bisherige Ergebnis, dass sämtliche Gewährleistungsrechte, als Sekundäransprüche nicht als Erfüllung i.S.v. § 107 I 1 InsO verlangt werden können, auch mit der ratio legis des § 107 I 1 InsO übereinstimmt, was seinerseits wieder bekräftigt, dass der Verkäufer einer Stückschuld nicht zur mangelfreien Lieferung verpflichtet ist.
Keine Bestätigung hat hingegen die Erstreckung des Erfüllungsverlangens auf die Nachlieferung sowie die vertraglich vereinbarte Nachbesserung beim Gattungskauf gefunden. Beide liegen außerhalb des Schutzbereichs von § 107 I InsO, der im Rahmen einer teleologischen Reduktion darauf zu reduzieren ist, dass der Vorbehaltskäufer lediglich Schutz vor den Rechtsfolgen der Erfällungsablehnung durch den Verwalter erfährt aber keine weiteren Handlungen, die vom Erfüllungsbegriff gedeckt sind, geltend machen kann.

(1 b) Nebenpflichten

Vom Erfüllungsanspruch umfaßt sein können ferner Nebenpflichten des Verkäufers.
Voraussetzung dafür ist, dass die i.S.v. § 107 I 1 InsO vorzunehmende Erfüllungshandlung nicht nur auf die Vornahme von Hauptleistungspflichen gerichtet ist, sondern sich darüber

---

[439] *Henckel*, FS f. Wieacker, 366, 378; Jaeger-*Henckel*, § 17 Rn. 96.

[440] Nach A.A. RGZ 90, 332; 134, 83, 90; BGHZ 27, 215, 29, 148; *Erman*, JZ 1960, 43 ff; *Esser/Weyers*, Schuldrecht BT II 1, § 5 III 3 a; *Larenz*, Schuldrecht BT II 1, § 41 II c 3 ; Soergel/Siebert/Siebert-*Ballerstedt*, § 463 Rn. 11, entspricht die Rechtslage in diesem Fall nahezu derjenigen nach Wandelung, nur dass anstatt Wandelung eine Schadensregulierung vorgenommen wird, *Reinicke/Tiedtke*, Kaufrecht, Rn. 463. Im Ergebnis ändert das jedoch nichts. Denn der Verwalter kann dann wie bei der Wandelung Erfüllung des Rückgewährschuldverhältnisses nach § 103 InsO verlangen, was bei Erfüllungsablehnung zu dem Ergebnis führt, dass der Käufer Schadensersatz wegen Nichterfüllung des Rückgewährschuldverhältnisses in Fom einer Insolvenzforderung geltend machen kann. Entscheidet sich der Verwalter hingegen für die Vertragserfüllung, wird seine Forderung als Masseschuld beglichen.

hinaus auch auf die Nebenpflichten, unabhängig davon, ob sie gesetzlicher Herkunft[441] sind, ihren Grund in vertraglichen Vereinbarungen[442] finden oder sich aus Treu und Glauben[443], §§ 157, 242 BGB, ergeben, erstreckt.
Der Wortlaut des § 107 I 1 InsO trägt diese Schlußfolgerung zunächst zweifellos. Ausgangspunkt sind die beim Kaufvertrag vom Verkäufer vorzunehmenden Leistungshandlungen. § 433 I 1 BGB verpflichtet den Verkäufer zu Übergabe und Übereignung des Kaufgegenstandes. Die Leistungshandlungen sind daher vorgenommen, wenn der Verkäufer einer beweglichen Sache, diese mit dem Willen, Eigentum zu übertragen übergeben hat[444]. Dementsprechend bestehen die vom Vorbehaltsverkäufer vorzunehmenden Leistungshandlungen in der Übergabe und bedingten Übereignung des Vorbehaltsgutes[445]. Darüber hinaus macht auch die Tatsache, dass die Rechtsfolgen im Fall der Nichterfüllung einer Hauptleistungspflicht in anderen Anspruchsgrundlagen, §§ 323 ff BGB a.F., zu finden sind, als die, die bei Nichterfüllung einer Nebenleistungspflicht, p.V.V. deutlich, dass die Nebenpflichten nicht Teil der zur Erfüllung vorzunehmenden Leistungshandlungen sind, sondern diese vielmehr nur ergänzen. Wenn aber bereits die Anspruchsgrundlagen bei Nichterfüllung differieren, läßt sich keine einheitliche Anspruchsgrundlage für deren Erfüllung in § 107 I 1 InsO erblicken. Hinzu kommt, dass der Ausnahmecharakter von § 107 I 1 InsO die Ausgrenzung von Nebenpflichten notwendig macht.
Mit § 107 I 1 InsO hat der Gesetzgeber eine Ausnahme vom Grundsatz des § 103 InsO, wonach der Verwalter ein Wahlrecht hinsichtlich der Vertragserfüllung bis zur Verfahrenseröffnung noch nicht vollständig erfüllter Verträge hat, geschaffen. Wenn § 107 I 1 InsO dem Vorbehaltskäufer im Insolvenzfall seines Vertragspartners ausnahmsweise ein Recht zur Vollendung seines bereits eingeleiteten Rechtserwerbs einräumt, dann darf dieses Ausnahmerecht nicht überstrapaziert werden, indem es auf die Erfüllung sämtlicher vom Verkäufer übernommener Nebenpflichten ausgedehnt wird. Dies gilt insbesondere im Hinblick darauf, dass Ausnahmevorschriften generell eng auszulegen sind[446]. Nur ausnahmsweise ist eine Abweichung zulässig. Als eine solche Ausnahme ließe sich das besondere Interesse des Gläubigers an der Erfüllung seiner Forderungen im Insolvenzfall seines Vertragspartners anführen. Denn wenn die Nebenpflichten nicht Teil des Erfüllungsanspruchs aus § 107 I 1 InsO sind, sind sie einfache Insolvenzforderung und werden nur quotal befriedigt.
Dem muss aber mit dem Grundsatz der par conditio creditorum[447] begegnet werden. Wenn der Vorbehaltskäufer schon durch § 107 I InsO insofern privilegiert ist, dass sein bereits eingeleiteter Vollrechtserwerb gesichert ist, darf diese Privilegierung insbesondere im Hinblick auf ihren Ausnahmecharakter nicht zu Ungunsten der Mitgläubiger auf Nebenpflichten ausgedehnt werden.

---

441 vgl. insofern §§ 434, 444, 450, 452 BGB a.F.

442 Als Beispiele lassen sich hier Beratungen, Reparaturen, Bereithaltung von Ersatzteilen und die Möglichkeit den Nachlauf zu sichern anführen.

443 Dabei sind insbesondere an Schutz-, Warn- und sonstige Verhaltenspflichten zu denken: z.B. Aufklärung über mögliche gesunheitliche Nebenwirkungen eines Präparates, BGHZ 64, 46, 49; Aufklärung über die Behandlung und Wartung einer Maschine, BGHZ 47, 312 ff. = BGH JZ 1968, 228 ff; Aufklärung über die Verwendungsmöglichkeit der Sache und deren sachgemäße Aufbewahrung und Behandlung, BGH NJW 1958, 866, 866; BGH JZ 1984, 36 ff.

444 *Larenz*, Schuldrecht II 1, § 40 I b.

445 Ohne auf Nebenpflichten einzugehen, sehen diejenigen Vertreter, die ausschließlich auf die Vornahme der Leistungshandlugen abstellen, die Leistungshandlungen auch mit Übergabe und bedingter Übereignung als vorgenommen an, s.o.

446 vgl. *Hess*, § 107 InsO Rn. 15.

447 *Bruns*, ZZP 1997, 305, 307; *Häsemeyer*, Insolvenzrecht, Rn. 4.01.

Darüber hinaus ist eine solche Sichtweise auch mit der Zielsetzung der InsO, die sich auch in § 107 I 1 InsO widerspiegelt, unvereinbar. Im Gegensatz zur Konkursordnung verfolgt die Insolvenzordnung die gemeinschaftliche Gläubigerbefriedigung nicht ausschließlich durch Zerschlagung und anschließende Versilberung des schuldnerischen Unternehmens. Nach § 1 I S. 1 InsO kann dieses Ziel auch dadurch erreicht werden, dass in einem Insolvenzplan eine abweichende Regelung insbesondere zum Erhalt des Unternehmens getroffen wird. Um dies erreichen zu können darf dem gemeinschuldnerischen Unternehmen aber so wenig Vermögen, wie möglich entzogen werden. Jede vom Verwalter wahrzunehmende Pflicht führt aber zur Schmälerung der Masse und damit zur Verringerung der Befriedigungsaussichten der Gläubiger. Muss der Verwalter daher neben der Erfüllung der Hauptleistungspflichten auch sämtliche Nebenpflichten befriedigen, wird dem Unternehmen mehr entzogen, als durch den Ausnahmecharakter der Vorschrift gerechtfertigt ist. Das Interesse des Vorbehaltskäufers an der Erfüllung sämtlicher dem Gemeinschuldner obliegenden Pflichten muss daher hinter dem Ziel einer gleichmäßigen Gläubigerbefriedigung zurückstehen.
Das gilt umsomehr, als dass die Position der Masse mit der Regelung des § 107 I InsO ohnehin schon verschlechtert wird[448].

(1 c) Weitere vom Verkäufer übernommene Verpflichtungen

Etwas anderes könnte sich aber aus der Existenz des § 107 I 2 InsO ergeben.
Auf den ersten Blick folgt aus der Formulierung des zweiten Satzes, dass auch die weiteren vom Verkäufer übernommenen Verpflichtungen im Rahmen des Erfüllungsverlangens geltend gemacht werden können[449].
Verfolgt man die Entstehungsgeschichte von § 107 I 2 InsO, so ergibt sich hingegen ein anderes Bild.
Der Vorbehaltskauf wurde erstmalig in § 111 III RefE eigenständig erwähnt. Danach galt der Kaufvertrag als erfüllt, wenn der Verkäufer sich das Eigentum bis zur Zahlung des Kaufpreises vorbehalten, im übrigen aber seine Pflichten aus dem Kaufvertrag erfüllt hatte. An einer Aussage über das Verständnis des Erfüllungsbegriffs fehlte es jedoch. In der Begründung zum Referentenentwurf wird lediglich darauf hingewiesen, dass der Verwalter nicht berechtigt ist, die Kaufsache zurückzuverlangen, solange der Käufer vertragstreu bleibt[450]. Insofern stellte bereits *Marotzke* fest, dass die Fassung von § 111 III RefE mit den gleichen Mängeln behaftet sei, wie einst § 24 KO, und die dort zur Einfügung von § 24 S. 2 KO geführt haben[451].
Mit § 121 RegE. erfuhr der Vorbehaltskauf eine von § 111 RefE.[452] losgelöste, eigenständige gesetzliche Kodifizierung. Aber auch hier fehlte es an einer Aussage darüber, was der Käufer als Erfüllung verlangen kann. Ebenso, wie auch schon im RefE. wurde lediglich darauf hingewiesen, dass der Verwalter die Kaufsache nicht zurückverlangen könne, wenn sich der Käufer vertragstreu verhalte. Entscheidend ist aber, dass sich bereits in § 120 I 2 RegE., der dem heutigen § 106 I 2 InsO, und der wiederum dem nachträglich eingefügten § 24 S. 2 KO entspricht, eine dem § 107 I 2 InsO entsprechende Regelung findet[453]. Aus der Einfügung von

448 *Pape*, Kölner Schrift zur InsO, S. 531, 537 Rn. 5.
449 Vgl. HK-*Marotzke*, § 107 Rn. 8.
450 Begründung zu § 111 RefE.
451 *Marotzke* in: Insolvenzrecht im Umbruch, S. 183, 186.
452 Der dem späteren § 103 InsO entspricht.
453 Begründung zu § 121 RegE.; vgl. auch *Tintelnot*, ZIP 1995, 616, 618, der darauf hinweist, dass sich die Formulierung von § 107 I 2 InsO an § 24 I 2 KO/§ 106 I 2 InsO anlehnt; *Hess*, § 107 InsO Rn. 11; HK-*Marotzke*, § 107 Rn. 1.

§ 121 I 2 RegE im Anschluß an § 120 I 2 RegE läßt sich entnehmen, dass beiden Vorschriften die selbe gesetzgeberische Intention zugrundeliegt, so dass das Verständnis der dem Käufer gegenüber übernommenen weiteren Verpflichtungen i.S.v. § 107 I 2 InsO dem Verständnis der durch einen Grundstücksveräußerer übernommenen weiteren Verpflichtungen nach § 106 I 2 InsO, entspricht[454].

Von entscheidender Bedeutung ist daher die vom Gesetzgeber mit § 106 I 2 InsO bezweckte Intention.

Im Geltungsbereich der Konkursordnung erfuhr der vormerkungsberechtigte Käufer durch § 24 KO die Sicherung seiner Rechtsstellung, indem er vom Verwalter die Befriedigung seines Anspruchs auf Rechtsänderung verlangen konnte, sofern die Vormerkung vor Verfahrenseröffnung eingetragen worden war. Um vormerkungsgesicherten Ansprüchen aber auch dann Insolvenzschutz zu bieten, wenn der Käufer neben dem durch Vormerkung gesicherten Übereignungsanspruch noch weitere, unerfüllte Ansprüche hatte[455], wurde § 24 KO um einen zweiten Satz ergänzt[456]. Dieser § 24 S. 2 KO entspricht inhaltlich § 107 I 2 InsO. Die Einführung von § 24 S. 2 KO war ausschließlich darauf gerichtet, den vormerkungsgesichterten Erfüllungsanspruch zu sichern, wenn sich die Pflicht des Schuldners nicht darin erschöpfte, den Kaufgegenstand zu übergeben und zu übereignen, sondern noch auf weitere Handlungen gerichtet war[457]. Durch § 24 S. 2 KO[458] sollte also sichergestellt werden, dass der vormerkungsberechtigte Gläubiger den in § 24 S. 1 KO[459] vorgesehenen Insolvenzschutz auch dann erfährt, wenn die Voraussetzungen des Satzes zwei vorlagen[460]. Gleiches muss daher auch für den Erfüllungsanspruch i.S.v. § 107 I 1 InsO gelten[461].

Aber nicht nur die gesetzgeberische Intention, auch die Formulierung beider Sätze im Anschluß an ihren jeweiligen Satz eins, zwingt zu einer solchen Auslegung. Wenn § 106 I 2 InsO ebenso wie § 107 I 2 InsO mit den Worten „ dies gilt auch „ eingeleitet wird, kann das folglich nur bedeuten, dass § 107 I 2 InsO so zu verstehen ist, dass der Vorbehaltskäufer Erfüllung i.S.v. Satz eins auch dann verlangen kann, wenn der Verkäufer weitere Verpflichtungen i.S.v. S. 2 übernommen hat. § 107 I 2 InsO stellt daher keine Erweiterung der Erfüllungspflicht des Verwalters dar, sondern trägt der Wirtschaftspraxis Rechnung, dass sich der Verkäufer häufig zu weiteren Verpflichtungen wie beispielsweise zur Wartung, Personaleinweisung und Installation bereit erklärt, indem er die Erfüllungspflicht des Verwalters hinsichtlich der Eigentumsverschaffung trotz Übernahme dieser weiteren Verpflichtungen i.S.v. § 107 I 2 InsO sicher stellt[462]. Dazu sei erneut unterstützend auf die Begründung des Regierungsentwurfes verwiesen: Hier wurde im Anschluß an die

---

454 so auch FK-*Wegener*, § 107 Rn. 24; Kübler-Prütting-*Tintelnot*, § 107 Rn. 12; *Marotzke*, JZ 1995, 803, 808, 809; *Tintelnot*, ZIP 1995, 616, 618; während darauf erstmalig bereits in der Begründung zu § 121 RegE hingewiesen wurde.

455 Hintergrund für die Einführung von § 24 S. 2 KO war die Entscheidung des BGH WM 1976, 1360 ff. = BB 1976, 1629 f. = DNotZ 1977, 234 f. = JZ 1977, 61 = Rpfleger 1977, 17 f. = DB 1977, 161 f. = KTS 1977, 116, dass auf den gesamten Vertrag § 17 KO anzuwenden ist, wenn der Kaufvertrag neben dem vormerkungsgesicherten Übereignungsanspruch noch weitere unerfüllte Verkäuferpflichten begründet.

456 Verhandlungen des deutschen Bundestages, 8. Wahlperiode, Plenarprotokoll 8/15 = Stenographische Berichte Bd. 100, S. 723-726; Beschlußempfehlungen und Bericht des Rechtsausschusses, BT-Drucks. 8/359 S. 1 f., 9-11, 12 f; vgl. auch *Kissel*, NJW 1977, 1760, 1762 ff.

Damit folgte der Gesetzgeber einem Vorschlag der Bundesnotarkammer, DNotZ 1977, 193 f.

457 BT-Drucks. 8/359 S. 14; so auch FK-*Wegener*, § 107 Rn. 14.

458 Dem heutigen § 106 I 2 InsO.

459 Jetzt § 106 I 1 InsO.

460 Vgl. *Marotzke*, JZ 1995, 803, 809 Fn. 53.

461 Vgl. auch HK-*Marotzke*, § 107 Rn. 1; *Marotzke*, JZ 1995, 803, 808; *Tintelnot*, ZIP 1995, 616, 618.

462 FK-*Wegener*, § 107 Rn. 14, 24; HK-*Marotzke*, § 107 Rn. 8, 10.

Feststellung, dass der Verwalter die Kaufsache nicht zurückverlangen könne, solange der Käufer vertragstreu bleibe, ausgeführt, dass dies auch gelte, wenn der Verkäufer im Kaufvertrag zusätzliche Pflichten übernommen habe, und diese noch nicht erfüllt seien[463]. Denn hier wird deutlich, dass auch die Übernahme weiterer Pflichten nichts an der eigentlichen Rechtsfolge des ersten Satzes, dem Verwalter die Rücknahme des Kaufgegenstandes zu verlangen, ändert.
Im übrigen entspricht diese Sichtweise auch der mit § 107 I verfolgten Intention, eine Ausnahme vom Grundsatz des § 103 InsO zu schaffen, um dem Käufer die Möglichkeit zu geben, durch Zahlung des Restkaufpreises seinen Rechtserwerb zu vollenden[464].
Festzuhalten ist daher, dass sich die Aussage von § 107 I 2 InsO darauf beschränkt, dass die in § 107 I 1 InsO beschriebene Rechtsfolge unabhängig davon eintritt, ob der Verkäufer weitere Verpflichtungen i.S.v. S. 2 übernommen hat oder nicht. Die Erfüllungspflicht des Verwalters wird durch § 107 I 2 InsO also nicht auf weitere Pflichten ausgedehnt.

(1 d) Rechtsmängel

Im Gegensatz zu den §§ 459 ff BGB a.F. ergänzen die §§ 434 ff BGB a.F. die Eigentumsverschaffungspflicht aus § 433 BGB und sind daher Teil der Hauptleistungspflichten[465]. Ist die verkaufte Sache nicht frei von Rechten Dritter, so ist ein mit einem Rechtsmangel behafteter Kaufvertrag noch nicht vollständig erfüllt[466]. Das Recht auf Mängelbeseitigung besteht daher fort. Bis der Käufer von seinem Wahlrecht aus §§ 440, 325 BGB a.F. Gebrauch macht besteht ein Schwebezustand, währenddessen der Käufer nicht zur Kaufpreiszahlung verpflichtet ist[467]. Kann der Rechtsmangel vom Verwalter nicht behoben werden, kann der Vorbehaltskäufer nach §§ 440, 325 BGB a.F. vorgehen. Hinsichtlich der Rechtsfolgen Schadensersatz und Rücktritt gilt daher das oben Gesagte entsprechend[468]. Handelt es sich um einen behebbaren Rechtsmangel, liegt keine Unmöglichkeit vor, mit der Folge, dass der Verwalter noch erfüllen kann. Es liegt damit ein beiderseits noch nicht vollständig erfüllter gegenseitiger Vertrag vor, dessen Erfüllung dem Verwalter nach § 103 InsO obliegt. Da der Verwalter durch Erfüllungsablehnung aber den Rechtserwerb des Käufers vereiteln kann, liegt es Nahe, das Erfüllungsverlangen des Käufers auf die Beseitigung behebbarer Mängel zu erstrecken. Zu bedenken ist aber auch hier die mit § 107 I InsO verfolgte gesetzgeberische Intention, dem Vorbehaltskäufer zwar die Möglichkeit zu geben, seinen bereits eingeleiteten Rechtserwerb vollenden zu können, ihm aber keine weiteren, darüberhinausgehende Ansprüche zu gewähren. Die Rechtsfolge von § 107 I InsO ist also auch insofern teleolgisch zu reduzieren, dass der Vorbehaltskäufer über § 107 I InsO nicht die Beseitigung behebbarer Rechtsmängel verlangen kann.

---

463 Begründung zu § 121 RegE.

464 HK-*Marotzke*, § 107 Rn. 8; Kübler/Prütting-*Tintelnot*, § 107 Rn. 9.

465 MüKo-*Westermann*, § 434 Rn. 1.

466 *Gottwald*, Insolvenzrechts-Handbuch, § 35 Rn. 28; *Palandt-Putzo*, § 434 Rn. 8.

467 FK-*Wegener*, § 103 Rn. 46 m.w.N.

468 Und auch die Rechte aus § 323 BGB a.F. könne nicht im Rahmen des Erfüllungsverlangens von § 107 I InsO geltend gemacht werden. Unabhängig davon, ob der Käufer den Vertrag als erledigt ansehen will, die Herausgabe des stellvertretenen commodum verlangt, oder seine bereits erbrachten Leistungen nach den §§ 812 ff. BGB kondiziert, der bereits eingeleitete Rechtserwerb kann nicht beendet werden. Sein Begehren liegt daher außerhalb des Schutzbereichs von § 107 I InsO.

(2) Erfüllung durch Vornahme der Leistungshandlungen und Eintritt des Leistungserfolges

Die bisherigen Ergebnisse finden auch dann Bestätigung, wenn der Erfüllungsbegriff von § 107 I InsO neben der Leistungshandlung auch an den Leistungserfolgs anknüpft. Denn wenn alle Leistungen Teil der Erfüllungspflicht des Verwalters sind, die zur Herbeiführung des Leistungserfolges gehören[469], und sich die Erfüllungspflicht richtet sich dabei zunächst nach dem Inhalt des Rechtsgeschäftes und ergänzend nach den allgemeinen Vorschriften des BGB richtet[470], kann je nach der Art des Schuldverhältnisses die Erfüllung in einem positiven Tun, einem Unterlassen oder in einem rechtsgeschäftlichen Handeln liegen[471]. Beim Vorbehaltskauf hat der Vorbehaltsverkäufer daher solange nicht erfüllt, bis das Eigentum an der Kaufsache auf den Käufer übergegangen ist[472]. Die Rechtsfolge des § 107 I 1 InsO erstreckt sich damit auch auf das Unterlassen sämtlicher Handlungen, die die Vollendung des Rechtserwerbs durch den Käufer beeinträchtigen könnten, wodurch das bereist infolge der teleologischen Reduktion erzielte Ergebnis bestätigt wird.
Eine Stellungsnahme zum Erfüllungsbegriff ist damit entbehrlich.

cc. Ergebnis

Im Rahmen von § 107 I 1 InsO kann der Käufer lediglich die Unterlassung solcher Handlungen verlangen, die den Eintritt seines bereits eingeleiteten Rechtserwerbs beeinträchtigen können, womit § 107 I 1 InsO vornehmlich auf die Erfüllungsablehnung des Vorbehaltskaufs abzielt. Der als Erfüllungsanspruch umschriebenen Rechtsfolge des § 107 I 1 InsO ist daher kein Argument gegen das Erfordernis einer vor Verfahrenseröffnung vorzunehmenden aufschiebend bedingten dinglichen Einigung des Vorbehaltsgutes zu entnehmen. Denn die Plazierung der aufschiebend bedingten Übereignung auf der Tatbestandsseite des § 107 I 1 InsO führt nicht dazu, dass die Rechtsfolge des Erfüllungsverlangens zur inhaltsleeren Hülse wird.

dd. Auswirkungen der Schuldrechtsreform auf die erzielten Ergebnisse

Am 1.1.2002 ist das Gesetz zur Modernisierung des Schuldrechts, das neben der Verwirklichung der Schuldrechtsreform auch die Umsetzung sekundären Gemeinschaftsrechts[473], wie unter anderem auch der Richtlinie 1999/44/EG des Europäischen Parlaments und des Rates vom 25. Mai 1999 zu bestimmten Aspekten des Verbrauchsgüterkaufs und der Garantien für Verbrauchsgüter[474] zum Ziel hat, in Kraft getreten[475].Kernanliegen der Reform ist die Integration des Sachmängelgewährleistungsrechts in das allgemeine Leistungsstörungsrecht[476].

---

469 BGHZ 87, 156, 162 = NJW 1983, 1605 ff; Jaeger-*Henckel*, § 17 Rn. 40; *Kilger/Schmidt*, § 17 Rn. 3; *Pape*, Kölner Schrift zur InsO, S. 531, 545 Rn. 19.

470 *Pape*, Kölner Schrift zur InsO, S. 531, 545 Rn. 19.

471 MüKo-*Heinrichs*, § 362 Rn. 3.

472 *Kuhn/Uhlenbruck*, § 17 Rn. 18 d.

473 vgl. zu den weiteren Richtlinien, die Anlaß für diese gesetzgeberische Maßnahme gegeben haben die einleitende Zielsetzung des Schuldrechtsmodernisierungsrechtsentwurfs, Teil A.

474 abgedruckt in ZIP 2000, 1462 ff.

475 vgl. Nachtrag zu Art. 9 des Entwurfs.

476 *Ehmann*, JZ 1999, 853, 853; *Ernst/Gsell*, ZIP 2000, 1410, 1410.

§ 434 I 1 BGB n.F. definiert die Sachmängelfreiheit als das Vorliegen der vereinbarten Beschaffenheit der Sache bei Gefahrübergang und bekennt sich damit im Wesentlichen[477] zum subjektiven Fehlerbegriff. Für den Fall, dass die Parteien die Beschaffenheit der Sache nicht vereinbart haben legen Abs. 1 Satz 2 Nr. 1 und 2 Kriterien fest, nach denen sich die Sachmängelfreiheit richtet[478]. § 434 I 2 Nr. 1 BGB n.F. bestimmt insofern, dass eine Sache frei von Sachmängeln ist, wenn sie sich für die nach dem Vertrag vorausgesetzte Verwendung eignet, oder sich nach Nr. 2 für die gewöhnliche Verwendung eignet und eine Beschaffenheit aufweist, die bei Sachen der gleichen Art üblich ist und die der Käufer nach der Art der Sache erwarten darf. Damit ist der Anwendungsbereich von § 434 BGB n.F. weiter als der von Art. 2 RiL, der nur die Mängelgewährleistung beim Verbrauchsgüterkauf, der zwischen Verkäufer und Verbraucher geschlossen wird, erfaßt[479]. § 434 BGB n.F. unterstützt somit die in § 433 I 2 BGB n.F. niedergelegte Pflicht des Verkäufers, zur Lieferung einer von Rechts- und Sachmängeln freien Sache. Unterstützt wird das ganze noch durch die systematische Stellung von § 434 BGB n.F. direkt im Anschluß an § 433 BGB n.F., wodurch deutlich wird, dass dieser die in § 433 BGB n.F. genannten Pflichten noch weiter konkretisiert. Nach der Reform ist daher auch der Stückverkäufer zur Lieferung einer sach- und rechtsmangelfreien Sache verpflichtet[480]. Gestützt wird dies weiterhin durch die Regelung der §§ 437 Nr. 3, 440, 281, 280 I BGB n.F. § 437 Nr. 3 BGB n.F. bestimmt, dass der Käufer wegen eines Mangels der Sache nach Maßgabe der §§ 281, 280 I BGB n.F. Schadensersatz verlangen kann. Indem § 280 I 1 BGB n.F. den Schuldner zum Schadensersatz verpflichtet, wenn er eine Pflicht aus dem Schuldverhältnis verletzt hat, die in § 281 I BGB n.F. dadurch konkretisiert wird, dass die Leistung nicht wie geschuldet erbracht wird und § 437 Nr. 3 BGB n.F. auf § 280 I BGB n. F. verweist, wird deutlich, dass die Lieferung einer sachmangelfreien Sache nun zur Leistungspflicht des Verkäufers gehört.

Ein weiteres Argument steckt in der Pflicht des Verkäufers im Fall eines Sachmangels primär nachbessern oder nachliefern zu müssen. Das Recht Nachbesserung zu verlangen ist bisher gesetzlich nur für den Gattungskauf geregelt gewesen, § 480 I 1 BGB a. F. Wenn § 437 BGB n.F. den Vorrang der Ersatzlieferung / Nachbesserung vor der Minderung oder Vertragsaufhebung vorsieht[481], bedeutet das, dass nun auch der Stückverkäufer zur Lieferung einer mangelfreien Sache verpflichtet ist. Diese Regelung entspricht Art. 3 III RiL. Letzterer nahm aber die Fälle aus, in denen die Nachlieferung/Nachbesserung unmöglich oder unverhältnismäßig ist. In diesem Fall hätte der Käufer direkt nach Art. 3 V RiL Minderung oder Vertragsaufhebung verlangen können. Gleiches ist auch in den §§ 437 Nr. 2, 440, 323, 326 I 2 BGB n.F. bestimmt, wonach eine Fristsetzung dann entbehrlich wird, wenn der Schuldner im Fall nicht vertragsgemäßer Leistung die Nacherfüllung nach § 275 I bis III BGB n. F. nicht zu erbringen braucht. Die Fristsetzung wird jedoch nur dann entbehrlich, wenn

---

477 *Westermann*, Kaufrecht im Wandel, S. 8 geht davon aus, dass der bisher herrschende subjektiv-objektive Fehlerbegriff ein wenig weiter geht, als dass in § 434 BGB n.F. vorgegebene Leitbild der Eignung zur im Vertrag vorausgesetzten Verwendung, auch wenn die Unterschiede nicht allzu groß seien.

478 Zu bedenken ist ferner, dass Abs. 2 das Vorliegen eines Sachmangels auch dann bejaht, wenn der vertraglich vereinbarte Zusammenbau einer Sache fehlerhaft durchgeführt wurde oder wenn die Montageanleitung mangelhaft ist. Nach Abs. 3 steht die Lieferung einer anderen Sache oder einer zu geringen Menge einem Sachmangel gleich.

479 Wäre der Gesetzgeber den Richtlinienvorgaben in diesem Fall gefolgt, könnte die neue Regelung nur dann angewendet werden, wenn der Vorbehaltskäufer Verbraucher wäre. Verbraucher ist aber nur derjenige, der die der RiL unterfallenden Verträge weder zu beruflichen noch zu gewerblichen Zwecken schließt, Art. 1 II a RiL. Hätte der Gesetzgeber den Wortlaut der RiL aufgegriffen, hätten die Vorschriften des neuen Schuldrechts zur Auslegung des Erfüllungsverlangens i.S.v. § 107 I 1 InsO nur sehr eingeschränkt herangezogen werden können.

480 *Dauner-Lieb*, JZ 2001, 8, 13; *Gsell*, JZ 2001, 65, 67; vgl. dazu auch RegBegr. Vor § 433 RegE.

481 Dies ergibt sich aus §§ 437 Nr. 1, 439 I, 323 I BGB n.F.

beide Arten der Nacherfüllung und damit die Nacherfüllung insgesammt entbehrlich ist, denn nur dann ist "die Leistung", die hier in der Erfüllung des Nacherfüllungsanspruchs besteht, unmöglich ist. Für die Minderung ergibt sich das aus §§ 437 Nr. 2, 440, 441 BGB n.F, wobei die Unmöglichkeit als Unterfall des "Fehlschlagens" der Nacherfüllung angesehen wird.
Ein weiterer Unterschied ergibt sich daraus, dass der Entwurf eine dem § 465 BGB a.F. entsprechende Regelung nicht vorsieht. Zunächst ist der Verkäufer bei Vorliegen eines Sachmangels nach §§ 437 Nr. 1, 439 I BGB n.F. verpflichtet nachzubessern oder Ersatz zu liefern. Für die Vertragsaufhebung und die Geltendmachung der Minderung, sieht die Neuregelung lediglich eine vorherige erfolglose Aufforderung zur Nacherfüllung vor. Einer darüberhinausgehenden Fristsetzung durch den Käufer bedarf es nicht. Wie sich aus §§ 437 Nr. 2, 323 I BGB n.F. und §§ 437 Nr. 2, 323 I, 441 I BGB n.F. ergibt wird vielmehr bereits durch die Aufforderung eine angemessene Nachfrist in Gang gesetzt, nach deren Ablauf der Käufer mindern oder zurücktreten kann.
Diese im Rahmen der Schuldrechtsreform vorgenommenen Veränderungen wirken sich folgendermaßen auf das, was der Vorbehaltskäufer als Erfüllung i.S.v. § 107 I 1 InsO verlangen kann auf Gattungs- und Stückkäufe gleichermaßen aus:
Unter der Prämisse, dass der Anspruch des Käufers auf Lieferung einer mangelfreien Sache i.S.v. § 434 I BGB n.F. ein modifizierter Erfüllungsanspruch ist, kommt man zur Anwendung von § 103 InsO, weil der Kaufpreisanspruch und der Anspruch auf Lieferung einer mangelfreien Sache dann im Synallgma zueinander stehen. Im Gegensatz zum bisher geltenden Recht könnte der Insolvenzverwalter die Zahlung des Kaufpreises Zug-um-Zug gegen Lieferung einer mangelfreien Sache fordern, denn seit dem 1.1.2002 entsteht dieser Anspruch nicht erst, wenn die Wahl zwischen Nachlieferung, Wandelung und Minderung nach § 465 BGB a.F. vollzogen ist, sondern besteht nach §§ 437 Nr. 1, 439 BGB n.F. vorrangig vor Wandelung und Minderung und bedarf lediglich der Aufforderung zur Nacherfüllung[482]. Nach §§ 439 IV, 346 ff BGB n.F. stehen die Lieferung einer mangelfreien Sache und die Rückgewähr der mangelhaften Sache aber im Gegenseitigkeitsverhältnis, mit der Folge, dass § 103 InsO auf dieses Rückabwicklungsverhältnis Anwendung fände. Im Ergebnis entspräche die Rechtslage daher der nach bisher geltendem Recht. Der Insolvenzverwalter könnte die Erfüllung des Rückabwicklungsverhältnisses nach § 103 InsO ablehnen, während der Käufer auch hier nicht des Schutzes von § 107 I InsO bedürfte, weil dieser nur die Vollendung des Rechtserwerbs gewährleisten will, diese aber im vorliegenden Fall nicht angestrebt wird. Ebenfalls keine Änderungen würden sich im Hinblick auf das Nachbesserungs-, Minderungs- und Schadensersatzrecht, sowie dann wenn der Käufer bereits vor Verfahrenseröffnung vom Kaufvertrag zurückgetreten ist, ergeben. Ebenso, wie nach bisher geltendem Recht könnte der Käufer auch nach der Verfahrenseröffnung noch zurücktreten. Mangels einer § 465 BGB a. F. entsprechenden Regelung entstünde das Rückgewährschuldverhältnis unter den Voraussetzungen von § 323 BGB n.F. Auf dieses wäre dann § 103 InsO anwendbar. Ebenso, wie unter bisher geltendem Recht bedürfte der Käufer in diesem Fall nicht des Schutzes von § 107 I InsO, weil er an der Beendigung seines Rechtserwerbs nicht interessiert ist.
Gegenüber bisherigem Recht wird der Begriff des Sachmangels durch § 434 II BGB n.F. auch auf den fehlerhaften Zusammenbau der Kaufsache durch den Verkäufer und die unsachgemäße Montage durch den Käufer, die durch eine mangelhafte Montageanleitung verursacht ist erweitert[483]. Damit unterfallen der Sachmängelhaftung nach neuem Recht auch Tatbestände, die bisher als Nebenpflichten qualifiziert und über die p.V.V. abgegolten

---

482 *Gsell*, JZ 2001, 65. 67.
483 Voraussetzung ist jedoch, dass die Sache zur Montage durch den Käufer bestimmt ist.

wurden[484], wodurch das dem BGB n.F. zugrundeliegende Konzept, Nebenpflichten der Mangelhaftigkeit anzupassen deutlich wird. Der Käufer könnte daher im Rahmen von § 107 I 1 InsO folglich rein formal auch Montagefehler i.S.v. § 434 II BGB n.F. als Erfüllung verlangen. Den nach nun geltendem Recht ist der Erfüllungsbegriff i.S.v. § 107 I 1 InsO sowohl auf die Nachlieferung und Mängelbeseitigung bei Stückschulden als auch auf manche Nebenpflichten ausgedehnt, so dass nach nun geltendem Schuldrecht erst Recht zweifelsfrei ist, die Rechtsfolge von § 107 I InsO entsprechend dem mit dieser Norm verfolgten Interesse zu beschränken.

Hinzu kommt noch, dass die vereinfachte Handhabe von Aliudlieferungen und mengenmäßigen Abweichung mit der Einführung von § 434 III BGB n.F. dazu führen würde, dass der Vorbehaltskäufer im Rahmen seines Erfüllungsverlangens aus § 107 I InsO rein formal auch Schlechtlieferungen geltend machen könnte, da diese nun dem Gewährleistungsrecht unterstehen.

Hintergrund der Regelung des § 434 III BGB n.F ist die beim Handelskauf herrschende Uneinigkeit über die Frage, ob § 378 HGB auf das genehmigungsfähige Aliud und die genehmigungsfähige Mengenabweichung, mit der Folge, dass diese Gewährleistungsrecht unterstehen, anwendbar ist[485]. Auf das BGB wirkt sich die Frage insofern aus, als dass bei Gattungskäufen häufig nicht erkennbar ist, ob die gelieferte Sache aus der Gattung stammt oder eine Aliud-Lieferung ist. Zu diesem Zweck wurde teilweise[486] erwogen, der zum Handelskauf überwiegenden Ansicht zu folgen und die Kriterien des § 378 HGB auch bei BGB-Käufen analog anzuwenden[487]. Diesem Bestreben entspricht § 434 III BGB n.F., indem er bestimmt, dass es einem Sachmangel gleichsteht, wenn der Verkäufer eine andere Sache oder eine zu geringe Menge liefert, während der Einschränkung, dass die Sache „als Erfüllung offensichtlich nicht in Betracht kommt“ eine Gleichstellung von genehmigungsfähigem aliud und Schlechtlieferung zu entnehmen ist[488].

Nach neuem Recht bedarf es keiner weiteren Differenzierung danach, ob ein Rechts- oder ein Sachmangel vorliegt. Im Gegensatz zum alten Recht, wonach Rechtsmängel als Nichterfüllung angesehen wurden, während das Vorliegen eines Sachmangels den Käufer zur Wandelung, Minderung und bei Gattungssachen zusätzlich zur Nachlieferung berechtigte, ist künftig nur noch entscheidend, dass ein Mangel vorliegt, nicht mehr welche Qualität dieser aufweist[489]. Ist im neuen Kaufrecht daher von „Mangel“, „mangelfrei“ oder „mangelhaft“ die Rede, bezieht sich dies also sowohl auf Rechts- als auch auf Sachmängel[490].

Ähnlich, wie § 434 BGB n.F. Sachmängel definiert, findet sich in § 435 BGB n.F. eine Bestimmung des Rechtsmangelbegriffs. Danach liegt ein solcher vor, wenn Dritte Rechte gegen den Käufer geltend machen können. Unabhängig davon, ob ein Rechts- oder Sachmangel vorliegt, kann der Käufer primär Beseitigung des Mangels oder Lieferung einer

---

484 *Dauner-Lieb*, JZ 2001, 8, 13.

485 Dafür spricht sich die überwiegende Ansicht aus: BGHZ 115, 286, 295; *Baumbach/Hopt*, § 378 HGB Anm. 1 C a; *Larenz*, Schuldrecht BT II 1, § 31 III; MüKo-*Westermann*, § 459 Rn. 23; *Reinicke/Tiedtke*, Kaufrecht, S. 182; Schlegelberger-*Hefermehl*, § 378 Rn. 14; Staudinger-*Honsell*, § 459 Rn. 20.
Demgegenüber geht ein Teil der Literatur von der Anwendung der §§ 320 ff BGB aus: *Fabricius*, JuS 1964, 46, 51; *Knöpfle*, NJW 1989, 871, 875; *Marburger*, JuS 1983, 1, 9; *Schultz*, NJW 1980, 2172, 2174.

486 Esser/Weyers, § 5 IV 3 d; *Medicus*, Bürgerliches Recht, Rn. 338; *Reinicke/Tiedtke*, Kaufrecht, S. 188; Staudinger-*Honsell*, § 459 Rn. 21.

487 *Schreiber*, Jura 1986, 444, 445.

488 Ernst/Zimmer-*Zimmer*, Zivilrechtswissenschaft und Schuldrechtsreform, 2001, S. 198; *Westermann*, Kaufrecht im Wandel, S. 12.

489 *Schmidt-Räntsch*, ZEuP 1999, 294, 301.

490 RegBegr. vor § 433 RegE.

mangelfreien Sache verlangen, während er subsidiär zum Rücktritt und zur Minderung berechtigt ist, denn die §§ 437, 438, 439 BGB n.F. stellen nur auf den Begriff des Mangels ab, ohne zwischen Sach- und Rechtsmängeln zu unterscheiden.
Auf dieser Grundlage ergibt sich insofern ein Unterschied zum bisher geltenden Recht, als der Käufer in der Insolvenz seines Lieferanten auch bei Vorliegen eines Rechtsmangels zunächst Nachlieferung oder Nachbesserung und subsidiär Wandelung oder Minderung verlangen kann. Einer Unterscheidung zwischen behebbaren und unbehebbaren Mängeln bedarf es nur noch insofern, als dass eine „Nachbesserung", die bei Rechtsmängeln in der Beseitigung des Rechtsmangels besteht, nur bei behebbaren Rechtsmängeln möglich ist. Bei nicht behebbaren Mängeln ist der Käufer daher zunächst auf Lieferung einer mangelfreien Sache beschränkt. Hinsichtlich der Auswirkungen von Nachlieferung/Nachbesserung, Wandelung und Minderung auf die Anwendung § 107 I InsO ergeben sich zu dem im Rahmen von Sachmängeln Gesagtem keine Änderungen.
Im Gegensatz zum bisher geltenden Kaufrecht, in dem Gewährleistungsrechte und der Nachlieferungsanspruch qualitativ unterschiedlich waren, sind die Rechte des Käufers auf Mangelbeseitigung und Lieferung einer mangelfreien Sache nun insofern neben die Rechte auf Wandelung und Minderung gestellt, als Nacherfüllungs- und Nachbesserungsanspruch jetzt auch Gewährleistungsrechte sind. Dies wirft dahingehend Probleme auf, als Mangelbeseitigung und Nachlieferung rein formal betrachtet als Erfüllung i.S.v. § 107 I 1 InsO verlangt werden können, während Wandelung und Minderung, wie nach bisherigem Recht auch rein formal nicht vom Erfüllungsanspruch des § 107 I 1 InsO umfaßt waren. Im Gegensatz zum bisher geltenden Recht, indem die Gewährleistungsrechte gleichberechtigt nebeneinander standen und deshalb adäquat behandelt werden mußten, sieht die Neuregelung eine Abstufung derart vor, dass der Käufer zunächst nur Mangelbeseitigung oder Nachlieferung und erst wenn diese nicht zu dem gewünschten Ergebnis geführt haben, Vertragsaufhebung oder Minderung verlangen kann. Die Möglichkeit diese Recht sofort Geltend machen zu können ist weggefallen. Die Rechte auf Wandelung und Minderung sind daher nicht an die gleichen Voraussetzungen geknüpft, wie die auf Mangelbeseitigung und Nachlieferung, was eine unterschiedliche Behandlung dieser Rechte in der Form bewirkt, dass erstere nicht, zweitere aber sehr wohl dem Erfüllungsbegriff des § 362 BGB unterfallen. Dies zeigt jedoch unter der Prämisse der notwendigen teleologischen Reduktion keine Auswirkuungen auf die Rechtsfolge von § 107 I 1 InsO.

ee. Auswirkungen der Rechtsfolgenbestimmung von § 107 I 1 InsO auf das dogmatische Verständnis des Verwalterwahlrechts

In Betracht zu ziehen ist weiterhin die Möglichkeit, dass der Gesetzgeber
die Rechtsfolgenbestimmung von § 107 I 1 InsO auch deshalb als Erfüllungsverlangen formuliert hat, um seiner Stellung zu den bislang heftig umstrittenen Auswirkungen der Verfahrenseröffnung auf den Bestand beiderseits noch nicht vollständig erfüllte Verträge Ausdruck zu verleihen.

aaa. Ausgangslage

Im Geltungsbereich der Konkursordnung war umstritten, welche Auswirkungen die Eröffnung eines Insolvenzverfahrens auf die Erfüllungsansprüche aus gegenseitigen Verträgen hatte. Ursprünglich gingen Rechtsprechung und herrschende Lehre davon aus, dass die Eröffnung eines Insolvenzverfahrens auf die Leistungspflichten aus gegenseitigen

Verträgen keinen Einfluß hatte[491]. Entschied sich der Verwalter für die Erfüllung des Vertrages, war dies lediglich Ausdruck dafür, dass es bei der durch die Verfahrenseröffnung unveränderten Lage bleiben sollte. Der Erfüllungsablehnung hingegen kam konstitutiver Charakter in der Form zu, dass an die Stelle der gegenseitigen Erfüllungsansprüche der einseitige Schadensersatzanspruch des Vertragspartners wegen Nichterfüllung trat[492].
Wohl schon die Entscheidung BGHZ 103, 252, spätestens aber BGHZ 106, 236 vollzog eine grundlegende Wende in der höchstrichterlichen Rechtsprechung[493]. Die überwiegende Ansicht in der Literatur[494] sowie die neuere Rechtsprechung[495] gehen seit dem davon aus, dass die Eröffnung eines Insolvenzverfahrens das Erlöschen sämtlicher Erfüllungsansprüche aus gegenseitigen Verträgen zur Folge habe. Da die Erfüllungsansprüche mit Verfahrenseröffnung erlöschten, statuiere § 17 KO/ § 103 InsO kein eigentliches Wahlrecht, sondern gebe dem Verwalter nur das Recht Erfüllung zu verlangen, während die Nichterfüllung die logische Konsequenz der Verfahrenseröffnung sei[496]. Der Vertragsanspruch werde durch einen einseitigen Schadensersatzanspruch wegen Nichterfüllung in Form einer einfachen Konkursforderung nach § 26 S. 2 KO[497] / § 103 II 1 InsO, ersetzt. Entscheide sich der Verwalter für die Erfüllung des Vertrages, entstünden die untergegangenen Erfüllungsansprüche neu[498]. Demgegenüber ändere die Erfüllungsablehnung nichts an den bereits durch die Verfahrenseröffnung eingetretenen Rechtsfolgen. Nach der „Erlöschenstheorie“ ist die Erfüllungsablehnung daher nur deklaratorisch.

---

491 Diese früher herrschende Ansicht basiert auf der Entscheidung RGZ 11, 49 ff. aus dem Jahre 1884. Sich ihr anschließend: *Bork*, FS f. Zeuner, 297, 302 ff; *Gerhardt*, FS f. Merz, 1992, 117 ff.; *ders.*, Gedächtnisschrift f. Knobbe-Keuck, 169 ff; *Marotzke*, EWiR 1992, 71, 72; *ders.*, EWiR 1988, 285, 286; Anm. *Marotzke* zu BGH JR 1990, 331, 331 ff; *Tintelnot*, ZIP 1995, 616, 618.

492 BGH WM 1962, 1242, 1243; 1963, 750, 750; 1967, 929, 930; 1977, 849, 849; 1982, 188, 189; 1983, 503. 504; 1984, 231, 232; 1986, 398, 398.

493 BGH ZIP 1988, 322 ff; 1989, 1413 ff; 1991, 945, 946, ablehned demgegenüber Anm. *Marotzke*, EWiR § 15 KO 1/91, 907; BGHZ 116, 156 ff. mit Einschränkung BGHZ 129, 336, 340; BGH ZIP 1992, 48 ff; BGH WM 1993, 1057 ff; BGH ZIP 1996, 426, 427; BGH JZ 1998, 154 mit Anm. *Henckel*, 155, 157; OLG Düsseldorf, ZIP 1996, 337, 338.

494 FK-*Wegener*, § 103 Rn. 3; *Heilmann*, KTS 1985, 639, 640 ff; Anm. *Henckel* zu BGH JZ 1987, 355, 359, 360, Anm. *Henckel* zu BGH JZ 1986, 691, 695, 696; *ders.*, ZZP 99, (1986), 419, 425, 429 f; Jaeger-*Henckel*, § 17 Rn. 149, 162, 210, 212; *Kreft*, ZIP 1997, 865 ff; *Kuhn/Uhlenbruck*, § 17 Rn. 1, 19, 36; *Pape*, EWiR § 17 KO 1/89, 283 f; *Paulus*, EWiR § 55 KO 1/93, 697, 698; Anm. *Uhlenbruck* zu BGH JZ 1992, 424, 425, 426; für § 103 InsO: *Hess*, § 103 InsO Rn. 9, 10.

495 BGHZ 103, 250, 252/254; 106, 236, 241 ff; 116, 156, 158 ff; 135, 25, 26 f; BGH WM 1993, 1057 ff; ZIP 1989, 1413, 1415; BGHZ 129, 336 ff. = JZ 1996, 49 ff. = ZIP 1995, 369, 371 hingegen einschränkend auf die vom Schuldner nicht erbrachte Gegenleistung; krit. Anmerkung dazu jedoch *Bork*, ZIP 1995, 926, 927 sowie *Krull*, InVo 1998, 180, 181 ff; OLG Frankfurt ZIP 1995, 369, 371.

496 *Kuhn/Uhlenbruck*, § 17 Rn. 36.

497 Während Einigkeit darüber bestand, dass ein solcher Schadensersatzanspruch existiert, gingen die Ansichten über die Anspruchsgrundlage auseinander. Jaeger-*Henckel*, § 17 Rn. 170 f. zogen § 26 S. 2 KO direkt heran, während die überwiegende Meinung auf die Vorschriften des Bürgerlichen Gesetzbuches zurückgriff: BGHZ 17, 127, 129; *Musielak*, AcP 179, (1979), 189, 203 ff. etwa stützen den Anspruch auf §§ 325, 326 BGB a.F.; *Hess/Kropshofer*, § 26 KO Rn. 10 hingegen hielt eine positive Vertragsverletzung für die angemessene Anspruchsgrundlange. Wenn die gegenseitigen Erfüllungsansprüche entsprechend der Erlöschenstheorie des BGH mit Verfahrenseröffnung erlöschen, sei auch kein Raum für die §§ 325, 326 BGB a.F. als Anspruchsgrundlage des einseitigen Schadensersatzanspruches. Später lies die Rechtsprechung, BGHZ 106, 236, 242; 96, 392, 395; 68, 379, 380, die Frage offen.
So sieht *Bork*, Insolvenzrecht, Rn 166 , einzig § 103 II 1 InsO als mögliche Anspruchsgrundlage, obgleich dessen Wortlaut eher darauf hindeutet, dass hier vielmehr die insolvenzrechtliche Heimat eines letztlich anderweitig geregelten Anspruchs ist.

498 BGH WM 1987, 380 mit Anm. *Gerkan* WuB VI B. § 17 KO 1.87, 267, 268; BGH ZIP 1991, 945; 1993, 600; 1995, 926; OLG Frankfurt, ZIP 1995, 369.

Diese Ansicht beruht auf dem Gedanken, dass der Masse im Fall der Erfüllungswahl die Gegenleistung zukommen müsse[499]. Hätte der Gemeinschuldner vor Verfahrenseröffnung aber seine Forderungen zur Sicherheit abgetreten oder verpfändet, so müßte der Verwalter nach der früher herrschenden Ansicht, nach der die Verfahrenseröffnung die Erfüllungsansprüche unberührt ließ, mit Erfüllungswahl zwar die Leistung erbringen, die Gegenleistung fiele jedoch dem Zessionar zu.
Die Konsequenz der Erlöschenstheorie geht nun dahin, dass die Erfüllungswahl nicht die vor Verfahrenseröffnung vereinbarte Abtretung der neu begründeten Forderung betrifft[500]. Einer erneuten Abtretung der Forderung nach Verfahrenseröffnung steht dann § 55 KO/ § 91 InsO entgegen[501]. Als weitere Schlußfolgerung scheitere die Aufrechnung einer Konkursforderung mit einem Anspruch, der nach Erfüllungswahl neu begründet worden ist an § 96 Nr. 1 InsO[502]. Und hinsichtlich vor Verfahrenseröffnung erbrachter Teilleistungen des Gemeinschuldners ergebe sich aus Sinn und Zweck des § 17 KO / § 103 InsO, der auf den Schutz der Masse gerichtet sei, dass die Aufrechnung mit Konkursforderungen gegen die auf diesen Teil entfallenden Forderung der Masse auch dann zulässig bleiben, wenn sich der Konkursverwalter für die Vertragserfüllung entscheide[503].
Neben den bisherigen Argumentationsversuchen[504] stellt sich nun die Frage, ob mit der Insolvenzordnung und besonders durch die Formulierung von § 107 I 1 InsO streitklärende Akzente zugunsten einer der Ansichten gesetzt werden.

bbb. Auswirkungen der Insolvenzrechtsreform

Durch die Rechtsfolgenbestimmung von § 107 I 1 InsO sieht sich die erstgenannte Ansicht in ihrer die neuere Rechtsprechung des BGH ablehnenden Haltung bestätigt[505]. Im Gegensatz zur KO setzte die InsO andere Schwerpunkte[506]. Nur wenn die Verfahrenseröffnung die gegenseitigen Erfüllungsansprüche unberührt ließen, könne der Käufer „Erfüllung des Kaufvertrages verlangen"[507]. Würden die beiderseitigen Erfüllungsansprüche aber mit der Verfahrenseröffnung erlöschen, bestünde kein Kaufpreisanspruch mehr, der beglichen werden und damit zum Eintritt der Bedingung unter der das Vorbehaltsgut übereignet wurde, führen könnte. Damit aber würde das Anwartschaftsrecht des Käufers, auf dessen Schutz sich § 107 I

---

499 *Kreft*, ZIP 1997, 865, 866.
500 BGHZ 106, 236 ff. = ZIP 1989, 171 ff.
501 BGHZ 106, 236, 241; 129, 336, 338.
502 BGHZ 116, 156 ff. = ZIP 1992, 48 ff.
503 BGHZ 129, 336 ff.
504 Vgl. insofern: BGH JZ 1996, 49 ff. mit Anm. *Bork*, S. 51 ff; JZ 1992, 424 mit Anm. *Uhlenbruck*, S. 425 ff; JZ 1987, 355 mit Anm. *Henckel*, S. 359 ff; JZ 1986, 691 mit Anm. *Henckel*, S. 694 ff; *Bork*, FS f. Zeuner, 297 ff; *Gerhardt*, FS. f. Knobbe-Keuk, 169, 172-179; *ders.*, FS f. Merz, 117 ff; *Gottwald*, Insolvenzrechts-Handbuch, § 35 Rn. 30 ff; *Heilmann*, KTS 1985, S. 639 ff; *Henckel*, FS. f. Lüke, 237, 249-258; *ders.*, ZZP 99 (1986), S. 419 ff; Jaeger-*Henckel*, § 17 Rn. 111-115; *Jauernig*, Zvangsvollstreckungs- und Insolvenzrecht, 20. Aufl., § 48 II ; *Kilger/Schmidt*, § 17 Anm. 4; *Kuhn/Uhlenbruck*, § 17 Rn. 19; *Marotzke*, EWiR § 17 KO 2/88, 285 f; *ders.*, E-WiR § 55 KO 1/92, 71 f; *Musielak*, AcP 179 (1979), 189 ff; *Pape*, EWiR § 17 KO 1/89, 283 f; *Paulus*, EWiR § 55 KO 1/93, 697 f; *Roth*, FS f. Rolland, S. 305 ff; eine kritische Auseinandersetzung mit der neuen BGH-Rechtsprechung: *Kreft*, ZIP 1997, 865 ff.
505 *Jauernig*, Zwangsvollstreckung- und Insolvenzrecht, § 78 III 1; *Marotzke*, JZ 1995, 803 , 813; *Tintelnot*, ZIP 1995, 616, 618, 619.
506 *Jauernig*, Zwangsvollstreckungs- und Insolvenzrecht, § 49 II.
507 *Jauernig*, Zwangsvollstreckung- und Insolvenzrecht, § 78 III 1; *Marotzke*, JZ 1995, 803 , 813; *Tintelnot*, ZIP 1995, 616, 618, 619.

1 InsO gerade richte[508], zunichte gemacht[509]. Im übrigen müsse die Verfahrenseröffnung bei § 103 InsO und § 107 I InsO die gleichen Auswirkungen zeigen. Wenn aber die Erlöschenstheorie zugrunde gelegt würde, könnte § 107 I InsO seine Schutzfunktion nicht mehr erfüllen, denn mit Verfahrenseröffnung würden nicht nur die gegenseitigen Erfüllungsansprüche sondern auch das Anwartschaftsrecht des Erwerbers erlöschen. Daher müßte bei § 103 InsO und § 107 I InsO der Kaufvertrag als gemeinsame Grundlage mit Verfahrenseröffnung bestehen blieben[510].

Tintelnot weist überdies darauf hin, dass § 107 I InsO für diejenigen, die die Zweckbestimmung des Verwalterwahlrechts darin sähen, dem materiellen Vertragsrecht eine dem Anfechtungsrecht entsprechende Komponente für den Konkursfall zu geben, die dem Verwalter die Möglichkeit eröffne, sich zugunsten der Masse von noch nicht vollständig erfüllten, für die Masse ungünstigen Verträgen zu lösen, mit der Folge, dass beiderseits bereits erbrachte Leistungen zurückzugewähren sind[511], nur als Systembruch verstanden werden könnte[512]. Denn diese Zweckbestimmung lasse sich mit § 107 I InsO nicht in Einklang bringen. *Marotzke* sieht seine ablehnende Haltung gegenüber der Erlöschenstheorie[513] in der Begründung des Regierungsentwurfs zu § 107 II InsO bestätigt. Wenn § 107 II InsO den Verwalter dazu berechtigen soll, Sachen, an denen ein Eigentumsvorbehalt bestehe, die zur Unternehmensfortführung aber notwendig sind, trotz Verfahrenseröffnung zunächst in der Masse belassen zu dürfen, obwohl ihm in der ersten Phase des Insolvenzverfahrens keine ausreichenden Mittel zur Erfüllungswahl zur Verfügung stehen, dies aber im Wortlaut von § 107 II InsO keine Berücksichtigung finde, werde deutlich, dass der Gesetzgeber die Erlöschenstheorie nicht bestätigen wolle[514]. *Marotzke* nimmt darüber hinaus an, dass weder die Verfahrenseröffnung noch die Erfüllungsablehnung das Vertragsverhältnis umgestalte[515]. Ebenso wie bei einseitig bereits vollständig erfüllten Verträgen werde der Anspruch des Vertragspartners mit Verfahrenseröffnung Insolvenzforderung i.S.v. § 38 InsO[516]. Der Gläubiger werde Insolvenzgläubiger sofern er keinen Anspruch auf abgesonderte Befriedigung habe, §§ 49 ff InsO, und erlange nur quotale Befriedigung[517]. Die Erfüllungsablehnung bestätige diese Rechtslage lediglich so, dass ihr, und insofern sei dem BGH zuzustimmen, keine rechtsgestaltende Wirkung zukomme[518]. Wähle der Verwalter die Erfüllung, müsse er den Vertrag auch selbst erfüllen; die Forderung des Gläubigers werde nach § 55 I Nr. 2 1. Fall InsO zur Masseverbindlichkeit[519].

Jauernig sieht von der Insolvenzordnung im Streit um die Auswirkungen der Konkurseröffnung auf gegenseitige Verträge von der KO abweichende Akzente gesetzt, indem in den §§ 103 II 2, 107 II 1 InsO ausdrücklich von einem Wahlrecht des Verwalters die Rede ist. Ein Wahlrecht zwischen der Erfüllungswahl und der Erfüllungsablehnung, wie es durch § 103 inhaltlich ausgestaltet sei, setze eine „konstitutive Wahl zwischen zwei Möglichkeiten“ voraus. Hätte der Verwalter aber entsprechend der Erlöschenstheorie nur das

---

508 Vgl. BT-Drucks. 12/ 2443, S. 146.

509 *Jauernig*, Zwangsvollstreckung- und Insolvenzrecht, § 49 III 1; *Tintelnot*, ZIP 1995, 616, 619.

510 *Tintelnot*, ZIP 1995, 616, 619.

511 *Häsemeyer*, KTS 1973, 2, 14.

512 *Tintelnot*, ZIP 1995, 616, 618.

513 HK-*Marotzke*, § 103 Rn. 2, 40.

514 *Marotzke*, JZ 1995, 803, 813.

515 HK-*Marotzke*, § 103 Rn. 43.

516 HK-*Marotzke*, § 103 Rn. 2, 40.

517 HK-*Marotzke*, § 103 Rn. 40.

518 HK-*Marotzke*, § 103 Rn. 40.

519 HK-*Marotzke*, § 103 Rn. 45.

Recht Erfüllung zu verlangen, hätte er nur die Möglichkeit dieses Recht auszuüben oder es beim alten zu belassen, indem er das Recht nicht ausübt, ein wirkliches Wahlrecht sei das aber nicht[520].

Demgegenüber hält die überwiegende Ansicht auch nach der Reform an der Erlöschenstheorie fest[521]. *Pape* merkt an, dass die Rechtsfolgenbestimmung von § 107 I 1 InsO keineswegs eine Stellungnahme zulasten der Erlöschenstheorie sei, vielmehr stelle § 107 I 1 InsO eine Durchbrechung des Grundsatzes dar, dass Hauptleistungspflichten aus gegenseitig noch nicht vollständig erfüllten Verträgen mit Verfahrenseröffnung erlöschen[522]. Da die Erfüllungsansprüche jedoch ausschließlich im Insolvenzfall wieder auflebten und dort ihre Wirkung zeigten, sei die Annahme eines Wertungswiderspruchs verfehlt[523]. Dass die §§ 106, 107 I InsO eine Ausnahme von der Erlöschensthorie darstellten bestätige im übrigen § 103 II 3 InsO, indem dort festgestellt werde, dass der Erfüllungsanspruch für den Fall ausgeschlossen ist, dass der Verwalter die Erklärung nach einer Aufforderung des anderen Teils nicht rechtzeitig abgegeben hat. Denn wenn die Verfahrenseröffnung keine Auswirkungen auf das Bestehen der Erfüllungsansprüche habe, müsse § 103 II 3 InsO den Verwalter gerade zur Erfüllung verpflichten[524]. Darüber hinaus spreche auch die Behandlung von vor Verfahrenseröffnung begründeten Vorzugsrechten Dritter für die Bevorzugung einer Ansicht, nach der die Hauptleistungspflichten aus gegenseitig noch nicht vollständig erfüllten Verträgen mit Verfahrenseröffnung untergehen. Denn diese könnten nach der Erlöschenstheorie selbst bei Erfüllungswahl die Masse nicht belasten[525].

Auch *Krull* stellt fest, dass der von § 107 I InsO vorausgesetzte Bestand des Anwartschaftsrechts mit der Erlöschenstheorie des BGH unvereinbar ist[526]. Denn wenn die gegenseitigen Erfüllungsansprüche mit Verfahrenseröffnung erlöschten, würde mit ihnen auch das Anwartschaftsrecht des Vorbehaltskäufers untergehen. Dies aber hebele die Funktion des § 107 I InsO aus. Da dem Gesetzgeber die Wechselwirkungen zwischen Bestand des Anwartschaftsrechts nach § 107 I InsO und der Erlöschenstheorie aber kaum bewußt gewesen sein dürfte, sei entscheidend auf die quasi-dingliche Position des Käufers abzustellen, mit der Folge, dass die Konstellation des § 107 I InsO vollständig von der Erlöschenstheorie auszunehmen sei[527]. Denn die Erlöschenstheorie führe, auch wenn sie sehr ergebnisorientiert sei, in der Praxis zu ausgewogenen Ergebnissen, so dass ihr der Vorzug gebühre[528].

Huber sieht in der Rechtsfolgenbestimmung des § 107 I 1 InsO keine eindeutige Stellungnahme des Gesetzgebers zugunsten der Erlöschenstheorie[529]. Verstünde man § 107 I 1 InsO nämlich als echte Sondervorschrift für die Abwicklung von Vorbehaltskäufen, gelte dies auch im Hinblick auf die Auswirkungen der Verfahrenseröffnung. Im Gegensatz zu der sonst geltenden Grundregel, wonach Erfüllungsansprüche mit Insolvenzeröffnung erlöschen,

---

520 *Jauernig*, Zwangsvollstreckungs- und Insolvenzrecht, § 49 II.

521 *Bruns*, ZZP 110 (1997), 305, 313; *Haarmeyer/Wutzke/ Förster*, Hanbuch, Rn. 171; *Huber*, JuS 1998, 644, 647; *ders.*, NZI 1998, 97, 98, 101; *Krull*, ZInsO 1998, 291, 292, 294; *Pape*, Kölner Schrift zur InsO, 531, 540 Rn. 11; *ders.*, WPrax 1995, 25, 30.

522 *Pape*, Kölner Schrift zur InsO, 531, 547 Rn 48; vgl. auch *ders.*, WPrax 1995, 25, 26, wo er ausführt, dass die Insolvenzordnung keine eindeutige Lösung für das konstruktive Verständnis der Folgen der Verfahrenseröffnung enthält, der Begründung zu § 108 InsO aber eine Stellungnahme zugunsten der Erlöschenstheorie zu entnehmen sei.

523 *Pape*, Kölner Schrift zur InsO, 531, 562 Rn 48.

524 *Pape*, Kölner Schrift zur InsO, 531, 562 Rn 48.

525 *Pape*, Kölner Schrift zur InsO, 531, 562 Rn 13.

526 *Krull*, ZInsO 1998, 291, 294.

527 *Krull*, ZInsO 1998, 291, 294.

528 *Krull*, ZInsO 1998, 291, 292.

529 *Huber*, JuS 1998, 644, 647.

blieben die gegenseitigen Erfüllungsansprüche bei einem beiderseits unerfüllten Vorbehaltskauf in der Verkäuferinsolvenz bestehen. Das Erlöschen der Erfüllungsansprüche bleibe hier aus, so dass der Vertrag entsprechend § 320 BGB abgewickelt werden könne. Diese Ansicht stütze auch ein Vergleich mit dem Anspruch eines vormerkungsberechtigten Gläubigers. Dieser sei gemäß § 106 InsO ebenso wie der Vorbehaltskäufer dazu berechtigt, die Erfüllung zu verlangen[530]. Wenn hier aber bislang nicht bemängelt worden sei, dass die Rechtsprechung des BGH zur dogmatischen Konstruktion des Wahlrechts mit der Möglichkeit des vormerkungsberechtigten Gläubigers, Erfüllung zu verlangen unvereinbar ist, so frage sich doch, warum dies dann problematisch sein soll, wenn der Vorbehaltskäufer sein entsprechendes Recht geltend mache.
Bruns stützt sich hingegen auf § 103 InsO. Die Gesetzesformulierung und die Ausführungen zur Gesetzesbegründung, in denen es heißt, dass das Wahlrecht des Verwalters aus dem geltenden Konkursrecht unverändert übernommen werde[531] führten dazu, dass das bisher widersinnige Verständnis des Verwalterwahlrechts seitens der h.M. entgegen dem Wortlaut der Norm nach der Insolvenzrechtsreform aufrecht erhalten bleibe[532]. Der BGH und die überwiegende Ansicht in der Literatur hätten das Verwalterwahlrecht i.S.v. § 17 KO als echtes Gestaltungsrecht des Verwalters verstanden, obwohl dies dem Wortlaut widersprach. Und mit Blick auf Leitsatz 2.4.1.1 des ersten Berichtes der Kommission für Insolvenzrecht aus dem Jahre 1985 sei die Wahrscheinlichkeit sehr hoch, dass die Vertreter der Erlöschenstheorie weiterhin und noch immer entgegen dem Wortlaut von einem bloßen Recht zur Erfüllungswahl ausgehen würden[533]. Ohne eindeutige eigene Stellungnahme geht *Bruns* im Hinblick darauf, dass die Formulierung von § 103 InsO nicht über jeden Zweifel erhaben sei, man die Gesetzesbegründung auch so verstehen könne, dass der Gesetzgeber in den bestehenden Streit gar nicht regulierend eingreifen wollte und wegen des verfolgten Sanierungszwecks davon aus, dass der Streit um das dogmatische Verständnis des Verwalterwahlrechts hinsichtlich der Formulierung von § 103 InsO auch unter Geltung der Insolvenzordnung, jedoch mit umgekehrten Vorzeichen neu entfachen werde[534].

ccc. Auseinandersetzung

(1) Wortlaut der Norm

Der Wortlaut von § 103 InsO ist recht unergiebig: Während Absatz 1 dem Insolvenzverwalter das Recht gibt, einen gegenseitigen, zum Zeitpunkt der Verfahrenseröffnung weder vom Schuldner noch vom anderen Teil vollständig erfüllten Vertrag anstelle des Schuldners zu erfüllen und vom anderen Teil Erfüllung zu verlangen, legt Absatz 2 für den Fall der Erfüllungsablehnung durch den Verwalter fest, dass der andere Teil eine Forderung wegen Nichterfüllung nur als Insolvenzgläubiger geltend machen kann. § 103 I 1 InsO spricht davon, dass der Verwalter den Vertrag anstelle des Schuldners erfüllen kann. Wenn aber jemand etwas anstelle eines anderen erfüllen kann, bedeutet das, dass der andere noch zu der Tätigkeit berechtigt sein muss. Das setzt aber wiederum voraus, dass die Leistungspflichten trotz Verfahrenseröffnung nicht untergegangen sind. Der Wortlaut trägt die Auffassung der bisher h.M. daher nicht von selbst. Im Gegensatz zu § 17 KO, dessen Inhalt in § 103 InsO zwar

530 Vgl. *Tintelnot*, ZIP 1995, 616, 618.
531 BT-Drucks. 12/2443, S. 145.
532 *Bruns*, ZZP 110 (1997), 305, 313.
533 *Bruns*, ZZP 110 (1997), 305, 313.
534 *Bruns*, ZZP 110 (1997), 305, 313.

redaktionell überarbeitet, sonst aber unverändert übernommen wurde[535], ist in § 103 II 2 InsO, wie auch in § 107 II 1 InsO jedoch ausdrücklich von einem Wahlrecht die Rede. § 103 InsO macht das Schicksal noch nicht vollständig erfüllter gegenseitiger Verträge daher entscheidend von der Wahl des Verwalters abhängig, während im Hinblick auf die Auswirkungen der Verfahrenseröffnung auf den Vertrag keine eindeutige Stellung bezogen wird[536]. Der Wortlaut läßt daher auf den ersten Blick offen, ob der Gesetzgeber von einer Anpassung, einem Erlöschen oder dem Bestand der Erfüllungsansprüche ausgeht. Wenn sich die Erlöschenstheorie nun darauf gründet, dass es unter Geltung von § 17 KO kein eigentliches Wahlrecht gegeben habe, weil im Wortlaut nur davon die Rede war, dass der Verwalter den Vertrag erfüllen und vom anderen Teil Erfüllung verlangen kann, und dies nur darin begründet sein könne, dass die Nichterfüllung bereits die logische Konsequenz der Verfahrenseröffnung sei, so ist ihr die Grundlage mit Aufnahme des „Verwalterwahlrechts" in § 103 II 2 InsO entzogen[537]. Denn wenn dem Verwalter ein Wahlrecht also eine echte Entscheidungsalternative zusteht, er die Vertragserfüllung entsprechend § 103 II 1 InsO folglich auch ablehnen kann, wird deutlich, dass das Erlöschen der Ansprüche nicht die logische Folge der Verfahrenseröffnung sein kann. Denn wenn die Ansprüche bereits mit Verfahrenseröffnung erlöschen würden, wäre der Inhalt des Rechtes die Vertragserfüllung abzulehnen, bereits mit Verfahrenseröffnung eingetreten, das darauf gerichtete Recht wäre folglich inhaltsleer.

Aber nicht nur die Möglichkeit die Vertragserfüllung abzulehnen wäre ihrer Funktion entkleidet, auch das in § 103 II 2 InsO zugebilligte Wahlrecht wäre obsolet. Denn wenn an sich keine Erfüllungsablehnung mehr möglich ist, weil deren Rechtsfolgen bereits mit Verfahrenseröffnung eingetreten sind, ist sehr fraglich, ob der Verwalter noch eine tatsächliche Wahl zwischen Erfüllung und Nichterfüllung hätte. Ihm verbliebe nämlich lediglich die Möglichkeit den Vertrag zu erfüllen, oder es bei den bereits mit Verfahrenseröffnung eingetretenen Rechtsfolgen zu belassen. Es fragt sich daher, ob dies als "echtes" Wahlrecht qualifiziert werden kann. Dafür spricht der Wortlaut von § 103 InsO. Absatz 1 ermöglicht die Erfüllungswahl, Absatz 2 die Ablehnung der Erfüllung. Entscheidet sich der Verwalter für letztere, bleibt es nach der Erlöschenstheorie zwar bei der Nichterfüllung des Vertrages, entsprechend der Rechtslage, die bereits seit Verfahrenseröffnung besteht, der Vertragspartner hat dann nach § 103 II 1 InsO aber eine Nichterfüllungsforderung als Insolvenzforderung[538], während die gegenseitigen Erfüllungsansprüche bei Erfüllungswahl neu entstehen, die Forderung des anderen Teils wird dann zur Masseverbindlichkeit, § 55 I Nr. 2 InsO[539]. Unter diesem Aspekt hat der Verwalter bei Zugrundelegung der Erlöschenstheorie durchaus ein „echtes" Wahlrecht.

Aber auch nach der Gegenansicht hat der Verwalter entsprechend dem Wortlaut von § 103 InsO ein solches: Läßt die Verfahrenseröffnung die gegenseitigen Erfüllungsansprüche unberührt und entscheidet sich der Verwalter für die Vertragserfüllung, sind die gegenseitigen Erfüllungsansprüche endgültig zu erfüllen, der Anspruch des Vertragspartners wird Masseverbindlichkeit. Lehnt der Verwalter die Erfüllung hingegen ab, steht dem Vertragspartner gemäß § 103 II 2 InsO eine Nichterfüllungsforderung zu. In beiden Fällen

---

[535] BT-Drucks. 12/2443 S. 145.

[536] *Haarmeyer/Wutzke/Förster*, Handbuch, Rn. 171.

[537] Aber bereits unter Geltung der KO hatte der Verwalter ein echtes Wahlrecht, denn § 17 KO setzte die Nichterfüllung des Vertrages als umgekehrte Alternative gerade voraus [*Huber*, NZI 1998, 97, 98], und auch die Entwurfsbegründung zur KO sprach von einem „Wahlrecht des Verwalters" [vgl. *Musielak*, AcP 179 (1979), 188, 193].

[538] Kübler/Prütting-*Tintelnot*, § 103 Rn. 92, 97.

[539] Kübler/Prütting-*Tintelnot*, § 103 Rn. 74.

kommt es daher auch hier zu einer Art Umgestaltung der Rechtslage, die bei Erfüllungswahl dahingeht, den Anspruch des Vertragspartners endgültig zur Masseverbindlichkeit zu erheben und die bei Nichterfüllung zum endgültigen Untergang der Erfüllungsansprüche und zur Entstehung eines einseitigen Schadensersatzanspruches führt.
Die Tatsache, dass der Gesetzgeber sowohl das Wahlrecht des Verwalters als auch sein Recht, die Vertragserfüllung abzulehnen ausdrücklich im Gesetz erwähnt hat läßt daher weder eine Tendenz zugunsten noch zulasten der Erlöschenstheorie vermuten.
Nun wird teilweise aber § 103 II 3 InsO ein Argument für die Erlöschenstheorie entnommen: Nach § 103 II 3 InsO entfällt das Recht des Verwalters Erfüllung zu verlangen, wenn er auf die Aufforderung des anderen Teils, sein Wahlrecht auszuüben nicht unverzüglich reagiert. Nun wird angenommen, dass die gegenseitigen Vertragsansprüche mit Verfahrenseröffnung nicht untergingen, hätte § 103 II 3 InsO den Verwalter gerade umgekehrt zur Vertragserfüllung verpflichtet[540]. Dieser Argumentation könnte der Gedankengang zugrunde liegen, dass § 103 II 3 InsO eine Sanktion für den Verwalter in der Form ist, dass ihm das Privileg der Erfüllungswahl entzogen wird, wenn er sich auf die Aufforderung des anderen Teils hin nicht äußert. Denn wenn § 103 II 3 InsO als Privileg gegenüber den mit Verfahrenseröffnung eintretenen Rechtsfolgen verstanden wird, müßte nach der Gegenansicht, nach der die Verfahrenseröffnung keine Auswirkungen auf die Erfüllungsansprüche hat, § 103 II 3 InsO den Verwalter dahingehend sanktionieren, die Vertragserfüllung zu verlangen.
Es fragt sich aber, ob die Funktion von § 103 II 3 InsO tatsächlich darin besteht, den Verwalter für das nach § 103 II 2 InsO eingetretene Versäumnis zu bestrafen.
Für die Annahme einer solchen Sanktion spricht die Begründung zu § 117 RegE. Dort heißt es, dass dem Vertragspartner des Schuldners in Anlehnung an § 17 II KO das Recht gegeben wird, den Verwalter zur Wahlrechtsausübung zu zwingen[541]. Zwar fehlt es an einer speziellen Begründung zu § 103 II 3 InsO. Wenn die Wahl der Vertragserfüllung aber als Folge des nach § 103 II 2 InsO nicht fruchtbar ausgeübten Zwanges gemäß § 103 II 3 InsO ausscheidet, dann kann § 103 II 3 InsO als Maßregelung dafür verstanden werden, dass der Verwalter der Aufforderung des anderen Teils nicht nachgekommen ist. Andererseits erscheint es aber angesichts der Funktion von § 103 II 2 InsO zweifelhaft, dass sich die Wirkungsweise von Satz drei in einer bloßen Sanktion des Verwalters erschöpft.
§ 103 II 3 InsO ist das Instrument des Vertragspartners, die bis zur Ausübung des Wahlrechts bestehende Schwebelage[542] beenden zu können, um so zu verhindern, dass ihn durch eine längere Ungewißheit Nachteile treffen und er darüber hinaus die Möglichkeit hat, etwaige Entschädigungsforderungen rechtzeitig anzumelden[543]. Bis zur Erklärung des Verwalters besteht ein Schwebezustand, in dem der Vertragspartner im Ungewissen darüber bleibt, ob der Vertrag erfüllt wird oder nicht. Übt der Verwalter sein Wahlrecht nicht aus oder zögert er seine Entscheidung zu lange heraus, muss es dem Vertragspartner möglich sein, dieser Situation ein Ende setzen zu können[544]. Wenn § 103 II 3 InsO dem Verwalter nun das Recht, Vertragserfüllung zu verlangen abspricht, erfolgt das in erster Linie aus dem Grund,

[540] *Pape*, Kölner Schrift zur InsO, S. 531, 562 Rn. 48.
[541] abgedruckt in: *Uhlenbruck*, Insolvenzrecht, S. 426; dadurch, dass Kübler/Prütting-*Tintelnot*, § 103 Rn. 73 darauf hinweist, dass der Verwalter nach § 103 II 3 InsO das Recht auf der Erfüllung zu bestehen verliert, wird deutlich, dass auch er diese Vorschrift als Sanktionsmittel versteht.
[542] Vgl. § 103 II 2 InsO.
[543] *Hahn*, Materialien, S. 87. Die Materialien zur Konkursordnung können hier herangezogen werden, weil § 17 KO inhaltlich unverändert in § 103 InsO übernommen wurde, vgl. *Uhlenbruck*, Insolvenzrecht, S. 426; BT-Drucks. 12/7302, S. 42.
[544] FK-*Wegener*, § 103 Rn. 83.

Rechtssicherheit für den Vertragspartner zu schaffen, und ihm die Ungewißheit zu nehmen, dass der Verwalter doch noch auf der Erfüllung des Vertrages besteht. Dies mag folgendes Beispiel verdeutlichen: A hat bei B Gegenstände gekauft, die er für seinen Geschäftsbetrieb benötigt. In dem Zeitraum, indem sich der Verwalter noch nicht entschieden hat, ist es A zwar möglich, die benötigten Sachen anderweitig zu beziehen, es besteht aber die Gefahr, dass der Verwalter sich für die Vertragserfüllung entscheidet, und dem A dann neben den als Deckungsgeschäft bezogenen Sachen auch die bei B gekauften Gegenstände geliefert werden und er diese bezahlen muss. Um dieser Gefahr zu entgehen, gibt § 103 II 2 InsO dem Vertragspartner des Gemeinschuldners die Möglichkeit, die Rechtslage zuklären. Unter diesem Aspekt ist § 103 II 3 InsO nur natürliche Rechtsfolge, die bei fehlender Erklärung des Verwalters i.S.v. § 103 II 2 InsO eintritt.
§ 103 II 3 InsO kann daher kein Argument für die Erlöschenstheorie entnommen werden.
Im Ergebnis führt der Gesetzeswortlaut von § 103 InsO daher nicht weiter.

(2) Historie

Sowohl die allgemeine Begründung zum zweiten Abschnitt der Insolvenzordnung als auch die spezielle Begründung zu § 103 InsO sprechen dem Insolvenzverwalter ausdrücklich ein Wahlrecht zu[545]. An einem Hinweis auf die Einstellung des Gesetzgebers zu der Frage, welche Auswirkungen die Verfahrenseröffnung auf gegenseitige Verträge hat, fehlt es jedoch. Und auch die Anmerkung, dass das Wahlrecht des Verwalters inhaltlich unverändert aus dem geltenden Konkursrecht übernommen wird[546], führt zunächst nicht weiter. Denn eine solche Formulierung läßt offen, ob der Gesetzgeber damit meint, dass der bisherige Streit um die Auswirkungen der Verfahrenseröffnung auf gegenseitige noch nicht vollständig erfüllte Verträge ins neue Recht unverändert übertragen wird[547], oder ob sich die inhaltlich unveränderte Übernahme an die bisher h.M. in Rechtsprechung und Literatur oder an die dazu vertretene Gegenansicht anlehnt. Leitsatz 2.4.1.1 Abs. 1 des Ersten Berichtes der Kommission für Insolvenzrecht aus dem Jahre 1985 sprach sich ausdrücklich für die Fortgeltung beiderseits noch nicht vollständig erfüllte Verträge nach Verfahrenseröffnung aus[548]. Dieser Formulierung lag das Ziel zugrunde, „die Fortgeltung der unternehmerischen Tätigkeit nach Verfahrenseröffnung" zu gewährleisten[549]. Die Frage ist daher, was den Gesetzgeber dazu bewog von einer so eindeutigen Formulierung zugunsten eines demgegenüber mehrdeutigen Wortlautes Abstand zu nehmen. Im Jahre 1985, als die Kommission für Insolvenzrecht ihren ersten Bericht veröffentlichte hatte der BGH seine Wende zur Erlöschenstheorie noch nicht vollzogen. Leitsatz 2.4.1.1 Abs. 1 dieses Berichtes berührt daher auf der damals noch herrschenden Gegenansicht, nach der die Verfahrenseröffnung noch nicht vollständig erfüllte Verträge unberührt lies. Dass der Gesetzgeber der 1985 herrschenden Meinung zur Auswirkung der Verfahrenseröffnung auf noch nicht vollständig erfüllte Verträge Ausdruck verlieh, vermag Aufschluß über das Verständnis des in § 103 InsO normierten Verwalterwahlrechts und dem Hinweis in der Gesetzesbegründung auf die unveränderte

545 Zur RegBegr.DE : *BMinisterium der Justiz*, 3. Teil, B 89; zur RegBegr.RefE: *BMinisterium der Justiz*, Referentenentwurf, 3. Teil, S. 109, 110; zur RegBegr.RefE: *Uhlenbruck*, Insolvenzrecht, S. 425.

546 Zur DisBegr. : *BMinisterium der Justiz*, 3. Teil, B 89; zur RegBegr.RefE: *BMinisterium der Justiz*, Referentenentwurf, 3. Teil, S. 110; zur RegBegr.RefE: *Uhlenbruck*, Insolvenzrecht, S. 426.

547 So wohl *Grunsky*, Grundzüge des Zwangsvollstreckungs- und Insolvenzrechts, Rn. 179, der aus der Tatsache, dass § 103 I InsO § 17 I KO vollinhaltlich entspricht, schlußfolgert, dass die bisherigen Probleme „weitergeschleppt werden".

548 *BMinisterium der Justiz*, Erster Bericht der Kommission für Insolvenzrecht, S. 218 .

549 *BMinisterium der Justiz*, Erster Bericht der Kommission für Insolvenzrecht, S. 219.

Übernahme des Verwalterwahlrechts aus dem geltenden Recht geben. Denn erst seit der Entscheidung des IX. Zivilsenates vom 11.2.1988[550] ging die überwiegende Ansicht dazu über, die gegenseitigen Erfüllungsansprüche mit Verfahrenseröffnung als Erloschen anzusehen. Wenn nun der Diskussionsentwurf zur InsO vom 30.8.1988 von einem Wahlrecht des Verwalters entsprechend dem geltenden Konkursrecht spricht und die Erlöschenstheorie am 11.2. desselben Jahres höchstrichterlichen Einzug hielt, ist es naheliegend, dass die veränderte Formulierung auf der geänderten Rechtsprechung basiert. Daraus ergibt sich die Schlußfolgerung, dass die Begründungen zu § 103 InsO sowie die zu dessen Vorentwürfen deutlich machen wollen, dass § 103 InsO die seit dem herrschende Auffassung zugrunde liegt, indem sie ausführen, dass § 103 InsO den § 17 KO inhaltlich unverändert übernommen habe.
Der Wortlaut der Regierungsbegründung zu § 107 II InsO spricht nun aber davon, dass der Verwalter Sachen, die er im Falle der Fortführung benötigt, zunächst in der Insolvenzmasse behalten darf[551]. Dies wirft die Frage auf, worauf sich dieses „behalten dürfen" also das Besitzrecht des Verwalters juristisch gründet, wenn dieses bei Verfahrenseröffnung zusammen mit den Erfüllungsansprüchen untergegangen ist[552]. Grundlage für das Behaltendürfen des Verwalters ist § 107 II InsO, der gerade verhindern will, dass Vorbehaltsware direkt nach der Verfahrenseröffnung aus dem schuldnerischen Unternehmen gezogen wird.
Dies bestätigt auch ein Blick in die Regierungsbegründung zu § 108 I InsO, in der es heißt, dass Miet- und Pachtverträge über bewegliche Sachen mit Verfahrenseröffnung enden, es sei denn, der Verwalter entscheidet sich für die Vertragserfüllung[553]. Mit dieser Formulierung wird deutlich, dass der Gesetzgeber von einem automatischen Erlöschen der Erfüllungsansprüche mit Verfahrenseröffnung ausgeht und folglich der Erfüllungswahl des Verwalters eine konstitutive Bedeutung bemißt.

(3) Systematik

Im weiteren kommt der Frage Bedeutung zu, wie sich die verschiedenen Auffassungen zum strukturellen Verständnis von § 103 InsO zu anderen Normen der Insolvenzordnung verhalten.

(3 a) § 107 I 1 InsO

Nach § 107 I 1 InsO kann der Vorbehaltskäufer unter den dort genannten Voraussetzungen Erfüllung des Kaufvertrages verlangen.
Das aber setzt voraus, dass der Kaufvertrag noch besteht, denn wenn der Vorbehaltskäufer den Kaufpreis nicht mehr begleichen kann, kann auch die Bedingung, unter der das Vorbehaltsgut übereignet wurde nicht eintreten und das Anwartschaftsrecht erlischt.
Von entscheidender Bedeutung ist daher, welche Dogmatik hinsichtlich der Auswirkungen der Vertragseröffnung § 107 I InsO zugrunde liegt. Eine Möglichkeit besteht darin, dass Vorbehaltskäufe entsprechend der Erlöschenstheorie zunächst mit Verfahrenseröffnung erlöschen, der Käufer gemäß § 107 I 1 InsO aber das Recht hat, die Erfüllung des Kaufvertrages zu verlangen. Problematisch ist hierbei jedoch, dass nur solche Ansprüche erfüllt werden können, die noch bestehen. Wenn die Verfahrenseröffnung aber zum Erlöschen

[550] BGHZ 103, 250 ff = BGH ZIP 1989, 322, 323.
[551] Begr. zu § 121 II RegE, abgeduckt in: *Uhlenbruck*, Insolvenzrecht, S. 433 .
[552] So HK-*Marotzke*, § 107 Rn. 29.
[553] *Uhlenbruck*, Insolvenzrecht, S. 434.

der gegenseitigen Erfüllungsansprüche führt, dann existiert nichts mehr, was i.S.v. § 107 I 1 InsO erfüllt werden kann. Darüber hinaus ist diese Alternative auch nicht mit der Schutzrichtung von § 107 I 1 InsO vereinbar. Denn die Funktion von § 107 I 1 InsO, das Anwartschaftsrecht des Vorbehaltskäufers zu schützen, steht im Widerspruch zu den Auswirkungen der Erlöschenstheorie. Grund dafür ist, dass mangels erfüllbarem Kaufpreisanspruches auch die Bedingung unter der das Vorbehaltsgut übereignet wurde nicht mehr eintreten kann. Das Anwartschaftsrecht ist folglich zusammen mit den Erfüllungsansprüchen zum Zeitpunkt der Verfahrenseröffnung erloschen. Seine Neubegründung ist nur nach § 80 InsO durch den Verwalter möglich. Nun spricht die Gesetzesbegründung aber vom Schutz eines bestehendes Anwartschaftsrechts und nicht davon, dass § 107 I 1 InsO die Möglichkeit eröffnet in der Person des Käufers ein solches neu zu begründen. § 107 I 1 InsO steht daher nicht im Einklang mit der Erlöschenstheorie[554]. Folglich bleibt nur die Möglichkeit, dass § 107 I 1 InsO eine Ausnahme zu dieser ist oder § 107 I 1 InsO ebenso, wie § 103 InsO der Gedanke zugrunde liegt, dass die Verfahrenseröffnung keine Auswirkungen auf gegenseitige Erfüllungsansprüche hat. Dazu ist folgendes zu sagen:

Die §§ 105 ff InsO und somit auch § 107 InsO sind Sondervorschriften zu § 103 InsO[555] und damit Ausnahmen von dem Grundsatz des § 103 InsO, wonach der Verwalter bei gegenseitigen zum Zeitpunkt der Verfahrenseröffnung noch nicht vollständig erfüllten Verträgen ein Wahlrecht hinsichtlich der Vertragserfüllung hat[556]. § 107 I 1 InsO kann aber nur dann als eine Ausnahme zu § 103 InsO verstanden werden, wenn die Verfahrenseröffnung hier andere Auswirkungen als bei § 103 InsO zeigt. Wie festgestellt, läßt die Verfahrenseröffnung Vorbehaltskäufe unberührt. § 107 I InsO stellt nur dann einen Ausnahmetatbestand dar, wenn die Verfahrenseröffnung grundsätzlich zum Erlöschen der Erfüllungsansprüche führt. Läge § 103 InsO hingegen die Ansicht zugrunde, nach der die Verfahrenseröffnung keinerlei Auswirkungen auf die Erfüllungsansprüche aus gegenseitigen Verträgen hätte, würde § 107 I InsO seiner Funktion als Spezialtatbestand entkleidet[557].

Dies bestätigt auch ein Blick auf die Regierungsbegründung zu § 107 InsO:

In der Begründung zu § 121 RegE wird der heutige § 107 InsO als eine Regelung bezeichnet, die eine Streitfrage des geltenden Rechts klärt[558]. Es fragt sich aber auf welche Streitfrage der Gesetzgeber abstellt. Die Regierungsbegründung führt weiter aus, dass dem Insolvenzverwalter im Insolvenzverfahren über das Vermögen des Verkäufers nur die Rechte zustehen, die dem Verkäufer aus dem Vertrage zustanden und der Verwalter die Anwartschaft des Vorbehaltskäufers nicht durch Erfüllungsablehnung zerstören kann. Überdies sei der Verwalter nicht zur Rückforderung der Kaufsache berechtigt, solange sich der Käufer vertragstreu verhalte. Aus diesen Äußerungen läßt sich zunächst auf den Streit um die Insolvenzfestigkeit des Anwartschaftsrechts des Vorbehaltskäufers im Insolvenzverfahren

---

554 Vgl. auch *Obermüller*, Kölner Schrift zur InsO, 985, 1002 Rn. 68, der die Möglichkeit, dass der Vertrag zunächst entsprechend der Erlöschenstheorie erlischt und erst durch das Erfüllungsverlangen wieder neu entsteht als „noch gekünstelter“ als das Wahlrecht nach § 17 KO empfindet.

555 *Haarmeyer/Wutzke/Förster*, Handbuch, Rn. 171; Kübler/Prütting-*Tintelnot*, § 103 Rn. 2.

556 *Huber*, NZI 1998, 97, 101.

557 Dadurch, dass § 107 I 1 InsO lex specialis gegenüber § 103 InsO ist, mit der Folge, dass die Erfüllungsansprüche aus Vorbehaltskäufen trotz Verfahrenseröffnung bestehen bleiben, wird auch deutlich, dass § 107 I 1 InsO dem Vorbehaltskäufer kein Wahlrecht zwischen der Vertragserfüllung und deren Erfüllungsablehnung gibt, obwohl der Wortlaut „kann“ dies nahezulegen scheint. Denn nur wenn die Erfüllungsansprüche zunächst erlöschen und erst mit dem Erfüllungsverlangen des Vorbehaltskäufers neu entstehen würden, könnte von einem Wahlrecht des Vorbehaltskäufers hinischtlich der Vertragserfüllung die Rede sein.

558 *Uhlenbruck*, Insolvenzrecht, S. 432.

über das Verkäufervermögen schließen. Aber der Gesetzgeber könnte auch eine andere Streitfrage im Auge gehabt haben: Wenn nämlich dem Verwalter nur die Rechte aus dem Kaufvertrag zustehen, setzt das voraus, dass der Vorbehaltskauf trotz Verfahrenseröffnung bestehen bleibt. Die gegenseitigen Hauptleistungspflichten erlöschen daher nicht. Unter diesem Blickwinkel kann die Aussage der Regierungsbegründung, dass § 107 I InsO eine Streitfrage des geltenden Rechts klärt auch bedeuten, dass der Gesetzgeber durch § 107 I InsO seine Tendenz hin zur Erlöschenstheorie zum Ausdruck bringen wollte. Denn hätte er sich zugunsten der Gegenansicht entschieden, würde keine Streitfrage des geltenden Rechts geklärt, sondern eine Änderung gegenüber der jetzigen Rechtslage herbei geführt[559]. Für die Vertreter der Erlöschenstheorie mag diese Argumentation zwar naheliegend sein, dass das im Ergebnis aber nicht überzeugend ist, bestätigt ein Blick in die Entstehungsgeschichte von § 107 InsO. Diese macht deutlich, dass der Gesetzgeber die Funktion dieser Norm ausschließlich darin sieht, das Anwartschaftsrecht des Vorbehaltskäufers in der Verkäuferinsolvenz für insolvenzfest zu erklären[560]. Dass daneben auch noch das Ziel verfolgt wurde, klärend auf den Streit um die Auswirkungen der Verfahrenseröffnung auf gegenseitige Erfüllungsansprüche einzuwirken, wird nirgends hervorgehoben.
Die Regierungsbegründung macht demnach zwar deutlich, dass § 107 InsO eine Ausnahmevorschrift zu § 103 InsO ist. Darüber hinaus läßt sich auch der Begründung zu § 103 InsO ein Argument gegen die These entnehmen, dass die Verfahrenseröffnung sowohl nach § 107 I InsO als auch nach § 103 InsO keine Auswirkungen auf die Erfüllungsansprüche hat. Denn wenn § 103 InsO dem § 17 KO inhaltsgleich ist und dieser von Rechtsprechung und überwiegender Ansicht in der Literatur seit 1988 im Sinne der Erlöschenstheorie verstanden wird, muss diese Interpretation auch für § 103 InsO gelten.
Die Rolle von § 107 I 1 InsO als Sondervorschrift zu § 103 InsO und die Tatsache, dass die Verfahrenseröffnung gemäß § 107 I 1 InsO die Erfüllungsansprüche aus Vorbehaltskäufen nicht berührt, macht deutlich, dass § 103 InsO die Erlöschenstheorie zugrundezulegen ist, während § 107 I InsO eine Ausnahme dazu ist.
Wenn die Verfahrenseröffnung, je nach dem welcher der Vertragspartner insolvent wird, unterschiedliche Auswirkungen auf die gegenseitigen Erfüllungsansprüche[561] hat, wird dadurch das Problem aufgeworfen, welcher Regelung im Fall der Doppelinsolvenz der Vorzug zu geben ist, und ob die unterschiedlichen Auswirkungen der Verfahrenseröffnung vom Gesetzgeber gewollt sind. Zunächst könnte man daran denken, danach zu entscheiden, welche der Parteien zuerst insolvent geworden ist. Dem widerspricht aber die mit § 107 I InsO verfolgte Intention des Gesetzgebers, den Vorbehaltskäufer hinsichtlich seiner eingeleiteten Rechtsvollendung zu schützen und ihm die Möglichkeit zu geben, diese vollenden zu können. Darüber hinaus spricht auch der Charakter von § 107 I 1 InsO als Ausnahmevorschrift zu § 103 InsO für dessen vorrangige Anwendung. Für die Doppelinsolvenz ist daher zumindest für das Recht des Käufers, gegen Zahlung des vereinbarten Preises den Eigentumsübergang herbeizuführen § 107 I 1 InsO zugrundezulegen. Der Ausnahmecharakter von § 107 I InsO und die Tatsache, dass Erfüllungsansprüche aus Vorbehaltskäufen hiernach trotz Verfahrenseröffnung unberührt bleiben, spricht im Ergebnis also dafür, dass § 103 InsO die Erlöschenstheorie zugrundeliegt.

---

559 *Obermüller*, Kölner Schrift zur InsO 985, 990 Rn. 18.

560 Vgl. bereits *BMinisterium der Justiz*, Begr. RefE, S. 111; BT-Drucks. 12/2443, S. 146; *Uhlenbruck*, Insolvenzrecht, S. 433.

561 Dies ist einerseits durch die unterschiedlichen Funktionen von § 107 Absatz 1 und 2 InsO, andererseits dadurch gerechtfertigt, dass sich der Verwalter im Rahmen des Absatzes 2 im Gegensatz zum ersten Absatz freiwillig des Anwartschaftsrechtes entledigt, wenn er sich für die Nichterfüllung des Vertrages entscheidet.

(3 b) § 108 InsO

Dieses Ergebnis wird auch durch § 108 I InsO bestätigt. Nach § 108 I 1 InsO bestehen Miet- und Pachtverhältnisse über unbewegliche Gegenstände und Räume sowie Dienstverhältnisse des Schuldners mit Wirkung für die Insolvenzmasse fort. Solche Verträge sind folglich vom Verwalterwahlrecht ausgenommen[562]. An dessen Stelle treten die besonderen Kündigungs- und Rücktrittsrechte der §§ 109 - 111, 113 InsO. Da aber Kündigung und Rücktritt nur bei bestehenden Vertragsverhältnissen möglich sind, wird das Fortbestehen der hier genannten Vertragsverhältnisse über den Zeitpunkt der Verfahrenseröffnung hinaus vorausgesetzt[563]. Damit bestätigt § 108 I 1 InsO als Ausnahmevorschrift zu § 103 InsO, ebenso wie bereits § 107 I InsO, dass gegenseitige Verträge mit Verfahrenseröffnung grundsätzlich erlöschen.
Zu beachten ist jedoch, dass eine dem § 108 I 1 InsO ähnliche Regelung auch unter Geltung der KO existierte. In den §§ 19 - 22 KO war die Abwicklung von Miet- und Pachtverhältnisse nach Verfahrenseröffnung geregelt, wobei auch hier vom Fortbestand solcher Verträge über die Verfahrenseröffnung hinaus ausgegangen wurde, obwohl die Erlöschenstheorie weitreichende Zustimmung fand. § 108 I 1 InsO bestätigt damit zwar das im Rahmen der Analyse von § 107 I InsO erzielte Ergebnis, setzt aber keinen gegenüber der KO abweichenden, streitklärenden Akzent[564].
Etwas anderes ergibt sich aber aus § 108 I 2 InsO. Ursprünglich enthielt § 108 I InsO eine dem § 21 I KO vergleichbare Regelung nur noch für Mietverträge über Immobilien. Das warf das Problem auf, dass Mietverträge über bewegliche Sachen nach der Reform dem Verwalterwahlrecht nach § 103 InsO unterlagen. Da § 103 InsO aber § 17 KO inhaltlich unverändert übernehmen sollte und daher zu erwarten war, dass sich folglich auch die Rechtsprechung zu § 17 KO in § 103 InsO wiederfinden würde, wären Vorausabtretungen von Leasingraten entsprechend der Erlöschenstheorie künftig an § 91 I InsO gescheitert, weil diese selbst bei Erfüllungswahl durch den Verwalter zwar neu entstanden worden wären, aber es sich bei ihnen dann nicht mehr um betagte Forderungen gehandelt hätte, so dass der Refinanzierer seine Sicherheit verloren hätte[565]. Um dies zu verhindern, wurde § 108 I InsO mit Gesetz zur Änderung des AGB-Gesetzes und der InsO vom 19.7.1996[566] ein zweiter Satz zugefügt, wonach Mietverträge über bewegliche Gegenstände in der Insolvenz des Vermieters mit Wirkung für die Insolvenzmasse ausnahmsweise fortbestehen, wenn die Gegenstände „einem Dritten, der ihre Anschaffung oder Herstellung finanziert hat, zur Sicherheit übertragen wurde“. Daran wird deutlich, dass der Gesetzgeber der Insolvenzordnung für die grundsätzliche Geltung der Erlöschenstheorie in § 103 InsO, entsprechend § 17 KO, eintritt[567].

---

562 Kübler/Prütting-*Tintelnot*, § 108 Rn. 2; *Uhlenbruck*, Insolvenzrecht, S. 433.

563 *Uhlenbruck*, Insolvenzrecht, S. 434.

564 Gleiches gilt für die §§ 115 ff InsO: Nach §§ 115 ff InsO erlöschen vom Schuldner erteilte Aufträge, Geschäftsbesorgungsverträge und Vollmachten mit der Eröffnung des Insolvenzverfahrens. Die Tatsache, dass hier die Auswirkungen, entsprechend der Erlöschenstheorie für manche Vertragstypen ausdrücklich festgelegt werden, läßt an der generellen Geltung der Erlöschenstheorie Zweifel aufkommen. Dem ist einerseits jedoch damit zu widersprechen, dass sich § 103 InsO im Gegensatz zu den §§ 115 ff InsO auf gegenseitige Verträge bezieht, bei denen keine der Parteien vor Verfahrenseröffnung vollständig erfüllt hat. Andererseits verhält es sich mit dem Argument aus §§ 115 ff InsO, wie mit dem aus § 108 I 1 InsO. Denn ebenso, wie bei Miet- und Pachtverträgen gab es auch für Aufträge und Geschäftsbesorgungen in den §§ 23-27 KO entsprechende Regelungen, die der Erlöschenstheorie nicht abträglich wurden. Den §§ 115 ff InsO kommt daher auch keine streitklärende Wirkung zu.

565 *Obermüller*, Kölner Schrift zur InsO, 985, 997 Rn. 46.

566 BGBl. 1996, I, 1013.

567 Und auch aus der Regierungsbegründung zu § 108 I InsO, *Uhlenbruck*, Insolvenzrecht, S. 434 geht deutlich

(3 c) § 166 II InsO

§ 166 II InsO berechtigt den Insolvenzverwalter dazu, vom Gemeinschuldner vor Verfahrenseröffnung zur Sicherung eines Anspruchs abgetretene Forderungen zu verwerten oder einzuziehen. Voraussetzung ist jedoch, dass die Forderung vor dem Zeitpunkt der Eröffnung des Insolvenzverfahrens entstanden ist[568]. Von der Erlöschenstheorie ausgehend bedeutet das, dass es sich bei unter § 166 II InsO fallende Forderungen nicht um solche handelt, die aufgrund Erfüllungswahl nach § 103 InsO neu entstanden sind. Denn diese sind mit der Verfahrenseröffnung erloschen und entstehen selbst im Fall der Erfüllungswahl erst nach Verfahrenseröffnung neu[569]. Sie sind daher vor dem Zeitpunkt der Verfahrenseröffnung noch nicht begründet, was für § 166 II InsO aber zwingende Voraussetzung ist[570].
Wenn nun bereits unter Geltung der Konkursordnung argumentiert wurde, dass die Erlöschenstheorie zu einer Masseanreicherung zulasten von Drittgläubigern führe[571], weil die Abtretung einer Forderung aus einem gegenseitigen zur Zeit der Verfahrenseröffnung noch nicht vollständig erfüllten, gegenseitigen Vertrag mit Verfahrenseröffnung mangels Forderung nicht mehr existierte und wegen § 15 KO, jetzt § 91 InsO, auch durch Erfüllungswahl nicht mehr neu begründet werden könne, was als unbillig und zu massefreundlich empfunden wurde, so wird dies für Sicherungsabtretungen in § 166 II InsO gesetzlich legitimiert. Denn § 166 II legt fest, dass der Verwalter eine Forderung, die der Schuldner zur Sicherung eines Anspruchs abgetreten hat, einziehen oder in anderer Weise verwerten darf, um „Einwendungen des Drittschuldners auszuräumen"[572]. Durch § 166 II InsO wird für Sicherungsabtretungen also genau das gesetzlich legitimiert, was die Erlöschenstheorie für alle vor Verfahrenseröffnung abgetretenen Forderungen aus gegenseitigen Verträgen i.S.v. § 103 InsO zur Folge hat. Insofern bestätigt § 166 II InsO also die Rechtsfolgen der Erlöschenstheorie im Hinblick auf vor Verfahrenseröffnung vorgenommene Sicherungsabtretungen.
Etwas anderes gilt nur dann, wenn § 166 II InsO die Dogmatik des § 103 InsO ausnahmsweise durchbricht[573]. Denn wenn die Verfahrenseröffnung keinerlei Auswirkungen auf das Bestehen von Erfüllungsansprüchen aus gegenseitigen Verträgen hätte, würden die vor Verfahrenseröffnung vorgenommenen Abtretungen solcher Forderung auch nach Verfahrenseröffnung noch Bestand haben, mit der Folge, dass § 166 II InsO eine Ausnahme dazu bilden würde. Eine solche Differenzierung zwischen Sicherungs- und anderen Zessionen erscheint jedoch zweifelhaft.
§ 166 II InsO bestätigt damit die grundsätzliche Geltung der Erlöschenstheorie.

---

hervor, dass der Gesetzgeber § 103 InsO die Erlöschenstheorie zugrundelegt. Denn hier heißt es, Miet- und Pachtverhältnisse über bewegliche Sachen und Rechte unterliegen dem Verwalterwahlrecht, mit der Folge, dass sie mit Verfahrenseröffnung enden, entscheidet sich der Verwalter nicht für deren Erfüllung.

568 Kübler/Prütting-*Kemper*, § 166 Rn. 8.

569 Das hat ferner zur Folge, dass die vom Schuldner vor Verfahrenseröffnung vorgenommene Abtretung eines solchen Anspruchs unwirksam ist, Kübler/Prütting-*Lüke*, § 91 Rn. 28.

570 Kübler/Prütting-*Kemper*, § 166 Rn. 8.

571 Vgl. Kübler/Prütting-*Tintelnot*, § 103 Rn. 12 m.w.N; siehe auch *Dahnke*, Zur Sicherungsabtretung von Forderungen, die im Konkurs des Zedenten dem § 17 KO unterliegen, S. 33, 39 ff, dessen Ansicht, dass mit der Erlöschenstheorie eine weitere Möglichkeit geschaffen wurde, Sicherungsabtretungen zu vernichten oder grundlos den effektiven Einsatz von Vertragswerten in der Globalzession, dem Sicherungsmittel des kleinen Schuldners zu vereiteln im Hinblick auf § 166 II InsO nicht mehr haltbar ist.

572 BT-Drucks. 12/2443, S. 178.

573 Dagegen Kübler/Prütting-*Tintelnot*, § 103 Rn. 91.

(3 d) Massefreundlichkeit

Als nächstes stellt sich die Frage, ob die Erlöschenstheorie durch ihre massefreundlichen Auswirkungen gestützt wird: Der Insolvenzordnung liegt unter der Prämisse gleichmäßiger Gläubigerbefriedigung und gegenüber der Konkursordnung das verstärkte Bestreben nach Unternehmenssanierung- und Fortführung über die Verfahrenseröffnung hinaus[574] zugrunde. Nach der Erlöschenstheorie sind vor Verfahrenseröffnung vorgenommene Abtretungen von Forderungen, die nach § 103 InsO erst mit Erfüllungswahl neu Entstehen unwirksam[575] und eine Aufrechnung des Vertragspartners mit einer Insolvenzforderung gegen die aufgrund des Erfüllungsverlangens neu begründete Forderung ist nach § 96 Nr. 1 InsO unzulässig[576]. Damit wird eine Massemehrung erreicht, die dazu dient, die gemeinschaftliche Befriedigung aller Gläubiger zu fördern. Unter diesem Aspekt führt die Erlöschenstheorie zu ausgewogenen Ergebnissen für die Praxis. Es fragt sich aber, ob die Erlöschenstheorie dadurch auch ihre dogmatische Rechtfertigung erfährt[577]. Wenn die Insolvenzordnung im Rahmen der angestrebten marktkonformen Insolvenzbewältigung und damit entgegen der auf Zerschlagung und Ausproduktion[578] ausgerichteten Konkursordnung sinnvolle Sanierungen ermöglichen soll[579], dann genügt Massemehrung allein nicht. Um das Unternehmen fortführen zu können ist der Verwalter darauf angewiesen, bestehende Geschäftsverbindungen zu pflegen und zu erhalten. Wenn aber vor Verfahrenseröffnung vorgenommene Abtretungen erlöschen und ein Aufrechnungsverbot für neu begründete Ansprüche besteht und sich dies zulasten der Geschäftsparter auswirkt, liegt eine weitere Zusammenarbeit mit dem gemeinschuldnerischen Unternehmen nicht in deren Interesse, was wiederum dem angestrebten Zweck abträglich ist.

Bedacht werden muss ferner, dass auch den Geschäftspartnern des Gemeinschuldners langfristig mehr damit gedient ist, dass das schuldnerische Unternehmen floriert, als wenn die zuvor an sie vorgenommenen Abtretungen wirksam bleiben. Diesem Zweck dient aber die Erlöschenstheorie, wenn man folgenden Aspekt betrachtet: Nach der Erlöschenstheorie gehen die gegenseitigen Erfüllungsansprüche mit Verfahrenseröffnung unter und entstehen erst mit Erfüllungswahl ex nunc neu. Das führt dazu, dass der Vorbehaltskäufer, wenn ein Insolvenzverfahren über sein Vermögen eröffnet wurde, mit ab diesem Zeitpunkt fälligen Kaufpreisraten mangels Existenz einer Zahlungspflicht nicht in Verzug geraten kann. Nach der Gegenansicht bleiben die Erfüllungsansprüche von der Verfahrenseröffnung jedoch unberührt, so dass die Zahlungspflicht des Käufers weiterhin bestehen bleibt, und dieser auch mit nach Verfahrenseröffnung fälligen Kaufpreisraten in Verzug geraten kann[580]. Tritt der Lieferant dann nach §§ 455 I, 346 BGB a.F. zurück, kollidieren dieses Rücktrittsrecht des Verkäufers und das Recht des Verwalters nach § 107 II InsO die Sache bis zur Entscheidung im Berichtstermin im schuldnerischen Unternehmen behalten zu dürfen. Eine solche Kollision wird aber mit der Erlöschenstheorie vermieden.

---

[574] Siehe bereits *BMinisterium der Justiz*, Allgemeine Begründung zum DiskE, S. A 3; *Bruns*, ZZP 110 (1997), 305, 313.

[575] Denn diese erlöschen zusammen mit den Erfüllungsansprüche und selbst für den Fall, dass der Verwalter die Vertragserfüllung wählt, steht einer erneuten Abtretung § 91 I InsO entgegen.

[576] BGH NJW 1992, 507; *Krull*, ZInsO 1998, 291, 292.

[577] *Huber*, NZI 1998, 97, 99.

[578] *Wellensiek* in: Uhlenbruck/Karsten Schmidt (Hrsg.), Die GmbH in Krise, Sanierung und Insolvenz, 1997, Rn. 646.

[579] *BMinisterium der Justiz*, Allg. Begr. zum RefE, S. 17, 18.

[580] Vgl. zu der Frage, ob der Verwalter nach dem Antrag auf Eröffnung eines Insolvenzverfahrens wegen Verzugs mit vor Antragstellung fälligen Kaufpreisraten vom Kaufvertrag zurücktreten kann unten S. 327 ff.

Im Ergebnis spricht die mit der Novellierung verfolgte Aufwertung des Sanierungszwecks daher für die Erlöschenstheorie[581].

(3 e) Sicherungsabtretung von Kundenansprüchen aus Kapitallebensversicherungen

Als Argumentationshilfe sind ferner die Auswirkungen der Verfahrenseröffnung auf die Sicherungsabtretung von Ansprüchen eines Kunden aus Kapitallebensversicherungen heranzuziehen.

Hat ein Bankkunde eine Kapitallebensversicherung abgeschlossen und die daraus resultierenden Ansprüche gegen den Versicherer zur Sicherheit an die Bank abgetreten, so ergibt sich in der Insolvenz der Kunden folgendes Bild: Auf der Grundlage der Erlöschenstheorie führt die Ablehnung der Vertragserfüllung dazu, dass der Versicherer nach § 176 VVG nur noch den Rückkaufswert schuldet. Dieser steht wegen der vor Verfahrenseröffnung vorgenommenen Zession aber der Bank zu, was auch § 91 I InsO nicht zu verhindern vermag, weil die Verfügung über ein Recht unter einer aufschiebenden Bedingung bereits vor Verfahrenseröffnung vollzogen ist[582]. Entscheidet sich der Verwalter hingegen für die Vertragserfüllung, ergibt sich nur auf der Grundlage der Gegenansicht ein anderes Ergebnis: Nach der Erlöschenstheorie müßten die gegenseitigen Erfüllungsansprüche aus dem Versicherungsvertrag, also der Anspruch des Versichten auf die Versicherungssumme im Erlebensfall und der Anspruch des Gemeinschuldners auf die Versicherungsleistung, mit Erfüllungswahl neu entstehen. Dies ist jedoch mit der Natur des Versicherungsvertrages nicht vereinbar, weil der Versicherte nur dann einen Anspruch auf Auszahlung der Versicherungssumme erwirbt, wenn der Vertrag ohne Unterbrechung durchgeführt wurde[583]. Daran fehlt es aber bei zwischenzeitlichem Untergang der Ansprüche. Das hat zur Folge, dass auch die Erfüllungswahl nur zu einem Anspruch auf den Rückkaufswert führt[584]. Demgegenüber hätte der Verwalter bei Erfüllungswahl nach der Gegenansicht weiterhin einen Anspruch auf die Versicherungsleistung. Ohne die vor Verfahrenseröffnung vorgenommene Sicherungsabtretung an die Bank würde die Erlöschenstheorie den Verwalter daher in jedem Fall auf den Rückkaufswert beschränken, während er nach der Gegenansicht einen Anspruch auf die Versicherungssumme hätte. Sind die Ansprüche aus dem Versicherungsvertrag vor Verfahrenseröffnung an einen Dritten abgetreten, macht es aber keinen Unterschied für den Verwalter, ob er nach der Erlöschenstheorie nur den Rückkaufswert erhält oder nach der Gegenansicht den Anspruch auf die Versicherungssumme hat, denn dieser Anspruch steht wegen der auch gegenüber der Masse wirksamen Zession dem Zessionar zu. Darüber hinaus dürfte dasselbe Problem wegen § 15 KO bereits unter Geltung der KO bestanden haben, so dass die InsO insofern zu keiner Veränderung führt. Neu ist jedoch, dass der Verwalter nach § 166 II InsO dazu berechtigt ist, vor Verfahrenseröffnung entstandene Forderungen einzuziehen oder in anderer Weise zu verwerten. Unter diesem Aspekt fällt die Gewichtung der InsO zugunsten der Gegenansicht aus, denn auf der Grundlage von § 166 II InsO ergibt sich für die Masse ein Unterschied, ob der Verwalter die Forderung auf den Rückkaufswert oder diejenige auf die volle Versicherungssumme einziehen darf.

---

581 A.A. *Bruns*, ZZP 110 (1997), 305, 313.

582 Kübler/Prütting-*Kemper*, § 91 Rn. 17. *Obermüller*, Kölner Schrift zur InsO, 985, 991 Rn. 24.

583 *Obermüller*, Kölner Schrift zur InsO, 985, 992 Rn. 26.

584 *Obermüller*, Kölner Schrift zur InsO, 985, 992 Rn. 27.

ddd. Schlußfolgerung

Im Ergebnis ist festzuhalten, dass auch die Insolvenzordnung keine eindeutige Lösung der Zweifelsfrage um die Auswirkungen der Verfahrenseröffnung auf den Bestand gegenseitiger Verträge bringt. Insbesondere der Wortlaut von § 103 InsO hilft an dieser Stelle nicht weiter. Während den Auswirkungen der Erlöschenstheorie auf Sicherungsabtretungen von Forderungen aus Kapitallebensversicherungen Argumente gegen die Erlöschenstheorie zu entnehmen sind, geben sowohl die Entstehungsgeschichte, das Verhältnis der §§ 107 I, 108 I, 166 II InsO zu § 103 InsO und die im Rahmen der Insolvenzrechtsreform verfolgte Aufwertung von Sanierungen im Rahmen des Möglichen den Ausschlag zugunsten der Erlöschenstheorie.

e. Zusammenfassung

An einer ausdrücklichen Erwähnung der aufschiebend bedingten Einigung fehlt es. Daneben ist diese Voraussetzung auch nicht direkt in anderen Tatbestandsmerkmalen verankert. Das Wort „Eigentumsvorbehalt" kann wegen seiner Verwendung im Zusammenhang mit dem schuldrechtlichen Grundgeschäft und im Hinblick auf seine systematische Stellung nicht als Ersatz für diese Notwendigkeit verstanden werden. Und auch die in § 107 I 1 InsO als notwendige Voraussetzung benannte Besitzübertragung hat eigenständige Bedeutung. Da die schuldrechtliche Verpflichtung, einen Gegenstand bedingt zu übereignen, jedoch auf die Entstehung eines Anwartschaftsrechtes gerichtet und die Übertragung des Besitzes Teil der bedingten Übereignung ist, läßt sich beiden Tatbestandselementen jedoch eine Andeutung auf die Notwendigkeit der Begründung eines Anwartschaftsrechts vor Verfahrenseröffnung entnehmen. Bereits dadurch wird die mit § 107 I 1 InsO verfolgte Intention des Gesetzgebers, den Schutz erst nach Entstehung eines Anwartschaftsrechtes greifen zu lassen, bestätigt. Aber auch aus der Entstehungsgeschichte von § 107 I 1 InsO sowie einem Vergleich mit der Abwicklung von Vorbehaltskäufen in internationalen Insolvenzen auf der Grundlage von Art. 7 II InsV hat sich ergeben, dass neben den im Tatbestand genannten Voraussetzungen erst die Begründung eines Anwartschaftsrechtes vor Verfahrenseröffnung den Schutzbereich von § 107 I 1 InsO eröffnet.

Da die befürchtete unverhältnismäßig weite Ausdehnung des durch § 107 I 1 InsO gewährten Schutzes mangels zahlreicher praktischer Fälle, bei denen vor Verfahrenseröffnung nur der Vorbehaltskauf geschlossen und der Besitz übertragen wurde, es aber an einer aufschiebend bedingten Übereignung fehlte, ausbleiben wird, hat sich lediglich dieses Argument als nicht schlagkräftig zugunsten der Notwendigkeit einer vor Verfahrenseröffnung begründeten Anwartschaft des Vorbehaltskäufers erwiesen. Das allein vermag aber noch nicht zu überzeugen. Dies gilt insbesondere mit Blick auf die Analyse dessen, was der Käufer als Erfüllung i.S.v. § 107 I 1 InsO verlangen kann. Hier ergab die teleologische Reduktion der Rechtsfolge, obwohl rein formal beim Gattungskauf ein Recht auf Nachlieferung und Nachbesserung erfaßt ist und sich die Erfüllung begriffstechnisch auch auf die Beseitigung behebbarer Mängel erstreckt, dass der Vorbehaltskäufer aus § 107 I InsO lediglich einen Anspruch auf Unterlasung sämtlicher Handlungen herleiten kann, die die Vollendung des Rechtserwerbs beeinträchtigen können.

Die Rechtsfolgenseite wird somit nicht inhaltsleer, wenn die aufschiebend bedingte Übereignung als Teil des Tatbestandes von § 107 I 1 InsO verstanden wird, so dass im Ergebnis auch unter diesem Aspekt kein Argument gegen ein Anwartschaftsrecht als notwendige Tatbestandsvoraussetzungen entnommen werden kann. Dies gilt insbesondere

auch unter dem Aspekt, dass die Rechtsfolgenbestimmung von § 107 I 1 InsO dazu beiträgt, die Stellung des Gesetzgebers zugunsten der Erlöschenstheorie zu verdeutlichen.
Im Ergebnis ist die aufschiebend bedingte dingliche Einigung der Parteien damit Tatbestandsvoraussetzung von § 107 I 1 InsO.

2. Von § 107 I InsO erfaßte Eigentumsvorbehaltsformen

Als nächstes stellt sich die Frage, ob § 107 I InsO nur eine Sonderregelung für den einfachen Eigentumsvorbehalt enthält, oder ob auch solche Kaufverträge erfaßt werden, bei denen die Parteien eine der zahlreichen Spielarten des Eigentumsvorbehaltes vereinbart haben.
Während die Rechtsprechung sich dazu bisher noch nicht geäußert hat, wird diese Frage in der Literatur uneinheitlich beantwortet. *Tintelnot* sowie *Gottwald/Adolphsen* sprechen sich gegen die Anwendung von § 107 InsO auf die Verlängerungs- und Erweiterungsformen des Eigentumsvorbehaltes aus[585]. *Tintelnot* stellt ohne nähere Begründung fest, dass § 107 InsO die Erweiterungsformen des Eigentumsvorbehaltskaufes nicht tangiere, da das Verwalterwahlrecht allein den Erwerb der Kaufsache selbst betreffe[586]. Auch bei *Gottwald/Adolphsen* fehlt es an einer eingehenden Auseinandersetzung, sie stellen bei den Erweiterungs- und Verlängerungsformen des Eigentumsvorbehaltes vielmehr ohne Umwege auf die Anwendung von § 103 InsO ab. Nach *Wegener* erfaßt § 107 I InsO nur den einfachen, den weitergeleiteten und den nachgeschalteten Eigentumsvorbehalt[587]. Argumentativ verweist er darauf, dass das Eigentum nur bei diesen Erscheinungsformen beim Schuldner verbleibe und § 107 I InsO die sich daraus ergebenden Herausgabeansprüche des Verwalters gegenüber dem vertragstreuen Käufer verhindern will. Den weiteren Formen des erweiterten Eigentumsvorbehaltes sei zu eigen, dass die Kaufsache auf Dritte übertragen werde, was dazu führen müsse, die Anwendung von § 107 I InsO abzulehnen. Hier sei es dem Verwalter nicht mehr möglich die Kaufsache herauszuverlangen, er könne sich nur noch aus den sich aus der Verwertung der Kaufsachen ergebenen Forderungen zugunsten der Masse befriedigen[588]. *Marotzke* subsumiert ohne nähere Begründung unter den Begriff Eigentumsvorbehalt im Rahmen von Absatz eins nur den einfachen und den erweiterten Eigentumsvorbehalt[589]. *Hess* Ausführungen sind undeutlich. Er stellt fest, dass § 107 InsO ebenso auf den erweiterten und verlängerten Eigentumsvorbehalt wie auf den Kontokorrentvorbehalt Anwendung findet[590], es fehlt jedoch an einer genaueren Differenzierung nach den Merkmalen Verkäufer- und Käuferinsolvenz sowie den Zeitpunkten vor und nach Eintritt des Erweiterungs- bzw. Verlängerungsfalles.
Pape schließt aus der Tatsache, dass der Vorbehaltsverkäufer mit § 107 I InsO eine insolvenzfeste Rechtsposition erlange, dass man den Verlängerungs- und Erweiterungsformen des Eigentumsvorbehaltes den Schutz des § 107 I InsO nicht vorenthalten dürfe[591]. *Obermüller* führt zur Anwendung des § 107 I InsO auf die Verlängerungs- und Erweiterungsformen des Eigentumsvorbehaltes aus, dass der Zweck des § 107 I InsO darin liege, das Anwartschaftsrecht des Vorbehaltskäufers über die Verfahrenseröffnung hinaus bestehen zu lassen. Wenn aber das Anwartschaftsrecht unberührt bleibe, müsse gleiches für

---

585 *Gottwald/Adolphsen*, Kölner Schrift zur InsO, 1043, 1047 Rn. 15 ff; Kübler/Prütting-*Tintelnot*, § 107 Rn. 4.
586 Kübler/Prütting-*Tintelnot*, § 107 Rn. 4.
587 FK-*Wegener*, § 107 Rn. 7.
588 FK-*Wegener*, § 107 Rn. 7.
589 HK-*Marotzke*, § 107 Rn. 4.
590 *Hess*, § 107 InsO, Rn. 36-43.
591 *Pape*, Kölner Schrift zur InsO, 531, 560 Rn. 45; vgl. auch Kübler/Prütting-*Tintelnot*, § 103 Rn. 79 ff.

die Abtretungen, die der Kunde an seinen Vertragspartner vor Verfahrenseröffnung erbracht habe, gelten[592].

Zusammenfassend läßt sich ein breites Meinungsspektrum feststellen, während es an einer eingehenden Auseinandersetzung mit der Frage, ob sich der Schutz von § 107 I InsO auch auf die Sonderformen des Eigentumsvorbehaltes erstreckt fehlt.

a. Verlängerter Eigentumsvorbehalt

Den verlängerten Eigentumsvorbehalt, bei dem das Sicherungsrecht kraft vertraglicher Abrede auf Verkaufserlöse oder Verarbeitungsprodukte ausgedehnt wird, gibt es im wesentlichen in zwei Spielarten[593]. Beim verlängerten Eigentumsvorbehalt mit Vorausabtretungsklausel wird der Vorbehaltskäufer nach § 185 BGB zur Weiterveräußerung des Vorbehaltsgutes im ordnungsgemäßen Geschäftsverkehr ermächtigt. Das hat den Vorteil, dass der Abnehmer des Vorbehaltskäufers die Sache vom Berechtigten erwirbt. Gleichfalls geht aber die Sicherheit des Vorbehaltsverkäufers aus dem Eigentumsvorbehalt unter[594]. Als Ersatzsicherheit dafür tritt der Vorbehaltskäufer die künftig entstehenden Forderungen gegen seinen Abnehmer bereits bei Vereinbarung des Eigentumsvorbehaltes an den Verkäufer ab. Dabei handelt es sich um Sicherungsabtretungen[595], deren Rechtsgrundlage zum Zeitpunkt der Abtretung bereits existiert[596], und die hinreichend bestimmt[597] sind. Denn beim verlängerten Eigentumsvorbehalt genügt es, dass Forderungsabtretungen „in Höhe des Wertes der Vorbehaltsware" oder „entsprechend dem Wert der Lieferung" dem Bestimmtheitserfordernis entsprechen[598].

Demgegenüber wird der Vorbehalt bei Verarbeitungsklauseln dergestalt in das Surrogat „hineinverlagert", dass der Vorbehaltsverkäufer Eigentum an den hergestellten Produkten erwirbt[599].

---

592 *Obermüller*, Kölner Schrift zur InsO, 985, 990 Rn. 17.

593 Zu den erschiedenen Verlängerungsformen sei auf *Serick*, Bd. IV, § 41 verwiesen.

594 MüKo-*Westermann*, § 455 Rn. 94.

595 BGH MDR 1971, 208, 209; *Baur/Stürner*, Sachenrecht, § 58 I b; *Hess*, § 51 InsO Rn. 59; *Hoffmann*, Jura 1995, 457, 458; Kübler/Prütting-*Prütting*, § 51 Rn. 14; HK-*Eickmann*, § 51 Rn. 5; *Schreiber*, Jura 1989, 159, 161.

596 RGZ 55, 334, BGH NJW 1965, 2197, 2198; BGHZ 32, 367, 369.

597 BGHZ 7, 365, 369; 26, 178, 180.

598 BGH NJW 1964, 149, 150; 1968, 1516, 1518; 1975, 1226, 1227.

599 Uneinigkeit herrscht jedoch darüber, ob der Lieferant unmittelbar kraft Parteivereinbarung oder durch Qualifizierung des Lieferanten als Hersteller i.S.v. § 950 I 1 InsO Eigentümer der neu entstandenen Sache wird, oder ob der Produzent Hersteller i.S.v. § 950 I 1 InsO ist, mit der Folge, dass der Vorbehaltsverkäufer kraft antezipierten Besitzkonstitutes lediglich Sicherungseigentum an der neuen Sache erlangt. Die Ansicht, die von einem unmittelbaren Eigentumserwerb des Vorbehaltskäufers kraft Parteivereinbarung ausgeht, nimmt an, dass die verarbeitete Ware mittels Parteivereinbarung in das Eigentumsverhältnis tritt, und sich das Anwartschaftsrecht des Vorbehaltskäufers infolge der Ausschaltung von § 950 BGB an der neuen Sache fortsetzt. Demgegenüber führt die Qualifizierung des Vorbehaltsverkäufers als Hersteller i.S.v. § 950 I 1 InsO dazu, dass § 950 BGB zwingendes Recht ist, mit der Folge, dass auch § 950 II BGB nicht dahingehend abdingbar ist, dass das Anwartschaftsrecht des Vorbehaltskäufers über den Verarbeitungsvorgang hinaus erhalten bleibt, indem die neue Sache in das bestehende Eigentumsverhältnis eintritt. Nach dieser Ansicht erlischt das Anwartschaftsrecht des Vorbehaltskäufers mit Verarbeitung der Sache nach § 950 II BGB, wird aber am verarbeiteten Produkt neu begründet, indem die Partein bereits in der Verarbeitungsklausel vereinbaren, dass das Eigentum an der neuen Sache nach § 929 S. 2 BGB aufschiebend bedingt auf den Vorbehaltskäufer übergehen soll. Zu dieser Problematik und den Auswirkungen auf die Anwendung von § 107 I InsO auf Vorbehaltskäufe, bei denen die Parteien eine Verarbeitungsklausel vereinbart haben, eingehend S. 170 ff.

Schlußendlich können beide Verlängerungsklauseln auch dergestalt miteinander verknüpft werden, dass solche Forderungen im Voraus abgetreten werden, die aus dem Weiterverkauf zuvor verarbeiteter Waren resultieren[600].

aa. Vorausabtretungsklausel

Hat ein Vorbehaltsverkäufer eine Sache unter verlängertem Eigentumsvorbehalt und Vereinbarung einer Vorausabtretungsklausel verkauft, stellt sich die Frage, ob und bejahendenfalls unter welchen Voraussetzungen § 107 I InsO Anwendung findet, wenn der Erstverkäufer insolvent wird. Außer Betracht bleibt dabei der zweite Kaufvertrag. Denn beim verlängerten Eigentumsvorbehalt erlangt ausschließlich der Erstkäufer Vorbehaltseigentum, der Zweitkäufer hingegen erwirbt grundsätzlich vorbehaltsfrei[601].
Dabei ist zwischen Eintritt des Insolvenzfalls vor und nach Weiterveräußerung durch den Vorbehaltskäufer zu differenzieren:

aaa. Eintritt des Verlängerungsfalls nach Verfahrenseröffnung

(1) Rechts- und Interessenlage

Wird über das Vermögen des Vorbehaltsverkäufers ein Insolvenzverfahren eröffnet, bevor der Käufer das Vorbehaltsgut weiterveräußert hat, so entspricht diese Rechtslage derjenigen beim einfachen Eigentumsvorbehalt: Der Lieferant ist Vorbehaltseigentümer, der Vorbehaltskäufer Anwartschaftsberechtigter und im unmittelbaren Besitz des Vorbehaltsgutes. Wenn § 107 I InsO dem Vorbehaltskäufer nun gerade für diesen Fall die Möglichkeit gibt, seinen Rechtserwerb zu vollenden und verhindern will, dass das Anwartschaftsrecht des Käufers durch Erfüllungsablehnung des Verwalters zerstört wird, ist es naheliegend, dass § 107 I InsO auch auf den Fall anwendbar sein muss, in dem der Käufer zum Zeitpunkt der Verfahrenseröffnung noch keinen Gebrauch von seiner Weiterveräußerungsermächtigung gemacht hat, liegen in beiden Fällen doch die gleichen Voraussetzungen vor. Darüber hinaus scheint auch die Interessenlage des Käufers, der das Vorbehaltsgut noch nicht weiterveräußert hat derjenigen des einfachen Vorbehaltskäufers zu entsprechen. Denn beiden würde durch die Erfüllungsablehnung des Verwalters das Anwartschaftsrecht entzogen und sie wären hinsichtlich eines eventuell bestehenden Schadensersatzanspruches auf die Quote verwiesen.

(2) Fortbestand der Weiterveräußerungsermächtigung

Nun ist der Vorbehaltskäufer beim verlängerten Eigentumsvorbehalt aber weniger daran interessiert, seinen bereits eingeleiteten Rechtserwerb zu vollenden, als vielmehr daran, das Vorbehaltsgut weiterzuveräußern. Denn die Eröffnung eines Insolvenzverfahrens über das Vermögen des Lieferanten läßt den Geschäftsbetrieb des Vorbehaltskäufers unberührt. Unter

---

[600] *Kieninger*, Mobiliarsicherheiten, S. 78.

[601] Grund dafür ist, dass der Vorbehaltskäufer die Sache beim verlängerten Eigentumsvorbehalt in der Regel nicht selbst auch unter Vorbehalt weiterverkauft. Es besteht zwar die Möglichkeit, dass der Käufer zur Weitergabe des Vorbehaltes verpflichtet wird, mit der Folge, dass dem Zweitkäufer nur das Anwartschaftsrecht des Erstkäufers und nicht bereits das Volleigentum übertragen wird. Eine solche Vereinbarung im Kaufvertrag ist aber nur wenig praxisrelevant, weil die Eigentumsverhältnisse dadurch recht undurchsichtig werden, vgl. *Larenz*, Schuldrecht BT II 1, S. 126. Hiervon ist der nachgeschaltete Eigentumsvorbehalt abzugrenzen, bei dem auch die Lieferung an den Abkäufer unter Eigentumsvorbehalt erfolgt, *Baur*/Stürner, Sachenrecht, § 59 III 2 b (1). Dazu aber S. 235 ff.

Geltung der KO wurde der Fortbestand der Weiterveräußerungsermächtigung über den Zeitpunkt der Verfahrenseröffnung hinaus entscheidend davon abhängig gemacht, ob dem Konkursverwalter auch im Verkäuferkonkurs nach § 17 KO ein Wahlrecht hinsichtlich der Vertragserfüllung zugebilligt wurde[602]. Während die Ansicht, die von der Anwendung des § 17 KO ausging zum Erlöschen der Weiterveräußerungsermächtigung kam, ergaben sich nach der Gegenansicht keine Bedenken, die Berechtigung des Vorbehaltskäufers auch nach der Eröffnung des Insolvenzverfahrens aufrecht zu erhalten. Denn wenn der Verwalter nicht die Möglichkeit habe, zwischen Vertragserfüllung und deren Ablehnung zu entscheiden, könne es nicht zu einem Wettlauf zwischen der Ausübung des Verwalterwahlrechts und der Veräußerung des Vorbehaltsgutes durch den Käufer kommen[603]. Besteht aber die Weiterveräußerungsermächtigung trotz Zubilligung des Wahlrechts nach § 17 KO / § 103 InsO fort, kann der Käufer die Sache bereits weiterveräußert haben, bevor der Verwalter von seinem Wahlrecht Gebrauch gemacht hat. Entschließt sich der Verwalter dann gegen die Vertragserfüllung, ist ihm die Möglichkeit genommen, die Sache zur Masse zu ziehen. Der Vorbehaltskäufer würde damit letztlich eine Entscheidung treffen, die nach § 17 KO / § 103 InsO dem Verwalter obliegt. Wenn nun aber die Rechts- und Interessenlage des einfachen Eigentumsvorbehaltes derjenigen beim verlängerten Eigentumsvorbehalt vor Eintritt des Verlängerungsfalls entspricht, und § 107 I InsO eine Besserstellung des Vorbehaltskäufers in der Insolvenz des Verkäufers erreichen will[604], dann muss Absatz 1 auch im vorliegenden Fall anwendbar sein. Denn die Anwendung von § 17 KO hat nicht nur beim einfachen Eigentumsvorbehalt Anlaß zur Diskussion gegeben, auch seine Anwendung beim verlängerten Eigentumsvorbehalt und die dabei mit der Erfüllungsablehnung erzielten unbilligen Ergebnisse sind auf Unmut gestoßen[605]. Dies gilt insbesondere deshalb, weil damit nicht nur die unbilligen Ergebnisse, zu denen die Erfüllungsablehnung des Verwalters unter Geltung der Konkursordnung geführt hat vermieden werden, sondern der Käufer auch seinem ordnungsgemäßen Geschäftsgang weiterhin ungestört nachgehen kann.
Mit der Anwendung von § 107 I InsO entsteht die Rechtslage, die durch die Erfüllungswahl entstehen würde. Es kommt daher nicht zur Kollision zwischen dem Verwalterwahlrecht und der Weiterveräußerungsermächtigung des Käufers, so dass der Käufer aus diesem Gesichtspunkt bereits zur Veräußerung des Vorbehaltsgutes an seinen Abnehmer berechtigt sein muss[606]. Entscheidend ist aber nicht nur, dass die Weiterveräußerung im Rahmen der vor Verfahrenseröffnung erteilten Veräußerungsermächtigung liegt, hinzu kommt, dass die Weiterveräußerung durch den Käufer auch nicht zur Benachteiligung der Masse führt. Denn beim verlängerten Eigentumsvorbehalt vertraut der Lieferant nicht nur auf die

602 Darüber hinaus wurde die Frage diskutiert, ob die Verfahrenseröffnung den Wegfall des Rechtsgrundes für die Weiterveräußerungsermächtigung bedingt, so dass diese erlischt oder der Verwalter die Ermächtigung zumindest widerrufen kann. Hinsichtlich des ersten Problemkreises wurde als Rechtsgrundlage teilweise ein Auftragsverhältnis angenommen, das mit Verfahrenseröffnung erlösche (vgl. dazu etwa Schlegelberger-*Hefermehl*, Anhang zu § 368 HGB, Rn. 122), teilweise wurde der Vorbehaltskäufer zur Weiterveräußerung im Rahmen eines Kommissionsverhältnisses als ermächtigt angesehen (siehe dazu *Serick*, Bd. IV, § 55 III 1; *ders.*, BB 1974, 285 ff; OLG Frankfurt a.M. BB 1982, S. 208 f.). Beide Versuche, das Erlöschen der Ermächtigung mit dem Wegfall des zugrundeliegenden Rechtsverhältnisses zu rechtfertigen sind infolge Unvereinbarkeit sowohl mit den Auftragsvorschriften als auch mit den Regeln des Kommissionsrechts unbrauchbar. Darüber hinaus kann der Verwalter nur dann zum Widerruf der Ermächtigung des Käufers berechtigt sein, wenn sich dieser nicht vertragstreu verhält. Denn wenn der Lieferant nicht zum freien Widerruf berechtigt ist, kann für seinen Insolvenzverwalter nichts anderes gelten. Vgl. zum Ganzen *Serick*, Bd. V, § 62 III 2 a, b.

603 *Serick*, Bd. V, § 62 III 2 c.

604 RegBegr. zu § 121 RegE, abgedruckt in: *Uhlenbruck*, Insolvenzrecht, S. 432, 433.

605 *Kuhn/Uhlenbruck*, § 17 Rn. 18 h.

606 Vgl. insofern *Serick*, Bd. V, § 62 III 2 c.

Zahlungsfähigkeit seines Abnehmers, sondern auch auf die Sicherheit, die ihm die im voraus abgetretene Forderung bieten soll[607]. Veräußert der Käufer die Vorbehaltssache nun nach Verfahrenseröffnung weiter an seinen Abnehmer, ist zwar der Leistungserfolg eingetreten. Das ändert jedoch nichts daran, dass er den noch ausstehenden Kaufpreis an die Masse abführen muss. Für den Fall, dass er dieser Pflicht nicht nachkommt, hat der Verwalter einen Anspruch aus dem Drittschuldnervertrag, denn es ist kein Grund ersichtlich, aus dem die Sicherheit in Form der vorausabgetretenen Forderung nach Verfahrenseröffnung nicht mehr entstehen können sollte[608].
Die Masse ist durch den Fortbestand der Veräußerungsermächtigung folglich nicht schlechter gestellt als es der Gemeinschuldner vor Verfahrenseröffnung war.
Im Ergebnis muss das Interesse des Käufers an der Weiterveräußerung daher auch in den Schutzbereich von § 107 I InsO fallen, da dieser Sorge dafür trägt, dass dem Verwalter nicht mehr Rechte zustehen, als dem Lieferanten zustanden und er die Sache nicht zurückverlangen kann, sofern sich der Käufer vertragstreu verhält.
Etwas anderes gilt nur dann, wenn sich der Vorbehaltskäufer nicht vertragstreu verhält. Dies wäre beispielsweise dann der Fall, wenn der Käufer die Zahlung der noch ausstehenden Raten einstellt oder mit diesen in Verzug kommt. Denn dann hat der Vorbehaltsverkäufer und damit auch sein Insolvenzverwalter die Möglichkeit, unter den Voraussetzungen des § 455 BGB a.F. / § 449 BGB n.F. vom Vertrag zurückzutreten.

(3) Rückschlüsse von der dinglichen Rechtslage in der Käuferinsolvenz auf die Anwendung von § 107 I InsO in der Verkäuferinsolvenz vor Eintritt des Verlängerungsfalls

Als nächstes ist der Frage nachzugehen, welche Rechte der Vorbehaltsverkäufer in der Insolvenz des Käufers hat, wenn dessen Insolvenz zu einem Zeitpunkt eintritt, in dem er das Vorbehaltsgut noch nicht weiterveräußert hat.
Naheliegend ist insofern ein Vergleich mit der Rechtslage beim einfachen Eigentumsvorbehalt, denn bis zur Weiterveräußerung befindet sich der Vorbehaltskäufer, der mit seinem Verkäufer einen verlängerten Eigentumsvorbehalt vereinbart hat, rein faktisch in derselben Situation wie derjenige Käufer, der mit seinem Verkäufer einen einfachen Eigentumsvorbehalt vereinbart hat.
Es fragt sich daher, ob die dingliche Rechtslage des Lieferanten in beiden Fällen die gleiche ist, und dies folglich auch zu einer Gleichbehandlung im Hinblick auf die Anwendung von § 107 I 1 InsO führt.

(3 a) Dingliche Einordnung des einfachen und des verlängerten Eigentumsvorbehaltes vor Eintritt des Verlängerungsfalls in der Käuferinsolvenz

(3 aa) Meinungsspektrum

Welche Rechte dem Lieferanten bei Erfüllungsablehnung durch den Verwalter des Vorbehaltskäufers zustehen, wenn ein einfacher Eigentumsvorbehalt begründet wurde, ist umstritten. Die ganz überwiegende Ansicht vertritt, dass die Vereinbarung eines einfachen

---

607 *Henckel*, Aktuelle Probleme, S. 44.

608 Zu der Frage, ob die Weiterveräußerungsermächtigung des Käufers auch dann bestehen beleibt, wenn über sein Vermögen ein Insolvenzverfahren eröffnet wird siehe unten, S. 317 ff, 320 ff.

Eigentumsvorbehaltes ein Recht zur Aussonderung nach § 47 InsO begründet[609]. Demgegenüber geht *Häsemeyer* unter Hinweis auf eine Parallele zur insolvenzrechtlichen Behandlung von Sicherungseigentum, die ausdrücklich den zur Absonderung berechtigten Rechtspositionen zugeordnet werde, generell davon aus, dass auch der einfache Eigentumsvorbehalt allein ein Recht zur abgesonderten Befriedigung begründe[610]. Da der Lieferant dem Käufer auf der Grundlage eines auf Umsetzung des Substanzwertes gerichteten Rechtsverhältnisses das Vorbehaltsgut überlassen habe und so für einen Vermögenszufluß in das schuldnerische Unternehmen gesorgt habe, müsse er sich an diesem auch zugunsten seiner Mitgläubiger festhalten lassen. Es gehe folglich nicht mehr um die Herausgabe der Sache sondern um die Minimierung von Insolvenzrisiken im Verhältnis zu anderen Gläubigern. Ähnlich argumentiert auch *Hess*, indem er den mit der Vereinbarung eines einfachen Eigentumsvorbehaltes verfolgten Sicherungszweck in der Einordnung des Eigentumsvorbehaltes als Aussonderungsrecht vermißt[611]. Darüber hinaus seien aussonderungsberechtigte Gläubiger keine Beteiligten i.S.d. Insolvenzverfahrens und könnten infolgedessen nicht in die Abstimmung über den Plan miteinbezogen werden, obwohl gerade Aussonderungsware für die Betriebsfortführung häufig notwendig sei[612]. Zweifel an einem generellen Aussonderungsrecht finden sich auch in den Ausführungen *Smid/Rattundes*, indem sie aus einer ähnlich gelagerten Sicherungsfunktion von Sicherungseigentum und einfachem Eigentumsvorbehalt für deren insolvenzrechtliche Gleichbehandlung plädieren[613].

(3 bb) Auseinandersetzung

Gegen die Einordnung des einfachen Eigentumsvorbehaltes in die Reihe der Absonderungsrechte könnte zunächst die Formulierung von § 51 Nr. 1 InsO angeführt werden. Dieser geht von einer Eigentumsübertragung Seitens des Schuldners aus. Der Wortlaut stellt damit zunächst auf die Sicherungsübereignung ab. Denn bei dieser übereignet der Schuldner einen Gegenstand zur Sicherung einer Forderung, während beim Eigentumsvorbehalt gerade umgekehrt dem Schuldner eine bewegliche Sache bedingt übereignet wird.

Zu bedenken ist aber, dass heute nahezu unbestritten ist, dass der Lieferant in den Fällen des erweiterten und verlängerten Eigentumsvorbehaltes nur zur Absonderung berechtigt ist, sofern der Erweiterungs- bzw. Verlängerungsfall bereits vor Verfahrenseröffnung eingetreten ist[614]. Dabei wird argumentativ auf die Entstehungsgeschichte sowie den Zweck der

---

609 *Baur/Stürner*, Zwangsvollstreckungs-, Konkurs- und Vergleichsrecht, Bd. II, Rn. 14.8; *Bork*, Insolvenzrecht, Rn. 162; *ders.*, FS f. Gaul, 71, 77; BK-*Breutigam*, § 47 InsO, Rn. 10; FK-*Joneleit/Imberger*, § 47 InsO Rn. 17; *Gaul*, ZInsO 2000, 256, 258; *Gottwald/Adolphsen*, Kölner Schrift zur InsO, S. 1043, 1047 Rn. 13; HK-*Eickmann*, § 47 InsO Rn. 5; *Jauernig*, Zwangsvollstreckung- und Insolvenzrecht, § 44 II 1 b; Kübler/Prütting-*Prütting*, § 47 InsO Rn. 32, § 51 Rn. 13, 24 ff; *Marotzke*, JZ 1995, 803, 811; *ders.*, ZZP 109 (1996), 429, 431, 438; Nerlich/Römmermann-*Andres*, § 47 InsO Rn. 16; *Niesert*, Absonderungsrecht in der Insolvenz, Rn. 274 ff; *Obermüller*, InVo 1996, 143, 144; Palandt-*Bassenge*, § 929 Rn. 57.

610 *Häsemeyer*, Insolvenzrecht, Rn. 11.10, 20.31.

611 *Hess*, § 47 InsO Rn. 42 a.

612 *Hess*, § 47 InsO Rn. 42 b.

613 *Smid/Rattunde*, Insolvenzplan, Rn. 363 ff, die sich der Auffassung *Häsemeyers* letzendlich nicht anschließen.

614 Begr. zu §§ 58, 191 RegE, abgedruckt in: *Uhlenbruck*, Insolvenzrecht, S. 357, 530; *Bork*, FS f. Gaul, 71, 77 f; *Elz*, ZInsO 2000, 478, 480; FK-*Joneleit/Imberger*, § 47 InsO Rn. 17; *Gaul*, ZInsO 2000, 256, 259; *Gottwald/Adolphsen*, Kölner Schrift zur InsO, 1043, 1047 Rn. 15; *Hess*, § 47 InsO Rn. 59, § 51 InsO Rn. 11; Kübler/Prütting-*Prütting*, § 47 InsO Rn. 35 f; *Marotzke*, ZZP 109 (1996), 429, 432; Nerlich/Römmermann-*Andres*, § 47 InsO Rn. 23 ff.

Insolvenzordnung abgestellt[615]. Hinzu kommt, dass die wirtschaftliche Bedeutung der verschiedenen Sicherungsformen nur dann hinreichend berücksichtigt werden kann, wenn zwischen dem einfachen Eigentumsvorbehalt und seinen Erweiterungs- und Verlängerungsformen unterschieden wird[616]. Nach Eintritt des Erweiterungs- und Verlängerungsfalls steht nicht mehr der Schutz des Eigentums, sondern die wirtschaftliche Absicherung des gesicherten Anspruchs im Vordergrund[617]. Ähnlich verhält es sich auch bei der Sicherungsübereignung, bei der das Eigentum an einer Sache regelmäßig ohne Bezug zu der gesicherten Forderung übertragen wird, und wo allein der Wert der Sache und deren Verwertungsmöglichkeit für die Übereignung sicherungshalber entscheidend ist[618].

Zwar dienen beide Sicherungsformen Sicherungszwecken[619]. Denn der einfache Eigentumsvorbehalt hat sich immer mehr zu einem besitzlosen Mobiliarsicherungsrecht entwickelt, so dass diese Funktionsgleichheit für eine Gleichstellung mit anderen besitzlosen Sicherungsrechten, der Sicherungsübereignung und dem Pfandrecht spricht[620]. Der entscheidende Unterschied liegt jedoch darin begründet, dass der Lieferant beim einfachen Eigentumsvorbehalt seine Eigentümerstellung erst dann aufgeben will, wenn die Kaufpreisforderung vollständig erfüllt ist, um im Fall des Zahlungsverzugs des Vorbehaltskäufers seinen Rückgewähranspruch zu sichern[621]. Während es beim einfachen Eigentumsvorbehalt also entscheidend auf die Sicherung der Eigentümerstellung des Lieferanten ankommt, stellt die Sicherungsübereignung ein Mittel der Kreditsicherung dar, mit dem eine bestimmte Forderung, die aber nicht notwendigerweise mit der zur Sicherheit übereigneten Sache im Zusammenhang stehen muss gesichert wird[622]. Mit der Sicherungsübereignung wird daher die Verwirklichung der zugrundeliegenden Forderung gesichert, während der einfache Eigentumsvorbehalt dem Lieferanten keine Möglichkeit gibt, die Kaufpreisforderung zu realisieren. Er verdinglicht hingegen den schuldrechtlichen Anspruch auf Rückgewährung des Kaufgegenstandes, den er nach Scheitern des Vertrags zurückverlangen kann[623]. Die Sicherungsübereignung ähnelt bei rein wirtschaftlicher Betrachtung daher dem Pfandrecht[624]. Bei diesem ist der Pfandgläubiger berechtigt, sich aus einer Sache zu befriedigen, wenn die gesicherte Forderung nicht beglichen wird. Ähnliches gilt für die Sicherungsübereignung, nur dass hier ein beweglicher Gegenstand zur Sicherung übereignet wird, wodurch eine Anpassung des Faustpfandrechts an die veränderten wirtschaftlichen Interessen erreicht wurde. Es wird also eine Sache als „Pfand" bzw. „zur Sicherung" hingegeben, die zurückfällt, wenn der Sicherungszweck erreicht wurde. Beim einfachen Eigentumsvorbehalt hingegen ist die vollständige Übertragung des Eigentums gewollt. Der Lieferant sichert sich nur für den Fall ab, dass der Käufer seine synallagmatischen Pflichten aus dem Kaufvertrag nicht erfüllt. Sicherungseigentum und einfachem Eigentumsvorbehalt kommen daher so unterschiedliche Funktionen zu, indem sie

---

615 BR-Drucksache 1/92, S. 125, 178; vgl. dazu auch FK-*Joneleit-Imberger*, § 47 InsO Rn. 17; *Marotzke*, JZ 1995, 803, 811; *ders.*, in: Leipold, Insolvenzrecht im Umbruch, 1991, 183, 186 ff.

616 *Bork*, FS f. Gaul, 71, 77 f; *Gottwald*, Insolvenzrechts-Handbuch, § 45 Rn. 20, 22; Nerlich/Römmermann-*Andres*, § 47 InsO Rn. 23.

617 *Gottwald/Adolphsen*, Kölner Schrift zur InsO, S. 805 Rn. 16.

618 *Gaul*, ZInsO 2000, 256, 259.

619 *Jauernig*, Zwangsvollstreckungs- und Insolvenzrecht, § 45 I 3 a.

620 *Gottwald/Adolphsen*, Kölner Schrift zur InsO, S. 805, 815, Rn. 31.

621 BGHZ 54, 214 ff; *Gottwald/Adolphsen*, Kölner Schrift zur InsO, S. 1043, 1048 Rn. 16; *Grunsky*, Grundzüge des Zwangsvollstreckungs- und Insolvenzrechts, Rn. 189; *Gravenhorst*, JZ 1971, 494, 495.

622 *Gaul*, ZInsO 2000, 256, 258.

623 *Gottwald/Adolphsen*, Kölner Schrift zur InsO, S. 1034, 1048 Rn. 16.

624 Palandt-*Bassenge*, Einf. v. § 1204 Rn. 1.

völlig verschiedene Forderungen sichern, dass eine verschiedene insolvenzrechtliche Behandlung dogmatisch gerechtfertigt ist.
Damit stehen sowohl die Formulierung des § 51 Nr. 1 InsO, die von einer vom Schuldner initiierten Eigentumsübertragung ausgeht, als auch die unterschiedliche Sicherungsfunktion von einfachem Eigentumsvorbehalt und Sicherungsübereignung einer Einstufung des einfachen Eigentumsvorbehaltes in die Reihe der Absonderungsrechte entgegen.
Für das Verständnis des einfachen Eigentumsvorbehalts als zur Absonderung berechtigendes Recht ließe sich weiter das Bestreben des Gesetzgebers anführen, bestehende Konkursvorrechte weitgehend zu beseitigen, um das Insolvenzverfahren wieder funktionsfähig zu machen[625]. Gegen diesen Argumentationsversuch spricht aber entscheidend die Entstehungsgeschichte: Wie im Ersten Bericht der Kommission für Insolvenzrecht deutlich wird, sah der Gesetzgeber zunächst vor, dass der Eigentumsvorbehalt weder ein Recht zur Ab- noch zur Aussonderung begründen sollte[626]. Diese Auffassung ist bereits im Diskussionsentwurf zum Teil verworfen worden, indem das Vorbehaltseigentum als zur Insolvenzmasse gehörig eingestuft[627] und in den Kreis der zur Absonderung berechtigenden Rechtspositionen aufgenommen wurde[628]. Als Grund für diese Aufwertung wurde die von Eigentumsvorbehalt und Sicherungsübereignung gleichermaßen wahrgenommene wirtschaftliche Funktion eines Sicherungsrechtes angeführt[629]. Diese Auffassung wurde im Referentenentwurf aufrechtergehalten[630]. Erst im Regierungsentwurf ist dieses artikulierte Vorhaben zugunsten der Regelung des § 51 Nr. 1 RegE fallengelassen worden[631]. Die amtliche Begründung führt dazu aus, dass wie nach bisher geltendem Recht nur die Verlängerungs- und Erweiterungsformen des Eigentumsvorbehaltes ebenso wie die Sicherungsübereignung ein Recht zur abgesonderten Befriedigung begründen sollen. Der einfache Eigentumsvorbehalt berechtige hingegen weiterhin zur Aussonderung[632], so dass sich an der bisherigen Rechtslage nichts geändert habe[633]. Darin zeigt sich der Wille des Gesetzgebers, die Handhabung im Bereich der Konkursordnung fortzuschreiben[634].
Mit der Abstandnahme des Gesetzgebers vom Absonderungsrecht, die im Wortlaut von § 47 InsO leider keinen Niederschlag gefunden hat, lassen sich auch die Begründungen der Gegenansicht, die sich auf einen Vergleich mit dem Sicherungseigentum gründen entkräften. Denn gerade diese Argumentation, an der die Absonderungskraft des Eigentumsvorbehaltes zunächst festgemacht wurde, ist im Laufe des Gesetzgebungsverfahrens aufgegeben worden, so dass sie nicht ausschlaggebend für die Qualifizierung des Eigentumsvorbehaltes als zur Absonderung berechtigend sein kann.
Für die Annahme eines Aussonderungsrechts spricht ferner die Systematik der §§ 103 ff InsO. Nach §§ 107 II, 103 InsO kann der Verwalter zwischen der Vertragserfüllung und deren Ablehnung wählen, sofern der Vorbehaltskauf noch von keiner Seite vollständig erfüllt ist. Zu diesem Zeitpunkt stehen sich die synallagmatischen Pflichten aus dem Kaufvertrag noch gegenüber und der Lieferant ist noch Eigentümer der Vorbehaltsware. Wenn die bis nach dem

625 abgedruckt in: *Uhlenbruck*, Insolvenzrecht, S. 37.
626 Erster Bericht der Kommission für Insolvenzrecht, LS 2.4.4.1, 1.1.5.
627 § 40 I Nr. 1 DiskE.
628 § 55 I Nr. 1 DiskE.
629 Gesetz zur Reform des Insolvenzrechts, Diskussionsentwurf, Teil 3, S. B 33.
630 Einschränkend ist darauf hinzuweisen, dass lediglich § 40 DiskE nicht übernommen wurde.
631 abgedruckt in: *Uhlenbruck*, Insolvenzrecht, S. 356.
632 Vgl. *Uhlenbruck*, Insolvenzrecht, S. 357.
633 BT-Drucks. 12/2443, 87, 4 c cc.
634 Vgl. jedoch *Smid*, Grundzüge des neuen Insolvenzrechts, Rn. 42, der der Gesetzgebungsgeschichte keine Bindungswirkung für die Auslegung von § 47 InsO zuerkennt.

Berichtstermin verlängerte Entscheidungsfrist des Verwalters nach § 107 II InsO dem Zweck zu dienen bestimmt ist, dass unter Eigentumsvorbehalt gelieferte Ware nicht unmittelbar nach Verfahrenseröffnung aus dem gemeinschuldnerischen Unternehmen gezogen werden kann, um Fortführungs- und Sanierungsmöglichkeiten zu fördern[635], macht eine solche Regelung nur Sinn, wenn ohne sie die Gefahr bestünde, dass die Vorbehaltsware aus dem Unternehmen gezogen werden würde. Vorbehaltsware kann aber nur dann aus dem unternehmerischen Verbund gelöst werden, wenn die Gläubiger zur Aussonderung berechtigt sind, denn absonderungsberechtigte Gläubiger sind gemäß § 166 I InsO grundsätzlich nicht mehr verwertungsberechtigt, sofern der Verwalter im Besitz der Sache ist. Auch die mit § 107 II InsO verfolgte Intention des Gesetzgebers legt es daher nahe, dass die dieser Norm unterfallenden Vorbehaltsformen zur Aussonderung berechtigen. Das Bestehen der synallagmatischen Verkäuferpflichten zum Zeitpunkt der Verfahrenseröffnung ist daher mit der Berechtigung des Lieferanten, das Vorbehaltsgut auszusondern untrennbar verknüpft[636].
Es ist daher festzuhalten, dass der Lieferant in der Insolvenz des Vorbehaltskäufers zur Aussonderung berechtigt ist, wenn die Parteien einen einfachen Eigentumsvorbehalt vereinbart haben und sich der Insolvenzverwalter des Käufers gegen die Vertragserfüllung entscheidet.
Gleiches gilt auch in dem Fall des verlängerten Eigentumsvorbehaltes, solange die Sache im Zeitpunkt der Verfahrenseröffnung noch nicht weiterveräußert ist[637].

(3 b) Rückschlüsse auf die Anwendung von § 107 I InsO in der Verkäuferinsolvenz vor Eintritt des Verlängerungsfalls

Wenn aber entsprechend dem bisherigen Recht[638] auch unter Geltung der Insolvenzordnung der einfache Eigentumsvorbehalt zur Aussonderung berechtigt[639], und die Rechts- und Interessenlage beim einfachen Eigentumsvorbehalt derjenigen beim verlängerten Eigentumsvorbehalt vor Eintritt des Verlängerungsfalls entspricht, dann entspricht der einfache dem verlängerten Eigentumsvorbehalt vor Weiterveräußerung, denn anderenfalls ließe sich das Aussonderungsrecht des Verkäufers in beiden Fällen nicht erklären. Beim verlängerten Eigentumsvorbehalt, bei dem das Vorbehaltsgut noch nicht weiterveräußert wurde, ist der Vorbehaltsverkäufer ebenso wie beim einfachen Eigentumsvorbehalt durch seine Stellung als Eigentümer gesichert. Denn in beiden Fällen hat die aufschiebend bedingte Übereignung der Sache auf den Vorbehaltskäufer nichts an der Eigentümerstellung des Verkäufers geändert, was sich besonders daran zeigt, dass beide Verkäufer in der Insolvenz ihres Vertragspartners aussonderungsberechtigt sind.
Erst der Eintritt des Verlängerungsfalls wandelt das Aussonderungsrecht des Lieferanten in ein Absonderungsrecht[640] um. Dass der Eintritt des Erweiterungsfalls die dingliche Sicherung

---

[635] BT-Drucks. 12/2443, S. 146.

[636] Vgl. zum Fall des verlängerten Eigentumsvorbehaltes, bei dem die Verlängerung vor Verfahrenseröffnung noch nicht eingetreten ist auch *Bork*, FS f. Gaul, 71, 91.

[637] BGH WM 1977, 1422, 1422; *Bork*, FS f. Gaul, 71, 77; *Elz*, ZInsO 2000, 478, 480; FK-*Joneleit/Imberger*, § 47 Rn. 17; *Gaul*, ZInsO 2000, 256, 259; *Hess/Obermüller*, Rn. 801.

[638] BGHZ 10, 69, 72.

[639] BR-Drucks. 1/92, 125; RegBegr. zu § 57 RegE, abgedruckt in: *Uhlenbruck*, Insolvenzrecht, S. 357.

[640] *Uhlenbruck*, Insolvenzrecht, S. 357; so auch die ganz überwiegende Ansicht: *Bork*, FS f. Gaul, 71, 77; *Elz*, ZInsO 2000, 478, 480; BK-*Breutigam*, § 51 InsO Rn. 5; FK-*Joneleit/Imberger*, § 47 Rn. 17; *Gaul*, ZInsO 2000, 256, 259; *Gottwald/Adolphsen*, Kölner Schrift zur InsO, 1043, 1048 Rn. 19; *Hess*, § 47 InsO Rn. 59, § 51 Rn. 11; *Krull*, ZInsO 2000, 256, 259; Kübler/Prütting-*Prütting*, § 47 Rn. 35 f; *Marotzke*, ZZP 109 (1996), 429, 432; Nerlich/Römmermann-*Andres*, § 47 Rn. 21 ff.

des Gläubigers ändert, legt es nahe, damit und erst damit eine veränderte Behandlung der schuldrechtlichen Seite des Eigentumsvorbehaltes einhergehen zu lassen. Solange der Vorbehaltskauf noch von keiner Seite vollständig erfüllt ist stehen sich die synallagmatischen Pflichten aus dem Kaufvertrag noch gegenüber, der Verkäufer ist in der Käuferinsolvenz zur Aussonderung berechtigt und schuldrechtlich finden die §§ 103 ff InsO Anwendung[641]. Wenn nun aber neben den Voraussetzungen des § 103 InsO auch die des § 107 I InsO gegeben sind, dann muss diese Norm zum Schutze des Käufers auch angewendet werden. Die dingliche Gleichstellung von einfachem und verlängertem Eigentumsvorbehalt vor Eintritt des Verlängerungsfalls in der Insolvenz des Käufers gebietet daher auch hinsichtlich der Anwendung von § 107 I InsO in der Verkäuferinsolvenz eine Gleichbehandlung beider Fälle.

(4) Vereinbarkeit mit dem Schutzzweck

Zu bedenken ist aber, dass auch wenn die mit dem einfachen Eigentumsvorbehalt vergleichbare Interessenlage und das Aussonderungsrecht des Vorbehaltslieferanten in der Käuferinsolvenz für die Anwendung des § 107 I InsO sprechen, die mit § 107 I InsO verfolgte gesetzgeberische Intention den Ausschlag geben muss. Die Regierungsbegründung spricht zunächst ganz allgemein davon, dass § 107 InsO das Schicksal der Kaufverträge regelt, bei denen der Schuldner die Sache vor Verfahrenseröffnung unter Eigentumsvorbehalt geliefert hat[642]. Die Anwendung von § 107 I InsO auf bestimmte Eigentumsvorbehaltsformen wird hier also nicht nahegelegt. Die Regierungsbegründung führt weiter aus, dass der Verwalter nicht berechtigt ist, die Kaufsache herauszuverlangen, solange der Käufer vertragstreu bleibt[643]. Hat der Käufer die Vorbehaltsware noch nicht weiterveräußert, ist das Eigentum des Gemeinschuldners noch nicht untergegangen, der Verwalter könnte die Sache nach § 985 BGB herausverlangen, wenn das Besitzrecht des Käufers infolge Erfüllungsablehnung oder Rücktritts entfällt. Diese beiden Gesichtspunkte bestätigen damit das bereits oben festgestellte Ergebnis. Von entscheidender Bedeutung ist aber, dass mit Absatz 1 eine Streitfrage des bisherigen Rechts geklärt werden soll[644]. Unter Geltung der Konkursordnung war umstritten, ob der Konkursverwalter des Lieferanten die Vertragserfüllung ablehnen und so das Anwartschaftsrecht des Vorbehaltskäufers zerstören durfte[645]. Dieses Problem wurde zwar vornehmlich für den einfachen Eigentumsvorbehalt diskutiert, kann aber zu keinem anderen Ergebnis führen, wenn die Rechtslage dieselbe wie beim einfachen Eigentumsvorbehalt ist[646]. Bedenken könnten sich jedoch daraus ergeben, dass der Vorbehaltskäufer im Gegensatz zum einfachen Eigentumsvorbehalt nicht den Vollrechtserwerb anstrebt, sondern die Sache weiterveräußern oder verarbeiten und im Anschluß daran weiterveräußern will. Denn in diesem Fall erlangt der Käufer nur dann Eigentum am Vorbehaltsgut, wenn die Bedingung vor Weiterveräußerung eintritt, worauf der Willen des Vorbehlatskäufers regelmäßig nicht gerichtet sein wird. Wenn aber die Rechtslage vor Eintritt des Verlängerungsfalls derjenigen beim einfachen Eigentumsvorbehalt entspricht, und § 107 I InsO den bisherigen Streit um die Befugnis des Verwalters, die Vertragserfüllung in diesem Fall abzulehnen beseitigen will, dann muss Absatz 1 auch auf den Fall des verlängerten Eigentumsvorbehaltes vor Eintritt des

---

641 Vgl. *Bork*, FS f. Gaul, 71, 77.

642 RegBegr. zu § 121 RegE abgedruckt in: *Uhlenbruck*, Insolvenzrecht, S. 432.

643 RegBegr. zu § 121 RegE abgedruckt in: *Uhlenbruck*, Insolvenzrecht, S. 433.

644 RegBegr. zu § 121 RegE abgedruckt in: *Uhlenbruck*, Insolvenzrecht, S. 432.

645 Vgl. dazu *Grunsky*, Grundzüge des Zwangsvollstreckungs- und Insolvenzrechts, Rn. 185-189 m.w.N.

646 vgl. *Kuhn/Uhlenbruck*, § 17 Rn. 18 h, der darauf hiweist, dass der Wegfall der Weiterveräußerungsermächtigung die logische Folge der Anwendung von § 17 KO ist, dies im Verkäuferkonkurs aber nicht geboten ist.

Verlängerungsfalls anwendbar sein. Das bestätigt auch die Tatsache, dass beide Vorbehaltsformen die gleiche Funktion wahrnehmen. Denn sowohl der einfache als auch der verlängerte Eigentumsvorbehalt vor Eintritt des Verlängerungsfalls sichert den Rückgewähranspruch des Lieferanten[647]. An dieser Funktion ändert sich erst mit Weiterveräußerung des Vorbehaltsgutes etwas. Die Tatsache, dass der Käufer durch die Anwendung des § 107 I InsO anstatt seinen Rechtserwerb zu vollenden, zur Weiterveräußerung bzw. zur Verarbeitung berechtigt ist, ist dann nur die logische Konsequenz der Versagung des Verwalterwahlrechts, nicht aber eine vom Schutzzweck nicht gedeckte Rechtsfolge.

(5) Fazit

Im Ergebnis spricht daher alles dafür, § 107 I InsO auch auf den verlängerten Eigentumsvorbehalt anzuwenden, wenn der Verlängerungsfall vor Verfahrenseröffnung noch nicht eingetreten ist.

bbb. Eintritt des Verlängerungsfalls vor Verfahrenseröffnung

Etwas anderes ergibt sich aber, wenn der Vorbehaltskäufer vor Verfahrenseröffnung bereits von seiner Weiterveräußerungsermächtigung Gebrauch gemacht hat. Denn mit Weiterveräußerung der Sache erlischt der Eigentumsvorbehalt[648], der Abkäufer wird Eigentümer der Sache und das Anwartschaftsrecht des Vorbehaltskäufers sowie das Eigentum des Verkäufers gehen unter[649]. An die Stelle des Eigentums ist infolge der Vorausabtretung die Kaufpreisforderung des Käufers gegen den Abnehmer als wirtschaftliches Surrogat getreten[650]. Da es sich dabei um eine Sicherungszession handelt, ist der Vorbehaltsverkäufer in der Insolvenz des Vorbehaltskäufers nach § 51 Nr. 1 2. Fall InsO nur zur abgesonderten Befriedigung berechtigt[651]. Dadurch wird deutlich, dass die ursprüngliche Sicherung des Verkäufers durch sein Eigentum an der Vorbehaltsware, von anderer Qualität war, als es die Sicherung durch die Forderung gegen den Abkäufer ist[652].

Wenn § 107 I InsO nun die Intention zugrundeliegt, dass die Eröffnung eines Insolvenzverfahrens nicht dazu führen darf, dass dem vertragstreuen Käufer seine vor Verfahrenseröffnung erlangte Rechtsposition genommen bzw. die Nutzbarmachung dieser entzogen wird, dann ist die Anwendung von § 107 I InsO auf Vorbehaltskäufe, bei denen der Käufer vor Verfahrenseröffnung von seiner Weiterveräußerungsermächtigung Gebrauch gemacht hat und die Sicherheit des Verkäufers durch die Kaufpreisforderung gegen den Abkäufer substituiert wurde, nicht nur nicht mehr geboten, sondern auch nicht mehr möglich. Denn einerseits fehlt es an den Voraussetzungen von Absatz 1, weil das Anwartschaftsrecht des Käufers mit der Weiterveräußerung untergegangen ist und sich der Käufer auch nicht

---

647 vgl. dazu BGHZ 54, 214 ff; *Grunsky*, Grundzüge des Zwangsvollstreckungs- und Insolvenzrechts, Rn. 189.

648 *Baur/Stürner*, Sachenrecht, § 59 II 2 b.

649 Kübler/Prütting-*Prütting*, § 47 Rn. 35.

650 Kübler/Prütting-*Prütting*, § 47 Rn. 35.

651 H/K-*Eickmann*, § 47 Rn. 6; *Hess*, § 47 InsO Rn. 59; Kübler/Prütting-*Prütting*, § 51 Rn. 14; Nerlich/Römmermann-*Andres*, § 47 Rn. 23; vgl. insofern bereits zur KO *Kuhn/Uhlenbruck*, KO, § 43 Rn. 36.

652 Hat der Käufer die Vorbehaltsware vor Verfahrenseröffnung noch nicht weiterveräußert, bleibt dem Verkäufer seine ursprüngliche Sicherheit in Form des Eigentums am Vorbehaltsgut erhalten. Seine Sicherungsform hat sich folglich nicht verändert. Demgegenüber wird seine Sicherung durch das Eigentum am Vorbehaltsgut mit Weiterveräußerung der Sache durch die Kaufpreisforderung gegen den Abkäufer ersetzt. Erst die Weiterveräußerung der Vorbehaltsware führt daher zu einer qualitativen Veränderung der Sicherung des Verkäufers.

mehr im Besitz des Vorbehaltsgutes befindet. Andererseits wiederspräche die Anwendung von § 107 I InsO auch dessen Schutzzweck, weil der Käufer die ihm aus dem verlängerten Eigentumsvorbehalt zustehenden Rechte bereits mit der Weiterveräußerung des Vorbehaltsgutes realisiert hat.
Und auch ein Rückgriff auf § 103 InsO scheidet aus. Denn dieser setzt einen beiderseits noch nicht vollständig erfüllten Vertrag voraus. Mit der Weiterveräußerung des Vorbehaltsgutes hat der Abnehmer des Vorbehaltskäufers über § 185 I BGB Eigentum an der Sache erlangt. Der Leistungserfolg aus dem ersten Kaufvertrag ist damit eingetreten, mit der Folge, dass der Vorbehaltsverkäufer erfüllt hat. Die Anwendung von § 103 InsO scheidet daher aus[653]. Im Ergebnis bleibt der Verwalter dazu berechtigt, die Gegenleistung beim Vorbehaltskäufer einzuziehen[654]. Zur Deckung dieser Forderung dient nun die übergegangene Forderung gegen den Abkäufer, allerdings nur in Höhe der noch ausstehenden Kaufpreisraten[655]. Der darüber hinausgehende Erlös gebührt dem Käufer.

bb. Verarbeitungsklausel

Auch für den Fall, dass das Vorbehaltsgut verarbeitet wird und das Verarbeitungsprodukt als Ersatzsicherheit für den ursprünglichen Eigentumsvorbehalt dient, muss danach unterschieden werden, ob der Vorbehaltskäufer die Sache bereits vor Verfahrenseröffnung verarbeitet hat oder nicht.

aaa. Keine Verarbeitung vor Verfahrenseröffnung

Wird über das Vermögen des Vorbehaltsverkäufers ein Insolvenzverfahren eröffnet und hat die Verarbeitung bis zu diesem Zeitpunkt noch nicht stattgefunden, ergeben sich keine Unterschiede zu dem Fall, in dem der Vorbehaltskäufer zur Weiterveräußerung ermächtigt ist, von dieser Ermächtigung bei Verfahrenseröffnung aber noch keinen Gebrauch gemacht hat. Rein formal liegen die Voraussetzungen von § 107 I InsO vor, denn der Vorbehaltskäufer ist Anwartschaftsberechtigter und im unmittelbaren Besitz des sich noch im Eigentum des Gemeinschuldners befindlichen Vorbehaltsgutes. Zwar ist der Vorbehaltskäufer auch hier nicht daran interessiert, seinen bereits eingeleiteten Rechtserwerb zu vollenden, sein Interesse an der Verarbeitung des Vorbehaltsgutes fällt aber dennoch ebenso, wie das an der Weiterveräußerung, in den Schutzbereich von § 107 I InsO. Denn § 107 I InsO bezweckt, dass dem Verwalter nur die Rechte zustehen sollen, die dem Verkäufer zustanden und er die Sache nicht zurückverlangen kann, solange der Käufer sich vertragstreu verhält. Die Verarbeitung des Vorbehaltsgutes liegt aber nicht nur im Rahmen der dem Käufer vor Verfahrenseröffnung erteilten Verarbeitungserlaubnis, sondern führt auch nicht zu Nachteilen für die Insolvenzmasse. Denn infolge der Verarbeitung erlangt die Masse eine Ersatzsicherheit an der neu hergestellten Sache, aus der sich der Verwalter zugunsten der Masse befriedigen kann, wenn der Käufer der Zahlung der noch ausstehenden Kaufpreisraten nicht nachkommt.
Hinzu kommt noch, dass der Vorbehaltsverkäufer in der Insolvenz des Käufers zu diesem Zeitpunkt noch zur Aussonderung des Vorbehaltsgutes berechtigt ist[656]. All dies gebietet

---

653 Das widerum bestätigt, dass auch § 107 I InsO als lex specials zu § 103 InsO keine Anwendung finden kann.
654 Kübler/Prütting-*Tintelnot*, § 103 Rn. 3.
655 *Henckel*, Aktuelle Probleme, S. 47.
656 Vgl. bereits zur KO BGH WM 1977, 1422, 1422 zu InsO: Begründung zum Diskussionsentwurf, S. B 33, 34, 42; Begründung zum Referentenentwurf, 3. Teil, S. 49 ff; RegBegr. zu § 58 RegE, BR-Drucks. 12/92, S. 125,

daher die Anwendung von § 107 I InsO auch dann, wenn der Käufer zur Verarbeitung des Vorbehaltsgutes berechtigt ist, von dieser Berechtigung vor Verfahrenseröffnung aber noch keinen Gebrauch gemacht hat.

bbb. Verarbeitung vor Verfahrenseröffnung

Ist das Vorbehaltsgut hingegen bereits zum Zeitpunkt der Verfahrenseröffnung verarbeitet, so springt für die Frage nach der Anwendbarkeit des § 107 I InsO zunächst das Schicksal des Anwartschaftsrechtes als entscheidendes Kriterium ins Auge. Erlischt es mit der Verarbeitung und hat der Vorbehaltskäufer auch sonst keine schützenswerte dingliche Rechtsposition an der neuen Sache erlangt, spricht die mit § 107 I InsO verfolgte gesetzgeberische Intention entscheidend gegen die Anwendung der Norm. Setzt sich das Anwartschaftsrecht hingegen am Verarbeitungsprodukt fort oder hat der Vorbehaltskäufer eine andere schützenswerte Rechtsposition an der neuen Sache erhalten, scheint der Schutzzweck von § 107 I InsO die Anwendung der Norm zu gebieten. Bedenken könnten sich dann aber daraus ergeben, dass die ursprünglich bedingt übereignete Sache nicht mehr existiert und der Schutz von § 107 I InsO folglich auch auf dessen Surrogate ausgedehnt werden würde.
Zunächst muss daher geklärt werden, ob der Vorbehaltskäufer trotz Verarbeitung der Sache Anwartschaftsberechtigter bleibt oder eine ähnlich schützenswerte Rechtsposition inne hat.
Verarbeitet der Vorbehaltskäufer die Vorbehaltsware, so erlangt er nach § 950 I BGB als Hersteller Eigentum an der neu hergestellten Sache, während der Vorbehaltseigentümer sein Eigentum an der verarbeiteten Sache auch gegen seinen Willen verliert. Gegen die Gefahr, dass das vorbehaltene Eigentum durch die Verarbeitung untergeht versucht sich der Vorbehaltsverkäufer mit der Vereinbarung von Verarbeitungsklauseln zu sichern.
Die rechtliche Einordnung der Vorbehaltsklauseln ist umstritten und wirkt sich auf die Beantwortung der Frage, ob der Vorbehaltskäufer trotz Verarbeitung der Sache Anwartschaftsberechtigter bleibt oder eine ähnlich schützenswerte Rechtsposition erhält unterschiedlich aus.

(1) Meinungsstand

Zunächst ist danach zu differenzieren, ob der Vorbehaltskäufer von nur einem oder von mehreren Stofflieferanten Ware unter Vereinbarung einer Verarbeitungsklausel bezieht.

(1 a) Vereinbarung einer Verarbeitungsklausel mit nur einem Stofflieferanten

Eine Meinungsgruppe geht von der Abdingbarkeit des § 950 I 1 BGB aus, (Abdingungslehre)[657], mit der Folge, dass der Vorbehaltsverkäufer kraft Parteivereinbarung und abweichend von § 950 I 1 BGB Eigentum an dem neu hergestellten Produkt erwirbt. Diese Ansicht beruht auf dem Gedanken, dass die Funktion von § 950 BGB darin liege, den Konflikt zwischen den individuellen Interessen von Stoffeigentümer und Verarbeiter zu regeln, und es einer solchen Regelung nicht bedürfe, wenn die Parteien einem solchen Konflikt vorgebeugt hätten, indem sie ihre Beziehung im vorhinein geklärt hätten. Denn die

---

abgedruckt in: *Uhlenbruck*, Insolvenzrecht, S. 357; *Elz*, ZInsO 2000, 478, 480; *Gaul*, ZInsO 2000, 256, 259; *Hess*, § 47 InsO Rn. 17.

[657] RG JW 1932, 2634, 2634; JW 1939, 563 ff; RGZ 161, 109, 113; *Baur/Stürner*, Sachenrecht, § 53 b I 3; *Dolezalek*, AcP 195 (1995), 392, 423 ff; *Flume*, NJW 1950, 841, 843 ff; *Franke*, BB 1955, 717, 718; *Graf Lambsdorff*, Handbuch des Eigentumsvorbehalts, Rn. 210; *Laufke*, FS f. Alfred Hueck, 69, 75; Soergel/Siebert/Siebert-*Mühl*, § 950 Rn. 3.

vertragliche Regelung gehe der gesetzlichen des § 950 BGB vor. Im übrigen entspreche dies dem Grundsatz, dass niemandem ein Recht gegen seinen Willen aufgedrängt werden dürfe. Wenn der Vorbehaltskäufer die neue Sache nun kraft vertraglicher Vereinbarung für den Vorbehaltsverkäufer anfertigt, stellt sich die Frage, ob der Vorbehaltskäufer sein Anwartschaftsrecht nach der Verarbeitung auch an der neuen Sache behält. *Flume* argumentiert, dass die Funktion des verlängerten Eigentumsvorbehaltes, mit der Maßgabe, dass der durch Verarbeitung neu entstandene Stoff an die Stelle des alten Stoffes trete, darin liege, dem Vorbehaltsverkäufer seine so verloren gegangene Sicherheit an dem neuen Gegenstand zu ersetzen. Das aber müsse bedeuten, dass der Vorbehaltsverkäufer hinsichtlich der neuen Sache ebenso gestellt sein muss, wie an dem verarbeiteten Gegenstand. Da der Vorbehaltsverkäufer den alten Stoff bereits aufschiebend bedingt übereignet habe, trete die verarbeitete Ware an die Stelle des alten Stoffes in das Eigentumsverhältnis ein[658]. Die für die bedingte Rückübereignung der neuen Sache auf den Vorbehaltskäufer gemäß § 929 S. 2 BGB erforderliche dingliche Einigung sei bereits antezipiert in der Abrede über den verlängerten Eigentumsvorbehalt enthalten, denn dem verlängerten Eigentumsvorbehalt sei wesentlich, dass der Vorbehaltskäufer das Anwartschaftsrecht an der neuen Sache erhalte[659]. Dem Ergebnis, dass der Vorbehaltsverkäufer infolge des durch die Verarbeitungsklausel abbedungenen § 950 I 1 BGB unmittelbar Vorbehaltseigentum erlange, schließen sich auch *Baur/Stürner* an[660]. *Laufke* äußert sich nicht konkret zu der Frage, nach dem Schicksal des Anwartschaftsrechtes, er bemerkt lediglich, dass sich das neu hergestellte Produkt wegen „stofflicher Identität" in derselben rechtlichen Situation, wie das verarbeitete Material befinde[661]. Wenn sich der neue Gegenstand aber in eben der Position des alten befindet, dann müssen die Eigentumsverhältnisse an ihm, ebenso wie beim Ausgangsstoff liegen, der Vorbehaltskäufer muss an dem neuen Stoff daher ebenfalls ein Anwartschaftsrecht begründen können. *Mühl* geht bei entsprechender vertraglicher Vereinbarung davon aus, dass das mit Verarbeitung untergegangene Anwartschaftsrecht des Vorbehaltskäufers durch Neubestellung der Parteien an dem neu hergestellten Stoff neu begründete werde. Anderenfalls entstehe entsprechend der Interessenlage nach § 950 BGB oder § 947 BGB Miteigentum der Parteien[662].

Eine andere Meinungsgruppe hält § 950 BGB für zwingend, erreicht den Eigentumserwerb des Vorbehaltsverkäufers aber durch Auslegung des Herstellerbegriffs[663]. Dabei nimmt eine Gruppierung an, dass für die Bestimmung der Herstellereigenschaft ausschließlich objektive Kriterien herangezogen werden dürfen[664]. Objektiv betrachtet beherrsche der Verarbeiter den Verarbeitungsprozess und habe diesen auch veranlaßt. Darüber hinaus trage er auch das

---

658 *Flume*, NJW 1950, 841, 844.

659 *Flume*, NJW 1950, 841, 844.

660 *Baur/Stürner*, Sachenrecht, § 53 III 3 b.

661 *Laufke*, FS f. Alfred Hueck, 69, 76.

662 Soergel/Siebert/Siebert-*Mühl*, § 950 Rn. 11.

663 Sehr bedenklich sind bereits die Ansätze, die den Lieferanten kraft Vertretung durch den Käufer nach §§ 164 ff BGB als Hersteller der neuen Sache qualifizieren, oder die es ausreichen lassen, auf den Willen des Käufers für einen anderen zu verarbeiten abzustellen, vgl insofern RGZ 161, 109, 113 ; 138, 88. Letzere Ansicht vermag schon deshalb schwer zu überzeugen, weil das subjektive Element allein ein zu unsicheres Indiz ist. Gegen die Qualifizierung des Lieferanten als Hersteller i.S.v. § 950 BGB über die Stellvertretungsregeln spricht, dass die §§ 164 ff BGB auf Willenserklärungen und nicht auf Realakte zugeschnitten sind.

664 *Bley*, § 36 VglO Anm. 42 b; *Eichler*, Institutionen, S. 75; § 950 Rn. 7; *Fischer*, Kollision, S. 80 ff; *Gottwald*, Insolvenzrechts-Handbuch, § 45 Rn. 19 m.w.N; *Häsemeyer*, Insolvenzrecht, Rn. 18.32; *Kötter*, Tauglichkeit, S. 83 ff; Palandt-*Bassenge*, § 950 Rn. 8, 11; *Reich*, Sicherungsübereignung, S. 56; *Rieß*, Verlängerter Eigentumsvorbehalt, S. 20 ff; *Säcker*, JR 1966, 51 ff; Staudinger-*Wiegand*, § 950 Rn. 27; *Wadle*, JuS 1982, 477, 480; *Westermann/Gursky/Pinger*, Sachenrecht, Bd. I, § 53 III 2 e; *Wilhelm*, Sachenrecht, Rn. 543.

Absatzrisiko und sei überwiegend auch derjenige, der den Hauptrohstoff stelle, so dass er als Hersteller i.S.v. § 950 BGB zu qualifizieren sei[665]. Durch den originären Eigentumserwerb des Käufers gehe der Eigentumsvorbehalt unter[666]. Ein Eigentumserwerb des Vorbehaltsverkäufers sei daher nur durch Einigung und Vereinbarung eines vorweggenommenen Besitzkonstitutes zwischen dem Verarbeiter und dem Vorbehaltsverkäufer möglich, wodurch der Vorbehaltsverkäufer Sicherungseigentümer werde[667].

Die Rechtsprechung und ein anderer Teil der Literatur bestimmen die Herstellereigenschaft demgegenüber nach der Verkehrsauffassung unter Berücksichtigung der Parteivereinbarung, (Zurechnungslehre)[668]. Mit der Vereinbarung einer Verarbeitungsklausel mache der Vorbehaltsverkäufer deutlich, dass der Käufer über den Verarbeitungsvorgang hinaus Fremdbesitzer der neu hergestellten Sache bleiben soll, der Vorbehaltskäufer dürfe die Vorbehaltsware nur im Rahmen des Vorbehaltskaufs verarbeiten[669]. Aus dieser Parteivereinbarung werde nach außen hin deutlich, dass der Verkäufer den Produktionsvorgang vorfinanziere und ein Interesse am reibungslosen Ablauf der Produktion sowie am Absatz der Ware habe, um so seine noch offene Forderung gegen den Vorbehaltskäufer zu sichern. Er trage damit das wirtschaftliche Risiko des Produktionsprozesses, was es rechtfertige, ihn als Hersteller anzusehen[670]. Auf der Grundlage der Parteivereinbarung und unter Berücksichtigung der Verkehrsauffassung sei der Vorbehaltsverkäufer daher Hersteller der neuen Sache[671]. Mit der Verarbeitung erlösche das Anwartschaftsrecht des Vorbehaltskäufers analog § 950 II BGB, wonach der Eigentumserwerb an der neuen Sache grundsätzlich zum Untergang der ursprünglich an der Sache bestehenden Rechte führe[672]. Der Vorbehaltskäufer könne ein Anwartschaftsrecht an der neu hergestellten Sache daher nur durch Vereinbarung mit dem Verkäufer neu erwerben[673]. Fehle es an einer diesbezüglich ausdrücklichen Parteivereinbarung, sei die Verarbeitungsklausel als Auslegungshilfe heranzuziehen. Enthalte diese eine Abrede darüber, ob und inwiefern der Vorbehaltskäufer nach der Verarbeitung des Vorbehaltsgutes Anwartschaftsberechtigter der neu hergestellten Sache werden soll, sei die Klausel dahingehend zu verstehen, dass der Vorbehaltslieferant schon zum Zeitpunkt der Vereinbarung der Verarbeitungsklausel sein durch die Verarbeitung neu erworbenes Eigentum durch die vollständige Kaufpreiszahlung aufschiebend bedingt an den Käufer übertrage. Diese antezipierte Übereignung erfolge nach § 929 S. 2 BGB[674]. Enthalte die Verarbeitungsklausel hingegen keine Anhaltspunkte für die Eigentumsverhältnisse nach der Verarbeitung oder wurde hier lediglich festgelegt, dass die Be- oder Verarbeitung für den

---

665 *Wadle*, JuS 1982, 477, 483.

666 *Wilhelm*, Sachenrecht, Rn. 543.

667 *Gaul*, ZInsO 2000, 256, 259; *Häsemeyer*, Insolvenzrecht, Rn. 18.32; Palandt-*Bassenge*, § 950 Rn. 13; Staudinger-*Wiegand*, § 950 Rn. 41; *Wilhelm*, Sachenrecht, Rn. 543. Das gibt dem Vorbehaltsverkäufer in der Insolvenz des Verarbeiters aber nur ein Absonderungsrecht.

668 BGHZ 14, 114, 117; 20, 159, 163; *Serick*, Bd. IV, § 44 III 6 b; Erman-*Grunewald*, § 455 Rn. 45, Erman-*Hefermehl*, § 950 Rn. 7; *Hofmann*, NJW 1962, 1798, 1801, 1803; *Nierwetberg*, NJW 1983, 2235, 2235; *Rothkegel*, Eigentumserwerb, S. 60 ff; *Wagner*, AcP 184, 23 ff; *Wolff/Raiser*, Sachenrecht, § 73 III.

669 *Serick*, Bd. VI, § 44 III 6 b.

670 BGHZ 14, 114, 117; 20, 159, 163.

671 *Serick*, Bd. VI, § 44 III 6 b.

672 Erman-*Grunewald*, § 455 Rn. 45; Erman-*Hefermehl*, § 950 Rn. 8; *Franke*, BB 1955, 717 ff; Palandt-*Bassenge*, § 950 Rn. 6; RGRK-*Pikart*, § 950 Rn. 60; *Rühl*, Eigentumsvorbehalt und Abzahlungsgeschäft, S. 138; *Serick*, Bd. IV, § 44 III 7; Staudinger-*Berg*, § 950 Rn. 15.

673 Erman-*Grunewald*, § 455 Rn. 45; *Nierwetberg*, NJW 1983, 2235, 2235; *Serick*, Bd. IV, § 44 III 7.

674 Erman-*Grunewald*, § 455 Rn. 45; *Serick*, Bd. IV, § 44 III 7.

Vorbehaltsverkäufer erfolge, sieht *Serick* keinen Raum für eine Auslegung[675]. *Nierwetberg* hingegen geht davon aus, dass berechtigte Interessen von Lieferant und Produzent die Neubegründung eines Anwartschaftsrechtes am neuen Produkt auch dann geböten, wenn der Wortlaut eine dahingehende Vereinbarung nicht enthalte[676]. Argumentativ verweist er auf die „falsa demonstratio". Wenn diese bestimme, dass der übereinstimmende, wirkliche Wille der Parteien selbst dann gelte, wenn aus deren Erklärungen objektiv etwas anderes hervorgehe, dann müsse auch bei Fehlen eines Hinweises von einer antezipierten Übereignung der neuen Sache auf den Vorbehaltskäufer ausgegangen werden[677]. Darüber hinaus sei der Vorbehaltskäufer regelmäßig an seinem Status als Anwartschaftsberechtigter auch nach der Verarbeitung der Sache interessiert, es bestehe aber kein Grund, ihm diesen zu verwehren, gleichermaßen aber die Stellung des Lieferanten zu stärken, indem er nach der Verarbeitung Volleigentümer des neuen Produktes ist, während er an der verarbeiteten Sache lediglich Vorbehaltseigentum hatte[678].

Noch anders vollzieht sich der Eigentumserwerb des Lieferanten für *Hofmann*, indem er vom Abschluß eines „Herstellervertrages" als Vertrag sui generis zwischen Vorbehaltsverkäufer- und käufer ausgeht, wodurch der Lieferant Hersteller i.S.v. § 950 BGB werde[679]. Der Vorbehaltslieferant erwerbe auf diese Weise originär Eigentum an der Vorbehaltssache[680]. An einer Aussage zur Stellung des Vorbehaltskäufers nach der Verarbeitung und insbesondere zum Schicksal seines Anwartschaftsrechtes fehlt es jedoch.

(1 b) Kollision mehrerer Verarbeitungsklauseln/ Mitverarbeitung eigener Ware

Komplizierter wird die Sachlage, wenn der Vorbehaltskäufer nicht nur Vorbehaltsware eines Stofflieferanten verarbeitet, sondern eigene Ware und/ oder Stoffe mehrerer Lieferanten, die sich gleichzeitig das Eigentum an der neuen Sache im Wege einer Verarbeitungsklausel vorbehalten haben mitverarbeitet.

Die Anhänger der „Abdingungslehre" kommen infolge der Ausschaltung des § 950 BGB zwingend zur Anwendung von § 947 BGB. *Flume* führt insofern aus, dass die bisherigen Stoffeigentümer in dem Fall, in dem der Vorbehaltskäufer sowohl seine eigene Ware als auch die verschiedener Stofflieferanten, mit denen er § 950 BGB durch Vereinbarung einer Verarbeitungsklausel abbedungen hat in die Produktion einfließen läßt, „nach dem Verhältnis des Wertes, den die Sachen zur Zeit der Verbindung haben" unter den Voraussetzungen des § 947 BGB Miteigentümer werden[681]. *Baur/Stürner* begrenzen die Miteigentümerstellung des Vorbehaltskäufers auf den Fall eines einzigen Stofflieferanten. Bei mehreren Lieferanten entstehe grundsätzlich nur zwischen diesen Miteigentum, während der verarbeitende Käufer

---

675 *Serick*, Bd. IV, § 44 III 7.
676 *Nierwetberg*, NJW 1983, 2235, 2235.
677 *Nierwetberg*, NJW 1983, 2235, 2235.
678 *Nierwetberg*, NJW 1983, 2235, 2236.
679 *Hofmann*, NJW 1962, 1798, 1802.
680 *Hofmann*, NJW 1962, 1798, 1802. Zu der Frage, ob das Anwartschaftsrecht mit der Verarbeitung untergeht oder ob § 950 II BGB durch die Verarbeitungsklausel in der Form abbedungen wurde, dass dem Produzenten an der neu hergestellten Sache gemäß antezipierter Übereignung an dem neu hergestellten Stoff erneut ein Anwartschaftsrecht eingeräumt wird, nimmt *Hofmann* nicht Stellung. Deutlich wird nur, dass er weder die Entstehung von Gesamthandseigentum noch die von Sicherungseigentum durch vorweggenommenes Besitzkonstitut präferiert.
681 *Flume*, NJW 1950, 841, 844.

nur bei ausdrücklicher Vereinbarung Miteigentum erwerbe[682]. *Laufke* unterscheidet danach, ob alle Lieferanten, keiner oder nur einige mit dem Käufer eine Verarbeitungsklausel vereinbart haben. Während im ersten Fall § 947 BGB Anwendung finde, komme § 950 BGB im zweiten Fall zum Zuge. Haben nur einige Stofflieferanten mit dem Vorbehaltskäufer eine Verarbeitungsklausel vereinbart, finde § 947 BGB nur im Hinblick auf diese Anwendung, während zugunsten der anderen § 950 BGB greife[683]. Miteigentum entstehe ferner dann, wenn der Käufer eigene Stoffe mit denen seiner Lieferanten verarbeite. Etwas anders argumentiert *Franke*. Obwohl auch er davon ausgeht, dass der Eigentumserwerb des Herstellers nach § 950 BGB mit der Vereinbarung einer Verarbeitungsklausel ausgeschlossen werden könne, sei zunächst zu untersuchen, ob dennoch die Voraussetzungen von § 950 BGB vorliegen. Nur wenn das nicht der Fall wäre, erlangten alle Lieferanten und für den Fall, dass der Käufer eigene Stoffe mitverarbeitet haben auch er nach § 947 BGB Miteigentum[684].
Die Gruppierung, die für die Bestimmung des Herstellers ausschließlich objektive Kriterien heranzieht, kommt bei der Vereinbarung mehrerer Verlängerungsklauseln hingegen zu der Entstehung mehrerer Sicherungsübereignungen[685].
Serick gelangt als Vertreter der Zurechnungslehre demgegenüber zu einem Miteigentumserwerb der Warenlieferanten auf der Grundlage von § 950 BGB. Dabei soll jeder durch eine Vorbehaltsklausel gesicherte einen Miteigentumsanteil bekommen, der sich nach dem Verhältnis des Wertes des von ihm zur Herstellung der neuen Sache beigesteuerten Stoff zum Wert der anderen Materialien bemesse[686]. Im Ergebnis führt das dazu, dass die Klauselverwender gemeinsam Hersteller i.S.v. § 950 BGB werden. Ein Miteigentumsanteil des Vorbehaltskäufers komme aber weder in Betracht, wenn der Käufer auch eigene Materialien in die Verarbeitung einfließen lasse, noch dann, wenn er nur Stoffe seiner Lieferanten verarbeitet. Dem schließt sich auch *Wagner* an[687]. Zur Begründung führt er an, dass den Lieferanten für den Verlust ihrer Sicherheiten eine Ersatzsicherheit gestellt werden müsse. Da die neu hergestellte Sache infolge der Verarbeitung aber regelmäßig über die ursprüngliche Sicherheit hinausgehe, sei die Ersatzsicherheit auf den Wert der ursprünglichen Sicherheit zu beschränken. Indem jeder Lieferant in der Höhe seines Beitrages Hersteller i.S.v. § 950 BGB der neuen Sache werde, erhalte er den Anteil am Fertigprodukt, „den er durch die Lieferung des Rohstoffes wertmäßig zu diesem beigetragen" habe[688]. Diese Sichtweise enspreche im übrigen dem Beschluß des 51. DJT, indem klargestellt werde, dass Ersatzsicherheiten aus Verlängerungsklauseln nur insoweit anerkannt werden, als dass sie dem Wert des ursprünglichen Sicherungsobjektes entsprächen[689].

(1 c) Zusammenfassung

Zusammenfassend läßt sich festhalten, dass die zuerst und zuletzt angeführte Ansicht im Hinblick auf das Schicksal des Anwartschaftsrechtes nach Verarbeitung des Vorbehaltsgutes im wesentlichen zum gleichen Ergebnis kommen. Beiden Ansichten ist gemein, dass sie von einem originären Eigentumserwerb des Vorbehaltsverkäufers- einerseits kraft

---

682 *Baur/Stürner*, Sachenrecht, § 53 b III 3 a, b.
683 *Laufke*, FS f. Hueck, 69, 79.
684 *Franke*, BB 1955, 717, 718.
685 *Westermann/Gursky/Pinger*, Sachenrecht, Bd I, § 53 III 2.
686 *Serick*, Bd. IV, § 46 II 1 b.
687 *Wagner*, AcP 184 (1984), 14, 37.
688 *Wagner*, AcP 184 (1984), 14, 34.
689 Vgl. Bericht des 51 DJT, abgedruckt in NJW 1976, 2007, 2009.

Parteivereinbarung, andererseits durch Qualifizierung des Lieferanten als Hersteller i.S.v. § 950 I 1 BGB -ausgehen. Uneinigkeit herrscht jedoch in Bezug auf die Frage, ob das Anwartschaftsrecht zunächst analog § 950 II BGB untergeht[690] und dann entweder nur bei entsprechenden Anhaltspunkten in der Verarbeitungsklausel an der neuen Sache erneut begründet wird, oder auch bei Fehlen solcher Anhaltspunkte neu entsteht, oder ob die Verarbeitungsklausel den § 950 II BGB dahingehend abbedingt, dass der Verkäufer die neu hergestellte Sache durch antezipierte Übereignung nach § 929 S. 2 BGB aufschiebend bedingt auf den Käufer überträgt, mit der Folge, dass dieser erneut ein Anwartschaftsrecht, jetzt allerdings an dem neuen Produkt erlangt, während der Lieferant unmittelbar Vorbehaltseigentümer wird.

Lediglich die Ansicht, die den Herstellerbegriff des § 950 BGB rein objektiv bestimmt, kommt zu dem Ergebnis, dass der Vorbehaltskäufer mit der Verarbeitung des Vorbehaltsgutes Eigentümer der neuen Sache wird. Dieses überträgt der Produzent jedoch kraft antezipierter Sicherungsübereignung, die in der Verarbeitungsklausel enthalten ist, zur Sicherung der noch ausstehenden Kaufpreisraten auf den Lieferanten[691].

Gehen die Stoffe mehrerer Lieferanten in das Verarbeitungsprodukt ein und haben alle mit dem Vorbehaltskäufer eine Verarbeitungsklausel vereinbart, so kommen die Anhänger der Abdingungslehre zu einem Miteigentumserwerb aller so gesicherter Lieferanten nach § 947 BGB, während die Vertreter der Zurechnungslehre eine gemeinsame Herstellereigenschaft aller Warenlieferanten in der Höhe, die sie wertmäßig an der neuen Sache beigetragen haben, annehmen. Hat der Vorbehaltskäufer auch eigene Stoffe mitverarbeitet besteht Uneinigkeit darüber, ob auch auf ihn ein Miteigentumsanteil entfällt.

(2) Stellungnahme

Um sämtlichen Mißverständnissen vorzubeugen, bietet sich eine Lösung an, nach der die Eigentumsverhältnisse an der neuen Sache entsprechend denen an dem verarbeiteten Produkt fortbestehen[692]. Eine solche Vorgehensweise setzt jedoch die Möglichkeit voraus, dass der Begriff der Sachneuheit kraft Parteivereinbarung bestimmt werden kann[693]. Ob eine neue Sache entstanden ist bestimmt sich jedoch stets nach der Verkehrsanschauung[694]. Entscheidend ist, dass der Stoff seine Indentität verändert oder eine Wesensänderung erfahren hat[695]. Abgestellt wird also auf nach außen erkennbare Kriterien. Dass dies sinnvoll ist, verdeutlicht die unterschiedliche Wirkungsweise von Schuld- und Sachenrecht: Im Gegensatz zum Schuldrecht, wo vertragliche Parteivereinbarungen im Vordergrund stehen, weil schuldrechtliche Beziehungen regelmäßig nur zwischen den Vertragsparteien Wirkung

---

690 So die überwiegende Ansicht: *Franke*, BB 1955 717, 719; Palandt-*Bassenge*, § 929 Rn. 6; RGRK-*Pikart*, § 950 Rn. 60; *Serick*, Bd. VI, § 44 III 7; Staudinger-*Berg*, § 950 Rn. 15.

691 Außer Betracht bleibt hier die Ansicht, nach der die Vereinbarung einer Verarbeitungsklausel zum Abschluß eines Gesellschaftsvertrages zwischen Vorbehaltskäufer und Lieferanten führt, vgl insofern *Herz*, IhJb. 74, 1, 47, 48; sowie die Ausführungen von *Rühl*, Eigentumsvorbehalt und Abzahlungsgeschäft, S. 126. Diese Konstruktion, nach der der Lieferant den Stoff in die Gesellschaft einbringt und die nach Verarbeitung zum Gesamthandseigentum der Gesellschafter führt, durch das der Lieferant gesichert ist, dürfte regelmäßig an § 118 BGB scheitern und war insofern bisher auch kaum praxisrelevant.

692 Vgl. insofern, *Zeuner*, JZ 1955, 195, 196.

693 *Hofmann*, NJW 1962, 1798, 1800.

694 Erman-*Hefermehl*, § 950 Rn. 2; *Franke*, BB 1955, 717, 717; *Graf Lambsdorff*, Handbuch des Eigentumsvorbehalts, Rn. 204; Soergel/Siebert/Siebert-*Mühl*, § 950 Rn. 19, stets m.w.N.

695 Erman-*Hefermehl*, § 950 Rn. 2.

entfalten[696], zeigen sachenrechtliche Beziehungen ihre Wirkung auch gegenüber Dritten[697]. Wenn sich nun die Beantwortung der Frage, ob eine neue Sache hergestellt wurde, nach der Parteivereinbarung richten würde, bestünde die Gefahr, dass die Parteien von einem neuen Produkt ausgingen, während ein objektiver Dritter eine entsprechende Veränderung des Ausgangsstoffes verneinen müßte. Damit aber würden die absolut wirkenden Sachenrechte ihrer Funktion entkleidet.

Aber nicht nur die Möglichkeit, das alte Eigentum an der neuen Sache fortbestehen zu lassen, sondern auch der Gedanke, die verarbeitete Sache durch die neu hergestellte zu ersetzten[698], um so den Eigentumserwerb des Vorbehaltsverkäufers sicherzustellen kann nicht überzeugen. Denn eine solche Konstruktion basiert auf dem Prinzip dinglicher Surrogation, das nicht nur dem BGB fremd ist[699], sondern auch sachenrechtlichen Grundsätzen widerspricht[700].

Um eine Antwort auf die Frage zu finden, wie die Eigentumsverhältnisse an der durch Verarbeitung entstandenen Sache liegen, ist daher zunächst auf die Funktion von Verlängerungsklauseln einzugehen. Denn erst nachdem das Interesse des Vorbehaltskäufers an der Vereinbarung einer Verlängerungsklausel und das Sicherungsbedürfnis des Lieferanten ausgemacht ist, kann das Mittel fokussiert werden, durch das beiden Zielen möglichst gleichermaßen entsprochen wird.

(2 a) Argumentation vor dem Hintergrund der Interessenlage

Abnehmern in der verarbeitenden Industrie kommt es darauf an, die erworbenen Sache ver- oder bearbeiten zu können. Ihr Interesse gilt daher nicht dem erworbenen Produkt als solchem, ihnen kommt es vielmehr darauf an, aus diesem einen neuen Stoff herzustellen. Sie sind aber auch daran interessiert, die am verarbeiteten Produkt erlangte Rechtsstellung zu behalten, um sich so gegen Eingriffe Dritter oder solche des Lieferanten besser schützen zu können. Gleichzeitig ist aber der Vorbehaltslieferant bemüht, sich das neue Produkt als Sicherheit für die noch ausstehenden Kaufpreisraten zu erhalten. Mit der Vereinbarung einer Verarbeitungsklausel will sich der Vorbehaltsverkäufer also die Möglichkeit sichern, bei Zahlungsverzug des Käufers auf das Surrogat zugreifen zu können.

Es fragt sich daher, auf welche Weise beiden Interessen genüge getan wird.

Vereinbaren die Parteien ein antezipiertes Besitzkonstitut, wird der Produzent zunächst Eigentümer der neuen Sache und erlangt den unmittelbaren Besitz an ihr. Um dem Lieferanten seine Sicherheit zu erhalten, einigen sich die Parteien im voraus und vereinbaren ein Besitzmittlungsverhältnis i.S.v. §§ 868, 930 BGB, wodurch die neue Sache unmittelbar nach ihrer Entstehung zur Sicherung des restlichen Kaufpreisanspruchs dem Vorbehaltsverkäufer übereignet wird. Der noch offene Kaufpreis ist daher zwar gesichert, entscheidend ist aber, ob die Sicherung in Form von Sicherungseigentum von gleicher Qualität ist, wie die durch Vorbehaltseigentum.

Problematisch ist hier, dass das Eigentum an der neuen Sache, wenn auch nur für eine „juristische" Sekunde zunächst beim Vorbehaltskäufer entsteht, § 950 BGB. Dadurch, dass der Produzent Durchgangseigentum erlangt, besteht aber die Möglichkeit, dass dieses mit Rechten Dritter belastet wird[701]. In Betracht kommt beispielsweise eine Belastung des

---

[696] MüKo-*Kramer*, Einleitung zum Schuldrecht, Rn. 12.

[697] MüKo-*Quack*, Einleitung zum Sachenrecht; Rn. 25.

[698] So *Flume*, NJW 1950, 841, 844 f.

[699] *Hofmann*, NJW 1998, 1801.

[700] Erman-*Hefermehl*, § 950 Rn. 5.

[701] *Elz*, ZInsO 2000, 478, 479; *Baur/Stürner*, Sachenrecht, § 51 V 6 b.

Sicherungseigentums mit Pfändungspfandrechten, oder dass die neue Sache in den Haftungsverband einer Hypothek fällt[702]. Indem die Möglichkeit besteht, dass derartige Rechte Dritter begründet werden, wird die ursprüngliche Sicherheit des Vorbehaltsverkäufers entwertet. Dadurch, dass sich der Verkäufer durch einen Eigentumsvorbehalt sichert, will er diesen Risiken aber gerade vorbeugen. Hinzu kommt, dass der Erwerber noch im Zeitpunkt der Besitzerlangung die neue Sache aufgrund des Besitzkonstitutes als Eigentum des Veräußerers besitzen muss[703]. Besteht dieser Wille nicht fort, scheitert der Eigentumserwerb des Lieferanten und damit seine dingliche Sicherung an der mangelnden Vertragstreue des Produzenten[704]. Ist der Vorbehaltsverkäufer hingegen Hersteller i.S.v. § 950 I 1 BGB oder wird § 950 I 1 BGB dahingehend abbedungen, dass der Eigentumserwerb beim Vorbehaltskäufer eintritt, erlangt er mit Verarbeitung der Sache originäres Eigentum an dem neu hergestellten Produkt. Im Gegensatz zu der Lösung über die antezipierte Sicherungsübereignung erhält der Lieferant auf diese Weise eine ebenso wirksame Sicherheit, wie er sie vor Verarbeitung der Sache inne hatte. Und auch die Interessen des Produzenten werden hinreichend gewahrt. Mit der Verarbeitung und der Entstehung originären Eigentums an der neuen Sache beim Verkäufer erlöschen gemäß § 950 II BGB die an dem verarbeiteten Stoff bestehenden Rechte. Das hat zunächst zur Folge, dass das Vorbehaltseigentum des Lieferanten untergeht und der Eigentumsvorbehalt damit erlischt[705]. Wenn aber § 950 II BGB für das wesentlich stärkere Vollrecht Eigentum gilt, dann muss es erst Recht für dessen „wesensgleiches Minus", das Anwartschaftsrecht des Vorbehaltskäufers gelten. Kraft antezipierter, aufschiebend bedingter Einigung[706] erlangt der Vorbehaltskäufer nach § 929 S. 2 BGB aber ein Anwartschaftsrecht an der neuen Sachen. Seine Rechte und Pflichten an der neuen Sache entsprechen damit denen an der verarbeiteten.

Die Lösung über die antezipierte Sicherungsübereignung führt aber nicht nur zu einer Entwertung der Sicherheit, sie ändert darüber hinaus auch die Stellung des Lieferanten. Vor der Verarbeitung war er Vorbehaltsverkäufer, nun ist er Sicherungseigentümer. Das widerspricht aber nicht nur der Interessenlage, sondern auch dem Parteiwillen, denn mit der Vereinbarung einer Verarbeitungsklausel wollen die Parteien sicherstellen, dass die bestehende Sicherheit am verarbeiteten Produkt über den Verarbeitungsvorgang hinaus fortgesetzt wird[707]. Dies zeigt sich besonders deutlich am Wortlaut der Verarbeitungsklauseln, die häufig dahingehend lauten, dass sich „das Eigentum an der neuen Sache fortsetzt", „die neu hergestellte Sache / das neu hergestellte Eigentum als Vorbehaltsware gilt" oder „die Verarbeitung für den Lieferanten erfolgt"[708]. An der neuen Sache sollen folglich dieselben Rechte bestehen wie die, die an der verarbeiteten bestanden. Das ist aber nur dann möglich, wenn der Vorbehaltsverkäufer an der neuen Sache unmittelbar Eigentum erwirbt. Als Sicherungseigentümer wäre er zwar auch geschützt, diese Sicherungsform wäre jedoch von

---

[702] *Baur/Stürner*, Sachenrecht, § 51 V 6 b; Soergel/Siebert/Siebert-*Mühl*, § 930 Rn. 4.

[703] Soergel/Siebert/Siebert-*Mühl*, § 930 Rn. 4.

[704] Da das Fortbestehen des Willens aber vermutet wird, eine geheime Willensänderung unbeachtlich ist und der Wille nach außen nicht erkennbar gemacht werden muss, dürfte der Eigentumserwerbs hieran regelmäßig nicht scheitern.

[705] *Serick*, Bd. I, § 15 VII 2 b.

[706] Zu der Frage, ob es dazu einer ausdrücklichen Vereinbarung bedarf, der Wortlaut der Verlängerungsklausel einen dahingehenden Parteiwillen enthalten muss, oder ob auch beim Fehlen von Hinweisen zugunsten des Produzenten der Wille zur aufschiebend bedingten Übereignung der neuen Sache auf den Vorbehaltskäufer unterstellt werden kann vgl. *Nierwetberg*, NJW 1983, 2235, 2236 m.w.N.

[707] *Hofmann*, NJW 1962, 1798, 1801; *Flume*, NJW 1950, 841, 841.

[708] Vgl. auch die weiteren Beispiele zur Ausgestaltung von Verarbeitungsklauseln bei *Graf Lambsdorf/Hübner*, Eigentumsvorbehalt und AGB-Gesetz, S. 148 f.

anderer Qualität. Der Vorbehaltsverkäufer will dem Käufer mit der Vereinbarung einer Verarbeitungsklausel aber lediglich dessen ordnungsgemäßen Geschäftsgang ermöglichen, ohne aber seine Stellung zu der Sache und vor allem seine Sicherungsform an dieser zu verändern. Dies aber würde geschehen, wenn der Produzent zunächst Eigentümer würde und der Vorbehaltsverkäufer nur Sicherungseigentum erhielte. Die vorweggenommene Sicherungsübereignung widerspricht daher dem Parteiwillen, der dahin geht, dem Käufer die Verarbeitung der Sache bei gleichzeitiger Aufrechterhaltung der Sicherung des Vorbehaltsverkäufers zu ermöglichen.
Damit ist die Ansicht, nach der der Lieferant auch an der neuen Sache Vorbehaltseigentum erlangt interessengerechter und folglich vorzugswürdig.

(2 b) Bedenken wegen der Formulierung von § 51 Nr. 1 1. Fall InsO

Fraglich ist aber, ob dieses Ergebnis mit § 51 Nr. 1 1. Fall InsO in Einklang steht.
Für die Sonderformen des Eigentumsvorbehaltes fehlt es im Hinblick auf die Frage, ob sie den Lieferanten in der Käuferinsolvenz zur Aus- oder zur Absonderung berechtigen an einer eindeutigen gesetzlichen Regelung. In Betracht kommt daher einerseits, die Verlängerungs- und Erweiterungsformen des Eigentumsvorbehaltes dem einfachen Eigentumsvorbehalt gleichzustellen, mit der Folge, dass der Verkäufer nach § 47 InsO zur Aussonderung berechtigt ist. Andererseits bietet sich die Möglichkeit an, diese Vorbehaltsformen wie Sicherungseigentum zu behandeln, so dass der Vorbehaltsverkäufer gemäß § 51 Nr. 1 1. Fall InsO nur zur Absonderung berechtigt ist. Für ersteres spricht, dass die Verlängerungs- und Erweiterungsformen des Eigentumsvorbehaltes vor Eintritt des Verlängerungs- oder Erweiterungsfalles in jedem Fall zur Aussonderung berechtigen, denn in diesem Fall ist die Sicherung des Verkäufers über die des einfachen Vorbehaltes noch nicht hinausgegangen[709]. Wenn aber der Parteiwille nach dem Wortlaut der Verarbeitungsklauseln darauf gerichtet ist, dass sich die Qualität des Eigentums nicht verändert, und sowohl einfacher als auch verlängerter Eigentumsvorbehalt nach Eintritt des Verlängerungsfalls Sicherungszwecken dienen, muss gleiches auch nach Eintritt des Verlängerungsfalls gelten.
Dadurch aber, dass bei Eintritt des Verlängerungsfalls im Fall einer Vorausabtretungsklausel vor Verfahrenseröffnung die Forderung gegen den Abkäufer an Stelle des Eigentumsvorbehaltes den Verkäufer sichert und der Lieferant bezüglich dieser Forderung nach § 51 Nr. 1 2. Fall InsO nur zur abgesonderten Befriedigung berechtigt ist, liegt die Annahme nahe, dass die Verarbeitung des Vorbehaltsgutes vor Verfahrenseröffnung dazu führt, dass das Eigentum des Verkäufers an der neuen Sache Sicherungseingentum i.S.v. § 51 Nr. 1 1. Fall InsO ist[710]. Dies bestätigt auch die Begründung zur InsO, aus der deutlich hervorgeht, dass die Verlängerungs- und Erweiterungsformen des Eigentumsvorbehaltes nach Eintritt des Verlängerungs- bzw. Erweiterungsfalls nur noch zur abgesonderten Befriedigung berechtigen[711]. Wenn aber der verlängerte Eigentumsvorbehalt nach § 51 Nr. 1 1. Fall InsO zur Absonderung berechtigt, dann müssen die Voraussetzungen von § 51 I Nr. 1 1. Fall InsO auch erfüllt sein. Nach § 51 Nr. 1 1. Fall InsO ist zur Absonderung berechtigt, wem der

---

[709] Vgl. insofern *Bork*, FS f. Gaul, 71, 77; *Gaul*, ZInsO 2000, 256, 259.

[710] So *Hess*, § 47 InsO Rn. 69; Kübler/Prütting-*Prütting*, § 51 Rn. 14. Hier fehlt es jedoch an einer Auseinandersetzung mit den zu § 950 BGB vertretenen Ansichten.

[711] *Uhlenbruck*, Insolvenzrecht, S. 357; so auch die ganz überwiegende Ansicht: *Bork*, FS f. Gaul, 71, 77; *Elz*, ZInsO 2000, 478, 480; BK-*Breutigam*, § 51 InsO Rn. 5; FK-*Joneleit/Imberger*, § 47 Rn. 17; *Gaul*, ZInsO 2000, 256, 259; *Gottwald/Adolphsen*, Kölner Schrift zur InsO, S. 1043, 1048 Rn. 16; *Hess*, § 47 InsO Rn. 59, § 51 Rn. 11; *Krull*, ZInsO 2000, 256, 259; Kübler/Prütting-*Prütting*, § 47 Rn. 35 f; *Marotzke*, ZZP 109 (1996), 429, 432; Nerlich/Römmermann-*Andres*, § 47 Rn. 21 ff.

Schuldner zur Sicherung eines Anspruchs eine bewegliche Sache übereignet hat. Für den Fall der Verarbeitungsklausel bedeutet das, dass der Verkäufer nur dann nach § 51 Nr. 1 1. Fall InsO absondern kann, wenn der Käufer ihm zur Sicherung des restlichen Kaufpreisanspruchs die neu hergestellte Sache übereignet hat. § 51 Nr. 1 1. Fall InsO geht daher davon aus, dass die Übertragung des Eigentums vom Insolvenzschuldner veranlaßt wurde. Damit folgt die Konstruktion des § 51 Nr. 1 1. Fall InsO aber der Ansicht, die antezipiertes Sicherungseigentum des Vorbehaltsverkäufers annimmt[712]. Vom Wortlaut des § 51 Nr. 1 1. Fall InsO ausgehend führt also nur diese Ansicht, die wegen des beim Produzenten entstehenden Durchgangseigentums abzulehnen ist zu einem Absonderungsrecht des Lieferanten. Die beiden anderen Ansichten, wonach der Verkäufer kraft Vereinbarung oder Modifikation der Herstellereigenschaft i.S.v. § 950 I 1 BGB direkt Eigentümer der neuen Sache wird, widersprechen der Formulierung des Gesetzes, so dass diesen Ansichten zur Folge der Verkäufer konsequenterweise zur Aussonderung der neuen Sache berechtigt sein muss[713]. Geht man jedoch von einem Aussonderungsrecht des Vorbehaltsverkäufers auch hinsichtlich der neuen Sache aus, steht dies wiederum im Widerspruch sowohl zur Entwurfsbegründung, als auch zu dem mit der Insolvenzordnung verfolgten Ziel, die Verwertungsbefugnis des Verwalters zu verstärken[714], um den organisatorischen Verbund des insolventen Unternehmens zu erhalten und so das in § 1 InsO niedergelegte Ziel, eine gleichmäßige Gläubigerbefriedigung durch Fortführung und Sanierung des schuldnerischen Unternehmens verstärkt zu ermöglichen[715]. Es fragt sich daher, wie das Bestreben des Gesetzgebers, den verlängerten Eigentumsvorbehalt nach Eintritt des Verlängerungsfalls nur zur abgesonderten Befriedigung zu berechtigen mit der Formulierung des § 51 I Nr. 1 InsO in Einklang zu bringen ist.

Bork erkennt das Problem, sieht sich aber mit der Schwierigkeit, dass nur die Konstruktion über das Sicherungseigentum des Lieferanten im Einklang mit dem Wortlaut von § 51 I Nr. 1 InsO steht, nicht konfrontiert. Während die Ansicht, die von der Entstehung von Sicherungseigentum in der Person des Lieferanten ausgeht problemlos zur direkten Anwendung von § 51 Nr. 1 1. Fall InsO führe, könne im Ergebnis nichts anderes gelten, gehe man vom originären Eigentumserwerb des Lieferanten aus[716]. Denn die neue Sache sei durch die Verarbeitung wertvoller geworden, mit der Folge, dass sie nicht in die synallagmatische Beziehung zwischen Lieferant und Produzent eintrete. Vielmehr werde durch den originären Eigentumserwerb des Lieferanten nur ein Sicherungszweck verfolgt. Dadurch, dass er infolge des Wegfalls des Synallagmas nur noch die offene Kaufpreisforderung sichere, habe er die gleiche Funktion wie Sicherungseigentum, mit der Maßgabe, dass die abgesonderte Befriedigung nach Eintritt der Verarbeitung gerechtfertigt sei[717]. Auch *Jauernig*, der in der Vorauflage noch ein Aussonderungsrecht des Vorbehaltsverkäufers auch hinsichtlich des neu hergestellten Produktes vertrat[718], erkennt an, dass mit § 51 Nr. 1 InsO das Absonderungsrecht des Vorbehaltsverkäufers nach Eintritt des Verlängerungsfalls

712 So auch BK-*Breutigam*, § 51 InsO Rn. 5; *Elz*, ZInsO 2000, 478, 480.

713 So auch *Jauernig*, Zwangsvollstreckungs- und Insolvenzrecht, 21. Auflage, § 45 II 3 a.

714 Die veränderte Befugnis des Verwalters wird besonders in den §§ 47 ff, 166 ff. InsO deutlich.

715 Vgl. BR-Drucks. 1/92, S. 178.

716 *Bork*, FS. f. Gaul, 71, 78.

717 *Bork*, FS. f. Gaul, 71, 78; sowie die ganz überwiegende Ansicht: LG Hildesheim, NJW 1958, 1499, 1499; *Denck*, JuS 1981, 861, 864; *Flume*, NJW 1950, 841, 849; MüKo-Westermann, § 455 Rn. 100; Serick, Bd. V, § 63 I 2, 3; *Gottwald/Adolphsen*, Kölner Schrift zur InsO, S. 1043, 1048 Rn. 19, gehen zunächst auch davon aus, dass der Vorbehaltslieferant originär Eigentum an der neu hergestellten Sache erlangt, er aber rechtlich und wirtschaftlich einem Sicherungseigentümer gleichsteht.

718 *Jauernig*, Zwangsvollstreckungs- und Insolvenzrecht, 20. Auflage, § 45 I 1 a.

entsprechend der zur Konkursordnung vertretenen h.M.[719] gesetzlich festgelegt worden ist[720], hält dieses aber weiterhin für dogmatisch verfehlt, weil die aufschiebend bedingte Übereignung der neu hergestellten Sache auf den Vorbehaltskäufer nur dem Zweck diene, den restlichen Kaufpreisanspruch des Verkäufers zu sichern. Das aber sei nichts anderes als der typische Fall der Vereinbarung eines einfachen Eigentumsvorbehaltes, so dass der Verkäufer in diesem Fall konsequenterweise auch zur Aussonderung berechtigt sein müsse[721].
Zusammenfassend läßt sich das Problem wie folgt beschreiben:
Die Ansicht, die den Herstellerbegriff des § 950 I 1 InsO objektiv bestimmt und daher zu einem originären Eigentumserwerb des Vorbehaltskäufers an der neuen Sache kommt, und die weiterhin davon ausgeht, dass der Produzent die neue Sache kraft antezipierten Besitzkonstituts auf den Lieferanten übertragen hat, steht in Einklang mit dem Wortlaut des § 51 Nr. 1 1. Fall InsO und entspricht damit dem gesetzgeberischen Willen, dass Verlängerungs- und Erweiterungsformen des Eigentumsvorbehaltes nur zur Absonderung berechtigen. Sie ist aber im Hinblick auf das bei dieser Konstruktion entstehenden Durchgangseigentum des Produzenten höchst bedenklich.
Demgegenüber führen die Gegenansichten zwar in diesem Punkt zu vertretbaren Ergebnissen, sind aber bei rein formaler Betrachtung weder mit der gesetzgeberischen Intention, die Sonderformen nur zur Absonderung zu berechtigen noch mit dem Wortlaut von § 51 Nr. 1 1. Fall InsO vereinbar. Etwas anderes gilt nur dann, wenn man auf der Grundlage einer wirtschaftlichen Betrachtung annimmt, dass die Qualität des neu begründeten Eigentumsvorbehaltes eher einer Sicherungsübereignung als eines Eigentumsvorbehaltes ähnelt und lediglich dem Zweck dient, den Verkäufer für die noch ausstehenden Kaufpreisraten nach Wegfall des Synallagmas zu sichern[722]. Denn in diesem Fall ist der Vorbehaltslieferant nur zur Absonderung berechtigt.
Zunächst ist festzustellen, dass die These, der mit dem neu hergestellten Produkt verfolgte Sicherungszweck sei ein anderer als der, der mit der verarbeiteten Sache angestrebt wurde auf den ersten Blick zweifelhaft erscheint. Denn auch der einfache Eigentumsvorbehalt, der zur Aussonderung berechtigt, dient vornehmlich Sicherungszwecken[723]. Er dient dem Sicherungsbedürfnis des Vorbehaltsverkäufers, der den Kaupreis weder im voraus noch Zug-um-Zug gegen Übergabe der Kaufsache erhält[724]. Wo aber liegt der Unterschied zu diesem Sicherungsbedürfnis, wenn der Eigentumsvorbehalt nach Eintritt des Verlängerungsfalls die noch offene Kaufpreisforderung sichert? Zunächst ließe sich erwägen, den Unterschied daran festzumachen, dass die ursprüngliche Sache mit der Verarbeitung wertvoller geworden ist als es das gelieferte Material war. Würde dem Verkäufer nun an der neuen Sache auch ein Aussonderungsrecht zustehen, würde ihm der Wert der Verarbeitung zugute kommen. Dieser Mehrwert ist aber bei der Bestimmung des Kaufpreises nicht berücksichtigt worden und

---

719 BGH JZ 1971, 506, 506; *Henckel*, Aktuelle Probleme, S. 7 f.; *Kilger/Schmidt*, § 17 Anm. 3 d; *Kuhn/Uhlenbruck*, § 43 Rn. 36; *Serick*, Bd. V, S. 411 ff; unter Geltung der Konkursordnung wurde demgegenüber teilweise auch vertreten, dass der Verkäufer im Käuferkonkurs auch hinsichtlich der neu hergestellten Ware aussonderungsberechtigt ist, *Baur/Stürner*, Zwangsvollstreckungs-, Konkurs- und Vergleichsrecht, Bd. II, 12. Aufl., Rn. 14.9; *Jauernig*, Zwangsvollstreckungs- und Insolvenzrecht, 21. Auflage, § 45 I 1 a.

720 *Jauernig*, Zwangsvollstreckungs- und Insolvenzrecht, 21. Auflage, § 45 II 3 a.

721 *Jauernig*, Zwangsvollstreckungs- und Insolvenzrecht, 21. Auflage, § 45 II 3 a.

722 *Gottwald/Adolphsen*, Kölner Schrift zur InsO, S. 1043, 1048 Rn. 19. Davon ausgehend auch *Gaul*, ZInsO 2000, 256, 259 der die Funktion des einfachen Eigentumsvorbehaltes im Schutz des Eigentums sieht, während dessen Verlängerungs- und Erweiterungsformen der Absicherung des gesicherten Anspruchs dienten.

723 *Jauernig*, Zwangsvollstreckungs- und Insolvenzrecht, 20. Auflage, § 45 I 1 a; MüKo-*Westermann*, § 455 Rn. 1; Soergel/Siebert/Siebert-*Mühl*, § 455 Rn. 2.

724 Palandt-*Putzo*, § 455 Rn. 2.

findet darin folglich auch keinen Ausgleich[725]. Richtig ist zwar, dass die neue Sache mit der alten nicht identisch ist, bedacht werden muss aber, dass dem Verkäufer durch die Verarbeitung seine Sicherheit verloren geht und er nach dem Wortlaut der Verarbeitungsklausel keine Sicherheit anderer Qualität will, sondern an der neuen Sache dieselben Rechte begründen möchte, wie er sie bereits an der alten hatte. Es ist daher kein Grund ersichtlich, aus dem er durch die infolge der Verarbeitungsermächtigung erlangte Ersatzsicherheit schlechter gestellt[726] werden soll, als er es zuvor war. Dies gilt insbesondere im Hinblick darauf, dass der ungerechtfertigte Wertzuwachs bereicherungsrechtlich ausgeglichen werden kann. Der Einwand, dass die Sicherheit des Verkäufers nach der Verarbeitung qualitativ anders ist als zuvor ist daher ebenso wenig haltbar, wie der, dass der Verkäufer sich an dem Wertzuwachs infolge Verarbeitung bereichern würde, stünde ihm auch hinsichtlich der neuen Sache ein Aussonderungsrecht zu.
Das veränderte Sicherungsbedürfnis läßt sich aber daran festmachen, dass beim einfachen Eigentumsvorbehalt der Eigentumsschutz[727], während beim verlängerten Eigentumsvorbehalt nach Eintritt des Erweiterungsfalls die wirtschaftliche Absicherung des gesicherten Anspruchs im Vordergrund steht[728]. Und damit ist auch schon die Parallele zur Sicherungsübereignung hergestellt. Denn bei dieser wird das Eigentum an einer beweglichen Sache nur mit Blick auf deren Wert und Verwertbarkeit und regelmäßig ohne Bezug zu der gesicherten Forderung übertragen[729]. In beiden Fällen steht daher die wirtschaftliche Absicherung des gesicherten Anspruchs im Vordergrund[730]. Während der Sicherungsgeber bei der Sicherungsübereignung von Anfang die Stellung eines Geldkreditgebers inne hatte, ergibt sich diese beim Lieferanten, der unter verlängertem Eigentumsvorbehalt verkauft hat, erst mit Eintritt des Verlängerungsfalls. Denn mit der Verarbeitung ist die ursprüngliche Kaufsache untergegangen und der Kaufvertrag ist abgewickelt. An dessen Stelle tritt nun die Sicherungsabrede, während der Übereignungsanspruch durch den Rückgewähranspruch, der sich aus der Sicherungsabrede ergibt ersetzt wird[731]. Indem die neu hergestellte Sache nun als Sicherheit für den kreditierten Kaufpreis dient, hat sich die Position des Lieferanten von der eines Warenkreditgebers in die eines Geldkreditgebers gewandelt. Der Lieferant hat damit nach der Verarbeitung die Position des Sicherungsnehmers beim Sicherungseigentum erlangt. Hieran wird deutlich, dass sich die Aus- bzw. Absonderungsfähigkeit eines Gegenstandes nicht nach der dinglichen Rechtslage, sondern nach der haftungsrechtlichen Zuordnung der Sache bestimmt[732]
Dies wiederspricht zwar der Tatsache, dass es sich formal um einen Eigentumsvorbehalt handelt, entspricht aber der Zielsetzung der Insolvenzordnung, die Zerschlagungsautomatik des Konkursrechts, deren Hauptursache darin lag, dass Rechte aus Mobiliarsicherheiten ohne Rücksicht auf eine sinnvolle Verfahrensabwicklung ausgeübt werden durften[733] zu beseitigen, und dem ausdrücklichen Hinweis in der Begründung zu § 58 RegE, dass die Verlängerungs-

---

725 *Henckel*, Aktuelle Probleme, S. 7.
726 Dies gilt einerseits in Bezug auf das Absonderungsrecht, andererseits hinsichtlich der Möglichkeit, dass Rechte Dritter entstehen können, legt man die Konstruktion über das antezipierte Besitzkonstitut zugrunde.
727 BGHZ 54, 214 ff; *Grunsky*, Grundzüge des Zwangsvollstreckungs- und Insolvenzrechts, Rn. 189.
728 *Gottwald/Adolphsen*, Kölner Schrift zur InsO, S. 1043, 1048 Rn. 19, 20.
729 *Gaul*, ZInsO 2000, 256, 259.
730 *Gottwald/Adolphsen*, Kölner Schrift zur InsO, S. 1043, 1048 Rn. 19, 20; *Marotzke*, Das neue Insolvenzrecht, S. 20.
731 *Serick*, Bd. V, § 63 I 3.
732 *Häsemeyer*, Insolvenzrecht, Rn. 11.02 ff ; *Smid*, BB 1999, 1, 5; *Wellensiek*, Kölner Schrift zur InsO, S. 403, 413, Rn. 36.
733 Allgemeine Begründung zur Insolvenzordnung, abgedruckt in: *Uhlenbruck*, Insolvenzrecht, S. 247.

und Erweiterungsformen des Eigentumsvorbehaltes als Sicherungsübertragungen zu behandeln sind[734]. Denn damit hat der Gesetzgeber eindeutig die Anwendung von § 51 Nr. 1 1. Fall InsO festgelegt. In der Regierungsbegründung wird weiterhin hervorgehoben, dass dies dem bisher geltenden Recht entspreche[735]. Unter Geltung der Konkursordnung bestand jedoch Uneinigkeit in Bezug auf die Frage, ob die Verlängerungs- und Erweiterungsformen des Eigentumsvorbehaltes ein Aussonderungsrecht nach § 43 KO begründeten[736] oder analog § 48 KO nur zur abgesonderten Befriedigung berechtigten[737]. Indem die Regierungsbegründung davon spricht, dass die Sonderformen des Eigentumsvorbehaltes wie nach bisher geltendem Recht behandelt werden, wird die Intention des Gesetzgebers deutlich, die praktische Handhabe dieser Mobiliarsicherheiten unter Geltung der Konkursordnung fortzuschreiben. Hinzu kommt, dass die Verlängerungs- und Erweiterungsformen des Eigentumsvorbehaltes, die im Gegensatz zum einfachen Eigentumsvorbehalt[738] nur zur abgesonderten Befriedigung berechtigen, ab dem Zeitpunkt der Verfahrenseröffnung einem Verwertungsstopp unterliegen[739]. Im Gegensatz zu § 127 II KO, wonach die Sicherungsgläubiger weitgehend selbst verwertungsberechtigt waren, sind Gegenstände, an denen Absonderungsrechte bestehen nach § 166 I InsO dem Selbstverwertungsrecht der Gläubiger grundsätzlich entzogen. Den Sicherungsgläubigern ist es daher nicht mehr gestattet, solche Gegenstände bei Eintritt der Verwertungsreife ohne Rücksicht auf die übrigen Gläubiger an sich zu ziehen[740]. Vielmehr ist nur der Verwalter zur Verwertung von Gegenständen berechtigt, an denen Absonderungsrechte bestehen und die er in seinem Besitz hat[741].

Indem verlängerter und erweiterter Eigentumsvorbehalt ein Absonderungsrecht begründen und diese insoweit eingeschränkt werden, als sie den Zielen der Insolvenzrechtsreform zuwiderlaufen, wird auch dem Ziel Rechnung getragen, die Inhaber dinglicher Sicherheiten in das Verfahren mit einzubeziehen und bestehende Chancen für eine Sanierung des schuldnerischen Unternehmens zu erhalten. Denn den absonderungsberechtigten Gläubigern ist es nun verwehrt, die Gegenstände aus dem Unternehmensverbund zu lösen, so dass die Gefahr, dass das insolvente Unternehmen Betriebsmittel verliert, die für eine Fortführung zwingend erforderlich sind, beseitigt ist.

Dadurch, dass die Erweiterungs- und Verlängerungsformen des Eigentumsvorbehaltes nur zur Absonderung berechtigen und grundsätzlich der Verwertung des Verwalters unterliegen, ist ein entscheidender Schritt zur Näherung des Ziels, den organisatorischen Verbund des schuldnerischen Unternehmen zu erhalten, getan.

---

734 RegBegr. zu § 51 InsO, abgedruckt in: *Uhlenbruck*, Insolvenzrecht, S. 357.

735 RegBegr. zu § 51 InsO, abgedruckt in: *Uhlenbruck*, Insolvenzrecht, S. 357.

736 *Jauernig*, Zwangsvollstreckungs- und Insolvenzrecht, 20. Auflage, § 45 I 1 a; *Baur/Stürner*, Zwangsvollstreckungs-, Konkurs- und Vergleichsrecht, Rn. 1073.

737 Vgl. insofern zur überwiegenden Ansicht: BGH JZ 1971, 505, 506; BGH WM 1977, 1422; BGHZ 70, 86, 89; *Kuhn/Uhlenbruck*, § 43 Rn. 36-43; Jaeger-*Lent*, § 43 Rn. 73 i; *Serick*, FS 100 Jahre KO, S. 280 ff, 282; *ders.*, BB 1978, 1477, 1478 ff.

738 Dieser berechtigt sowohl nach altem, als auch nach neuem Recht zur Aussonderung, vgl. *Uhlenbruck*, Insolvenzrecht, S. 357, sowie die ganz überwiegende Ansicht: *Bork*, FS f. Gaul, 71, 77; FK-*Joneleit/Imberger*, § 47 Rn. 17; *Gottwald/Adolphsen*, Kölner Schrift zur InsO, S. 1043, 1048 Rn. 13; Kübler/Prütting-*Prütting*, § 51 Rn. 13, 24 f; *Marotzke*, JZ 1995, 803, 811; *ders.*, ZZP 109, (1996), 429, 431, 438; Nerlich/Römmermann-*Andres*, § 47 Rn. 16; A.A.: *Häsemeyer*, Insolvenzrecht, Rn. 11.10, der ein generelles Absonderungsrecht annimmt; sowie mit erheblichen Zweifeln auch *Hess*, § 47 InsO Rn. 42, 42 a ff.

739 Allgemeine Begründung zur Insolvenzordnung sowie RegBegr. zu § 166 InsO, abgedruckt in: *Uhlenbruck*, Insolvenzrecht, S. 247, 530.

740 RegBegr. zu § 166 InsO, abgedruckt in: *Uhlenbruck*, Insolvenzrecht, S. 529.

741 Ausnahmsweise dürfen Gläubiger diese Sachen selbst verwerten, wenn der Verwalter ihnen die Sache übergeben hat, § 170 II InsO.

Im Ergebnis müssen erweiterter und verlängerter Eigentumsvorbehalt nach Eintritt des Erweiterungs-/ Verlängerungsfalls daher zur Absonderung berechtigen, während er vor diesem Zeitpunkt ein Aussonderungsrecht begründet[742]. Damit aber die Ansicht, die im Hinblick auf den Eigentumserwerb des Lieferanten zu sachgerechteren Ergebnissen führt, nicht nur bei wirtschaftlicher, sondern auch bei formaler Betrachtung in Einklang mit der Formulierung von § 51 Nr. 1 InsO steht, ist der Gesetzgeber angehalten, den Wortlaut dem dogmatischen Verständnis des Eigentumserwerbs seitens des Lieferanten beim verlängerten Eigentumsvorbehalt anzupassen.

(2 c) Übertragung auf das Vorliegen mehrere Verarbeitungsklauseln

Jeder Stofflieferant bezweckt mit der Vereinbarung einer Verarbeitungsklausel, eine Ersatzsicherheit für den infolge der Verarbeitung untergegangenen einfachen Eigentumsvorbehalt an der gelieferten Ware zu erhalten. Infolge der Verarbeitung erhöht sich aber regelmäßig der Wert des neu entstandenen Produktes, so dass auch die Ersatzsicherheit in Form des Verarbeitungsproduktes wertmäßig weit über die ursprüngliche Sicherheit hinausgeht[743]. Demzufolge kann der Vorbehaltslieferant auch auf die neue Sache nur in dem Maße zugreifen, wie er sich auch aus dem ursprünglich gelieferten Produkt hätte befriedigen dürfen. Sind für die neue Sache nun Stoffe verschiedener Lieferanten verarbeitet worden, und haben diese mit dem Vorbehaltslieferanten jeweils eine Verarbeitungsklausel vereinbart, haben alle Lieferanten nicht nur einen entsprechenden Anteil zur Herstellung der neuen Sache beigetragen, sondern sind auch daran interessiert, diesen als Ersatzsicherheit in der neuen Sache zu realisieren.

Ein darüber hinausgehende Zusatzsicherheit entspricht nicht der Parteivereinbarung und steht ihnen auch nicht zu.

Unabhängig davon, ob mehrere Lieferanten Miteigentümer nach § 947 BGB oder in der Höhe des von ihnen beigetragenen Rohstoffes im Verhältnis zu der neuen Sachen Hersteller i.S.v. § 950 BGB werden, handelt es sich bei dem auf die einzelnen Eigentümer entfallenden Anteil um Bruchteilseigentum[744]. Jedem Vorbehaltslieferanten steht an der neuen Sache also ein Anteil zu, der sich nach dem Verhältnis des Wertes des von ihm zur Herstellung der neuen Sache beigesteuerten Stoffes zum Wert der anderen Materialien bemißt. Über diesen Bruchteil kann jeder Lieferant frei verfügen, § 747 S. 1 BGB. Indem die Lieferanten mit dem Vorbehaltskäufer eine Verarbeitungsklausel vereinbart haben, haben sie klargestellt, dass sie den auf sie entfallenden Sicherungsteil an der neuen Sache durch antezipierte Einigung nach § 929 S. 2 BGB auf den Vorbehaltskäufer zurückübertragen wollen. Jeder Lieferant hat daher bereits im voraus über seinen Bruchteilsanteil verfügt, so dass sich an der Rechtsstellung des Vorbehaltskäufers auch dann nichts ändert, wenn mehrere Verarbeitungsklauseln vorliegen.

Auch in diesem Fall hat er nach der Verarbeitung noch eine schützenswerte Rechtsposition i.S.v. § 107 I 1 InsO in Form des Anwartschaftsrechtes, nun allerdings an der neuen Sache, inne.

---

742 So auch *Pohlmann*, Befugnisse, Rn. 446.

743 *Wagner*, AcP 184 (1984), 14, 35.

744 *Serick*, BB 1972, 277, 278.

(2 d) Vereinbarkeit mit der gesetzgeberischen Intention

Der Vorbehaltslieferant hat mit Verarbeitung des Vorbehaltsgutes daher originär Eigentum an der neu hergestellten Sache erworben, dieses aber durch antezipierte Einigung und unter der aufschiebenden Bedingung vollständiger Zahlung des noch ausstehenden Kaufpreises nach § 929 S. 2 BGB auf den Produzenten übereignet, so dass dieser an der neuen Sache ein neues Anwartschaftsrecht erlangt hat[745]. Der Vorbehaltskäufer ist daher Anwartschaftsberechtigter und unmittelbarer Besitzer der im Eigentum des Verkäufers stehenden Sache, so dass die Voraussetzungen des § 107 I InsO an sich vorliegen[746]. Problematisch ist jedoch, dass es sich bei dem neuen Produkt um das Surrogat für die verarbeitete Sache handelt. Die Frage ist daher, ob sich der Schutz des § 107 I InsO auch auf die neu hergestellte Sache bezieht. Dies wäre beispielsweise dann abzulehnen, wenn das Verwalterwahlrecht allein den Erwerb der Kaufsache selbst betrifft[747]. Mit § 107 I InsO sollen die bisher weitgehend als unbillig empfundenen Rechtsfolgen der Anwendung des Verwalterwahlrechts in der Verkäuferinsolvenz ausgeschaltet werden. Verhält sich der Vorbehaltskäufer vertragstreu darf der Verwalter dessen Rechtsposition nicht durch Erfüllungsablehnung zerstören. Wird über das Vermögen des Lieferanten nach Verarbeitung des Vorbehaltsgutes ein Insolvenzverfahren eröffnet, so existiert zwar die Sache, an der der Rechtserwerb ursprünglich eingeleitet wurde nicht mehr, durch die Verarbeitung hat der Käufer aber bereits vor Verfahrenseröffnung ein neues Anwartschaftsrecht und damit eine neue schützenswerte Rechtsposition erlangt. Damit liegen wiederum die Voraussetzungen vor, die, würde die ursprüngliche Sache noch existieren, den Schutzbereich des § 107 I InsO zweifellos eröffnen würde. Wenn Absatz 1 nun den Käufer vor der Zerstörung seiner bereits erlangten Rechtsposition schützen will, muss dies für jede vor Verfahrenseröffnung erlangte Rechtsposition gelten. Eine Differenzierung danach, ob der Vorbehaltskäufer noch Anwartschaftsberechtigter hinsichtlich der ursprünglichen Kaufsache oder bereits Anwartschaftsberechtigter in Bezug auf die neue hergestellte Sache ist kann die Anwendung von Absatz 1 nicht bedingen. Denn sonst liefe § 107 I InsO in letzterem Fall leer, obwohl der Käufer das gleiche schützenswerte Interesse, wie vor Verarbeitung des Vorbehaltsgutes hat. Der Schutz von § 107 I InsO kann demnach nicht auf die ursprünglich Kaufsache beschränkt werden.

Ein anderes Bild ergibt sich jedoch, wenn man die nach Verarbeitung des Vorbehaltsgutes veränderte Sicherungsfunktion zugrundelegt. Vor Verarbeitung hatte der Lieferant in der

---

[745] Allein aus dem Blickwinkel des § 107 I InsO wäre es ebenso sachgerecht gewesen, von einer antezipierten Sicherungsübereignung auszugehen. Denn der Schutz von § 107 I InsO kann nicht davon abhängen, ob die Eigentumsübertragung aufschiebend oder auflösend bedingt erfolgt. Die Formulierung der Entwurfsbegründung, die von einer aufschiebend bedingte Übereignung ausgeht, indem sie vom Schutz des Anwartschaftsrechts des Käufers spricht, ist darauf zurückzuführen, dass sie Vorbehaltskäufe an sich regelt und Vorbehaltseigentum typischerweise aufschiebend bedingt übergeht, vgl. Palandt-*Bassenge*, § 929 Rn. 26.

[746] Haben mehrere Lieferanten mit dem Vorbehaltskäufer eine Herstellerklausel vereinbart, so ist es sachgerecht, die Gesamtheit der Lieferanten als Hersteller i.S.v. § 950 BGB zu qualifizieren. Zwar will jeder Lieferant mit der Verarbeitungsklausel deutlich machen, dass er allein Hersteller werden will, haben aber mehrere Lieferanten gleichzeitig eine Herstellerklausel vereinbart, verfolgen sie als gemeinsames Ziel, den Eigentumserwerb des Vorbehaltskäufers an der neuen Sache auszuschließen. Die Vorbehaltsverkäufer sind daher im Verhältnis des Wertes der von ihnen beigesteuerten Sachen Miteigetümer der neuen Sache, *Erman*, BB 1959, 1109, 1112; *Flume*, NJW 1950, 840, 845; *Möhring*, NJW 1960, 697, 701.

Und auch in dem Fall, indem die Stofflieferanten teilweise unter einfachem Eigentumsvorbehalt verkauft und teilweise eine Verarbeitungsklausel vereinbart haben, entsteht Miteigentum der Lieferanten im Verhältnis des Wertes ihrer Stoffanteile zum Wert des Fertigproduktes, *Hagenmüller*, Die wirtschaftlichen Auswirkungen einer etwaigen Reform des Rechts der mobilen Kreditsicherheiten, Gutachten im Auftrag des Bundesministers für Wirtschaft, S. 25; *Möhring*, NJW 1960, 679 ff.

[747] So Kübler/Prütting-*Tintelnot*, § 107 Rn. 4.

Insolvenz des Käufers ein Aussonderungsrecht, danach ist er nur noch zur abgesonderten Befriedigung berechtigt. Bereits das legt es nahe, die schuldrechtliche Seite des Eigentumsvorbehaltes der veränderten Sicherungsfunktion anzupassen.
Von entscheidender Bedeutung ist aber, dass § 107 InsO lex specialis gegenüber § 103 InsO ist. Der Vorbehaltskauf darf daher weder von der einen noch von der anderen Seite vollständig erfüllt sein[748]. Hat der Vorbehaltskäufer die gelieferte Sache verarbeitet, so existiert der Gegenstand, zu dessen Übereignung er sich schuldrechtlich verpflichtet hat nicht mehr. Denn im Synallagma mit dem Kaufpreisanspruch steht nicht die Übereignung der neu hergestellten Sache, sondern die der alten. Die dem Lieferanten obliegende Leistungspflicht ist daher unmöglich geworden[749], weil das vorbehaltene Eigentum infolge der Verarbeitung untergegangen ist[750]. Dies würde an sich zur Anwendung der §§ 320 BGB führen, da der Vorbehaltskäufer aber zur Verarbeitung ermächtigt war, bleiben diese außer Betracht. Vielmehr erlischt der Käuferanspruch auf Übereignung des ursprünglichen Produktes, während der Kaufpreisanspruch bestehen bleibt[751]. Dieser ist nun jedoch durch den Eigentumsvorbehalt an der neuen Sache gesichert[752]
Die synallagmatischen Pflichten aus dem Kaufvertrag stehen sich folglich nicht mehr gegenüber[753], mit der Folge, dass mangels Vorliegen eines gegenseitigen, noch nicht vollständig erfüllten Vertrages weder § 107 I 1 InsO noch § 103 InsO Anwendung findet[754].

(3) Kombination aus Verarbeitungs- und Vorausabtretungsklausel mit Weiterveräußerungsermächtigung

Regelmäßig ist der Vorbehaltskäufer aber nicht nur an der Verarbeitung, sondern auch an der Veräußerung des neu hergestellten Produktes interessiert[755]. Er wird die neu hergestellte Sache daher so bald wie möglich nach deren Herstellung an seine Abnehmer weiterveräußern. In diesem Fall hat der Lieferant an der neuen Sache zwar zunächst Vorbehaltseigentum erlangt. Dieses ist jedoch mit der nach § 185 BGB berechtigten Weiterveräußerung untergegangen. Der Lieferant ist nun durch die Forderung aus dem Drittschuldnervertrag gesichert, so dass sich letztendlich dasselbe Ergebnis, wie beim Vorliegen einer Vorausabtretungsklausel einstellt: Es fehlt sowohl an den Voraussetzungen von § 107 I InsO als auch am Schutzbedürfnis des Lieferanten, so dass sowohl die Anwendung von § 107 I InsO als auch die des § 103 InsO ausscheidet. Der Produzent muss den noch ausstehenden Kaufpreis an die Masse abführen, und für den Fall, dass er dazu nicht in der Lage ist, kann der Verwalter sicherheitshalber auf die Forderung aus dem Drittschuldnervertrag zurückgreifen.

---

748 FK-*Wegener*, § 107 Rn. 1.

749 *Bork*, FS f. Gaul, 71, 79.

750 *Gottwald/Adolphsen*, Kölner Schrift zur InsO, S. 1043, 1048 Rn. 18.

751 *Henckel*, Aktuelle Probleme, S. 8.

752 In der Käuferinsolvenz führt das dazu, dass die Kaufpreisforderung des Lieferanten zur Insolvenzforderung wird, die durch das Eigentum des Vorbehaltskäufers an der neu hergestellten Sache gesichert ist und den Lieferanten zur abgesonderten Befriedigung berechtigt, vgl. *Henckel*, Aktuelle Probleme, S. 8.

753 *Bork*, FS f. Gaul, 71, 79.

754 Zu § 103 InsO vgl. *Bork*, FS f. Gaul, 71, 79; zur Nichtanwendung von § 17 KO in diesem Fall siehe bereits *Henckel*, Aktuelle Probleme, S. 8; *Kilger/Schmidt*, § 17 Anm. 3 d; *Kuhn/Uhlenbruck*, § 17 Rn. 18 l.
Zu dem gleichen Ergebnis kommt auch *Gaul*, ZInsO 2000, 256, 259, allerdings mit anderer Begründung.

755 Eher selten dürften wohl die Fälle sein, in denen das verarbeitete Produkt beim Produzenten verbleibt. In Betracht kommt hier beispielsweise, dass der Käufer das gelieferte Material für seinen eigenen Hausbau verwendet.

cc. Ergebnis

Aus all dem folgt, dass § 107 I InsO auf den verlängerten Eigentumsvorbehalt nur solange anwendbar ist, wie der Verlängerungsfall noch nicht eingetreten ist. Hat der Vorbehaltsverkäufer die Vorbehaltsware bereits vor Verfahrenseröffnung weiterveräußert oder verarbeitet, scheidet die Anwendung von Absatz 1 aus.

b. Erweiterter Eigentumsvorbehalt

Beim erweiterten Eigentumsvorbehalt erstreckt sich die Bedingung unter der der Lieferant das Eigentum auf den Vorbehaltskäufer überträgt über die vollständige Erfüllung der Kaufpreisforderung hinaus auf mindestens eine weitere Forderung des Verkäufers gegen den Käufer[756]. Der Käufer erlangt also erst wenn alle einbezogenen Forderungen erfüllt sind Eigentum am Vorbehaltsgut. Von besonderer Bedeutung sind der Kontokorrent- und der Konzernvorbehalt als spezielle Ausformungen des erweiterten Eigentumsvorbehaltes. Beim Kontokorrentvorbehalt[757] erlangt der Käufer erst dann Eigentum am Vorbehaltsgut, wenn alle Forderungen aus der Geschäftsbeziehung mit dem Lieferanten getilgt sind[758]. Der erweiterte Eigentumsvorbehalt wird als Konzernvorbehalt bezeichnet, wenn der Eigentumsübergang unter der aufschiebenden Bedingung vollständiger Zahlung aller Forderungen erfolgt, die solche Lieferanten des Käufers gegen ihn haben, die demselben Konzern wie der Vorbehaltslieferant angehören[759]. Daneben kann der Konzernvorbehalt auch auf Käuferseite auftreten, indem der Vorbehaltskäufer erst dann Eigentum erlangt, wenn alle mit ihm verbundenen Unternehmen ihre Verbindlichkeiten gegenüber dem Lieferanten erfüllt haben[760].

Für den Verkäufer ist die Vereinbarung eines erweiterten Eigentumsvorbehaltes insofern sinnvoll, als er für solche Forderungen gegen den Abnehmer, die nicht oder nicht hinreichend

---

[756] *Braun*, Kontokorrentvorbehalt, S. 42; *Kieninger*, Mobiliarsicherheiten, S. 113.

[757] Der Begriff des Kontokorrentvorbehaltes wird uneinheitlich verwendet: Teilweise wird von einem echten Kontokorrentvorbehalt gesprochen, wenn die Parteien in einem besonderen Kontokorrentverhältnis i.S.d. §§ 355-357 HGB zueinander stehen, *Böhle-Stammschräder/Kilger*, § 17 Rn. 3 a, *Graf Lambsdorff*, Handbuch des Eigentumsvorbehalts, Rn. 243; *Henckel*, Aktuelle Probleme, S. 10; Jaeger-*Henckel*, § 17 Anm. 61 f, von einer Saldo- oder Geschäftsverbindungsklausel hingegen, wenn mehrere oder alle Forderungen aus wechselseitigen Geschäftsverbindungen einbezogen sind, ohne dass ein echtes Kontokorrentverhältnis besteht, *Böhle-Stammschräder/Kilger*, § 17 Rn. 3 a; *Henckel*, Aktuelle Probleme, S. 10 und Jaeger-*Henckel*, § 17 Anm. 61 f. sprechen im letzten Fall hingegen von einem erweiterten Eigentumsvorbehalt. Demgegenüber ist bei BGH BB 1971, 285, *Baur/Stürner*, Sachenrecht, § 59 I 4; *Gottwald*, Insolvenzrechts-Handbuch, § 45 Rn. 12 ; *Hess/Kropshofer*, § 47 KO Rn. 50; *Hess*, § 47 InsO Rn. 50; *Hoffmann*, Jura 1995, 457, 459; *Meissner*, NJW 1962, 1559, 1560; *Mentzel/Kuhn/Uhlenbruck*, § 43 Rn. 43; *Schreiber*, Jura 1989, 159, 161, *Stracke*, Absonderungsrecht, S. 8 keine solche Differenzierung zu finden; ein Kontokorrentvorbehalt liegt demzurfolge auch dann vor, wenn es an einem echten Kontokorrentverhältnis fehlt, das Eigentum aber erst nach der Tilgung sämtlicher Forderungen übergehen soll. *Bülow*, DB 1999, 2196, 2198, unterscheidet zwischen eigentlichem und uneigentlichem Eigentumsvorbehalt. Beim eigentlichen Eigentumsvorbehalt bestehe ein Kontokorrentverhältnis i.S.v. § 355 HGB, während dieses beim uneigentlichen Kontokorrentvorbehalt fehle, mit der Folge, dass die einzelnen Forderungen hier ihre Selbstständigkeit behalten.

[758] BGHZ 94, 105, 112; *Baur/Stürner*, Sachenrecht, § 59 I 4 c; *Hess*, § 47 InsO Rn. 49; *Hoffmann*, Jura 1995, 457, 459; Palandt-*Putzo*, § 455 Rn. 18; *Schreiber*, Sachenrecht, Rn. 317 m.w.N; *ders.*, Jura 1989, 159, 160; *Schnorbus*, BB 1995, 2225, 2225.

[759] *Baur/Stürner*, Sachenrecht, § 59 I 4 d; *Hoffmann*, Jura 1995, 457, 459; *Schreiber*, Sachenrecht, Rn. 318. Der Begriff des „Konzernvorbehaltes" ist ungenau, denn das Vorliegen eines Konzerns ist nicht zwingend erforderlich, es genügt, dass der Eigentumsübergang von der Begleichung offener Forderungen Dritter abhängig gemacht wird, obwohl in der Praxis häufig ein Konzern vorliegt, vgl. *Schnorbus*, BB 1995, 2225, 2225.

[760] *Bülow*, DB 1999, 2196, 2196.

gesichert sind eine zusätzliche dingliche Sicherheit erhält und überdies nicht hinsichtlich jeder einzelnen Ware beweisen muss, ob diese bereits bezahlt und damit nicht mehr sein Eigentum ist oder nicht[761].

aa. Grundform des erweiterten Eigentumsvorbehaltes

Für die Frage nach der Anwendung von § 107 I InsO auf den erweiterten Eigentumsvorbehalt ist zunächst von entscheidender Bedeutung, ob der Kaufvertrag zum Zeitpunkt der Verfahrenseröffnung beiderseits noch nicht vollständig erfüllt ist. Denn als Spezialvorschrift zu § 103 InsO ist § 107 I InsO nur dann anwendbar, wenn auch die Voraussetzungen der Grundform erfüllt sind. Daneben stellt sich die Frage, ob der Schutzzweck von § 107 I InsO seine Anwendung auch auf den erweiterten Eigentumsvorbehalt gebietet, oder ob den Interessen des Vorbehaltskäufer ebenso durch die Anwendung von § 103 InsO entsprochen wird.

aaa. Kein Eintritt des Erweiterungsfalls vor Verfahrenseröffnung:

Hat der Vorbehaltskäufer die zunächst gesicherte Kaufpreisforderung vor Verfahrenseröffnung noch nicht beglichen, liegen die Voraussetzungen von § 103 I InsO unstreitig vor[762]. Die ursprüngliche Kaufpreisforderung des Lieferanten besteht zumindest noch zum Teil und das Eigentum an der Vorbehaltssache ist noch nicht auf den Vorbehaltskäufer übergegangen. Hinzu kommt, dass der Vorbehaltskäufer Anwartschaftsberechtigter und im Besitz des Vorbehaltsgutes ist[763]. Rein formal liegen die Voraussetzungen von § 107 I InsO daher vor.

Für die Anwendung von § 107 I InsO spricht weiterhin, dass der Lieferant in der Käuferinsolvenz vor Eintritt des Erweiterungsfalls, also bevor die zunächst gesicherte Kaufpreisforderung erfüllt ist, noch zur Aussonderung berechtigt ist, weil der Eigentumsvorbehalt noch die Forderung, die den Leistungsgegenstand betrifft, sichert[764]. Die

---

761 *Kieninger*, Mobiliarsicherheiten, S. 113.

762 BGHZ 98, 160, 170 f; *Braun*, Kontokorrentvorbehalt, S. 177; *Gottwald*, Insolvenzrechts-Handbuch, § 45 Rn. 15; Jaeger-*Lent*, § 17 Rn. 62; *Kilger/Schmidt*, § 17 Anm. 3 d; *Kuhn/Uhlenbruck*, § 17 Rn. 18 i; *Serick*, BB 1978, 1477, 1479 m. w. N; vgl. zur InsO auch *Gottwald/Adolphsen*, Kölner Schrift zur InsO, S. 1043, 1048 Rn. 15.

763 Wegen der im wesentlichen gleichen Rechts- und Interessenlage sei darüber hinaus auf den verlängerten Eigentumsvorbehalt verwiesen, bei dem das Vorbehaltsgut vor Verfahrenseröffnung noch nicht weiterveräußert wurde.

764 *Bork*, FS f. Gaul, 71, 78; *ders.*, Insolvenzrecht, Rn. 239 ; BK-*Breutigam*, § 47 InsO Rn. 16; *Gaul*, ZInsO 2000, 256, 259; *Hess*, § 47 InsO Rn. 54; HK-*Marotzke*, § 51 InsO Rn. 3; Kübler/Prütting-*Prütting*, § 47 Rn. 40; *Marotzke*, ZZP 109 (1996), 429, 432; ders., Das neue Insolvenzrecht, S, 19; A.A. Smid-*Smid*, § 47 Rn. 24, der davon ausgeht, dass der Lieferant in der Käuferinsolvenz von Anfang an nur zur Absonderung berechtigt ist. Dagegen spricht aber bereits, dass der erweiterte Eigentumsvorbehalt vor Eintritt des Erweiterungsfalls alle Merkmale des einfachen Eigentumsvorbehaltes ausfweist. Die synallagmatischen Pflichten aus dem Kaufvertrag stehen sich noch gegenüber, vgl. *Bork*, FS f. Gaul, 71, 79, und der Vorbehalt dient noch der Sicherung der Forderung, die den Leistungsgegenstand betrifft. Wenn sich der Lieferant gegen das Ausbleiben der Kaufpreisforderung mit einem einfachen Eigentumsvorbehalt sichern kann und er dann in der Insolvenz des Käufers zur Aussonderung berechtigt ist, kann seine Stellung nicht von vorn herein auf die eines Absonderungberechtigten begrenzt werden, nur weil er den einfachen Eigentumsvorbehalt in zulässigerweise für den Fall der Tilgung der Kaufpreisforderung auf andere Ansprüche erweitert hat. Dies gilt insbesondere deshalb, weil die Sicherungabrede die in der Erweiterungsklausel enthalten ist trennende Kraft hat; die von der Erweiterungsklausel erfaßten Ansprüche sind folglich nicht zu einem Einheitsschuldverhältnis zusammengefaßt.
Im Ergebnis ergibt sich daher nichts anderes, als wenn beim verlängerten Eigentumsvorbehalt der Verlängerungsfall noch nicht eingetreten ist, so dass auf die dortigen Ausführungen verwiesen werden kann.

Rechtslage vor Eintritt des Erweiterungsfalls entspricht daher derjenigen beim einfachen Eigentumsvorbehalt, so dass auch unter diesem Gesichtspunkt § 107 I InsO zur Anwendung gelangen muss.

Es stellt sich aber die Frage, ob die Anwendung von § 107 I InsO auf den erweiterten Eigentumsvorbehalt auch mit der Schutzrichtung dieser Norm in Einklang steht.

Nach der Regierungsbegründung führt § 107 I InsO lediglich zu einer Beschränkung des Verwalters auf die Rechte, die auch dem Vorbehaltsverkäufer aus dem Kaufvertrag zustanden. Der Verwalter darf das Anwartschaftsrecht des Käufers nicht durch Erfüllungsablehnung zerstören und die Sache nicht zurückverlangen, solange sich der Käufer vertragstreu verhält. § 107 I InsO will damit einen Zustand herbeiführen, der dem nach Erfüllungswahl durch den Verwalter gemäß § 103 InsO entspricht. Hätte der Verwalter hinsichtlich der Erfüllung des Vorbehaltskaufs das Wahlrecht nach § 103 InsO und würde er die Vertragserfüllung wählen, so brächte er damit zum Ausdruck, den Vorbehaltskauf so, wie er vor Verfahrenseröffnung vertraglich vereinbart war abwickeln zu wollen[765]. Die Bedingung für den Eigentumserwerb träte daher erst nach Erledigung des Sicherungszwecks ein, also erst nachdem auch die weiteren einbezogenen Forderungen erfüllt worden wären, sofern sich der Verwalter für die Erfüllung der Verträge, in denen sie wurzeln entschieden hätte. Bis dahin diente das Vorbehaltsgut zur Sicherung der Forderungen, die in Verträgen wurzeln, die von der Erweiterungsklausel umfaßt sind und durch Erfüllungswahl neu entstehen. Entschiede sich der Verwalter gegen die Vertragserfüllung, verlöre die Erweiterungsklausel ihre Wirkung mit der Folge, dass die gleichen Rechtsfolgen, wie beim einfachen Eigentumsvorbehalt einträten[766]: Der Käufer müßte die Vorbehaltsware herausgeben und hätte seinerseits einen Schadensersatzanspruch in Form einer Insolvenzforderung. Die Anwendung von § 107 I InsO führt daher lediglich dazu, dass die Entscheidung über die Erfüllung des Vorbehaltskaufs in die Hände des Vorbehaltskäufers gelegt wird. Will er seinen bereits eingeleiteten Rechtserwerb vollenden, kann er dies unter den benannten Voraussetzungen über § 107 I InsO. Eine gegenüber der Erfüllungswahl vorzeitige Eigentumserwerbsmöglichkeit gibt § 107 I InsO dem Käufer jedoch nicht.

bbb. Eintritt des Erweiterungsfalls vor Verfahrenseröffnung

Demgegenüber war bereits unter Geltung der KO streitig, ob auch dann ein beiderseits noch nicht vollständig erfüllter Vertrag vorlag, wenn die Kaufpreisforderung bereits vor Verfahrenseröffnung vollständig getilgt worden war.

(1) Meinungsübersicht

Ein Teil der Literatur vertrat die Ansicht, dass die einzelnen durch die Vereinbarung des erweiterten Eigentumsvorbehaltes gesichterten Forderungen infolge der Abmachung ihre schuldrechtliche Selbständigkeit verlören, und zu einem Gesamtkomplex zusammengefaßt würden, bei dem es sich um einen gegenseitigen Vertrag i.S.v. § 320 BGB handele und der solange nicht vollständig erfüllt i.S.v. § 17 KO sei, bis alle einbezogenen Forderungen vollständig getilgt waren[767]. Dem schloß sich auch das LG Stuttgart an, indem es feststellte, dass die Vereinbarung einer Vorbehaltsklausel dazu führe, dass die von dem Vorbehalt

---

765 *Serick*, Bd. V, § 68 III 4 b.

766 *Serick*, Bd. V, § 68 III 4 b.

767 *Neuschäffer*, JW 1935, 3516, 3520.

erfaßten einzelnen Forderungen zu einem „Verbund- (Kauf-) Vertrag" zusammengefaßt werden würden[768].
Zwar argumentierten sowohl die Literatur, als auch für das LG Stuttgart auf der Grundlage eines Kontokorrentvorbehaltes[769], da Kontokorrentvorbehalt und erweiterter Eigentumsvorbehalt aber hauptsächlich als Synonyme verwendet wurden[770], kann die Argumentation zum Kontokorrentvorbehalt auch hier zugrundegelegt werden.
Überwiegend wurde die Anwendung von § 17 KO nach Eintritt des Erweiterungsfalls jedoch mit der Begründung verneint, dass die Tilgung der ursprünglich gesicherten Kaufpreisforderung dazu führe, dass der Vorbehaltskauf von Käuferseite vollständig erfüllt ist und sich die Zweckbestimmung des Vorbehaltseigentums nach Tilgung der ursprünglich gesicherten Forderung dahingehend geändert hat, dass der Lieferant in der Käuferinsolvenz nicht mehr aussonderungs- sondern nur noch absonderungsberechtigt ist[771], mit der Folge, dass weder § 103 InsO noch § 107 I InsO Anwendung finden könne. Instanzgerichtlich hat das OLG München trotz Vereinbarung eines Kontokorrentvorbehaltes vertreten, dass die schuldrechtliche Selbständigkeit der einzelnen Forderungen des Verkäufers erhalten bleibe[772]. In dem dieser Entscheidung zugrundeliegenden Fall lag kein Kontokorrentverhältnis i.S.v. § 355 HGB vor, so dass es sich im Ergebnis schlicht um einen erweiterten Eigentumsvorbehalt handelte[773]; die dazu vertretenen Grundsätze können daher auch hier herangezogen werden. Dem hat sich auch der BGH angeschlossen, indem er feststellte, dass die einzelnen Forderungen durch die Vereinbarung eines erweiterten Eigentumsvorbehaltes nicht zu einem einheitlichen Schuldverhältnis zusammengefaßt werden, das so lange nicht erfüllt i.S.v. § 17 KO ist, wie sämtliche Forderungen beglichen sind[774].

(2) Diskussion

Von entscheidender Bedeutung für die Frage, ob § 107 I InsO auch dann anwendbar ist, wenn die ursprünglich gesicherte Forderung bereits vor Verfahrenseröffnung kraft der Erweiterungsklausel durch eine andere Forderung ersetzt wurde, ist daher, ob die Vereinbarung eines erweiterten Eigentumsvorbehaltes dazu führt, dass alle Forderungen des Lieferanten gegen den Vorbehaltskäufer zu einem einheitlichen Schuldverhältnis zusammengefaßt werden.
Grundsätzlich sind mehrere Verträge zwischen denselben Personen unabhängig voneinander und wirtschaftlich selbständig[775]. Die Privatautonomie eröffnet aber die Möglichkeit, mehrere

---

[768] LG Stuttgart, MDR 1958, 100, 101.

[769] Vgl. LG Stuttgart, MDR 1958, 100, 100; *Neuschäffer*, JW 1935, 3516, 3520.

[770] Vgl. insofern nur LG Stuttgart, MDR 1958, 100, 100.

[771] *Böhle-Stamschräder*, § 17 Anm. 3 a; *Bork*, FS f. Gaul, 71, 78; der darauf hinweist, dass der Käufer mit Berichtigung des Kaufpreises die ihm obliegende synallagmatische Pflicht aus dem Kaufvertrag erfüllt hat; *Gottwald*, Insolvenzrechts-Handbuch, § 45 Rn. 17; Jaeger-*Henckel*, § 17 Rn. 62; *Kuhn/Uhlenbruck*, § 17 Rn. 18 i; *Meissner*, NJW 1962, 1559, 1560; *Serick*, Bd. V, 680 - 689; *ders.*, BB 1978, 1480 - 1482;
zur Vergleichsordnung: *Bley*, 2. Auflage, § 36 Anm. 44 c, 3. Auflage, § 36 Anm. 44 c in Bezug auf den Kotokorrentvorbehalt.

[772] OLG München, JuS 1970, 139, 139.

[773] Vgl. hinsichtlich der Gleichstellung von erweitertem Eigentumsvorbehalt mit dem Fall, dass dem Kontokorrentvorbehalt kein Kontokorrentverhältnis i.S.v. § 355 HGB zugrundeliegt, unabhängig davon, ob der Kotokorrentvorbehalt in diesem Fall als uneigentlicher Kontokorrentvorbehalt, Saldo- oder Geschäftsverbindungsklausel bezeichnet wird auch *Serick*, Bd. V, § 68 II 2 b.

[774] BGHZ 98, 160, 170 = BGH WM 1986, 1161 ff; BGH JZ 1987, 355, 358.

[775] Palandt-*Heinrichs*, Einf. vor § 305 Rn. 16.

selbständige Forderungen zu einem Verbundvertrag zusammenzuschließen[776]. Voraussetzung dafür ist der übereinstimmende Parteiwille dahingehend, dass die einzelnen Vereinbarungen kraft ihrer rechtlichen und wirtschaftlichen Verbindung ein Gesamtgeschäft bilden, und damit nach der Vorstellung der Vertragschließenden gemeinsam „stehen und fallen"[777]. Fehlt es an einem derart ausdrücklichen Willen der Parteien, bei dem keine Bedenken gegen die Wirksamkeit eines Verbundvertrages aufkommen, besteht die Möglichkeit einer dahingehenden Auslegung nach den Grundsätzen der §§ 133, 157 BGB[778]. Als Indiz für einen auf den rechtlichen Zusammenhang der Forderungen gerichteten Parteiwillen kann zunächst der wirtschaftliche Zusammenhang der Forderungen sprechen[779]. Obwohl dieser allein aber nicht ausreicht, ist auf der anderen Seite auch keine rechtsgeschäftliche Bedingung notwendig, um einen rechtlichen Zusammenhang anzunehmen[780]. Von entscheidender Bedeutung ist aber, ob die Wirksamkeit der einzelnen Verträge in einen Bedingungszusammenhang gestellt wird, denn wenn die einzelnen Vereinbarungen voneinander abhängig sind, ist ein Verbundvertrag anzunehmen[781].
Regelmäßig bezieht sich die Sicherung des Lieferanten zunächst auf die Kaufpreisforderung und erst wenn diese getilgt ist, wird sie auf die übrigen einbezogenen Forderungen des Lieferanten ausgedehnt. An einer ausdrücklichen Vereinbarung eines einheitlichen Schuldverhältnisses dürfte es daher stets fehlen. Dann helfen aber auch die Auslegungsregeln meist nicht weiter. Denn durch den erweiterten Eigentumsvorbehalt werden in der Regel Forderungen, die ihren rechtlichen Grund in einer Fülle von verschiedenartigen Vertragstypen finden, gesichert. Diese ohne weiteres zu einem einzigen Vertrag zusammenzufassen, obwohl sie alle durch das vorbehaltene Eigentum gesichert werden, läßt sich schon mit dem Trennungsprinzip nicht vereinbaren. Denn dann würde von der dinglichen Sicherung der Forderungen durch den erweiterten Eigentumsvorbehalt auf die Verknüpfung auch auf schuldrechlicher Ebene geschlossen[782]. Hinzu kommt, dass sich die unterschiedliche Natur der Verträge auch in solchen Bereichen wie den Voraussetzungen von Rücktritt oder der Erfüllung sowie bei der Geltendmachung von Zurückbehaltungs- und Gewährleistungsrechten zeigt. Denn die unterschiedliche Behandlung der einzelnen Verträge in diesen Bereichen würde die Abwicklung des Einheitsschuldverhältnisses um ein vielfaches verkomplizieren, indem sich die Frage stellen würde, welche Auswirkungen beispielsweise Rücktritt, Erfüllung, Geltendmachung von Zurückbehaltungs- und Gewährleistungsrechten bei einem der Verträge auf das gesamte Schuldverhältnis hätte.
Darüber hinaus widerspricht der Zusammenschluß der einzelnen Verträge auch der Interessenlage der Parteien. Insbesondere der Vorbehaltskäufer wird kein Interesse an einem einheitlichen Schuldverhältnis haben, da dies für ihn keinen Nutzen hat[783]. Denn für den Fall, dass er insolvent wird, ist ihm die Möglichkeit Erfüllung des Vertrages zu wählen praktisch unmöglich gemacht, denn die Erfüllungswahl hätte zur Folge, dass er den gesamten Verbundvertrag erfüllen müßte, um Eigentum an der Vorbehaltssache zu erlangen[784]. Von einer grundsätzlichen Zusammenfassung aller Verträge kann daher also nicht ausgegangen

---

[776] BGHZ 50, 8, 12 f; 76, 43, 48, 49; *Braun*, Kontokorrentvorbehalt und Globalvorbehalt, S. 175; Palandt-*Heinrichs*, Einf. vor § 305 Rn. 16; *Reiners*, Konzerneigentumsvorbehalt, S. 115, 116.

[777] BGH WM 1974, 720, 722, BGHZ 50, 8, 13; BGH DB 1970, 1591, 1591; MDR 1966, 749, 749.

[778] *Reiners*, Konzerneigentumsvorbehalt, S. 118; *Schnorbus*, BB 1995, 2225; 2227:

[779] BGH MDR 1966, 749, 749.

[780] BGH MDR 1966, 749, 749.

[781] *Braun*, Kontokorrentvorbehalt, S. 176.

[782] *Braun*, Kontokorrentvorbehalt, S. 176.

[783] *Reiners*, Konzerneigentumsvorbehalt, S. 119.

[784] *Reiners*, Konzerneigentumsvorbehalt, S. 115.

werden. Und auch die Verknüpfung der Forderungen nur für den Insolvenzfall, um die Sicherheit des Lieferanten in der Insolvenz des Abnehmers zu vergrößern, ihm aber ansonsten die Vorteile der Selbständigkeit der einzelnen Verträge zu belassen, muss abgelehnt werden, da dies einen Verstoß gegen den Grundsatz der Gleichbehandlung aller Insolvenzgläubiger darstellen würde[785].
Ein weiterer Aspekt ist die ab dem Eintritt des Erweiterungsfalls veränderte Sicherung des Lieferanten in der Käuferinsolvenz. Denn mit Zahlung des vollständigen Kaufpreises wandelt sich das Aussonderungsrecht des Lieferanten in ein Absonderungsrecht[786]. Das vorbehaltene Eigentum hat nun die Funktion eines allgemeinen Kreditsicherungsmittel unabhängig davon, welchen Charakters die gesicherte Forderung ist. Mit dem Übergang vom Aus- zum Absonderungsrecht ist aber für Erfüllungsansprüche aus § 103 InsO kein Raum mehr[787]. Der einzige Zusammenhang zwischen den verschiedenen Forderungen besteht darin, dass sie durch den Vorbehalt gesichert sind, eine weitere Verbindung zwischen ihnen besteht nicht.

(3) Ergebnis

Im Ergebnis ist daher festzuhalten, dass weder die Vereinbarung eines erweiterten Eigentumsvorbehaltes noch die Eröffnung des Insolvenzverfahrens über das Vermögen einer Partei die schuldrechtliche Selbständigkeit der einzelnen Forderungen des Lieferanten gegen den Käufer beseitigt. Bei jedem einzelnen Vertrag ist für die Anwendung von § 103 InsO daher zu prüfen, ob er zum Zeitpunkt der Verfahrenseröffnung beiderseits noch nicht vollständig erfüllt ist.
Ist die Kaufpreisforderung zum Zeitpunkt der Verfahrenseröffnung bereits getilgt, scheidet die Anwendung von § 107 I InsO folglich schon deshalb aus, weil es zu dieser Zeit an einem beiderseits noch nicht vollständig erfüllten Vorbehaltskaufvertrag fehlt. Hinsichtlich der weiteren von der Erweiterungsklausel erfaßten Forderungen gilt: Wenn es sich bei den Verträgen, in denen sie wurzeln um beiderseits noch nicht vollständig erfüllte gegenseitige Verträge handelt und keine Spezialvorschrift der §§ 103 ff InsO greift, ist § 103 InsO auf sie anwendbar, mit der Folge, dass der Vorbehaltskäufer sie bei Erfüllungswahl erfüllen muss. Das Vorbehaltsgut dient weiterhin zur Sicherung dieser infolge Erfüllungswahl solcher Verträge entstandenen Forderungen gegen den Käufer. Erst wenn die letzte von der Erweiterungsklausel erfaßten Forderungen getilgt ist, vollzieht sich der Eigentumserwerb des Käufers vollständig.

---

[785] *Braun*, Kontokorrentvorbehalt, S. 177; *Flume*, NJW 1950, 841, 845, *Mittmann*, NJW 1973, 1108, 1109.

[786] Begr. zu §§ 58, 191 RegE, abgedruckt in: *Uhlenbruck*, Insolvenzrecht, S. 357, 530, sowie die ganz überwiegende Ansicht im Schrifttum: *Bork*, FS f. Gaul, 71, 77 ff; *ders.*, Insolvenzrecht, Rn. 239; *Braun*, Kontokorrentvorbehalt, S. 181; BK-*Breutigam*, § 47 InsO Rn. 16; FK-*Joneleit/Imberger*, § 47 Rn. 17; *Gaul*, ZInsO 2000, 257, 259; *Gottwald/Adophsen*, Kölner Schrift zur InsO, S. 1043, 1048 Rn. 16; *Hess*, § 51 InsO Rn. 11; § 47 Rn. 51, 55; HK-*Marotzke*, § 47 InsO Rn. 51; Kübler/Prütting-*Prütting*, § 47 InsO Rn. 40; *Marotzke*, ZZP 109 (1996), 429, 432; Nerlich/Römmermann-*Andres*, § 47 Rn. 21 ff.
Vgl. auch bereits die überwiegende Ansicht nach altem Recht: BGH WM 1977, 1422, 1422; BGH JZ 1987, 355, 358; *Kilger/Schmidt*, § 17 KO Anm. 3 d; *Kuhn/Uhlenbruck*, § 43 Rn. 36, 42 a.
A.A. nur *Baur/Stürner*, Konkurs- und Vergleichsrecht, Bd. II, Rn. 14.9, die auch nach Eintritt des Erweiterungsfalls davon ausgehen, dass der erweiterte Eigentumsvorbehalt ein Aussonderungsrecht begründet. Gegen diese Auffasung spricht aber eindeutig die nach Eintritt des Erweiterungsfalls veränderte Funktion des Eigentumsvorbe haltes. Vgl. dazu die Ausführungen zum verlängerten Eigentumsvorbehalt, die auf den erweiterten Eigentumsvorbehalt nach Eintritt des Erweiterungsfalls übertragbar sind.

[787] *Serick*, BB 1978, 1477, 1482.

bb. Kontokorrentvorbehalt

Steht der Vorbehaltsverkäufer mit seinem Abnehmer in einer Geschäftsverbindung derart, dass wiederholt Waren geliefert werden, so ist er unabhängig davon, ob dieser ein Kontokorrentverhältnis i.S.v. § 355 HGB zugrundeliegt, besonders daran interessiert, seine Außenstände möglichst umfassend zu sichern[788]. Um diesem Interesse gerecht zu werden bietet sich die Vereinbarung eines Kontokorrentvorbehaltes an, durch das bewirkt wird, dass das Eigentum erst dann auf den Vorbehaltskäufer übergeht, wenn alle aus der Geschäftsverbindung resultierenden Forderungen des Lieferanten getilgt sind und sein Sicherungsbedürfnis bis zum Saldoausgleich befriedigt ist[789]. Fehlt es an einem Kontokorrentverhältnis i.S.v. § 355 HGB, stellt der Lieferant durch seine Ware zwar die Erfüllung der noch ausstehenden Forderungen sicher, im Ergebnis liegt aber nur ein erweiterter Eigentumsvorbehalt vor, weil die Bedingung unter der der Lieferant das Eigentum auf den Vorbehaltskäufer übertragen hat, über die vollständige Erfüllung der Kaufpreisforderung hinaus auf weitere Forderung des Verkäufers gegen den Käufer erweitert wurde. Von einem echten Kontokorrentvorbehalt kann daher nur dann gesprochen werden, wenn zwischen den Parteien ein Kontokorrentverhältnis i.S.v. § 355 HGB besteht[790].

Haben die Parteien hingegen vereinbart, dass der Lieferant bis zur Bezahlung aller aus dieser Geschäftsbeziehung[791] resultierenden Forderungen Eigentümer der gelieferten Ware bleibt, ohne dass sie in einem Kontokorrentverhältnis zueinander stehen, entspricht der Kontokorrentvorbehalt nicht nur dem erweiterten Eigentumsvorbehalt, sondern entfaltet notwendigerweise in der Insolvenz auch die gleichen Wirkungen, wie dieser. Denn wenn es an einer Kontokorrentverbindung i.S.v. § 355 HGB fehlt, bleibt die Selbständigkeit der Forderungen erhalten. Von entscheidender Bedeutung für die Frage nach der Anwendbarkeit von § 107 I InsO ist in diesem Fall daher ebenso, wie beim erweiterten Eigentumsvorbehalt, ob der Kaufpreis bei Verfahrenseröffnung bereits vollständig getilgt war.

Die folgenden Ausführungen widmen sich daher ausschließlich der Frage nach der insolvenzrechtlichen Behandlung von Kaufverträgen, bei denen die Parteien in einer Kontokorrentverbindung i.S.v. § 355 HGB zueinander stehen.

aaa. Wesen des Kontokorrents

Um feststellen zu können, ob solche Vorbehaltskäufe den Anforderungen des § 103 InsO genügen muss zunächst das Wesen des Kontokorrentverhältnisses ausgemacht werden. Nach § 355 I HGB liegt ein Kontokorrent dann vor, wenn jemand mit einem Kaufmanne derart in Geschäftsverbindung steht, „dass die aus der Verbindung entspringenden beiderseitigen Ansprüche und Leistungen nebst Zinsen in Rechnung gestellt und in regelmäßigen Zeitabschnitten durch Verrechnung und Festsetzung des für den einen oder anderen Teil sich ergebenden Überschuss ausgeglichen werden“. § 355 I HGB führt weiter aus, dass in diesem Fall eine Verzinsung des anerkannten Saldos entgegen dem Zinseszinsverbot des § 248 BGB zulässig ist. An einer weiteren Auseinandersetzung mit der Rechtsnatur des Kontokorrents

---

788 *Braun*, Kontokorrentvorbehalt, S. 50.

789 *Graf Lambsdorff*, Handbuch des Eigentumsvorbehalts, Rn. 238.

790 Davon erfaßt ist auch das „uneigentliche Kontkorrent“, bei dem die Parteien Nichtkaufmänner sind. Vgl. zu dieser Möglichkeit *Baumbach/Hopt*, § 355 Anm. 2 B; *Blaurock*, JA 1980, 691, 691. A.A. *Graf Lambsdorff*, Handbuch des Eigentumsvorbehalts, Rn. 243, der die Kontokorrentfähigkeit von Geschäftsabschlüssen unter Nichtkaufleuten ablehnt.

791 Zum Begriff der Geschäftsverbindung vgl. *Philipowski*, Die Geschäftsverbindung.

fehlt es. Eine gesetzliche Normung, die dem Kontokorrent eine klare juristische Form verleiht, gibt es daher nicht[792].
Überwiegend wird das Kontokorrent in zwei verschiedene Verträge aufgespalten[793]. Die Grundlage des Kontokorrents bildet die Geschäftsverbindung, die die Rechte und Pflichten der Geschäftspartner festlegt[794] und durch die sich die Parteien verpflichten, ihre Geschäftsbeziehung zueinander kontokorrentmäßig abzuwickeln[795]. Als Annex dazu ist die Kontokorrentabrede zu sehen, durch die die aus der Geschäftsverbindung entspringenden beiderseitigen Geldansprüche und Leistungen buchmäßig verrechnet werden und die auf Feststellung des sich ergebenden Saldos gerichtet ist[796]. Nach überwiegender Ansicht nimmt die Kontokorrentabrede den einzelnen in das Kontokorrent eingestellten Forderungen ihre Selbständigkeit[797], mit der Folge, dass sie weder selbständig abtretbar noch einklagbar sind[798] und die geleisteten Zahlungen nicht der Tilgung bestimmter Ansprüche dienen[799], sondern auf das Kontokorrent angerechnet werden[800] Die einzelnen Forderungen und Leistungen gehen daher im Kontokorrent unter[801]. Werden Geldansprüche und Leistungen erbracht, werde diese zunächst nur gebucht, wobei in regelmäßigen Abständen ein Saldo ermittelt wird, der sich aus der Verrechnung aller in die Periode fallenden Haben- und Sollposten ergibt. Dieses Saldo wird anerkannt und im Anschluß entweder beglichen oder auf die Rechnung der neuen Periode übertragen[802].
Für das Fortbestehen von Sicherheiten an Forderungen, die in die laufende Rechnung eingestellt worden sind ist § 356 HGB maßgeblich. Dieser bestimmt, dass bestehende Sicherheiten trotz Einstellung der Forderung in das Kontokorrent weiterbestehen und der Sicherung des Gläubigers dienen. Obwohl der Eigentumsvorbehalt nicht als Sicherheit in § 356 HGB aufgeführt ist, ist allgemein anerkannt, dass auch er § 356 HGB unterfällt[803]. Mit Einstellung der zunächst gesicherten Kaufpreisforderung sichert der Eigentumsvorbehalt in der ursprünglichen Höhe den Saldo. Ferner gilt er als Sicherheit für spätere, nicht höhere Rechnungsabschlüsse[804]. Der Eigentumsvorbehalt erlischt erst, wenn nach der Saldierung kein Aktivsaldo zugunsten des Lieferanten festgestellt wird[805].

---

792 Dadurch lassen sich auch die verschiedenartigen Ansätze zum dogmatischen Verständnis des Kontokorrents erklären.

793 *Canaris*, FS f. Hämmerle, 55, 72 sieht darüberhinaus noch einen Verrechnungsvertrag, durch den die Verrechnung der mit der Kontokorrentabrede zur Verrechnung gestellten Forderungen und Leistungen vollzogen wird, als Bestandteil des Kontokorrents vor.

794 *Blaurock*, JA 1980, 691, 692; *Canaris*, FS f. Hämmerle, 55, 69; *Hefermehl*, FS f. H. Lehmann, 547, 557, 558.

795 *Canaris*, FS f. Hämmerle, 55, 69.

796 *Blaurock*, JA 1980, 691, 692; *Canaris*, FS f. Hämmerle, 55, 71; *Hefermehl*, FS f. H. Lehmann, 547, 548, 556, 557.

797 BGH NJW 1970, 560, 560 m.w.N; *Blaurock*, JA 1980, 691, 692; *Canaris*, FS f. Hämmerle, 55, 70; *Graf Lambsdorff*, Handbuch des Eigentumsvorbehalts, Rn. 238; *Hefermehl*, FS f. Lehmann, 547, 559, 557, 562; *Pikart*, WM 1960, 1314, 1315.

798 OLG Köln EWiR § 30 KO 2/95, 79; *Blaurock*, JA 1980, 691, 692.

799 *Graf Lambsdorff*, Handbuch des Eigentumsvorbehalts, Rn. 239.

800 *Canaris*, FS f. Hämmerle, 55, 70; *Hefermehl*, FS f. Lehmann, 547, 557, 562.

801 *Pikart*, WM 1960, 1341, 1314.

802 *Hefermehl*, FS f. H. Lehmann, 547, 561.

803 *Baumbach/Hopt*, § 356 HGB Anm. 1 A; *Graf Lambsdorff*, Handbuch des Eigentumsvorbehalts, Rn. 239; *Schlegelberger/Hefermehl*, § 356 HGB Rn. 7.

804 *Baumbach/Hopt*, § 356 HGB Anm. 1 B.

805 *Graf Lambsdorff*, Handbuch des Eigentumsvorbehalts, Rn. 240. Da aber die Möglichkeit besteht, den Saldoüberschuss fortzuschreiben, kann sich dies sehr lange hinauszögern.

bbb. Der Kontokorrentvertrag als noch nicht vollständig erfüllter Vertrag i.S.v. § 103 InsO

In Betracht kommt zunächst, den Kontokorrentvertrag als gegenseitigen noch nicht vollständig erfüllten Vertrag anzusehen, und § 107 I InsO sodann auf den bei Verfahrenseröffnung bestehende Saldo anzuwenden.
Die Frage, ob die Kontokorrentvereinbarung die Voraussetzungen eines gegenseitigen zum Zeitpunkt der Verfahrenseröffnung noch nicht vollständig erfüllten Vertrages erfüllt, wird uneinig beantwortet. So geht *Graf Lambsdorf* in der Insolvenz des Vorbehaltskäufers beispielsweise von einem Aussonderungsrecht des Lieferanten aus, äußert sich aber nur sehr oberflächlich zu der Frage, ob und wie § 17 KO Anwendung findet[806]. Bei *Drobnig* fehlt es hingegen an einer Aussage über die Rechte des Lieferanten in der Insolvenz des Vorbehaltskäufers, er führt zu § 17 KO aber aus, dass der Verwalter das Wahlrecht „wegen der Kumulierung zahlreicher Forderungen unter eine Sicherheit nur schwer ausüben kann“[807]. Überwiegend wird die Subsumtion von Vorbehaltskäufen, bei denen die Parteien einen Kontokorrentvorbehalt vereinbart haben, unter § 103 InsO mit der Begründung abgelehnt, dass die Kaufpreisforderung in der Kontokorrentsaldoforderung untergehe und der Eigentumsvorbehalt von Anfang an nur die Saldoforderung sichere[808]. Die Kaufpreisforderung selbst wäre nicht erfüllbar, weil sie im Kontokorrentverhältnis aufgegangen sei und jede Zahlung des Abnehmers zwar bei der Errechnung der Saldoforderung berücksichtigt werde, selbst aber keine schuldtilgende Wirkung habe, so dass auch § 17 KO nicht anwendbar sein könne[809]. Sachenrechtlich wird der Lieferant im Abnehmerkonkurs von Anfang an auf ein Absonderungsrecht in Höhe des Saldos zum Zeitpunkt der Verfahrenseröffnung verwiesen[810].
Diejenigen, die zwischen Kontokorrentvertrag und Geschäftsverbindung differenzieren, gehen nahezu einhellig davon aus, dass der Kontokorrentvertrag den Voraussetzungen des § 103 InsO nicht genügt[811]. Die Begründungen dafür sind jedoch verschiedenartig: Einige argumentieren damit, dass der Kontokorrentvertrag kein gegenseitiger Vertrag i.S.v. § 320 ff BGB sei[812]; andere behaupten, § 103 InsO setzte einen auf Leistungsaustausch gerichteten gegenseitigen Vertrag voraus, an dem es hier fehle[813]. Ferner wird vertreten, dass das Kontokorrent nach § 355 III HGB jederzeit und damit auch nach Verfahrenseröffnung durch

---

806 *Graf Lambsdorf*, Handbuch des Eigentumsvorbehaltes, Rn. 541, 537.

807 *Drobnig*, Gutachten F zum 51. DJT, 1976, S. 74.

808 BGH NJW 1978, 632, 633; BGH WM 1971, 347, 348; *Bley*, § 36 VglO Anm. 44 b; *Bley/Mohrbutter*, § 36 VglO Anm. 44 d, *Böhle-Stamschräder/Kilger*, § 17 Anm. 3 a; *Henckel*, Aktuelle Probleme, S. 10; *Hess/Kropshofer*, § 47 KO Rn. 50; Jaeger-*Henckel*, § 17 Rn. 61; *Kuhn/Uhlenbruck*, § 17 Rn. 18 k, § 43 Rn. 43 m.w.N.; *Serick*, BB 1978, 1477, 1484; *ders.*, Bd. V, § 68 IV 1.

809 *Kuhn/Uhlenbruck*, § 17 Rn. 18 k; *Serick*, BB 1978, 1477, 1484.

810 BGH NJW 1992, 2483, 2483; DB 1971, 521, 521 = NJW 1971, 799, 799; *Bley*, § 36 VglO Anm. 44 b; *Bley/Mohrbutter*, § 36 VglO Anm. 44 d, wobei *Mohrbutter* von dieser Meinung teilweise abweicht, indem er feststellt, dass der Lieferant „wegen der Saldoforderung aus einem Kontokorrentverhältnis i.S.v. § 355 HGB“ solange das Vorbehaltsgut noch nicht bezahlt ist ein Aussonderungsrecht, danach nur noch ein Absonderungsrecht hat, vgl. *Baumbach/Hopt*, §§ 355 - 357 Anm. 9 A; *Henckel*, Aktuelle Probleme, S. 10; *Mohrbutter*, Handbuch des gesamten Vollstreckungs- und Insolvenzrechts, S. 1042; *Mohrbutter/Haarmann*, Leitfaden für Vergleichs- und Konkursverwalter, S. 45; *Serick*, Bd. V, § 68 IV 1.

811 Vgl. *Braun*, Kontokorrentvorbehalt, S. 211, 212.

812 *Herz*, Kontokorrent, S. 204, 231 verneint die Anwendung von § 17 KO, indem er feststellt, dass die Parteien mit der im voraus erklärten Verrechnung alles getan haben, wozu sie nach der Kontokorrentabrede verpflichtet seien; Jaeger-*Lent*, § 65 KO Anm. 8; *Seifert*, Kontokorrent, S. 32; *Krapf*, Kontokorrentvertrag, S. 223 f.

813 *Beitzke*, FS. f. v. Gierke, 9, 23; *Herz*, Kontokorrent, S. 204; *Kopfstein*, ZHR 77 (1915) 78, 79; *Schönke*, JW 1934, 2745, 2747; *Seifert*, Kontokorrent, S. 29.

den Konkursverwalter gekündigt werden könne[814] oder dem Konkurszweck entgegenstehe. *Canaris* versteht die Kontokorrentabrede als antezipierte Verfügung über zukünftige Forderungen, so dass § 103 InsO auf diese ohnehin keine Anwendung finden könne[815].

Im Rahmen der Untersuchung, ob § 107 I InsO auf Vorbehaltskäufe anwendbar sein kann, bei denen die Parteien einen Kontokorrentvorbehalt vereinbart haben, braucht zu dieser Frage aber nicht Stellung genommen werden, weil die Anwendung von § 107 I InsO schon aus einem anderen Grund ausscheidet. § 107 I InsO setzt einen zum Zeitpunkt der Verfahrenseröffnung noch nicht vollständig erfüllten Vorbehaltskauf voraus. Die Forderungen aus diesem Kaufvertrag sind zwar in das Kontokorrent eingeflossen, dieses selbst dient aber nur der buchtechnischen Verrechnung der beiderseitigen Forderungen und Leistungen. Seine Funktion beschränkt sich darauf, den Zahlungs- und Abrechnungsverkehr zwischen zwei Parteien zu erleichtern und zu vereinfachen[816]. Damit erfüllt es nicht die Anforderungen von § 107 I InsO, so dass dessen Anwendung auf den Kontokorrentvertrag ausscheidet.

ccc. Der aus der Geschäftsverbindung resultierende, als zum Zeitpunkt der Verfahrenseröffnung noch nicht vollständig erfüllte Vorbehaltskauf

In Betracht kommt aber, § 107 I InsO auf den aus der Geschäftsverbindung resultierenden Vorbehaltskauf anzuwenden. Das setzt voraus, dass § 103 InsO innerhalb des Kontokorrents anwendbar ist[817]. *Canaris* folgerte aus der Existenz von § 17 KO, dass die Eröffnung eines Insolvenzverfahrens zu diesem Zeitpunkt noch nicht vollständig erfüllte Verpflichtungen nicht berührt. Wenn nun aber der Geschäftsvertrag als obligatorischer Vertrag bei Verfahrenseröffnung noch nicht vollständig erfüllt sei, dann müsse der Verwalter berechtigt sein, zwischen Erfüllung und Erfüllungsablehnung zu wählen, um der Masse die Vorteile des Kontokorrents zu sichern[818]. *Braun* geht im Anschluß an *Canaris* davon aus, dass die Voraussetzungen für die Anwendung von § 103 InsO dann gegeben sind, wenn die Kaufpreisforderung in der Saldoforderung zumindest wirtschaftlich noch enthalten ist[819]. Ist das nicht der Fall, weil sie bei der Verrechnung bestimmungsgemäß untergegangen ist, scheide die Anwendung von § 103 InsO aus.

Nach neuem Recht fehlt es bislang an einer Auseinandersetzung mit der Frage, ob die einzelnen aus der Geschäftsverbindung resultierenden Verträge nach Verfahrenseröffnung einzeln nach § 103 InsO zu beurteilen sind. Daraus, dass dem Vorbehaltslieferanten in der Insolvenz seines Vertragspartners von der überwiegenden Ansicht solange ein Aussonderungsrecht gewährt wird, wie die ursprüngliche Kaufpreisforderung noch nicht getilgt ist[820], läßt sich im Hinblick auf die Wechselwirkung zwischen der Anwendung von § 103 InsO und dem Aussonderungsrecht des Lieferanten in der Käuferinsolvenz schlußfolgern, dass diese die Voraussetzungen von § 103 InsO dann als erfüllt ansieht, wenn die Kaufpreisforderung in der Saldoforderung noch enthalten ist. Denn danach sei der Vorbehaltslieferant nur noch zur abgesonderten Befriedigung berechtigt.

---

814 *Seifert*, Kontokorrent, S. 30.

815 *Canaris*, FS f. Hämmerle, 55, 73, 74.

816 vgl. nur *Blaurock*, JA 1980, 691, 691; *Canaris*, FS f. Hämmerle, 55, 55; *Hefermehlr*, FS f. H. Lehmann, 35, 35; *Kopfstein*, ZHR 77, 78, 79; Schegelberger-*Hefermehl*, § 355 Rn. 2.

817 So für die KO *Bartsch*, Kontokorrent, S. 54 ff; *Braun*, Kontokorrentvorbehalt, S. 212 ff; *Canaris*, FS f. Hämmerle, 55, 75; A.A.: *Bley*, ZAkDR 1937, S. 42; *Seifert*, Kontokorrent, S. 32 ff; *Serick*, Bd. V, § 68 IV 1.

818 *Canaris*, FS f. Hämmerle, 55, 75 ff.

819 *Braun*, Kontokorrentvorbehalt, S. 215, 216.

820 BK-*Breutigam*, § 47 Rn. 16, 17; *Hess*, § 47 InsO Rn. 49; Kübler/Prütting-*Prütting*, § 47 Rn. 40; Smid-*Smid*, § 47 Rn. 24, 25.

Die Funktion eines Kontokorrents liegt darin, den Zahlungs- und Abrechnungsverkehr zwischen den Parteien zu vereinfachen und zu erleichtern[821]. Denn wenn die Parteien in einer Geschäftsverbindung zueinander stehen, aus der wiederholt und beiderseits Leistungen und Zahlungen zu erwarten sind, ist es nicht nur unpraktikabel, sondern widerspricht auch kaufmännischen Gepflogenheiten, jeden einzelnen Geschäftsvorgang einzeln abzuwickeln[822]. Um die Abwicklung der einzelnen Geschäfte zu vereinfachen werden die gegenseitigen Geldforderungen und Leistungen, die aus der Geschäftsverbindung entspringen nach dem Willen der Parteien zunächst nur gebucht und in periodischen Abständen verrechnet. Die einzelnen Forderungen und Leistungen gehen daher im Kontokorrent unter. Ist die Kaufpreisforderung zum Zeitpunkt der Verfahrenseröffnung rein wirtschaftlich noch in der Saldoforderung vorhanden, besteht rein tatsächlich noch die Möglichkeit, sie aus dem Kontokorrent zu lösen. Dies widerspricht aber dem Zweck des Kontokorrents. Denn das Kontokorrentverhältnis bewirkt ein untrennbares Ganzes, bestehend aus den beiderseitigen Leistungen und Ansprüchen[823]. Wenn die Parteien aber zur Vereinfachung ihrer Geschäfte ein Kontokorrentverhältnis vereinbart haben, und es danach nur noch auf das durch Verrechnung entstehende Gesamtergebnis ankommt[824], verbietet sich eine Trennung dieser Verknüpfung für den Fall der Insolvenz einer der Vertragspartner, um der Masse die Vorteile aus dem Kontokorrent zu sichern. Dies gilt vor allem auch deswegen, weil ein Rückgriff auf die Einzelposten des Kontokorrents, die auch nach der Saldierung noch ein „potentielles Dasein" führen, nur in Ausnahmefällen möglich ist[825].
Hinzu kommt, dass der Kontokorrentvorbehalt nicht wie der erweiterte Eigentumsvorbehalt zunächst die Kaufpreisforderung sichert und sich erst nach Erfüllung dieser auf die anderen Forderungen des Lieferanten ausdehnt, sondern von Anfang an den Saldo sichert[826]. Eine Bindung zwischen Kaufpreisforderung und Eigentumsvorbehalt, wie sie § 107 I InsO voraussetzt ist daher beim Kontokorrentvorbehalt nicht gegeben.

cc. Konzernvorbehalt

aaa. Altes Recht

Über die Zulässigkeit von Konzernvorbehalten herrschte unter Geltung der Konkursordnung ein breites Meinungsspektrum, das von einer grundsätzlichen Unbedenklichkeit[827], bis hin zur Zulässigkeit unter bestimmten strengen Voraussetzungen[828] reichte. Die ganz überwiegende Ansicht im Schrifttum lehnte dieses Sicherungsmittel unter Hinweis auf § 138 I BGB strikt

---

[821] *Blaurock*, JA 1980, 691, 692; *Canaris*, FS f. Hämmerle, 55, 55; *Hefermehl*, FS f. H. Lehmann, 547, 547.

[822] Schlegelberger-*Hefermehl*, § 355 HGB Rn. 2.

[823] *Pikart*, WM 1960, 1314, 1315.

[824] *Hefermehl*, FS f. H. Lehmann, 547, 557.

[825] Vgl. dazu RGZ 162, 244, 250 f.

[826] BGH NJW 1978, 632, 633, *Böhle-Stamschräder/Kilger*, § 17 Anm. 3 a; *Henckel*, Aktuelle Probleme, S. 10; *Honsell*, JuS 1981, 705, 706; Jaeger-*Henckel*, § 17 Rn. 61; *Kuhn/Uhlenbruck*, § 17 Rn. 18 k; *Serick*, BB 1978, 1477, 1484; *ders.*, Bd. V, § 68 IV 1 , Bd. IV, S. 214 ff.

[827] RGRK-*Metzger*, § 455 Rn. 16 ; Palandt-*Putzo*, § 455 Rn. 19; *Obermüller*, DB 1973, 1833, 1836; *Reiners*, Konzerneigentumsvorbehalt und Konzernverrechnungsklauseln als Sicherheiten des konzerngebundenen Warenlieferanten, S. 21-58.

[828] Erman-*Weitnauer*, 8. Auflage, § 455 Rn. 48 e ; Erman-*Grunewald*, 9. Auflage, § 455 Rn. 66 ; *Mittmann*, NJW 1973, 1108, 1109 ; Palandt-*Putzo*, § 455 Rn. 19; *Schnorbus*, BB 1995, 2227; *Serick*, Bd. V, § 59 S. 239-258 ; *ders.*, BB 1971, 2, 10; Soergel/Siebert-*Mühl*, § 455 Rn. 50. Kriterium für die Gültigkeit des Konzernvorbehaltes sollte einerseits ein sachlichen Zusammenhang mit der gesicherten Forderung, andererseits die Möglichkeit sein, die Bedingung innerhalb eines angemessenen Zeitraums erfüllen zu können.

ab[829]. Als Hauptargumente für die Nichtigkeit von Konzernvorbehalten wurde angeführt, dass eine derartige Vereinbarung den Eigentumsübergang auf ungewisse Zeit hinausschiebe, der Käufer in seiner wirtschaftlichen Bewegungsfreiheit erheblich eingeschränkt werde[830] und kein Zusammenhang zu den zusätzlich abgesicherten Forderungen der dritten Gläubiger bestehe[831]. Daneben wurde darauf hingewiesen, dass die notwendige Bestimmtheit von Gläubigern und Forderungen nicht gewährleistet wäre und der Vorbehaltsverkäufer die Möglichkeit habe, seine Machtposition gegenüber dem Käufer in sittenwidriger Weise auszunutzen[832]. Und nicht zuletzt wurde die formularmäßige Vereinbarung eines Konzernvorbehalts in AGB's als Verstoß gegen §§ 3, 9 AGBG verstanden[833]. Demgegenüber hat sich der BGH bislang einer Anwort auf die Frage nach der Zulässigkeit von Konzernvorbehalten enthalten[834].

In der Insolvenz einer der Parteien billigten diejenigen, die die Wirksamkeit von Konzernvorbehalten nicht anzweifelten, dem Verwalter das Wahlrecht nach § 17 KO nur solange zu, bis die ursprünglich gesicherte Kaufpreisforderung getilgt war und gestanden dem Vorbehaltslieferanten im Käuferkonkurs auch nur bis zu diesem Zeitpunkt ein Aussonderungsrecht zu[835].

bbb. Neues Recht

Nach neuem Recht ist die Einbettung des erweiterten Eigentumsvorbehaltes in einen Konzernvorbehalt auf Verkäuferseite mit Ergänzung des § 455 BGB a.F. / 3 449 BGB n.F. um einen zweiten Absatz nicht mehr wirksam möglich. Der mit Art. 33 Nr. 17 EGInsO eingeführte § 455 II BGB[836] ist seit dem 1.1.1999 in Kraft und bestimmt, dass die

---

829 *Drobnig*, Gutachten F zum 51. DJT, 1976, S. 51; *Hess/Kropshofer*, 4. Aufl., § 17 KO Rn. 27, § 43 Rn. 34; *Honsell*, JuS 1981, 705, 707; Jaeger-*Lent*, § 43 Rn. 37 c; *Jauernig*, § 929 Anm. 6 B b bb; *Kilger*, KTS 1975, 142, 161; *Kilger/Schmidt*, 16. Aufl., § 17 Anm. 3 d; *Kuhn*, WM 1972, 206, 210; *Kuhn/Uhlenbruck*, § 43 Rn. 44, 44 b; *Larenz*, Schuldrecht BT II, § 43 Abs. 2, 3; MüKo-*Westermann*, § 455 Rn. 92; *Reinicke/Tiedke*, Kaufrecht, S. 377; *Schlosser*, ZIP 1985, 449, 454; *ders.*, Jura, 1986, 85, 89; Staudinger-*Honsell*, § 455 Rn. 67; *Tiedke*, JZ 1990, 124, 127; *ders.*, EWiR 1994, 1071, 1072; *Weber*, BB 1989, 1768, 1770.

830 *Drobnig*, Gutachten F zum 51. DJT, 1976, S. 75; *Graf Lambsdorff*, BB 1982, 336, 337 f; *Kuhn*, WM 1972, 206, 210; *Larenz*, Schuldrecht BT II, § 43 II 3; Staudinger-*Honsell*, 1995, § 455 Rn. 67; *Tiedtke*, JZ 1990, 124, 127; *Weber*, BB 1989, 1768, 1770.

831 *Graf v. Westphalen*, DB 1985, 475, 478; *Larenz*, Schuldrecht BT II, § 43 II 3; *Reich*, JZ 1976, 463, 466.

832 *Uhlenbruck*, Gläubigerberatung in der Insolvenz, 1983, S. 518.

833 *Graf v. Westpahlen*, DB 1977, 1685, 1688; *Graf Lambsdorff*, BB 1982, 338; *Löwe/Graf v. Westphalen/Trinkner*, AGBG, 1985, Bd. III, A 4.1-18, Rn. 56, 60; *Weber*, BB 1989, 1768, 1772.

834 Ausdrücklich offengelassen in BGHZ 104, 129, 132, BGH ZIP 1981, 1313, 1317.

835 *Kuhn/Uhlenbruck*, § 17 Rn. 18 m; *Serick*, Bd. V § 68 IV 2; Ein Einheitschuldverhältnis zwischen allen Forderungen, die Konzernangehörige des Lieferanten gegen den Vorbehaltskäufer haben, ist ebenso wie beim erweiterten Eigentumsvorbehalt abzulehnen. Im Gegensatz zum erweiterten Eigentumsvorbehalt scheint hier zwar die Möglichkeit eröffnet, ein einheitliches Schuldverhältnis über einen Vertrag zugunsten Dritter i.S.v. § 328 BGB zu erreichen. Denn die mit dem Lieferanten verbundenen Konzernunternehmen werden insofern begünstigt, als dass ihre Forderungen gegen den Vorbehaltskäufer quasi mitgesichert werden. Für eine Begünstigung i.S.v. § 328 BGB reicht das jedoch nicht aus. Denn es fehlt an einem Recht der Konzernunternehmen, eine Leistung vom Vorbehaltskäufer zu verlangen. Hinzu kommt, dass ein Verbundvertrag auch mit dem Recht der konzernverbundenen Unternehmen auf Zurückweisung der Begünstigung nach § 333 BGB nicht in Einklang steht. Eine derartige Vereinbarung würde das konkursrechtliche Schicksal der konzernangehörigen Unternehmen vielmehr beeinflussen und damit einen unzulässigen Eingriff in die Rechtssphäre eines anderen Rechtssubjektes darstellen, *Reiners*, Konzerneigentumsvorbehalt, S. 116, 117. Im Gegensatz zum erweiterten Eigentumsvorbehalt ist der wirtschaftliche Zusammenhang zwischen den einzelnen Verträgen hier zwar wegen der Konzernangehörigkeit naheliegender. Dennoch spricht ebenso wie beim erweiterten Eigentumsvorbehalt insbesondere das Interesse des Vorbehaltskäufers gegen den Verbund der einzelnen Forderungen. Hinsichtlich der insolvenzrechtlichen Behandlung von Konzernvorbehalten gilt daher das zum erweiterten Eigentumsvorbehalt Gesagte.

836 Seit dem 1.1.2002: § 449 III BGB n.F.

Vereinbarung eines Eigentumsvorbehaltes unter der Voraussetzung nichtig ist, dass der Eigentumsübergang davon abhängig gemacht wird, dass „der Käufer Forderungen eines Dritten, insbesondere eines mit dem Verkäufer verbundenen Unternehmens, erfüllt".
Es erhebt sich daher die Frage, ob die weitaus selteneren Konzernvorbehalte auf Käuferseite[837] auch von § 455 II BGB a.F. / § 449 III BGB n.F. erfaßt werden[838]. Bei einem Konzernvorbehalt auf Käuferseite ist kraft Parteivereinbarung nicht nur die Kaufpreisforderung durch den Eigentumsvorbehalt gesichert, sondern sämtliche Ansprüche des Lieferanten gegen mit dem Käufer verbundene Unternehmen[839]. Der Eigentumserwerb des Abnehmers ist daher erst dann vollzogen, wenn alle anderen mit ihm verbundenen Unternehmen ihre Verbindlichkeiten beim Lieferanten getilgt haben.

(1) Gesetzeswortlaut

Der Wortlaut von § 455 II BGB a.F. / § 449 III BGB n.F. macht die Nichtigkeit von Konzernvorbehalten davon abhängig, dass der Eigentumsübergang auf den Käufer dadurch bedingt wird, dass dieser Forderungen eines Dritten erfüllt. Dritter i.S.v. § 455 II BGB a.F. / § 449 III BGB n.F. ist jede Person, die nicht Partei des Grundgeschäftes ist[840]. Beim umgekehrten Konzerneigentumsvorbehalt ist der Eigentumserwerb des Vorbehaltskäufers zwar davon abhängig, dass weitere Forderungen erfüllt werden. Dabei handelt es sich aber nicht entsprechend den Voraussetzungen von § 455 II BGB a.F. / § 449 III BGB n.F. um die Forderungen eines Dritten, die der Käufer zu tilgen hat, sondern um solche des Lieferanten gegen Dritte, mit dem Käufer verbundenen Unternehmen.
Der Wortlaut von § 455 II BGB a.F. / § 449 III BGB n.F. erstreckt die Nichtigkeit daher nicht auf den Konzernvorbehalt auf Käuferseite. Wegen der präzisen Formulierung fehlt darüber auch jeglicher Ansatz für eine extensive Auslegung von § 455 II BGB a.F. / § 449 III BGB n.F.
In Erwägung zu ziehen ist daher lediglich eine analoge Anwendung von § 455 II BGB a.F. / § 449 III BGB n.F. auf den umgekehrten Konzernvorbehalt.

(2) Begründung zum Regierungsentwurf

Die Regierungsbegründung zu § 455 II BGB a.F. / § 449 III BGB n.F. ist ausführlich und vielfältig: Zunächst führt sie aus, dass das Eigentum infolge Verknüpfung des Eigentumserwerbs mit der Erfüllung all der Forderungen, die mit dem Verkäufer verbundene Unternehmen gegen den Käufer haben auf unabsehbare Zeit für eine Vielzahl von Gläubigern reserviert werde[841]. Abgesehen davon, dass das Vorbehaltsgut beim umgekehrten Konzernvorbehalt nur einem einzigen Gläubiger als Sicherheit dient, ergeben sich zum

---

[837] Teilweise auch als Konzernvorbehalt auf Schuldnerseite bezeichnet, *Reiners*, Konzerneigentumsvorbehalt, S. 9; *Serick*, Bd. IV, § 42 I 7 ; *Schnorbus*, BB 1995, 2225, 2226.

[838] Daneben wird das Bezugsgeschäft für die durch § 455 II BGB a.F. bestimmte Nichtigkeit diskutiert. Uneinigkeit herrscht in Bezug auf die Frage, ob es sich bei diesem lediglich um das obligatorische oder nur um das Verfügungsgeschäft handelt, oder ob beide Geschäfte betroffen sind. Teilweise wird angenommen, § 455 II BGB a.F. erfasse nur das Kausalgeschäft, FK-*Joneleit/Imberger*, § 51 Rn. 24; Nerlich/Römmermann-*Andres*, § 47 Rn. 28; *Niesert*, InVO 1998, 141, 141.
Bülow, DB 1999, 2196, 2197 und HK-*Marotzke*, § 107 Rn. 4 beziehen die Nichtigkeitsfolge des § 455 II BGB a.F. zwar in erster Linie auf das dingliche Geschäft, sehen aber auch den Kaufvertrag als erfaßt an.

[839] *Schnorbus*, BB 1995, 2225, 2226.

[840] Vgl. RegBegr. zu Art. 31 Nr. 17 EGInsO abgedruckt in: *Uhlenbruck*, Insolvenzrecht, S. 932.

[841] RegBegr. zu Art. 31 Nr. 17 EGInsO abgedruckt in: *Uhlenbruck*, Insolvenzrecht, S. 932. Zur Kritik an dieser Argumentation vgl. *Schnorbus*, BB 1995, 2225, 2228.

Konzernvorbehalt auf Verkäuferseite insofern keine Unterschiede. Denn wenn der Käufer erst dann Eigentum an der Vorbehaltssache erlangen soll, wenn alle mit ihm verbundenen Unternehmen die seitens des Lieferanten gegen sie gerichteten Forderungen beglichen haben, ist die Möglichkeit des Käufers zum vollständigen Eigentumserwerb zwar denkbar, aber ebenso theoretischer Natur, wie wenn der Eigentumserwerb von der Erfüllung aller mit dem Lieferanten verbundenen Unternehmen abhängig gemacht wird. Für den Käufer macht es daher keinen Unterschied, ob sein Eigentumserwerb hinausgeschoben ist, weil verschiedene Gläubiger oder eine Mehrzahl von Forderungen ein und desselben Gläubigers gesichert werden.

Ein Unterschied könnte sich aber daraus ergeben, dass die Parteien beim umgekehrten Konzernvorbehalt einen Kontoausgleich für einen bestimmten Zeitpunkt vereinbaren können, der den Eigentumsvorbehalt zum Erlöschen bringt[842]. In diesem Fall liegt es dann in der Hand des Käufers, die Konten der mit ihm konzernverbundenen Unternehmen auszugleichen, um auf diese Weise seinen Eigentumserwerb herbeizuführen[843]. Zwar begünstigt der Käufer dann Dritte. Diese sind mit ihm jedoch wirtschaftlich verbunden, so dass die Begleichung der an sich fremden Schuld für den Vorbehaltskäufer letztendlich zu einem wirtschaftlichen Vorteil führen kann. Eine solche Vereinbarung kann aber auch dann getroffen werden, wenn ein Konzernvorbehalt auf Verkäuferseite vorliegt[844]. Und dennoch hat der Gesetzgeber diesen für nichtig erklärt. Die Tatsache, dass die Parteien vereinbaren können, dass ein Kontoausgleich zu einem bestimmten Zeitpunkt eintritt, ist daher kein schlagkräftiges Argument gegen die Gleichstellung von Konzernvorbehalten auf Käufer- und solchen auf Verkäuferseite.

Gleiches gilt auch für die Möglichkeiten des Käufers, seine Unsicherheit über den Zeitpunkt seines Eigentumserwerbs auszuräumen. Während er im Fall des Konzernvorbehaltes auf Verkäuferseite ohnehin über Anzahl und Umfang der Forderungen der mit seinem Lieferanten konzernverbundenen Unternehmen gegen ihn informiert ist, ergeben sich auch im umgekehrten Fall in der Regel keine Schwierigkeiten. Denn der Käufer kann sich bei seinem Lieferanten nach Existenz und Umfang der Forderungen des Lieferanten gegen die mit ihm verbundenen Unternehmen erkundigen[845], sofern ihm dies möglich ist. Und auch der Lieferant kann die Unsicherheit des Käufers in dieser Frage beseitigen, indem er bei Vertragsschluß die bestehenden Forderungen aufzeigt und sie auf eine bestimmte Anzahl begrenzt[846].

Als nächstes spricht die Regierungsbegründung den fehlenden inneren Zusammenhang zwischen dem Sicherungsmittel und der zu sichernden Forderung an[847].

Aber auch hier ergeben sich keine wesentlichen Unterschiede zwischen Konzernvorbehalten auf Käufer- und Verkäuferseite. Denn der Eigentumsvorbehalt und die Forderungen des

---

842 *Reiners*, Konzerneigentumsvorbehalt, S. 26.

843 Diese Möglichkeit hat auch der Gesetzgeber gesehen, indem er feststellt, dass die dauernde Bindung des Käufers und die Intransperenz des Konzernvorbehaltes auch durch eine gesetzliche Regelung hätte vermieden werden können, in der eine zeitliche Grenze für den Eigentumsvorbehalt vorgesehen ist und Drittbegünstigte namentlich aufgeführt werden müssen, RegBegr. zu Art. 31 Nr. 17 EGInsO abgedruckt in: *Uhlenbruck*, Insolvenzrecht, S. 932.

844 Vgl. dazu *Schnorbus*, BB 1995, 2225, 2228.

845 Die Beschaffung solcher Informationen erscheint zwar zunächst recht schwierig. Macht man sich aber klar, dass die mit dem Vorbehaltskäufer konzernverbundenen Schuldner des Lieferanten dem Konzern des Käufers angehören, und dieser somit die hinreichende Möglichkeit hat, sich über Bestand und Umfang der zu begleichenden Forderungen zu informieren, kommt man zu dem Ergebnis, dass der Vorbehaltskäufer zu den Informationen über Bestand und Umfang der Forderungen des Lieferanten gegen die mit ihm konzernverbundenen Unternhemen in nahezu gleicher Weise Zugang hat, wie er Kenntnis von den Forderungen der mit dem Lieferanten verbundenen Unternehmen gegen ihn hat.

846 *Obermüller*, FS f. Schimansky, 457, 467.

847 RegBegr. zu Art. 31 Nr. 17 EGInsO abgedruckt in: *Uhlenbruck*, Insolvenzrecht, S. 932.

Lieferanten gegen die mit dem Käufer verbundenen Unternehmen stehen genauso wenig in Verbindung zueinander, wie der Eigentumsvorbehalt mit den Ansprüchen der mit dem Lieferanten verbundenen Unternehmen gegen den Käufer. In beiden Fällen wird die Eigentumsübertragung daher aus Gründen aufgeschoben, die außerhalb der vertraglichen Beziehungen zwischen Käufer und Verkäufer angesiedelt sind[848]. Hinzu kommt, dass dem Vorbehaltskäufer die Nutzung des Eigentums als Kreditunterlage vor Bedingungseintritt verwehrt ist, und er die Vollendung seines Rechtserwerbs nicht einmal selbst in Hand hat, da die Tilgung der Verbindlichkeiten nicht von ihm, sondern von mit ihm verbundenen Unternehmen geschuldet ist.

Der auf den Vorbehaltskäufers einwirkende Handlungsdruck wird durch den umgekehrten Eigentumsvorbehalt daher sogar verstärkt, denn häufig wird er dazu angehalten sein, auf die dem Konzern angehörigen Unternehmen einzuwirken oder gar für diese zu leisten[849], was ihm beispielsweise dann möglich ist, wenn er als Muttergesellschaft die Töchter aufgrund eines Beherrschungsvertrages lenkt. Die in der Regierungsbegründung infolge der Vereinbarung eines Konzernvorbehaltes als zu stark empfundene Einschränkung der wirtschaftlichen Bewegungsfreiheit des Käufers[850] ist daher in beiden Fällen grundsätzlich gleichermaßen gegeben, in Extremfällen bei Vereinbarung eines umgekehrten Konzernvorbehaltes sogar noch stärker.

Als letztes wird in der Regierungsbegründung darauf hingewiesen, dass sich die durch den Vorbehalt zusätzlichen Belastungen des Käufers in dessen Insolvenz in einer unangemessenen Schmälerung der Masse zeigen, und ungesicherte Gläubiger über Gebühr beeinträchtigt werden[851]. Hier zeigt sich der Unterschied zwischen Konzernvorbehalten auf Verkäufer- und solchen auf Käuferseite.

Wird im ersten Fall über das Vermögen des Käufers ein Insolvenzverfahren eröffnet, haben die mit dem Lieferanten verbundenen Unternehmen Absonderungsrechte hinsichtlich des Vorbehaltsgutes, sofern der Käufer die zunächst gesicherte Kaufpreisforderung bereits vor Verfahrenseröffnung getilgt hat[852], die je nach Ausmaß zu einer erheblichen Masseschmälerung führen können[853]. Denn durch die Einbeziehung der Forderungen des Verkäufers gegen die Konzernunternehmen des Käufers entsteht kein einheitliches Schuldverhältnis[854]. Ist hingegen über das Vermögen des Lieferanten ein Insolvenzverfahren eröffnet worden und liegt ein umgekehrter Konzernvorbehalt vor, so führt das im Gegenteil zur Massestärkung, weil die unter Eigentumsvorbehalt stehenden Sachen an den Verwalter des Vorbehaltsverkäufers herauszugeben sind[855]. Denn wegen der Vereinbarung des Konzernvorbehaltes erlangt der Vorbehaltskäufer erst dann Eigentum am Vorbehaltsgut, wenn alle mit ihm verbundenen Unternehmen ihre seitens des Lieferanten gegen sie gerichteten Forderungen getilgt haben. Etwas anderes gilt aber dann, wenn ein Insolvenzverfahren über das Vermögen des Käufers eröffnet wird und die Parteien einen

---

848 RegBegr. zu Art. 31 Nr. 17 EGInsO abgedruckt in: *Uhlenbruck*, Insolvenzrecht, S. 933.

849 *Schirmer*, ZInsO 1999, 379, 380.

850 RegBegr. zu Art. 31 Nr. 17 EGInsO abgedruckt in: *Uhlenbruck*, Insolvenzrecht, S. 933.

851 RegBegr. zu Art. 31 Nr. 17 EGInsO abgedruckt in: *Uhlenbruck*, Insolvenzrecht, S. 933.

852 Denn dann erstreckt sich die Sicherung durch den Vorbehalt auch auf Forderungen der mit dem Lieferanten verbundenen Unternehmen gegen den Käufer. Hat der Abnehmer die Kaufpreisforderung vor Verfahrenseröffnung jedoch noch nicht bezahlt, ist der Lieferant für den Fall, dass sich der Verwalter des Käufers gegen die Vertragserfüllung entscheidet aussonderungsberechtigt.

853 *Bülow*, DB 1999, 2196, 2196.

854 Vgl. dazu *Braun*, Kontokorrentvorbehalt, S. 212 f; *Obermüller*, FS f. Schimansky, S. 457, 469; *Reiners*, Konzerneigentumsvorbehalt, S. 110 ff; *Schnorbus*, BB 1995, 2225, 2227.

855 *Bülow*, DB 1999, 2196, 2196.

umgekehrten Konzernvorbehalt vereinbart haben. Denn wenn der Erweiterungsfall vor Verfahrenseröffnung noch nicht eingetreten ist, ist die Entscheidung des Verwalters hinsichtlich der Vertragserfüllung insofern eingeschränkt, als er in seine Entscheidung mit einbeziehen muss, inwiefern solche durch den Vorbehalt gesicherte Forderungen noch existieren und dies eine Belastung für den Gegenstand bedeuten[856]. Hat der Vorbehaltskäufer die Kaufpreisforderung hingegen vor Verfahrenseröffnung beglichen, so dass nur noch die mit dem Käufer verbundenen Unternehmen Verbindlichkeiten beim Lieferanten haben, hat dieser wirtschaftlich die Stellung eines Pfandgläubigers und ist folglich zur Absonderung berechtigt[857].

Zwar bestehen beim umgekehrten Konzernvorbehalt ähnliche Gefahren für den Vorbehaltskäufer, wie bei dem von § 455 II BGB a.F. / § 449 III BGB n.F. ausdrücklich für nichtig erklärten Konzernvorbehalt. Denn die schon früher in der Literatur vorgebrachten Argumente zur Begründung der Nichtigkeit des Konzernvorbehaltes, auf die die Regierungsbegründung im wesentlichen zurückgreift, gelten für beide Spielarten des Konzernvorbehaltes gleichermaßen.

Aus insolvenzrechtlicher Sicht bestehen aber keine Bedenken gegen die Ausnahme des umgekehrten Konzernvorbehaltes von der Regelung des § 455 II BGB a.F. / § 449 III BGB n.F. Im Gegenteil ist die Nichtanwendung unter dem Gesichtspunkt der Masseerhaltung sogar geboten. Hinzu kommt, dass die Regierungsbegründung hervor hebt, dass nur solche Vereinbarungen von § 455 II BGB a.F. / § 449 III BGB n.F. erfaßt werden, bei denen der Eigentumsübergang von der Erfüllung von Forderungen abhängig gemacht wird, die nicht im Verhältnis zwischen den Kaufvertragsparteien, sondern im Verhältnis zwischen dem Käufer und einem Dritten begründet worden sind[858], und damit ausdrücklich auf den Konzernvorbehalt auf Verkäuferseite abstellt. Denn nur hier hängt der Eigentumserwerb des Käufers davon ab, dass die zwischen ihm und den mit dem Lieferanten konzernverbundenen Unternehmen bestehenden Verbindlichkeiten getilgt werden. Zur Unterstützung führt die Regierungsbegründung weiter aus, dass die Regelung auf den Eigentumsvorbehalt abzielt, bei dem der Eigentumserwerb an die Erfüllung von Forderungen gebunden ist, die mit dem Verkäufer in einem Verbund stehen[859]. Dadurch wird deutlich, dass der Gesetzgeber nur den Konzernvorbehalt auf Verkäuferseite für nichtig erklären wollte.

Zwar könnte man einwenden, dass die Regierungsbegründung von einem generellen Verbot dieses Sicherungsmittels spricht[860], und daraus die Schlußfolgerung ziehen, dass der Konzernvorbehalt jeglicher Spielart unzulässig sein soll. In allen Diskussionen, die sich um die Frage nach der Zulässigkeit des Konzernvorbehaltes rankten, handelte es sich jedoch typischerweise um den Konzernvorbehalt auf Verkäuferseite [861], während der umgekehrte Konzernvorbehalt demgegenüber nur vereinzelt angesprochen wurde und im wesentlichen als unproblematisch galt[862]. Das von der Regierungsbegründung allgemein gehaltene Verbot des Konzernvorbehaltes läßt sich vielmehr mit eben der Tatsache erklären, dass diese Art des Konzernvorbehaltes weiter verbreitet und häufiger diskutiert war.

---

856 *Schirmer*, ZInsO 1999, 379, 381.

857 *Bülow*, DB 1999, 2196, 2199.

858 RegBegr. zu Art. 31 Nr. 17 EGInsO abgedruckt in: *Uhlenbruck*, Insolvenzrecht, S. 932.

859 RegBegr. zu Art. 31 Nr. 17 EGInsO abgedruckt in: *Uhlenbruck*, Insolvenzrecht, S. 932.

860 RegBegr. zu Art. 31 Nr. 17 EGInsO abgedruckt in: *Uhlenbruck*, Insolvenzrecht, S. 933.

861 *Reiners*, Konzerneigentumsvorbehalt, S. 10 ff; *Schirmer*, ZInsO 1999, 379, 379.

862 *Reiners*, Konzerneigetumsvorbehalt, S. 9; *Serick*, BB 1995, 2225, 2226.

Festzuhalten ist daher, dass die bei beiden Spielarten des Konzernvorbehaltes gleichermaßen bestehenden Gefahren eine analoge Anwendung von § 455 II BGB a.F. / § 449 III BGB n.F. auf den umgekehrten Konzernvorbehalt nahe legen.

(3) Strukturelle Unterschiede zwischen Konzernvorbehalten auf Verkäufer- und Käuferseite

Andererseits ist aber zu bedenken, dass Konzernvorbehalte auf Käufer- und solche auf Verkäuferseite strukturelle Unterschiede aufweisen. Kennzeichnend für den umgekehrten Konzernvorbehalt ist, dass mehrere Forderungen desselben Gläubigers gesichert werden, während sich der Konzernvorbehalt auf Verkäuferseite durch eine Absicherung mannigfaltiger Gläubiger auszeichnet. Beide Formen des Konzernvorbehaltes weisen also strukturell verschiedene Eigenarten auf, was verdeutlicht, dass der umgekehrte Eigentumsvorbehalt nicht als Unterfall des Konzernvorbehaltes auf Verkäuferseite eingestuft werden kann[863]. Vielmehr zeigt sich hier seine Ähnlichkeit mit dem erweiterten Eigentumsvorbehalt, bei dem sich die dingliche Sicherung auch auf mehrere verschiedenartige Forderungen des Lieferanten erstreckt. Der wesentliche Unterschied liegt nur darin, dass sich die Forderungen beim erweiterten Eigentumsvorbehalt gegen denselben Schuldner, während sie sich beim umgekehrten Konzernvorbehalt gegen verschiedene Schuldner richten, und die wirtschaftliche Bewegungsfreiheit beim Konzernvorbehalt stärker eingeschränkt ist[864].
Auch die Tatsache, dass das Verbindungsmerkmal in beiden Fällen ein Konzernverbund ist vermag auf den ersten Blick keine Parallele zwischen den beiden Konzernvorbehalten zu begründen. Denn beide Formen des Eigentumsvorbehaltes sind nicht zwingend auf dieses Bestimmungsmerkmal begrenzt. Den Parteien ist es selbst überlassen, Kriterien festzulegen, nach denen sich der Haftungsumfang der Sicherheit richten soll[865]. Tatsache ist aber, dass eine gewisse Einheit zwischen den gesicherten Forderungen bestehen muss, sei es nun, dass diese über den Konzernverbund oder durch andere Bestimmungsmerkmale erreicht wird[866].

(4) Vergleichbarkeit mit anderen Sicherungsinstrumenten

Es bleibt der Frage nachzugehen, wie sich die Zulässigkeit des Konzernvorbehaltes auf Käuferseite zu anderen weiterhin zulässigen Sicherheiten verhalten würde.

(4 a) Kontokorrentvorbehalt

Zum Vergleich läßt sich zunächst der Kontokorrentvorbehalt anführen. Bei diesem kann der Saldoüberschuß fortgeschrieben werden, mit der Folge, dass hier ebenso, wie beim Konzernvorbehalt die Gefahr besteht, dass sich der Eigentumserwerb des Vorbehaltskäufers über Jahre hinauszögert[867]. Ebenso, wie auch beim Konzernvorbehalt kann der Käufer das Eigentum hier langfristig nicht als Kreditunterlage nutzen. Obwohl der Kontokorrentvorbehalt das gleiche Gefahrenpotential aufweist wie beide Formen des Konzernvorbehaltes, wird seine

[863] *Obermüller*, FS f. Schimansky, 457, 465.
[864] RegBegr. zu Art. 31 Nr. 17 EGInsO abgedruckt in: *Uhlenbruck*, Insolvenzrecht, S. 933.
[865] *Schnorbus*, BB 1995, 2225, 2225.
[866] *Schnorbus*, BB 1995, 2225, 2226.
[867] *Graf Lambsdorff*, Handbuch des Eigentumsvorbehalts, Rn. 240.

Zulässigkeit mit Einführung der Insolvenzordnung aber nicht berührt. Er bleibt als Sicherungsmittel weiterhin zulässig.

(4 b) Konzernverrechnungsklauseln

Gleiches gilt auch für Konzernverrechnungsklauseln. Im Gegensatz zu Konzern- und Kontokorrentvorbehalt dienen Konzernverrechnungsklauseln niemandem als Sicherheit. Sie erweitern jedoch die Aufrechnungsmöglichkeit, indem auf das Erfordernis der Gegenseitigkeit der Forderungen verzichtet wird[868]. Hinzu kommt, dass es sich bei diesen ebenso, wie beim Konzernvorbehalt um ein Sicherungsmittel handelt, das sowohl auf Käufer- als auch auf Verkäuferseite vorkommen kann[869]. Konzernverrechnungsklauseln auf Käuferseite ermächtigen den Käufer dazu, Zahlungsforderungen des Verkäufers durch Verrechnung mit Forderungen, die seinen Konzernunternehmen gegen den Gläubiger zustehen zu tilgen. Auf Verkäuferseite berechtigen Konzernverrechnungsklauseln dazu, dass der Verkäufer seine Zahlungsforderung auf die Schuld aus einer Verbindlichkeit seines Konzernunternehmens im Verhältnis zum Käufer verrechnet[870]. Obwohl hier ebenso wenig ein innerer Zusammenhang zwischen dem eigentlichen Grundgeschäft und der zusätzlichen Sicherung durch die Aufrechnung besteht, wie ihn die Regierungsbegründung zum Einführungsgesetz der Insolvenzordnung als mit ausschlaggebenden Grund für die Nichtigkeit des Konzernvorbehaltes hervorhebt[871], haben Konzernverrechnungsklauseln nach § 94 2. Alt. InsO entgegen der bisher h.M.[872] nun sogar insolvenzrechtlichen Bestand[873].
Der Gesetzgeber hätte für diese, dem Konzernvorbehalt ähnlichen Sicherungsinstrumente problemlos eine § 455 II BGB a.F. / § 449 III BGB n.F. entsprechende Regelung schaffen oder sie mit einer allgemeineren Formulierung in den Wortlaut von § 455 II BGB a.F. / § 449 III BGB n.F. einbeziehen können, denn sowohl der Kontokorrentvorbehalt als auch die Konzernverrechnungklauseln haben wiederholt Anlaß zu Streitigkeiten gegeben. Da die Insolvenzordnung die Wirksamkeit dieser Sicherungsmittel aber nicht berührt, und auch der Wortlaut von § 455 II BGB a.F. / § 449 III BGB n.F. ausdrücklich nur die Nichtigkeit des Konzernvorbehaltes auf Verkäuferseite anordnet, wird deutlich, dass der Gesetzgeber mit § 455 II BGB a.F. / § 449 III BGB n.F. eine Sonderregelung für den Konzernvorbehalt auf Verkäuferseite schaffen wollte.

(4 c) Drittsicherheiten

Zum gleichen Ergebnis führt auch ein Vergleich mit der Konstellation der Sicherheitenbestellung durch einen Dritten zur Absicherung einer fremden Schuld.
Denn diese übliche Sicherung einer fremden Schuld durch die dingliche Sicherheit eines Dritten, birgt die gleichen Gefahren hinsichtlich des Zeitpunktes und des Umfangs der Inanspruchnahme für den Sicherungsgeber, wie der Konzernvorbehalt auf Verkäuferseite. Ihre Wirksamkeit wird durch die Insolvenzrechtsreform jedoch nicht tangiert. Daneben ist der Käufer ebenso, wie beim umgekehrten Konzernvorbehalt in seiner wirtschaftlichen Bewegungsfreiheit eingeschränkt.

---

868 *Schirmer*, ZInsO 1999, 379, 382.
869 *Obermüller*, FS f. Schimansky, 457, 463.
870 *Obermüller*, FS f. Schimansky, 457, 463.
871 RegBegr. zu Art. 33 Nr. 17 EGInsO, abgedruckt in: *Uhlenbruck*, Insolvenzrecht, S. 932.
872 BGHZ 81, 15; OLG Köln BB 1995, 1870 = ZIP 1990, 850.
873 Vgl. dazu auch Smid-*Smid*, § 94 Rn. 8.

Bei der Bestellung von Drittsicherheiten bestehen daher ähnlich gelagerte Gefahren, wie beim Konzernvorbehalt auf Käuferseite.
Da diese den Gesetzgeber aber nicht dazu veranlaßt haben, diese Sicherungsform für unwirksam zu erklären, kann das gleichermaßen auch beim umgekehrten Konzernvorbehalt bestehende Gefahrenpotential nicht aussschlaggebend für eine Analogie zu § 455 II BGB a.F. / § 449 III BGB n.F. sein[874].
Das Ergebnis, dass der Gesetzgeber außer den ausdrücklich in § 455 II BGB a.F. / § 449 III BGB n.F. für nichtig erklärten Konzernvorbehalt auf Verkäuferseite keinem weiteren Sicherungsmittel die Wirksamkeit absprechen wollte, wird noch durch einen Blick auf die Entstehungsgeschichte der Insolvenzordnung bestätigt. Wenn am Ende dieser fast zwanzig Jahre andauernden Diskussion[875] um die Frage, ob und wie in die Kreditsicherheiten eingegriffen werden darf und soll nur der Konzernvorbehalt auf Verkäuferseite ausdrücklich für nichtig erklärt wird, dann kann weder angenommen werden, dass die anderen Sicherungsformen schlichtweg vergessen worden sind, noch eine nicht gesehene Lücke, die Platz für eine Analogie läßt, unterstellt werden[876].

(5) Schlußfolgerungen für die Anwendung von § 107 I InsO

Im Ergebnis überzeugen daher die Argumente, die gegen die Ausdehnung von § 455 II BGB a.F. / § 449 III BGB n.F. auf den umgekehrten Konzernvorbehalt sprechen. Der Konzernvorbehalt auf Käuferseite ist daher nicht von der Regelung des § 455 II BGB a.F. / § 449 III BGB n.F. erfaßt. Und auch eine analoge Anwendung von § 455 II BGB a.F. / § 449 III BGB n.F. auf den umgekehrten Konzernvorbehalt ist ausgeschlossen. Denn die für eine Analogie sprechenden Gründe des Gesetzgebers zur Einführung von § 455 II BGB a.F. / § 449 III BGB n.F. treffen auf andere Sicherheiten gleichermaßen zu, und stellen damit keine Besonderheit des Konzernvorbehaltes auf Käuferseite dar[877].
Wegen seiner strukturellen Vergleichbarkeit mit dem erweiterten Eigentumsvorbehalt bedeutet das, dass hinsichtlich der Anwendung von § 107 I InsO die gleichen Grundsätze wie bei diesem heranzuziehen sind. Solange die ursprünglich gesicherte Kaufpreisforderung bei Verfahrenseröffnung noch nicht vollständig getilgt ist, findet § 107 I InsO Anwendung, denn in diesem Fall entspricht die Rechtslage der beim einfachen Eigentumsvorbehalt. Bei vollständiger Erfüllung des Kaufvertrages seitens des Käufers fehlt es hingegen sowohl an den Voraussetzungen von § 107 I InsO als auch an denen des § 103 I InsO. Vielmehr ist hinsichtlich jedes einzelnen vom Konzernvorbehalt erfaßten Schuldverhältnisses zu prüfen, ob § 103 InsO auf dieses Anwendung findet.

c. Weitergeleiteter Eigentumsvorbehalt

Beim weitergeleiteten Eigentumsvorbehalt verkauft der Erstkäufer die Vorbehaltsware an einen Dritten und legt dabei offen, dass er die Ware selbst unter Eigentumsvorbehalt erworben hat[878]. Im Ergebnis überträgt der Erstkäufer daher nur sein Anwartschaftsrecht auf

---

[874] So auch *Obermüller*, FS f. Schimansky, 457, 470.
[875] Vgl insofern die Beiträge von *Dorndorf/Frank*, ZIP 1985, 65 ff, *Komo*, BB 1979, 246 ff; *Serick*, BB 1990, 861 ff.
[876] *Obermüller*, FS f. Schimansky, 457, 466.
[877] Einschränkend insofern *Obermüller*, FS f. Schimansky, 457, 472ff, der die Zulässigkeit des umgekehrten Konzernvorbehaltes von seiner konkreten Ausgestaltung im Einzelfall abhängig machen will.
[878] *Gottwald*, Insolvenzrechts-Handbuch, § 45 Rn. 9 ; Nerlich/Römmermann-*Anders*, § 47 Rn. 21.

den Zweitkäufer[879]. Dieser erlangt folglich erst dann und ohne Zwischeneigentumserwerb des Erstkäufers Eigentum an dem Vorbehaltsgut, wenn der Erstverkäufer den Kaufpreis vollständig erhalten hat[880].

aa. Bisheriges Recht

Unter Geltung der Konkursordnung wurden diese Fälle, denen eines einfachen Eigentumsvorbehaltes gleichgesetzt, mit der Maßgabe, dass § 17 KO Anwendung fand[881]. Fiel der Erstverkäufer in Konkurs und entschied sich sein Konkursverwalter für die Vertragserfüllung, so musste der Erstkäufer den restlichen Kaufpreis zahlen und der Zweitkäufer erlangte ohne Durchgangseigentum seines Lieferanten Eigentum am Vorbehaltsgut. Uneinigkeit herrschte jedoch über die Rechtslage, wenn sich der Verwalter gegen die Vertragserfüllung entschied. Teilweise wurde angenommen, dass das Recht des Erstkäufers zum Besitz des Vorbehaltsgutes und damit auch das nach § 986 I 1 2. Fall BGB davon abgeleitete Besitzrecht des Zweitkäufers mit der Erfüllungsablehnung erlosch[882]. In diesem Fall wurde dem Zweitkäufer auch das Recht analog § 268 I BGB den Restkaufpreis an den Erstverkäufer zu zahlen verwehrt[883]. Andere gingen davon aus, dass die Erfüllungsablehnung nur dann zu einem Herausgabeanspruch des Verwalters gegen den Zweitkäufer führte, wenn dieser nicht von seinem Recht auf Befriedigung des Verkäufers analog § 268 BGB Gebrauch machte[884]. Denn das Anwartschaftsrecht gehe nicht bereits mit der Erfüllungsablehnung unter, sondern erst dann, wenn die Bedingung, unter der die Vorbehaltsware übereignet wurde nicht mehr eintreten kann. Dies aber sei nur dann der Fall, wenn der Anwartschaftsberechtigte sein Recht auf Befriedigung des Verkäufers analog § 268 BGB nicht ausübe[885].

Fiel der Zweitverkäufer in Konkurs, unterlag sowohl der Ankauf- als auch der Verkaufvertrag dem Verwalterwahlrecht nach § 17 KO, sofern sie beiderseits noch nicht vollständig erfüllt waren[886]. Keine Probleme ergaben sich, wenn der Verwalter für beide Verträge gleich entschied. Denn bei Erfüllungswahl, erlangte der Zweitkäufer Eigentum am Vorbehaltsgut, während sowohl er als auch der Erstkäufer den noch ausstehenden Kaufpreis an seinen jeweiligen Lieferanten zahlen musste[887]. Lehnte der Verwalter beide Verträge ab, so konnte der Erstlieferant die Vorbehaltsware beim Zweitkäufer aussondern, sofern diesem kein Ablöserecht zugestanden wurde[888]. Darüber hinaus waren sowohl Erstlieferant als auch Zweitkäufer schadensersatzberechtigt[889].

---

879 Kübler/Prütting-*Prütting*, § 47 InsO Rn. 37.

880 *Gottwald*, Insolvenzrechts-Handbuch, § 45 Rn. 9; Nerlich-Römmermann-*Andres*, § 47 InsO Rn. 21; Soergel/Siebert/Siebert-*Mühl*, § 455 Rn. 23, § 929, Rn. 19.

881 *Gottwald*, Insolvenzrechts-Handbuch, § 45 Rn. 9.

882 *Graf Lambsdorff*, Handbuch des Eigentumsvorbehalts, Rn. 566; *Serick*, Bd. I, § 13 IV 1 c. Zur Begründung wurde angeführt, dass die Funktion des weitergeleiteten Eigentumsvorbehaltes gerade darin läge, die Rechte aus dem Eigentumsvorbehalt auch gegen den Zweitkäufer bestehen zu lassen. Außerdem könne der Erstkäufer seine Verpflichtung gegenüber dem Zweitkäufer nach der Erfüllungsablehnung auch nicht mehr erfüllen.

883 *Graf Lambsdorff*, Handbuch des Eigentumsvorbehalts, Rn. 569.

884 *Henckel*, Aktuelle Probleme, S. 94; *Gottwald*, Insolvenzrechts-Handbuch, § 45 Rn. 10; Palandt-*Bassenge*, § 929 Anm. 57.

885 *Henckel*, Aktuelle Probleme, S. 94.

886 *Graf Lambsdorff*, Handbuch des Eigentumsvorbehalts, Rn. 567; *Henckel*, Aktuelle Probleme, S. 95; *Serick*, Bd. I, § 13 IV 1 a.

887 *Serick*, Bd. I, § 13 IV 1 a.

888 So *Graf Lambsdorff*, Handbuch des Eigentumsvorbehalts, Rn. 569; A.A. *Serick*, Bd. I, § 13 IV 1 a, der dem Zweitkäufer ein solches Ablöserecht dann zugesteht, wenn dies in den Abmachungen mit dem Erstkäufer enthal-

Und auch wenn der Verwalter die Erfüllung des Einkaufsvertrages wählte und die des Verkaufvertrages ablehnte entstanden keine Schwierigkeiten. Denn dann musste der Verwalter den beim Lieferanten noch ausstehenden Kaufpreis begleichen, was dazu führte, dass der Zweitkäufer Eigentum an der Vorbehaltsware erlangte. Da dieser Eigentumserwerb des Zweitkäufers aber eingetreten war, obwohl der Verwalter die Erfüllung des Verkaufvertrages abgelehnt hatte, stand der Masse ein auf die Vorbehaltsware gerichteter Anspruch aus Bereicherungsrecht zu[890]. Problematisch war hingegen der umgekehrte Fall. Denn wenn der Verwalter die Erfüllung des ersten Kaufvertrages ablehnte, sich aber für die des zweiten entschied, ergab sich das Problem, dass er sich gegenüber seinem Käufer zur Leistung einer Sache verpflichtet hatte, deren Erbringung ihm durch die Erfüllungsablehnung im ersten Kaufvertrag unmöglich geworden war. Uneinigkeit herrschte daher, ob dies zulässig sein könnte[891].

Im Konkurs des Zweitkäufers führte die Erfüllungswahl des Lieferanten dazu, dass der Erstkäufer den noch ausstehenden Kaufpreis begleichen musste, damit das Eigentum in die Masse fiel. Uneinigkeit herrschte jedoch im Fall der Erfüllungsablehnung durch den Verwalter. Teilweise wurde angenommen, dass das Anwartschaftsrecht in der Person des Zweitkäufers erlosch, aber von selbst wieder in der Person des Erstkäufers entstand[892]. Mit Zahlung der letzten Rate durch den Erstkäufer erlangte dieser dann Eigentum an der Vorbehaltssache. *Serick* ging demgegenüber davon aus, dass das Anwartschaftsrecht von der Erfüllungsablehnung nicht berührt werden würde, mit der Folge, dass das Eigentum in die Masse fiele, wenn der Erstkäufer bei seinem Lieferanten den noch ausstehenden Kaufpreis tilgte[893]. Dann sollte dem Erstkäufer aber ein Bereicherungsanspruch gegen die Masse zustehen, denn die Masse sei durch den Mehrwert bereichert, den das Vollrecht gegenüber dem Anwartschaftsrecht hätte und der letztlich dem vom Erstkäufer gezahlten Kaufpreis entspreche.

bb. Neues Recht

Nach neuem Recht gebietet die mit § 107 I InsO verfolgte Intention des Gesetzgebers nur dann die Anwendung dieser Vorschrift, wenn das Anwartschaftsrecht des Zweiterwerbers entweder durch die Insolvenz des Erstverkäufers oder die des Zweitverkäufers und die Entscheidung des jeweiligen Insolvenzverwalters nach § 103 InsO bedroht ist. Unabhängig davon, ob der Zweitverkäufer das Anwartschaftsrecht bereits auf seinen Käufer übertragen hat entspricht die Rechtslage beim weitergeleiteten derjenigen beim einfachen Eigentumsvorbehalt. Denn wenn der Erstkäufer den ursprünglichen Eigentumsvorbehalt offenlegt und damit sein Anwartschaftsrecht auf den Zweitkäufer überträgt, tritt der Zweiterwerber vollkommen an die Stelle des Erstkäufers, mit der Folge, dass § 107 I InsO

---

ten war. Anderenfalls sollte der Erstlieferant die Vorbehaltsware vom Zweitkäufer herausverlangen können, weil das Anwartschaftsrecht des Zweitkäufers mit der Erfüllungsablehnung erlöschen sei. *Henckel*, Aktuelle Probleme, S. 94 und *Gottwald*, Insolvenzrechts-Handbuch, § 45 Rn. 10 gingen hingegen davon aus, dass der Zweitkäufer grundsätzlich das Recht haben, den noch ausstehenden Kaufpreis beim Erstverkäufer zu bezahlen. Nur wenn er von diesem Recht keinen Gebrauch mache, könne der Erstverkäufer die Vorbehaltsware beim Zweitkäufer aussondern, denn dann sei das Besitzrecht des Zweitkäufers entfallen, § 986 I 2 BGB.

889 *Serick*, Bd. I, § 13 IV 1 a nahm an, dass der Wert der Sache, die der Erstlieferant beim Zweitkäufer herausgegeben hatte, auf diesen Schadensersatzanspruch anzurechnen sei.

890 *Graf Lambsdorff*, Handbuch des Eigentumsvorbehalts, Rn. 568; *Serick*, Bd. I, § 13 IV 1 a.

891 Dafür: RGZ 133, 40, 43; Dagegen: *Graf Lambsdorff*, Handbuch des Eigentumsvorbehalts, Rn. 567 m.w.N; *Serick*, Bd. I, § 13 IV 1 a.

892 *Graf Lambsdorff*, Hanbuch des Eigentumsvorbehalts, Rn. 572.

893 *Serick*, Bd. I, § 13 IV 1 b.

immer dann Anwendung finden muss, wenn die Vollendung seines Rechtserwerbs bedroht ist[894].

Dies ist zunächst in der Insolvenz des Erstverkäufers der Fall[895]. Denn nach bisherigem Recht blieb die Rechtsposition des Zweitkäufers nur bei Erfüllungswahl des Verwalters unberührt. Entschied sich der Verwalter aber gegen die Vertragserfüllung, konnte der Zweitkäufer seinen Rechtserwerb nur dann vollenden, wenn man ihm ein Ablöserecht analog § 268 BGB zugestand und er von diesem Gebrauch machte.

Es stellt sich aber die Frage, ob dem Erst- oder dem Zweitkäufer, als Anwartschaftsberechtigtem das Recht auf Vollendung seines Rechtserwerbs zustehen soll. Zunächst scheint es angebrachter, dem Erstkäufer dieses Recht in die Hand zu geben, denn er hat mit dem Schuldner einen Vorbehaltskauf geschlossen und zunächst den Besitz an der Sache übertragen bekommen. Problematisch ist aber, dass er das Anwartschaftsrecht bereits auf seinen Abkäufer übertragen hat und daher nicht in den Schutzbereich von § 107 I InsO fällt. Aufgrund dessen dürfte es fraglich sein, ob er Interesse daran hat, von der Möglichkeit des § 107 I InsO Gebrauch zu machen, weil dies zur Folge hätte, dass das Eigentum auf den Zweitkäufer übergehen würde, während der Erstkäufer den noch ausstehenden Kaufpreis zahlen müßte und seinerseits den Anspruch gegen den Abkäufer auf die aus dem Verkaufvertrag noch ausstehenden Raten hätte. Würde er hingegen nicht von dem Recht aus § 107 I InsO Gebrauch machen, stünde dem Verwalter das Wahlrecht aus § 103 InsO zu, so dass dieser durch Erfüllungsablehnung den Eigentumserwerb des Zweitkäufers verhindern könnte. In diesem Fall wäre der Erstkäufer gegenüber dem Zweitkäufer schadenersatzpflichtig. Im Ergebnis würde das dazu führen, dass der Erstkäufer die Geltendmachung seines Rechts aus § 107 I InsO regelmäßig davon abhängig machte, ob die Schadensersatzpflicht gegenüber seinem Abkäufer oder die Zahlung des noch ausstehenden Kaufpreises vorteilhafter für ihn ist. Etwas anderes würde nur dann gelten, wenn der Zweitkäufer für den Fall, dass der Erstkäufer nicht von seinem Recht aus § 107 InsO Gebrauch machen würde, nach § 268 I BGB ablöseberechtigt wäre.

Stünde dem Abkäufer hingegen das Recht aus § 107 I InsO zu, so wäre entsprechend dem Schutzzweck von § 107 I InsO derjenige, dessen Anwartschaftsrecht durch eine Erfüllungswahl bedroht ist, zur Entscheidung über dessen weiteres Schicksal berechtigt zu entscheiden. Problematisch ist jedoch zunächst, dass dies nicht mit dem Wortlaut von § 107 I InsO übereinstimmt. Denn § 107 I InsO bestimmt, dass der Käufer, der mit dem Gemeinschuldner kontrahiert hat, die Erfüllung des Kaufvertrages verlangen kann. Der Abkäufer steht aber nicht in schuldrechtlicher Beziehung zum Erstverkäufer, so dass er von diesem auch nichts verlangen kann. Etwas anderes würde nur dann gelten, wenn entsprechend den obigen Ausführungen, die Rechtsfolge von § 107 I InsO nicht wörtlich, sondern derart verstanden wird, dass der Käufer nach § 107 I InsO berechtigt ist, unter den mit seinem Verkäufer vereinbarten Bedingungen, seinen Rechtserwerb zu vollenden. Dies würde auch beinhalten, dass der Erstverkäufer durch Erfüllungsablehnung des Einkaufvertrages das Anwartschaftsrecht zerstören darf.

Nach dem bisherigen Wortlaut von § 107 I InsO bleibt aber nur die erste Variante, die wiederum nur dann zu interessengerechten und mit der Intention von § 107 I InsO übereinstimmenden Ergebnissen führt, wenn der Zweitkäufer für den Fall, dass der Erstkäufer von seinem Recht aus § 107 I InsO keinen Gebrauch macht, nach § 268 I BGB ablöseberechtigt ist.

---

894 BK-*Breutigam*, § 47 InsO Rn. 19; FK-*Joneleit/Imberger*, § 107 InsO Rn. 7; Kübler/Prütting-*Prütting*, § 47 InsO Rn. 37.

895 BK-*Breutigam*, § 47 InsO Rn. 19; Kübler/Prütting-*Prütting*, § 47 InsO Rn. 37.

In der Insolvenz des Zweitverkäufers ist zwischen dem Einkaufsvertrag und dem Kaufvertrag zwischen Erst- und Zweitkäufer zu unterscheiden:
Hinsichtlich des Drittschuldnervertrages bietet sich die Anwendung von § 107 I InsO deshalb zunächst an, weil Erst- und Zweitkäufer einen Vorbehaltskauf geschlossen haben, der Besitz am Vorbehaltsgut auf den Zweiterwerber übergegangen ist und sich die Parteien auch dinglich geeinigt haben. Zwar übereignet der Erstkäufer die Vorbehaltsware nicht aufschiebend bedingt auf den Zweitkäufer, sondern überträgt in der Regel nur sein Anwartschaftsrecht, dessen Übertragung erfolgt aber ebenfalls nach den §§ 929 ff BGB. Rein formal ist die Anwendung von § 107 I InsO auf den Verkaufvertrag daher geboten. Problematisch ist aber, dass der Zweiterwerber dann zwar einen Anspruch auf Eigentumsverschaffung gegen den Verwalter hat, sich dieser aber nur dann realisieren läßt, wenn sich der Verwalter für die Erfüllung des Einkaufvertrages entscheidet, da das Anwartschaftsrecht im ersten Kaufvertrag wurzelt. Lehnt er die Vertragserfüllung hingegen ab, erlischt nicht nur das vom Erstkäufer abgeleitete Besitzrecht des Zweitkäufers sondern auch sein Anwartschaftsrecht. Ein Eigentumserwerb des Zweitkäufers ist dann trotz Anwendung von § 107 I InsO nicht mehr möglich. Einem solchen Widerspruch wird in der Regel aber dadurch vorgebeugt, dass Erst- und Zweitkäufer vereinbaren, dass der Zweitkäufer die Restforderung aus dem ersten Kaufvertrag unter Anrechnung auf den zweiten Kaufvertrag begleichen darf, mit der Folge, dass der Zweitkäufer von dieser Möglichkeit dann Gebrauch machen wird, wenn sich die Insolvenz des Erstkäufers abzeichnet. Fehlt es aber an einer derartigen Vereinbarung oder hat der Zweitkäufer den Zeitpunkt verpaßt und wird ihm analog § 268 I InsO auch kein Ablöserecht zuerkannt, könnte der Verwalter den Eigentumserwerb des Zweitkäufers trotz Anwendung von § 107 I InsO auf den Verkaufvertrag durch Erfüllungsablehnung des Erstkaufvertrages verhindern. Der Nutzen von § 107 I InsO wäre daher sehr begrenzt.
Unter Geltung der KO war anerkannt, dass der Zweitkäufer unter Berufung auf den Grundsatz von Treu und Glauben im Einzelfall die Erfüllung des Verkaufvertrages fordern konnte, weil er beispielsweise bereits ein beachtlichen Teil des Kaufpreises getilgt hatte[896]. Dann musste sich der Verwalter aber auch für die Erfüllung des Einkaufvertrages entscheiden, weil die Erfüllungsablehnung im Widerspruch zu der im Verkaufvertrag noch geschuldeten Leistungshandlung, alles zu tun, was den Bedingungseintritt und damit den Eigentumserwerb der Zweitkäufers fördert, stand. Wenn also bereits unter Geltung der Konkursordnung anerkannt war, dass der Erstkaufvertrag erfüllt werden muss, um den Eigentumserwerb des Zweitkäufers in bestimmten Fällen erreichen zu können[897], so muss das Wahlrecht des Verwalters im Hinblick auf den ersten Kaufvertrag auch dann ausgeschlossen sein, wenn er seine Verpflichtung gegenüber dem Zweitkäufer sonst nicht erfüllen kann. Das heißt, wenn der Zweitkäufer von der Möglichkeit aus § 107 I InsO Gebrauch macht, ist die Erfüllungsablehnung des Verwalters bezüglich des Einkaufvertrages ausgeschlossen, weil diese dazu führen würde, dass der Verwalter seinen Verpflichtungen gegenüber dem Zweitkäufer aus § 107 I InsO nicht nachkommen kann. Macht der Zweitkäufer keinen Gebrauch von seinem Recht aus § 107 I InsO, hat der Verwalter hingegen das Wahlrecht auch im Hinblick auf den Einkaufsvertrag. Er kann sich hier jedoch nur dann gegen die Vertragserfüllung entscheiden, wenn er auch die Erfüllung des Verkaufvertrages ablehnt, da es anderenfalls wieder zu den benannten Widersprüchen kommen würde.

---

896 RGZ 140, 156, 162; BGH NJW 1962, 2296, 2297.
897 *Serick*, Bd. I, § 13 IV 1 a.

Wird über das Vermögen des Zweitkäufers ein Insolvenzverfahren eröffnet, ändert sich die Rechtslage im Hinblick auf das Wahlrecht des Verwalters gegenüber der Konkursordnung nicht[898].
Im Ergebnis ist § 107 I InsO in der Insolvenz des Erstverkäufers stets, in der Insolvenz des Zweitverkäufers mit den daraus resultierenden Folgen für das Wahlrecht in Bezug auf den Einkaufsvertrag hinsichtlich des Drittschuldnervertrages anzuwenden.

d. Nachgeschalteter EV

Um seine Kaufpreisforderung abzusichern ist der Erstkäufer beim nachgeschalteten Eigentumsvorbehalt gegenüber seinem Lieferanten dazu verpflichtet, die Ware nur unter Eigentumsvorbehalt weiterzuveräußern[899]. Dabei ist der Erstkäufer jedoch nicht dazu verpflichtet, seine eigenen Lieferbedingungen offen zu legen[900]. Es entstehen daher zwei unterschiedliche Eigentumsvorbehalte. Die Rechtslage entspricht damit derjenigen, in der zwei einfache Eigentumsvorbehalte einander nachgeschaltet sind[901]. Der Eigentumserwerb des Zweitkäufers hängt daher nicht von der Zahlung des Kaufpreises an den Erstverkäufer sondern nur von der an den Zweitkäufer ab[902].
In der Insolvenz des Erstlieferanten ergibt sich gegenüber dem weitergeleiteten Eigentumsvorbehalt insofern ein Unterschied, als dass nicht nur der Erst- sondern auch der Zweitkäufer gegenüber dem Erstlieferanten zur Vollendung seines Rechtserwerbs nach § 107 I InsO berechtigt ist. Dadurch, dass der Zweitkäufer ein eigenes Anwartschaftsrecht am Vorbehaltsgut erhalten hat, dessen schuldrechtliche Komponente allein im Zweitkauf wurzelt[903], liegen in seiner Person ebenso, wie in der des Erstkäufers die Voraussetzungen von § 107 I InsO vor. Der Zweitkäufer hat daher gemäß § 107 I InsO einen eigenen Anspruch gegen den Erstlieferanten auf Vollendung seines Rechtserwerbs[904].

Nach bisherigem Recht stand dem Konkursverwalter in der Insolvenz des Erstkäufers das Wahlrecht aus § 17 KO grundsätzlich nur für den Verkaufvertrag zu[905]. Denn mit der Weiterveräußerung der Vorbehaltsware an seinen Abkäufer hat der Erstlieferant den von ihm geschuldeten Leistungserfolg bewirkt, so dass es hier an einem beiderseits noch nicht vollständig erfüllten Vertrag mangelte. Der Erstlieferant war mit der noch verbleibenden Kaufpreisforderung auf die Quote verwiesen. Etwas anderes galt aber dann, wenn er die Vertragserfüllung des Verkaufvertrages ablehnte. Denn in diesem Fall erlosch lediglich das Anwartschaftsrecht des Zweitkäufers sowie sein aus dem Zweitkauf resultierendes Besitzrecht[906]. Demgegenüber blieb das Anwartschaftsrecht des Erstkäufers, das im ersten Kaufvertrag wurzelt von der Erfüllungsablehnung unberührt. Der Erstlieferant konnte die

---

898 Kübler/Prütting-*Prütting*, § 47 InsO Rn. 47.
899 *Gottwald*, Insolvenzrechts-Handbuch, § 45 Rn. 11; Nerlich/Römmermann-*Andres*, § 47 InsO Rn. 22.
900 Nerlich/Römmermann-*Andres*, § 47 InsO Rn. 22.
901 Kübler/Prütting-*Prütting*, § 47 InsO Rn. 37.
902 BK-*Breutigam*, § 47 InsO Rn. 24.
903 *Serick*, Bd. I, § 13 IV 2.
904 BK-*Breutigam*, § 47 InsO Rn. 24. Dies wird auch durch die nach bisherigem Recht vertretene Auffassung zur Insolvenz des Erstlieferanten bestätigt. Denn die Anwendung von § 17 KO wurde hier abgelehnt, weil der Vorbehaltskauf mit der Weiterveräußerung des Erstkäufers seitens des Erstlieferanten erfüllt war, vgl. dazu *Graf Lambsdorff*, Handbuch des Eigentumsvorbehaltes, Rn. 573; *Serick*, Bd. I, § 13 IV 2. Sowohl der Erst- als auch der Zweitkäufer konnten daher den Bedingungseintritt herbeiführen.
905 *Graf Lambsdorff*, Handbuch des Eigentumsvorbehalts, Rn. 574; *Serick*, Bd. I, § 13 IV 2 a.
906 *Serick*, Bd. I, § 13 IV 2 a.

Herausgabe der Sache daher nur an den Erstkäufer verlangen[907]. Mit der Erfüllungsablehnung hatte der Verwalter aber genau die Rechtslage wieder hergestellt, die ohne die Weiterveräußerung an den Zweitkäufer bestand. Die Rechtslage entsprach daher der, die vorlag, wenn der Erstlieferant noch nicht erfüllt hatte. Dann aber lagen auch hinsichtlich des Einkaufvertrages die Voraussetzungen von § 17 KO vor, mit der Folge, dass dem Verwalter das Wahlrecht hinsichtlich des Einkaufvertrages wieder zustand[908].
Entschied sich der Verwalter hingegen für die Erfüllung des Verkaufvertrages, erlangte der Zweitkäufer ohne Durchgangseigentum der Masse Eigentum an der Vorbehaltsware. In diesem Fall blieb die vor Verfahrenseröffnung erfolgte Weiterveräußerung an den Zweitkäufer bestehen, mit der Folge, dass der Einkaufvertrag seitens des Erstlieferanten erfüllt war und § 17 KO hier keine Anwendung finden konnte.
Nach neuem Recht ist § 107 I InsO auf den Verkaufvertrag anzuwenden, denn das Anwartschaftsrecht des Zweitkäufers ist eine vom Schutz des § 107 I InsO erfaßte Rechtsposition, deren Zerstörung durch die Erfüllungsablehnung des Verwalters droht. Darüber hinaus sind auch die weiteren Voraussetzungen von § 107 I InsO erfüllt, denn der Zweitkäufer ist im unmittelbaren Besitz des Vorbehaltsgutes und hat mit seinem Lieferanten einen Vorbehaltskauf geschlossen. Zahlt der Zweitkäufer den restlichen Kaufpreis an seinen Lieferanten, geht das Eigentum des Erstlieferanten unter[909]. Ein Aussonderungsrecht des Lieferanten besteht also nicht[910].
Der Eigentumserwerb des Zweitkäufers kann durch die Erfüllungsablehnung des Einkaufvertrages nicht rückgängig gemacht werden, denn der Erstlieferant hat die ihm obliegende Leistungspflicht mit Eigentumserwerb des Zweitkäufers erfüllt, so dass der Verwalter hinsichtlich des Einkaufvertrages auch kein Wahlrecht hat. Etwas anderes gilt nur dann, wenn der Zweitkäufer von seinem Recht aus § 107 I InsO keinen Gebrauch macht oder seiner Zahlungspflicht gegenüber dem Erstkäufer nicht nachkommt. Im letzten Fall hat der Erstkäufer die Möglichkeit nach § 455 I BGB / § 449 BGB n.F. vom Verkaufvertrag zurückzutreten, mit der Folge, dass das Besitzrecht des Zweitkäufers sowie sein Anwartschaftsrecht erlöschen. Dadurch entsteht dann erneut die Rechtslage, die vor Weiterveräußerung der Sache an den Zweitkäufer bestand. Der Erstlieferant hat die ihm obliegende Leistung noch nicht vollständig erbracht, weil die Weiterveräußerung nachträglich unwirksam geworden ist. Gleiches gilt auch dann, wenn der Zweitkäufer nicht nach § 107 I InsO vorgeht und sich der Verwalter, dem infolgedessen das Wahlrecht hinsichtlich des Verkaufvertrages zusteht, gegen die Vertragserfüllung entscheidet. Damit unterfällt dann aber auch der Einkaufsvertrag wieder dem Verwalterwahlrecht. Entscheidet sich der Verwalter gegen die Erfüllung, kann der Erstlieferant die Sache aussondern. Wählt er die Vertragserfüllung, fällt das Eigentum am Vorbehaltsgut in die Masse und die noch ausstehenden Kaufpreisraten sind als Masseforderung zu begleichen.
Wird über das Vermögen des Zweitkäufers ein Insolvenzverfahren eröffnet, so ist der Verwalter wahlrechtsbefugt. Im Fall der Erfüllungswahl erlangt der Zweitkäufer mit Zahlung der letzten Kaufpreisrate auch dann Eigentum am Vorbehaltsgut, wenn der Erstkäufer noch nicht alle Raten getilgt hat. Lehnt der Verwalter die Vertragserfüllung hingegen ab, erlischt das Anwartschaftsrecht des Zweitkäufers sowie sein Besitzrecht. Die Erfüllungsablehnung hat jedoch keinen Einfluß auf den ersten Vorbehaltskauf. Der Erstkäufer bleibt daher weiterhin

---

907 *Graf Lambsdorff*, Handbuch des Eigentumsvorbehalts, Rn. 574; *Serick*, Bd. I, § 13 IV 2 a.

908 *Graf Lambsdorff*, Handbuch des Eigentumsvorbehalts, Rn. 574 ; *Serick*, Bd. I, § 13 IV 2 a .

909 Nerlich/Römmermann-*Anders*, § 47 InsO Rn. 22.

910 BK-*Breutigam*, § 47 InsO Rn. 25; *Gottwald*, Insolvenzrechts-Handbuch, § 45 Rn. 11; Kübler/Prütting-*Prütting*, § 47 InsO Rn. 38; Nerlich/Römmermann-*Andres*, § 47 InsO Rn. 22 .

besitz- und anwartschaftsberechtigt, mit der Folge, dass der Erstlieferant auch hier nicht aussondern kann[911]. Er hat lediglich die Möglichkeit, Herausgabe der Sache an den Erstkäufer zu verlangen[912].

e. Zusammenfassung

Haben die Parteien einen verlängerten Eigentumsvorbehalt vereinbart und ist der Vorbehaltskäufer zur Weiterveräußerung der Sache berechtigt, während er die aus diesem Verkauf resultierende Kaufpreisforderung im voraus an den Lieferanten abgetreten hat, findet § 107 I InsO in der Insolvenz des Lieferanten dann Anwendung, wenn der Verlängerungsfall zum Zeitpunkt der Verfahrenseröffnung noch nicht eingetreten ist. Denn dann entspricht die Rechtslage derjenigen beim einfachen Eigentumsvorbehalt.
Hat der Käufer demgegenüber von seiner Veräußerungsermächtigung bereits vor Verfahrenseröffnung Gebrauch gemacht, scheitert die Anwendung von § 107 I InsO bereits daran, dass der Vorbehaltskauf von seiten des Lieferanten vollständig erfüllt ist. Denn mit Veräußerung des Vorbehaltsgutes an den Dritten hat dieser Eigentum an der Sache erlangt, der Eigentumsvorbehalt des Lieferanten ist untergegangen.
Keine Unterschiede ergeben sich, wenn der Parteivereinbarung eine Verarbeitungsklausel zugrundeliegt und die gelieferte Sache zum Zeitpunkt der Verfahrenseröffnung noch nicht verarbeitet worden ist. Auch dann findet § 107 I InsO Anwendung.
Ist die neue Sache jedoch bereits vor Verfahrenseröffnung hergestellt worden, ist die dem Lieferanten obliegende Leistungspflicht unmöglich geworden, weil der Gegenstand zu dessen Übereignung er sich verpflichtet hat, nicht mehr existiert. Die syallagmatischen Pflichten aus dem Kaufvertrag stehen sich nicht mehr gegenüber, mit der Folge, dass weder § 107 I , noch § 103 InsO zur Anwendung kommt. Der Lieferant behält vielmehr seinen Anspruch auf Zahlung des restlichen Kaufpreises, dessen Erfüllung durch ein Absonderungsrecht an der neuen Sache für den Fall der Insolvenz des Käufers gesichert ist.
Ähnlich verhält es sich beim erweiterten Eigentumsvorbehalt: Ist der Erweiterungsfall zum Zeitpunkt der Verfahrenseröffnung noch nicht eingetreten, entspricht die Rechtslage derjenigen beim einfachen Eigentumsvorbehalt, mit der Folge, dass § 107 I InsO Anwendung findet. Ist die ursprünglich gesicherte Kaufpreisforderung zum Zeitpunkt der Verfahrenseröffnung jedoch bereits getilgt, liegt kein beiderseits noch nicht vollständig erfüllter Vorbehaltskauf vor, so dass § 107 I InsO nicht greift. Da die von der Erweiterungsklausel erfaßten Verträge nicht zu einem Einheitsschuldverhältnis zusammengezogen werden, ist jeder einzelne von der Erweiterungsklausel erfaßte Vertrag an § 103 InsO zu messen. Das Eigentum am Vorbehaltsgut geht erst dann auf den Käufer über, wenn die letzte von der Klausel erfaßte Forderung, für deren Erfüllung sich der Verwalter entschieden hat, getilgt ist.
Beim Kontokorrentvorbehalt, dem nach der hier vertretenen Ansicht ein Kontokorrentverhältnis i.S.v. § 355 HGB zugrundeliegt, findet § 107 I InsO weder auf den Kontokorrentvertrag noch auf die einzelnen aus der Geschäftsverbindung resultierenden Verträge Anwendung. Erstere scheitert daran, dass der Kontokorrentvertrag kein Vorbehaltskauf ist, sondern die buchtechnische Verrechnung beiderseitiger Geldansprüche und Leistungen beinhaltet. Die Einstellung der einzelnen Forderungen in das Kontokorrent

---

911 BK-*Breutigam*, § 47 InsO Rn. 25 ; *Gottwald*, Insolvenzrechts-Handbuch, § 45 Rn. 11 ; Kübler/Prütting-*Prütting*, § 47 InsO Rn. 38 ; Nerlich/Römmermann-*Andres*, § 47 InsO Rn. 22.

912 Vgl. zur Rechtslage der KO *Graf Lambsdorff*, Handbuch des Eigentumsvorbehalts, Rn. 576; *Serick*, Bd. I, § 13 IV 2 b.

bleibt aber auch in der Insolvenz erhalten, so dass sich eine Untersuchung der einzelnen Verträge auf die Anwendung von § 107 I InsO hin ebenfalls verbietet.
Während der Konzernvorbehalt auf Verkäuferseite nach § 455 II BGB a.F. / § 449 III BGB n.F. unzulässig ist, wird der umgekehrte Konzernvorbehalt nicht von der Regelung des § 455 II BGB a.F. / § 449 III BGB n.F. erfaßt. Er kann daher weiterhin wirksam vereinbart werden. § 107 I InsO findet hier jedoch nur dann Anwendung, wenn die zunächst gesicherte Kaufpreisforderung bei Verfahrenseröffnung noch nicht vollständig getilgt ist. Denn nur dann ist der Vorbehaltskauf beiderseits noch nicht vollständig erfüllt. Wurde die Sicherung hingegen bereits vor Verfahrenseröffnung auf solche Forderungen erstreckt, die der Lieferant gegen mit dem Käufer konzernverbundene Unternehmen hat, scheidet die Anwendung von § 107 I InsO aus. Wegen der strukturellen Ähnlichkeit mit dem erweiterten Eigentumsvorbehalt hängt das Schicksal der weiteren vom Konzernvorbehalt erfaßten Forderungen von der Entscheidung des Verwalters nach § 103 InsO hinsichtlich der Verträge, in denen sie wurzeln ab.
Beim weitergeleiteten Eigentumsvorbehalt findet § 107 I InsO sowohl in der Insolvenz des Erstverkäufers als auch in der des Zweitverkäufers, hier jedoch nur in Bezug auf den Verkaufsvertrag Anwendung. Denn in diesen Fällen entspricht die Rechtslage derjenigen beim einfachen Eigentumsvorbehalt und der Käufer bedarf des Schutzes von § 107 I InsO, um seinen bereits eingeleiteten Rechtserwerb vollenden zu können. Da die mit der Anwendung von § 107 I InsO auf den Verkaufvertrag erzielten Vorteile aber dann recht begrenzt sind, wenn der Verwalter durch Erfüllungsablehnung des Einkaufvertrages seine Pflicht aus § 107 I InsO gegenüber dem Zweitkäufer unmöglich macht, ist dem Verwalter die Erfüllungsablehnung des Einkaufvertrages zu versagen, sofern der Abnehmer nicht nach § 268 I BGB ablöseberechtigt ist.
Beim nachgeschalteten Eigentumsvorbehalt haben in der Erstlieferanteninsolvenz sowohl der Erst- als auch der Zweitkäufer das Recht aus § 107 I InsO gegenüber dem Verwalter. In der Insolvenz des Erstkäufers ist § 107 I InsO auf den Verkaufvertrag anwendbar, was dazu führt, dass mit der Zahlung des restlichen Kaufpreises auch der Leistungserfolg aus dem Erstkaufvertrag eintritt. Macht der Zweitkäufer nicht von seinem Recht aus § 107 I InsO Gebrauch oder zahlt er den noch ausstehenden Kaufpreis nicht, so erfüllt der Einkaufvertrag wieder die Voraussetzungen eines beiderseits noch nicht vollständig erfüllten Kaufvertrages, über dessen Erfüllung der Verwalter zu entscheiden berechtigt ist.

II. Ergebnis

§ 107 I 1 InsO setzt neben der Besitzübertragung, in der Form, wie sie für die aufschiebend bedingte Übereignung des Vorbehaltsgutes im konkreten Fall notwendig ist, weiter voraus, dass sich die Parteien vor Verfahrenseröffnung bedingt dinglich geeinigt haben. Die als Erfüllungsverlangen formulierte Rechtsfolge von § 107 I 1 InsO ist so zu verstehen, dass der Käufer die Unterlassung sämtlicher Handlungen verlangen kann, die die Vollendung seines Rechtserwerbs beeinträchtigen können.
Von § 107 I InsO erfaßt sind neben dem einfachen und dem verlängerten Eigentumsvorbehalt mit Vorausabtretungsklausel vor Eintritt des Verlängerungsfalls sowie dem verlängerten Eigentumsvorbehalt mit Verarbeitungsklausel, wenn vor Verfahrenseröffnung noch keine Verarbeitung stattgefunden hat, sowie dem erweiterten Eigentumsvorbehalt vor Eintritt des Erweiterungsfalls auch der umgekehrte Konzernvorbehalt, der weder direkt noch analog § 455 II BGB a.F. / § 449 III BGB n.F. unwirksam ist. Daneben findet die Regelung des § 107 I InsO beim weitergeleiteten Eigentumsvorbehalt sowohl in der Insolvenz des Erst- als auch in der des Zweitverkäufers Anwendung. Beim nachgeschalteten Eigentumsvorbehalt steht in der

Insolvenz des Erstverkäufers sowohl dem Erst- als auch dem Zweitkäufer das Recht aus § 107 I InsO zu. Darüberhinaus findet § 107 I InsO auch in der Insolvenz des Zweitverkäufers hinsichtlich des Verkaufvertrages Anwendung.

2. Teil:

Insolvenzspezifische Beschränkungen des Eigentumsvorbehaltes in der Abnehmerinsolvenz:

A. Grundlegendes

Unter Geltung der Konkursordnung hatte der Konkursverwalter nach Verfahrenseröffnung das gesamte zur Konkursmasse gehörige Vermögen gemäß § 117 I KO sofort in Besitz und Verwaltung zu nehmen und zu verwerten. Verwertung bedeutete die Umsetzung der zur Masse gehörigen Gegenstände in Geld, da die Verteilung in Geld erfolgte[913]. Daraus und aus dem Zweck des Konkursverfahrens, das gemeinschuldnerische Vermögen zu verwerten und den Erlös gleichmäßig an die Gläubiger zu verteilen, wurde geschlußfolgert, dass die in den §§ 129 II, 132 I KO vorgesehene Unternehmensfortführung im Konkurs nur vorübergehender Natur war[914]. Die tatsächlichen Gegebenheiten[915] hatten aber dazu geführt, dass selbst diese zunächst nicht üblich war[916]. Erst die sich in den letzten 25 Jahren abzeichnende Massenarbeitslosigkeit hatte in Kombination mit den zunehmenden Insolvenzen zu einem veränderten Bewußtsein geführt, so dass die vorübergehende Erhaltung und Fortführung des schuldnerischen Unternehmens zunehmend praktiziert wurde[917], um den Wert der vorhandenen Vermögensgegenstände zu erhalten oder sogar zu steigern[918], und so die Befriedigungschancen der Gläubiger zu erhöhen.

Da die Unternehmensfortführung im Konkurs stets aber nur vorübergehender Natur war, wurden die Konkursverfahren von einer Zerschlagungsautomatik beherrscht.

Um diese zu beseitigen, liegt der Insolvenzordnung das Ziel zugrunde, die in dem insolventen Unternehmen gebundenen Ressourcen der wirtschaftlich produktivsten Verwendung zuzuführen. Dabei gibt es keine gesetzlich als vorzugswürdig deklarierte Verwertungsart, vielmehr ist allein entscheidend, welche Form der Verwertung des Schuldnervermögens am sinnvollsten ist[919]. Die Verfahrensziele haben sich also verschoben, indem Reorganisation und übertragende Sanierung zum Zwecke der Haftungsverwirklichung gleichberechtigt neben die Liquidation getreten sind, § 1 S. 1 InsO. Um aber die Möglichkeit der Unternehmenssanierung und Reorganisation nicht von Anfang an im Keim zu ersticken, musste ein rechtlicher Rahmen geschaffen werden, der diese gewährleistet. Gegenüber der Konkursordnung wird die Unternehmensfortführung im eröffneten Verfahren daher durch zahlreiche Vorschriften erleichtert[920]. Beispielhaft sind insofern die §§ 107 II, 113, 166 I, 172 InsO. Es wird damit deutlich, dass sich die Insolvenzordnung durch eine verstärkte Ausrichtung auf die Aufwertung von Sanierungs- und Fortführungschancen des schuldnerischen Unternehmens auszeichnet.

Diese zeigen ihre positiven Auswirkungen aber nicht nur dann, wenn das gemeinschuldnerische Unternehmen reorganisiert werden soll, sondern auch zur

---

913 *Kuhn/Uhlenbruck*, § 117 Rn. 11.

914 *Kuhn/Uhlenbruck*, § 117 Rn. 14 .

915 Vgl. dazu die Ausführungen von *Mönning*, Betriebsfortführung in der Insolvenz, Rn. 96, 97 und *Wellensiek*, WM 1999, 405, 405.

916 *Mönning*, Betriebsfortführung in der Insolvenz, Rn. 98.

917 *Wellensiek*, WM 1999, 405, 405.

918 vgl. dazu bereits *Mönning*, Betriebsfortführung in der Insolvenz, Rn. 86 ff, inbes. 91 ff.

919 Allgemeine Begründung zur Insolvenzordnung, abgedruckt in: *Uhlenbruck*, Insolvenzrecht, S. 232.

920 Vgl. insofern auch die RegBegr. zu den §§ 121 II, 191 I, 197 RegE.

Verwirklichung des Liquidationszwecks bietet sich, wie bereits unter Geltung der Konkursordnung bestätigt wurde, die zumindest vorübergehende Betriebsfortführung im Rahmen von Auslaufproduktionen an.

Für das Gebiet der ehemaligen DDR ergeben sich im Hinblick auf die Verfahrensziele keine wesentlichen Veränderungen, denn die Gesamtvollstreckungsordnung sah vor, dass zur bestmöglichen Verwertung des schuldnerischen Vermögens mit dem Ziel der gleichmäßigen Befriedigung der Gläubiger Betriebsfortführung und Liquidation gleichwertig nebeneinander standen[921]. Mit der Gesamtvollstreckungsordnung schuf der Gesetzgeber sogar rechtliche Rahmenbedingungen, um Betriebesfortführungen zu fördern[922].

B. Rechtslage vor dem 1.1.1999

I. Anwendung von § 17 KO im Käuferkonkurs

Unter Geltung der Konkursordnung divergierten die Ansichten nicht nur im Hinblick auf die Frage, ob § 17 KO im Verkäuferkonkurs Anwendung finden sollte, auch im Käuferkonkurs herrschte Uneinigkeit, wenn es um die Zweckmäßigkeit von § 17 KO ging.
Eine Meinungsgruppe sprach sich generell gegen die Anwendung des § 17 KO im Käuferkonkurs aus[923]. *Rühl* berief sich dabei einerseits auf den Schutzzweck des § 17 KO, andererseits auf den Gedanken des § 320 BGB. Wenn § 17 KO dem Schutz des Vertragsgegners des Gemeinschuldners diene, sei es mit gerade diesem Schutzzweck unvereinbar, wenn dem Konkursverwalter des Käufers ein Wahlrecht zugebilligt werde, durch das der Verkäufer zur Rückzahlung des Kaufpreises gezwungen werden könne[924]. Denn für den Fall, dass der Käufer den Großteil des Kaufpreises bereits bezahlt habe, werde es der Verkäufer oft vorziehen, hinsichtlich des Restpreises auf die Quote verwiesen zu werden, anstatt die Sache zurückzuerhalten und die bereits gezahlten Teilleistungen zurückzuerstatten[925].
Darüber hinaus zwinge der Gedanke der inneren Verknüpfung von Leistung und Gegenleistung aus § 320 BGB dazu, die Anwendung des § 17 KO abzulehnen. Denn mit der bedingten Übereignung und Übergabe der Sache sei das Synallagma zwischen Leistung und Gegenleistung gelöst[926].
Auch *Stracke* stützte sich auf das fehlende synallagmatische Verhältnis von Leistung und Gegenleistung i. S.v. §§ 320, 322 BGB. Wenn § 17 KO das funktionelle Synallagma von Leistung und Gegenleistung, das außerhalb des Konkurses durch eben diese Vorschriften gewährleistet wird, im Konkurs erhalten soll, und es ab dem Zeitpunkt der bedingten Übereignung an einer Abhängigkeit der Verkäufer- und Käuferpflichten fehle, dann sei auch § 17 KO mit der bedingten Übereignung nicht mehr anwendbar[927]. Dieser Argumentation lag

[921] *Haarmeyer/Wutzke/Förster*, GesO, Einl. Rn. 35 ff; *Mönning*, Betriebsfortführung in der Insolvenz, Rn. 189, 196, 197.
[922] *Mönning*, Betriebsfortführung in der Insolvenz, Rn. 205.
[923] Erman-*Weitnauer*, § 455 BGB Rn. 15, 17; *Letzgus*, Anwartschaft, S. 69; *Raiser*, Dingliche Anwartschaften, S. 95, 96; *Rühl*, Eigentumsvorbehalt und Abzahlungsgeschäft, S. 208; Schlegelberger-*Hefermehl*, Anh. Zu § 368 Anm. 125; Staudinger-*Honsell*, § 455 BGB Rn. 49; *Stracke*, Absonderungsrecht, S. 122; *ders.*, KTS 34 (1973), 102, 102.
[924] *Rühl*, Eigentumsvorbehalt und Abzahlungsgeschäft, S. 207.
[925] *Rühl*, Eigentumsvorbehalt und Abzahlungsgeschäft, S. 207.
[926] *Rühl*, Eigentumsvorbehalt und Abzahlungsgeschäft, S. 208.
[927] *Stracke*, Absonderungsrecht, S. 121, 122; *ders.*, KTS 34 (1973), 102, 108.

die Annahme zugrunde, dass das Anwartschaftsrecht als Ganzes durch die bedingte Übereignung begründet wird, denn anderenfalls würde die Verdinglichung des Anwartschaftsrechts „pro rata„ mit den jeweiligen Teilzahlungen erfolgen[928]. Das Leistungsverweigerungsrecht aus § 320 BGB könne daher nicht auf jede einzelne Kaufpreisrate angewendet werden, so dass es mit der bedingten Übereignung der Vorbehaltssache ende. Eine Leistungsverweigerung sei daher nur bis zur Vornahme der Leistungshandlungen möglich[929]. Über diesen Zeitpunkt hinaus werde der durch die §§ 320, 322 BGB gewährleistete Schutz in abgewandelter Form durch § 455 BGB a.F. / § 449 BGB n.F. gewährt: Der Bedingungseintritt erfolge mit vollständiger Kaufpreiszahlung kraft Gesetzes und der Verkäufer erhalte unter bestimmten Bedingungen ein Rücktrittsrecht, weil er vertraglich zur Vorleistung verpflichtet sei. Insofern sei der Käufer nicht mehr auf das funktionelle Synallagma angewiesen, § 455 BGB a.F. / § 449 BGB n.F. sei mit dem Zeitpunkt der bedingten Übereignung an dessen Stelle getreten[930].
Darüber hinaus führt *Stracke* an, dass die Nichtanwendung des § 17 KO auch vom Ergebnis her betrachtet nicht zu unbilligen Ergebnissen führe. Die Masse erleide keine Nachteile, wenn der Konkursverwalter nach keiner Vorschrift der Konkursordnung dazu gezwungen wäre, noch nicht erfüllte Verträge zu erfüllen[931]. Die quotenmäßige Befriedigung des Vorbehaltsverkäufers würde auch nicht dazu führen, dass Erfüllung eingetreten wäre. Billige man dem Vorbehaltsverkäufer darüber hinaus unter den Voraussetzungen des Rücktritts wegen Verzugs ein Aussonderungsrecht zu, so würde die Masse für den Fall, dass der Verkäufer nicht zurücktritt auch kein Schaden entstehen, denn er könnte die Sache wegen des dinglichen Besitzrechts nicht aussondern, so dass das Anwartschaftsrecht in der Konkursmasse verbliebe. Insgesamt würde die Nichtanwendung des § 17 KO daher nicht zu einer Schädigung der Masse führen[932].
Raisers Überlegungen gingen dahin, § 17 KO überall dort nicht anzuwenden, wo dem Vermögen des Erwerbers einer Sache, deren Übertragung durch ein noch schwebendes Schuldverhältnis begründet wurde, diese bereits in Form eines Anwartschaftsrechtes zugeordnet ist[933]. Für den Fall, dass der Vorbehaltskäufer sein Anwartschaftsrecht bereits auf einen Dritten übertragen habe, müsse die Anwendung des § 17 KO schon daran scheitern, dass der Konkursverwalter das bereits vor Konkurseröffnung übertragene Anwartschaftsrecht nicht einseitig vernichten könne, um sich seiner Zahlungspflicht hinsichtlich der noch ausstehenden Raten zu entziehen. Sei das Anwartschaftsrecht beim Vorbehaltskäufer verblieben, könne sich der Konkursverwalter dieser dinglichen Rechtsstellung nicht entledigen, um einen einzelnen Gläubiger zu privilegieren[934]. Denn mit dem Anwartschaftsrecht habe die Masse eine dingliche Rechtsstellung erhalten, die auch den Gläubigern zugute komme. Dieser Rechtsstellung dürfe sich der Konkursverwalter nicht einseitig entledigen, um einzelne Gläubiger zu privilegieren.
Letzgus negiert die Anwendung des § 17 KO zwar generell, billigt dem Konkursverwalter aber zu, den Vertrag zu erfüllen. Für diesen Fall werde die Kaufpreisforderung des Vorbehaltsverkäufers, die eigentlich eine Konkursforderung sei zur Masseforderung[935].

---

928 *Stracke*, Absonderungsrecht, S. 25, 122.
929 *Stracke*, Absonderungsrecht, S. 122.
930 *Stracke*, Absonderungsrecht, S. 122; *ders.*, KTS 34 (1973), 102, 109.
931 *Stracke*, KTS 34 (1973), 102, 107.
932 *Stracke*, KTS 34 (1973), 102, 108.
933 *Raiser*, Dingliche Anwartschaften, S. 96.
934 *Raiser*, Dingliche Anwartschaften, S. 96.
935 *Letzgus*, Anwartschaft, S. 69.

Die überwiegende Ansicht sprach sich hingegen für die Anwendung von § 17 KO im Käuferkonkurs aus[936]. Dabei wurde teilweise von einer generellen Anwendbarkeit des § 17 KO ausgegangen, teilweise wurde zwischen den Fällen, in denen das Anwartschaftsrecht auf einen Dritten übertragen wurde und solchen, bei denen es beim Vorbehaltskäufer verblieb unterschieden.
War das Anwartschaftsrecht vor Konkurseröffnung auf einen Dritten übertragen worden, sprach sich eine Strömung gegen die Anwendung des § 17 KO aus[937]. Begründet wurde dies einerseits damit, dass anderenfalls eigenmächtig und ohne Einfluß des Dritten in dessen Anwartschaftsrecht eingegriffen und dieses „zerstört" werden könnte, und damit eine Verfügung, zu der der Verwalter gemäß § 161 I 2 BGB nicht befugt sei, erfolge[938]. Andererseits wurde darauf hingewiesen, dass der Wert des Anwartschaftsrechtes nicht der Masse, sondern dem Zweiterwerber gehöre[939].
Unter den Vertretern, die keine solche Differenzierung vornehmen, finden sich einige, die ohne weiteres vom Erfüllungsbegriff auf die Anwendbarkeit des § 17 KO schlossen[940]. Andere stellten auf die mit der Anwendung des § 17 KO im Käuferkonkurs erzielten sachgerechten Ergebnisse ab[941]: Denn für den Fall der Erfüllungswahl fiel das Volleigentum an der Sache in die Konkursmasse, wobei im Gegenzug der Restkaufpreis zu leisten war. Lehnte der Konkursverwalter die Erfüllung hingegen ab, konnte der Vorbehaltsverkäufer die Sache aussondern und erhielt hinsichtlich eines ihm entstandenen Schadens eine Konkursforderung. Eine weitere Stütze wurde den Motiven zur Konkursordnung entnommen: Das dort im Vordergrund stehende Wahlrecht des Verwalters lasse keinen anderen Schluß zu, als den, § 17 KO für anwendbar zu erklären[942]. *Huber*, der den Zweck des § 17 KO in der Regelung der Folgen, die sich aus der Beachtlichkeit des Synallagmas im Konkursfall ergeben sieht, hielt die Anwendung des § 17 KO vor diesem Hintergrund für zwingend, um eine sachgemäße Abwicklung des Vorbehaltskaufes zu gewährleisten[943].
Teilweise wird die Anwendung des § 17 KO nur mit der Einschränkung angenommen, dass für die Anwartschaft Wertersatz zu leisten ist[944].
Noch andere lehnen die Anwendung des § 17 KO im Käuferkonkurs generell ab und verwiesen zur Begründung auf die unbilligen Ergebnisse, die entstanden, wenn der

[936] Eine Differenzierung danach, ob das Anwartschaftsrecht auf einen Dritten übertragen wurde oder beim Vorbehaltskäufer verbleibt wurde vorgenommen von: *Böhle-Stamschräder*, § 17 KO Anm. 3c; *Häsemeyer*, KTS 1973, 2, 12, 15, 16; Jaeger-*Henckel*, § 17 KO Rn. 58; *Kuhn/Uhlenbruck*, § 17 KO Rn. 18 e; *Mohrbutter*, KTS 1965, 185, 192; *Paulus*, JZ 1957, 41, 44 Fn. 20.
Demgegenüber beschäftigten sich die folgenden Autoren ebenso, wie der BGH ausschließlich mit der Frage, ob § 17 KO generell im Käuferkonkurs Anwendung findet: BGH NJW 1967, 2203, 2204; BGHZ 48, 203 = BGH WM 1967, 929, 930 = BGH KTS 1967, 160, 162; *Baumann*, Konkurs und Vergleich, § 9 I 2 b; *Coing*, NJW 1952, 48, 50; *Huber*, BB 1964, 731, 734; *Mohrbutter*, Handbuch des Insolvenzrechts, S. 750; *Pagenstecher/Grimm*, Konkurs, S. 51; *Serick*, Bd. I, § 13 II 2; *Thamm*, Der Eigentumsvorbehalt, S. 85 anhand des Erfüllungsbegriffes.
Sich anschließend auch *Blomeyer*, JZ 1968, 691, 694; *Kuhn*, WM 1972, 206, 212; *Stoll*, ZHR 128 (1966), 237, 244; *Uhlenbruck*, Gläubigerberatung, S. 308; *Weimar*, JR 1975, 229, 231.
[937] *Bauknecht*, NJW 1956, 1177, 1180; *Häsemeyer*, KTS 1973, 1, 16; *Paulus*, JZ 1957, 41, 44.
[938] *Bauknecht*, NJW 1959, 1177, 1180.
[939] *Häsemeyer*, KTS 1973, 2, 16.
[940] *Baumann*, Konkurs und Vergleich, § 9 I 2 b; *Pagenstecher/Grimm*, Konkurs, S. 51; *Serick*, Bd.I, § 13 II 1 b; *Stoll*, ZHR 128 (1966), 237, 244; *Thamm*, Eigentumsvorbehalt, S. 85.
[941] BGH WM 1967, 929, 930; BGH NJW 1967, 2203, 2204; *Kuhn*, WM 1972, 206, 212.
[942] *Coing*, NJW 1952, 48, 50.
[943] *Huber*, BB 1964, 731, 734.
[944] *Baur/Stürner*, Zwangsvollstreckungs-, Konkurs- und Vergleichsrecht, Rn. 993; *Häsemeyer*, KTS 1973, 2, 15; *Jauernig*, Zwangsvollstreckungs- und Konkursrecht, 1985, § 48 II.

Gemeinschuldner vor Konkurseröffnung sein Anwartschaftsrecht auf einen Dritten übertragen hatte[945].

II. Folgen der Anwendung von § 17 KO

Nach bisher geltendem Recht haben aussonderungsberechtigte Gläubiger die von ihnen unter Eigentumsvorbehalt gelieferte Ware oftmals bereits dann zurückgenommen, wenn sie Kenntnis von der Krise des schuldnerischen Unternehmens erlangt hatten. Damit diese für die Fortführung des Unternehmens wichtigen Materialien und Gegenstände weiterhin im schuldnerischen Unternehmen verbleiben durften, war der Konkursverwalter dazu gezwungen, diese Ware rückzukaufen, wozu jedoch häufig die finanziellen Mittel fehlten[946]. Hinzu kam, dass dem gemeinschuldnerischen Unternehmen durch die Rücknahme des Vorbehaltsgutes, die häufig sogar ohne Erlaubnis erfolgte, Schäden entstanden. In den meisten Fällen konnten diese aber nicht dargelegt werden, so dass entsprechende Schadensersatzansprüche scheiterten. Aber selbst wenn die Gläubiger das Vorbehaltsgut beim Schuldner beließen, bestand jederzeit die Möglichkeit, dass diese es bei Zahlungsverzug des Schuldners doch zurückzunahmen. Die Fortführung der Produktion stand daher dauerhaft unter dem Stern, jederzeit beendet werden zu können.
Ab dem Zeitpunkt der Verfahrenseröffnung würden noch nicht vollständig erfüllte Vorbehaltskäufe dann auf der Grundlage der überwiegenden Ansicht nach § 17 KO abgewickelt. Forderte der Lieferant den Verwalter zur Ausübung seines Wahlrechts auf, musste dieser sich nach § 17 II 1 KO unverzüglich erklären. Die Folge war, dass der Verwalter oft zu einem Zeitpunkt über die Notwendigkeit einer Sache für das schuldnerische Unternehmen zu entscheiden hatte, in dem er sich noch kein ausreichendes Bild über die Lage des Betriebes gemacht hatte. Lehnte er die Vertragserfüllung aus diesem Grunde ab, oder weil ihm in dieser Phase des Verfahrens keine ausreichenden Mittel für die Erfüllungswahl zur Verfügung standen, konnten aussonderungsberechtigte Vorbehaltsgläubiger das Vorbehaltsgut nach § 43 KO i.V.m. § 985 BGB aussondern, und absonderungsberechtigte Gläubiger waren nach § 127 II KO berechtigt, das Sicherungsgut zwecks Verwertung jederzeit aus dem konkursbefangenen Unternehmen zu ziehen. Eine vorrübergehende Betriebsfortführung wurde damit nahezu aussichtslos.

C. Rechtslage seit dem 1.1.1999

Mit § 103 InsO hat der Gesetzgeber die Maxime der nach bisherigem Recht überwiegenden Ansicht zu § 17 KO für zum Zeitpunkt der Verfahrenseröffnung noch nicht vollständig erfüllte Vorbehaltskäufe grundsätzlich fortgeschrieben[947]. Auf die Aufforderung des anderen Teils muss der Verwalter nach § 103 II 3 InsO sein Wahlrecht hinsichtlich der Vertragserfüllung auch weiterhin unverzüglich ausüben. Etwas anderes gilt nur für solche Vorbehaltskäufe, die § 107 II InsO unterfallen. Denn danach muss der Verwalter die Entscheidung über die Vertragsfortführung trotz Aufforderung des anderen Teils erst unverzüglich nach dem Berichtstermin, § 156 InsO, abgeben[948]. Mit dieser verlängerten

---

945 *Raiser*, Dingliche Anwartschaften, S. 96; *Stracke*, Absonderungsrecht, S. 123 f.

946 *Niesert*, InVo 1998, 85, 90.

947 Das Wahlrecht des Konkursverwalters nach § 17 KO entspricht daher inhaltlich der Regelung des § 103 InsO, vgl. Kübler/Prütting-*Tintelnot*, § 103 Rn. 1; *Kübler/Prütting*, RWS-Dok. 18, Bd. I, S. 291; BT-Drucks. 12/2443, S. 145.

948 BK-*Goetsch*, § 107 Rn. 14, 18; Nerlich/Römmermann-*Balthasar*, § 107 Rn. 15; teilweise wird allerdings erwogen die verlängerte Entscheidungsfrist aus § 107 II InsO auch für § 103 InsO gelten zu lassen: *Pape*, Kölner

Entscheidungsfrist hat der Gesetzgeber beabsichtigt, das Vermögen im Besitz des Schuldners zunächst zusammenzuhalten, um Fortführungs- und Sanierungschancen zu wahren[949]. Das hat zur Folge, dass Vorbehaltsgut, das § 107 II InsO unterfällt, erst nach diesem Zeitpunkt aus dem schuldnerischen Unternehmen gezogen werden kann[950]. Dem Verwalter soll damit hinreichend Zeit gegeben werden, um sich ein Bild über die wirtschaftliche Lage des Unternehmens zu machen, und über diese im Berichtstermin zu berichten, so dass die Gläubigerversammlung auf dieser Grundlage über das weitere Schicksal des schuldnerischen Unternehmens entscheiden kann.
Ob diese mit § 107 II InsO verfolgten gesetzgeberischen Ziele tatsächlich erreicht werden können, wird im Folgenden Gegenstand der Untersuchungen sein.

I. Voraussetzungen von § 107 II InsO

Vor diesem Hintergrund stellt sich zunächst die Frage, unter welchen Voraussetzungen der Schutz von § 107 II InsO zugunsten des Verwalters greift.
Seinem Wortlaut nach setzt § 107 II InsO voraus, dass der Schuldner vor Verfahrenseröffnung eine bewegliche Sache unter Eigentumsvorbehalt gekauft und vom Verkäufer den Besitz an dieser erlangt hat. Daneben muss die gesetzgeberische Intention die Anwendung von § 107 II InsO im Einzelfall notwendig machen.

1. Tatbestandsvoraussetzungen von § 107 II InsO

a. Maßgeblichkeit der Besitzübertragung

§ 103 II 2 InsO gibt dem Vorbehaltsverkäufer das Recht, den Insolvenzverwalter des Käufers zur Ausübung des Wahlrechts aufzufordern und erklärt gleichzeitig, dass seine Wahl hinsichtlich der Vertragserfüllung unverzüglich nach dem Berichtstermin abzugeben ist. Als Voraussetzungen für das Wahlrecht des Insolvenzverwalters bestimmt § 107 II 1 InsO, dass der Schuldner eine bewegliche Sache unter Eigentumsvorbehalt gekauft und vom Verkäufer den Besitz an der Sache erlangt haben muss.

aa. Meinungsübersicht

Im Gegensatz zu Absatz 1 bestehen bei Absatz 2 überwiegend keine Bedenken gegen eine eigenständige Bedeutung des Besitzerfordernisses[951]. Die Funktion des Absatzes 2 ziele nicht auf die Insolvenzfestigkeit des Anwartschaftsrechts ab, sondern diene dazu, das Vermögen möglichst lange im Besitz des Schuldners zusammenzuhalten, um Fortführungs- und Sanierungschancen zu ermöglichen[952]. Uneinigkeit besteht jedoch hinsichtlich der inhaltlichen Ausgestaltung des Besitzerfordernisses im zweiten Absatz. *Tintelnot* geht davon aus, dass das

---

Schrift zur InsO, S. 531, 551 Rn. 27; *Tintelnot*, ZIP 1995, 616, 617.

[949] Begr. RegE, BT-Drucks., 12/2443, 146, abgedruckt in: *Kübler/Prütting*, Bd. I, S. 298; *Bork*, FS f. Gaul, 71, 71; BK-*Goetsch*, § 107 Rn. 14; FK-*Wegener*, § 107 Rn. 28; *Krull*, ZInsO 1998, 291, 294; *Marotzke*, JZ 1995, 805, 812; Nerlich/Römmermann-*Balthasar*, § 107 Rn. 4, 13; *Pape*, WPrax 1995, 25, 27; *ders.*, Kölner Schrift zur InsO S. 531, 562 Rn. 50; *Schmidt-Räntsch*, § 107 Rn. 1; *Tintelnot*, ZIP 1995, 616, 617; *Uhlenbruck*, Insolvenzrecht, S. 433; *Wellensiek*, Kölner Schrift zur InsO, S. 403, 413 Rn. 38.

[950] *Niesert*, InVo 1998, 85, 90.

[951] Kübler/Prütting-*Tintelnot*, § 107 Rn. 17; HK-*Marotzke*, § 107 Rn. 26; FK-*Wegener*, § 107 Rn. 18.

[952] Kübler/Prütting-*Tintelnot*, § 107 Rn. 17.

Besitzerfordernis primär den unmittelbaren Besitz erfasse[953]. Die Ausdehnung auf mittelbaren Besitz sei nur dann zulässig, wenn dieser nicht mehr durch den Verkäufer gemittelt werde[954]. Mit dem Hinweis auf die unterschiedlichen Funktionen der §§ 107 I und II InsO und den aus dem Regierungsentwurf hervorgehenden ähnlichen Motiven des Gesetzgebers im Hinblick auf die inhaltliche Ausgestaltung des Besitzerfordernisses i.S.v. § 107 II 1 und § 166 I InsO, nimmt auch *Marotzke* die Voraussetzung des § 107 II 1 InsO, dass der Schuldner „vom Verkäufer den Besitz erlangt,, haben muss ernst[955]. Gemeint sei hier primär unmittelbarer, mittelbarer Besitz nur dann, wenn Besitzmittler und Sicherungsnehmer unterschiedliche Personen sind[956]. *Wegener* mißt der Besitzübertragung in Absatz 2 ebenso eigenständige Bedeutung zu, wie in Absatz 1. Dadurch, dass der Gesetzgeber im Gegensatz zu Absatz 1, wo von einer Besitzübertragung die Rede ist, davon spricht, dass der Besitz erlangt worden sein müsse, werde die Notwendigkeit der Besitzübertragung i.S.v. § 854 BGB deutlicher als im ersten Absatz zum Ausdruck gebracht[957]. Der Käufer müsse also die tatsächliche Gewalt über den Vorbehaltsgegenstand erlangt haben. Während in Absatz 1 nur die Besitzaufgabe verlangt werde, verlange der zweite Absatz darüber hinaus auch die Voraussetzungen des § 854 BGB voraus. Diese in Absatz 2 statuierten zusätzlichen Bedingungen seien durch das vom Verkäufer erbrachte Opfer, bis zum Berichtstermin in Ungewißheit über den Verbleib seines Eigentums in der Masse zu sein, um dann von der Erfüllungsablehnung des Verwalters in Kenntnis gesetzt zu werden sowie den Schutzzweck des zweiten Absatzes gerechtfertigt. Um dem Verwalter die Unternehmensfortführung zu ermöglichen müsse neben dem unmittelbaren auch der mittelbare Besitz und der Mitbesitz von Absatz 2 erfaßt werden[958]. Denn in beiden Fällen finde eine Nutzung des Vermögensgegenstandes für die Masse statt, die bis zur endgültigen Entscheidung über die Unternehmensfortführung aufrecht erhalten bleiben müsse[959].

Lediglich *Hess* verzichtet auch in Absatz 2 darauf, dass der Schuldner den Besitz an der Sache erlangt hat[960]. Der Anwendungsbereich des § 107 II 1 InsO sei eröffnet, wenn vor Verfahrenseröffnung ein Vorbehaltskauf über eine bewegliche Sache geschlossen und ein Anwartschaftsrecht zugunsten des Vorbehaltskäufers begründet worden wäre.

bb. Stellungnahme

Der Wortlaut von § 107 II 1 InsO ist ebenso wenig aufschlußreich, wie der von Absatz 1. Unterschiede ergeben sich nur darin, dass § 107 I 1 InsO davon spricht, dass bei Absatz 1 der Schuldner dem Käufer den Besitz an der Sache übertragen haben muss, während in Abs. 2 S. 1 davon die Rede ist, dass der Schuldner vom Verkäufer den Besitz an der Sache erlangt hat. Der Wortlaut läßt in beiden Fällen nicht erkennen, welche Besitzformen erfaßt sein sollen. Die Regierungsbegründung zu § 107 InsO führt aus, dass die Kaufsache unter Eigentumsvorbehalt geliefert worden sein muss[961], und deutet damit zunächst auf die Übertragung des unmittelbaren Besitzes an der Sache hin.

---

953 Kübler/Prütting-*Tintelnot*, § 107 Rn. 18.
954 Kübler/Prütting-*Tintelnot*, § 107 Rn. 18.
955 HK-*Marotzke*, § 107 Rn. 26.
956 HK-*Marotzke*, § 107 Rn. 26.
957 FK-*Wegener*, § 107 Rn. 18.
958 FK-*Wegener*, § 107 Rn. 19.
959 FK-*Wegener*, § 107 Rn. 19.
960 *Hess*, § 107 InsO Rn. 28.
961 RegBegr. zu § 121 RegE, abgedruckt in: *Uhlenbruck*, Insolvenzrecht, S. 432.

Sowohl beim einfachen Eigentumsvorbehalt als auch bei seinen Erweiterungs- und Verlängerungsformen ist bei Verfahrenseröffnung regelmäßig der Schuldner im unmittelbaren Besitz des Vorbehaltsgutes, so dass sich die Frage, welche weiteren Besitzformen vom Besitzbegriff des § 107 II 1 InsO erfaßt sind ohnehin meistens nicht stellt. Etwas anderes gilt aber dann, wenn es sich bei dem Vorbehaltskäufer um ein Unternehmen handelt, dass typischerweise Gegenstände vermietet oder verleast[962]. Denn dann hat der Vorbehaltskäufer zwar zunächst unmittelbaren Besitz an der Vorbehaltssache erlangt, diesen aber sodann auf einen Dritten übertragen. Ebenso verhält es sich auch beim weitergeleiteten Eigentumsvorbehalt, denn hier hat der Erstkäufer den unmittelbaren Besitz am Vorbehaltsgut auf seinen Abkäufer übertragen, während er nur noch den mittelbaren Besitz inne hat. Die Formulierung der speziellen Begründung zu § 107 II InsO, dass die unter Eigentumsvorbehalt gelieferten Sachen nicht schon kurz nach der Verfahrenseröffnung aus dem Unternehmen gezogen werden können, schließt aber nicht aus, dass dem Vorbehaltskäufer zunächst die tatsächliche Sachherrschaft an der Vorbehaltsware übertragen wurde, und dieser sie daraufhin an einen Dritten weitergeleitet hat. Während dieser Fall also noch vom Wortlaut der Regierungsbegründung gedeckt ist, ergeben sich dann Schwierigkeiten, wenn der Lieferant den unmittelbaren Besitz an der Sache behält und nur den mittelbaren Besitz auf den Käufer überträgt, oder wenn die bedingte Übereignung nach §§ 931, 158 I BGB erfolgt.

Eine Lösung dieses Problems läßt sich möglicherweise auf der Grundlage einer am Gesetzeszweck orientierten Auslegung festmachen.

Mit § 107 II 1 InsO soll „das Vermögen im Besitz des Schuldners" zusammengehalten werden, bis der Verwalter nach dem Berichtstermin über eine sichere Entscheidungsgrundlage verfügt, um über die in der ersten Phase regelmäßig knappe Liquidität hinwegzukommen und Fortführungs- und Sanierungschancen zu wahren[963]. Der Gesetzgeber knüpft die Sanierungsmöglichkeit folglich daran, dass der Käufer die Sache bei Verfahrenseröffnung in Besitz hat[964]. Im Gegensatz zu Abs. 1 ist hier also nicht das Anwartschaftsrecht des Vorbehaltskäufers, sondern die Besitzlage ausschlaggebend[965], denn eine Kalkulation des Vermögens macht nur mit den sich im Besitz befindlichen Gegenständen Sinn. Von entscheidender Bedeutung ist daher, ob sich solche Nachteile für die Masse, die dadurch entstehen, dass mit einem Eigentumsvorbehalt belastete Gegenstände von den gesicherten Gläubigern bereits kurz nach der Verfahrenseröffnung aus dem Unternehmensverbund herausgelöst werden, durch ein weites Verständnis des Besitzbegriffs i.S.v. § 107 II 1 InsO besser vermeiden lassen, als durch ein enges.

Die Realisierung von Nutzungsmöglichkeiten an Sachen im mittelbaren Besitz des Schuldners könnte sich bereits deshalb schwierig gestalten, weil es zwischen dem Insolvenzverwalter und dem Vorbehaltsverkäufer zu einem Wettlauf um den unmittelbaren Besitz kommen kann[966]. Denn dem Verkäufer, der einen Herausgabeanspruch aus dem Sicherungsrecht hat ist an der eigenen Verwertung des Gegenstandes ebenso gelegen, wie dem Insolvenzverwalter, der wegen der Zugehörigkeit der Sache zur Masse einen Anspruch auf Herausgabe hat, und das Sicherungsgut für dieses nutzen will. Ob der Verwalter seinen Herausgabeanspruch schneller

---

962 Zu denken ist hier beispielsweise an Mietwagenunternehmen und Baugeräteverleiher, die die auf der Grundlage eines erweiterten Eigentumsvorbehaltes erlangten Autos und Geräte eigenen Kunden zur Nutzung überlassen.

963 RegBegr. zu § 121 RegE, BT Drucks. 12/2443, S. 146.

964 Kübler/Prütting-*Tintelnot*, § 107 Rn. 18.

965 So auch *Hess*, § 107 InsO Rn. 11, 12, 13, der aber in § 107 II 1 InsO auf das Besitzerfordernis verzichten will, und lediglich die Existenz eines Anwartschaftsrechtes für notwendig hält.

966 So *Bork*, FS f. Gaul, 71, 9 für § 166 I InsO, bei dem es aber ebenso wie bei § 107 I InsO um die Stärkung der Masse zum Zwecke der Unternehmensfortsetzung gehe.

realisieren könnte, als der Verkäufer hinge daher vom Zufall ab. Das gesetzgeberische Ziel, eine Stärkung der Bemühungen um eine zumindest zeitweilige Unternehmensfortsetzung würde durch die Einbeziehung von mittelbarem Besitz daher nicht zwingend, sondern nur vom Zufall abhängig erreicht werden können. Hinzu kommt, dass der Verwalter nach § 148 I InsO das gesamte zur Insolvenzmasse gehörende Vermögen in Besitz nehmen muss, sofern er dies nicht bereits als vorläufiger Verwalter in Besitz genommen hatte, § 22 I InsO. Denn mit der Eröffnung des Insolvenzverfahrens gehen nach § 80 InsO nur die Verwaltungs- und Verfügungsrechte auf ihn über, die zur Insolvenzmasse gehörenden Gegenstände muss er gesondert in Besitz nehmen[967]. Die Besitzergreifung durch den Verwalter muss unmittelbar nach Verfahrenseröffnung erfolgen, die schuldhaft verzögerte Besitzergreifung kann zur Schadensersatzpflicht des Schuldners führen. Ein Verzicht auf die Inbesitznahme ist nur dann zulässig, wenn der Gegenstand für die Masse wertlos ist oder wegen seiner Belastung mit Absonderungsrechten keinen Überschuss für die Masse verspricht. Aufgrund dieses Besitzrechtes des Insolvenzverwalters an den zur Insolvenzmasse gehörenden Gegenständen, hat er gegen jeden Dritten aber auch gegen den Schuldner einen Anspruch auf Herausgabe[968]. Diese Pflicht zur Insbesitznahme erstreckt sich auch auf unter Eigentumsvorbehalt gelieferte Ware[969]. Um mittelbarer Besitzer des Vorbehaltsgutes zu sein, muss der Verwalter aber die Voraussetzungen des § 868 BGB in seiner Person erfüllen. Das heißt, es muss ein Rechtsverhältnis bestehen, aus dem der mittelbare Besitzer gegen den unmittelbaren Besitzer einen Herausgabeanspruch hat. Da der Insolvenzverwalter aber weder gegen den Sicherungsnehmer noch gegen den Dritten einen eigenen Anspruch auf Herausgabe der Sache hat, liegt gerade kein mittelbarer Besitz in der Person des Verwalters vor[970].

In solchen Fällen, in denen das Wesen der Unternehmenstätigkeit darin liegt, ein Gros des schuldnerischen Vermögens durch Überlassung von Gegenständen an Dritte zu nutzen, sind auch Gegenstände, die nicht im unmittelbaren Besitz des Schuldners stehen, für die Führung des Geschäftsbetriebes notwendig. Um solchen Betrieben Fortführungschancen zu erhalten, muss verhindert werden, dass mit einem Eigentumsvorbehalt belastete Gegenstände von den gesicherten Gläubigern bereits kurz nach Verfahrenseröffnung aus dem Unternehmensverbund herausgelöst werden[971]. Denn dadurch würde das insolvente Unternehmen Betriebsmittel verlieren, die die Chancen für eine Sanierung oder Gesamtveräußerung des schuldnerischen Unternehmens erheblich beeinträchtigen oder sogar ganz vereiteln würden.

Vor diesem Hintergrund wird das bereits anhand der Formulierung der Regierungsbegründung erzielte Ergebnis, dass es ausreicht, dass der Schuldner zumindest einmal unmittelbaren Besitz an der Vorbehaltsware erlangt hat, bestätigt. Hat er diesen im folgenden auf einen Dritten übertragen, erstreckt sich der Besitzbegriff des § 107 II 1 InsO auch auf den mittelbaren Besitz des Schuldners. Nichts anderes kann aber dann gelten, wenn der Lieferant zur Zeit der Verfahrenseröffnung noch im unmittelbaren Besitz des Vorbehaltsgutes ist, weil er an diesem noch Reparaturarbeiten erledigen muss, anderenfalls würde ein Mangel aus der Sphäre des Lieferant dem Schuldner zum Nachteil gereicht werden.

---

[967] FK-*Wegener*, § 148 Rn. 3.

[968] *Hess*, § 148 Rn. 13.

[969] Kübler/Prütting-*Holzer*, § 148 Rn. 8.

[970] *Bork*, FS f. Gaul, 71, 74.

[971] RegBegr. zu § 121 RegE, abgedruckt in: *Uhlenbruck*, Insolvenzrecht, S. 433.

Wegen der vom Gesetzgeber aufgezeigten Parallele zu § 166 I InsO[972] kann sich die verlängerte Entscheidungsfrist bis nach dem Berichtstermin aber nur auf Kaufverträge über solche Betriebsmittel erstrecken, die für eine Fortführung „unentbehrlich" sind[973].
Wenn der Insolvenzverwalter das Vorbehaltsgut für die Unternehmensfortführung daher nicht dringend benötigt, ist der Kaufvertrag nach § 103 InsO abzuwickeln. Denn dann ist weder die wirtschaftliche Einheit des schuldnerischen Unternehmens noch die Chance auf eine zeitweilige oder dauerhafte Fortführung des schuldnerischen Unternehmens gefährdet, wenn gesicherte Gläubiger bereits direkt nach Verfahrenseröffnung auf das Sicherungsgut zugreifen. Zwar kann es dann zu erheblicher Rechtsunsicherheit kommen, dieser entgegenzuwirken ist jedoch Aufgabe des Gesetzgebers, indem er § 107 II InsO entsprechend seiner Intention formuliert.

b. Zwischenergebnis

Neben dem Abschluß eines Vorbehaltskaufs ist die Besitzübertragung im Tatbestand von § 107 II InsO von ausschlaggebender Bedeutung. Welche Besitzform dabei den Anforderungen von Absatz 2 genügt hängt entscheidend davon ab, ob das Vorbehaltsgut nach Verfahrenseröffnung noch dem mit § 107 II InsO verfolgten gesetzgeberischen Zweck dienlich ist.

2. Funktion von § 107 II InsO

Als nächstes ist daher der Frage nachzugehen, für welche Vorbehaltsformen der mit § 107 II InsO verfolgte Zweck dessen Anwendung gebietet. Dazu herrscht ein breites Meinungsspektrum:

a. Übersicht der vertretenen Ansätze

Tintelnot beschäftigt sich im Rahmen der Käuferinsolvenz lediglich mit dem weitergeleiteten, dem echten Konzernvorbehalt und dem erweiterten Eigentumsvorbehalt. Zum weitergeleiteten Eigentumsvorbehalt führt er aus, dass das Anwartschaftsrecht des Dritten nicht durch die Erfüllungsablehnung des Verwalters zerstört werden könne, da dieser nach § 268 BGB ablöseberechtigt sei[974]. Zum echten Konzernvorbehalt bemerkt er, dass die Einstellung in das Kontokorrent die Absonderungsbefugnis am Anwartschaftsrecht begründe und der Verwalter folglich bei Erfüllungswahl nicht durch Zahlung des Kaufpreises unbelastetes Eigentum erwerbe, er aber auch die anderen Forderungen ebenfalls nicht erfüllen müsse[975]. Darüber hinaus weist er auf die Problematik hin, ob der Vorbehaltslieferant bei Erfüllungswahl des Verwalters beim Vorliegen eines erweiterten Eigentumsvorbehaltes hinsichtlich der übrigen Forderungen ein Absonderungsrecht am Vorbehaltsgut erwirbt, es beim Aussonderungsrecht des Verkäufers bleibt oder das Vorbehaltseigentum in die Masse fällt[976]. *Wegener* äußert sich zu der Frage nach der Anwendung des § 107 InsO auf die Sonderformen des Eigentumsvorbehaltes lediglich unter dem Punkt „Verkäuferinsolvenz".

---

972 RegBegr. zu § 121 RegE, abgedruckt in: *Uhlenbruck*, Insolvenzrecht, S. 433.
973 Vgl. dazu die RegBegr. zu § 191 RegE, abgedruckt in: *Uhlenbruck*, Insolvenzrecht, S. 529.
974 Kübler/Prütting-*Tintelnot*, § 107 Rn. 15.
975 Kübler/Prütting-*Tintelnot*, § 107 Rn. 16.
976 Kübler/Prütting-*Tintelnot*, § 107 Rn. 16. Ferner stellt er fest, dass die Erfüllungswahl nur die Kaufpreisforderung zur Masseforderung erhebe.

Zwar spricht er allgemein von der Anwendung des § 107 InsO, aus dem genannten Zusammenhang ergibt sich aber, dass sich seine Ausführungen lediglich auf die Verkäuferinsolvenz im Rahmen von Absatz eins beziehen[977]. *Marotzke* dehnt den Anwendungsbereich von § 107 II InsO über den einfachen Eigentumsvorbehalt hinaus auf den erweiterten Eigentumsvorbehalt vor Eintritt des Erweiterungsfalles und den verlängerten Eigentumsvorbehalt aus[978]. Und das gelte bei letzterem sogar dann, wenn die Verlängerung auf das Surrogat bereits eingetreten sei, obwohl der Verkäufer an diesem nur absonderungsberechtigt ist[979]. Der erweiterte Eigentumsvorbehalt nach Eintritt des Erweiterungsfalles lasse hingegen keinen Raum für die Anwendung von Absatz zwei[980].
Wellensiek stellt darauf ab, dass § 107 II InsO die Entscheidungsfrist des Verwalters lediglich für den einfachen Eigentumsvorbehalt auf den Zeitpunkt nach dem Berichtstermin ausdehnt[981]. Problematisch sei jedoch, ob der Verwalter diese Sachen auch weiterbenutzen dürfe, denn hier fehle es an einer ausdrückliche Regelung.
Smid äußert sich hinsichtlich der Sonderformen des Eigentumsvorbehaltes lediglich zum weitergeleiteten Eigentumsvorbehalt, indem er anmerkt, dass dieser nicht § 107 II InsO unterfälle, der Verwalter in der Käuferinsolvenz vielmehr das Wahlrecht nach § 103 InsO inne hat. Dies gelte selbst dann, wenn der Käufer sein Anwartschaftsrecht vor Verfahrenseröffnung auf einen Dritten übertragen habe, da dieser nach § 268 BGB ablöseberechtigt sei[982].

b. Eigene Ansicht

Vorbehaltsgut berechtigt den Sicherungsgläubiger erst dann zur abgesonderten Befriedigung, wenn der Vorbehaltskauf bereits von einer Seite vollständig erfüllt ist[983]. Fehlt es daher zum Zeitpunkt der Verfahrenseröffnung an einem beiderseits noch nicht vollständig erfüllten Vorbehaltskauf, scheidet sowohl die Anwendung von § 107 II, als auch die von § 103 InsO bereits aus diesem Grund aus. Der Lieferant hat dann lediglich einen Anspruch auf Zahlung des noch ausstehenden Kaufpreises in Form einer einfachen Insolvenzforderung, die durch die Ersatzsicherheit für den Eigentumsvorbehalt gesichert ist. Das bedeutet, dass § 107 II InsO dann nicht anwendbar ist, wenn bei erweitertem und verlängertem Eigentumsvorbehalt der Erweiterungs-/Verlängerungsfall bereits vor Verfahrenseröffnung eingetreten ist. Gleiches gilt für solche Kaufverträge, bei denen die Parteien dinglich einen umgekehrten Konzernvorbehalt vereinbart haben und die zunächst gesicherte Kaufpreisforderung bereits vor Verfahrenseröffnung getilgt wurde.
Unabhängig davon, ob man § 103 InsO auf den Kontokorrentvertrag anwendet, scheidet eine Subsumtion von Vorbehaltskäufen, denen ein Kontokorrentvorbehalt zugrundeliegt unter § 107 II InsO aus, da dieser den Sicherungsgläubiger von Anfang an nur zur abgesonderten Befriedigung berechtigt.

---

977 FK-*Wegener*, § 107 Rn. 7.

978 HK-*Marotzke*, § 107 Rn. 12, 14, 17.

979 HK-*Marotzke*, § 107 Rn. 17.

980 HK-*Marotzke*, § 107 Rn. 15.

981 *Wellensiek*, Kölner Schrift zur InsO, 403, 413, Rn. 38.

982 Smid-*Smid*, § 107 Rn. 6.

983 Sei es, dass der Vorbehaltskäufer die Kaufpreisraten bereits vollständig bezahlt hat und das Vorbehaltsgut nun nur noch weitere Forderungen des Vorbehaltslieferanten gegen den Käufer oder ein mit ihm verbundenes Unternehmen sichert, so wie beim erweiterten oder beim Konzernvorbehalt auf Käuferseite nach Eintritt des Erweiterungsfalls. Sei es, dass der Vorbehaltskäufer die Ware berechtigterweise an seinen Abkäufer veräußert oder verarbeitet hat, wie beim verlängerten Eigentumsvorbehalt nach Eintritt des Verlängerungsfalls.

Aber selbst dann, wenn der Vorbehaltskauf von keiner Seite vollständig erfüllt ist, obwohl der Lieferant nur zur Absonderung berechtigt ist[984], bedarf der Verwalter nicht mehr des Schutzes von § 107 II InsO. Denn im Gegensatz zur Konkursordnung obliegt dem Verwalter nach den §§ 166 ff InsO grundsätzlich das Verwertungsrecht an Absonderungsgut. Dieses verbleibt daher im schuldnerischen Unternehmen und kann unter den Voraussetzungen von § 172 InsO auch für die Masse genutzt werden. Hier besteht also nicht die Gefahr, dass der Masse infolge Erfüllungsablehnung des Verwalters nach § 103 InsO Gegenstände entzogen werden, die zur Unternehmensfortführung notwendig sind. Es wird daher deutlich, dass auch der Schutzzweck von § 107 II InsO nicht auf Kaufverträge gerichtet ist, bei denen das Vorbehaltsgut nur noch zur Absonderung berechtigt.
Anders verhält es sich aber, wenn der Lieferanten zur Aussonderung des Vorbehaltsgutes berechtigt ist. Denn in den so gelagerten Fallkonstellationen ist der Vorbehaltskauf bei Verfahrenseröffnung beiderseits noch nicht vollständig erfüllt, mit der Folge, dass die Anwendung von § 103 InsO zu den beschriebenen, im Widerspruch zur Tendenz des Gesetzgebers, Fortführungs- und Sanierungschancen zu fördern, negativen Auswirkungen für die Masse führen würde. Denn das Vorbehaltsgut könnte infolge der Erfüllungsablehnung aus dem gemeinschuldnerischen Unternehmen gezogen werden. Dies macht deutlich, dass § 107 II InsO gerade für solche Vorbehaltskäufe geschaffen wurde, bei denen eine sich auf unverzügliche Wahlrechtsausübung gründende Entscheidung gegen die Vertragserfüllung zu einem Aussonderungsrecht des Sicherungsgläubigers führt, durch das die Aufwertung von Betriebsfortführungschancen gefährdet wird.
Unter dieser Prämisse sind von § 107 II InsO der einfache sowie der erweiterte und verlängerte Eigentumsvorbehalt erfaßt, sofern der Erweiterungs-/Verlängerungsfall vor Verfahrenseröffnung noch nicht eingetreten ist. Gleiches gilt auch für den Konzernvorbehalt auf Käuferseite.
Beim erweiterten Eigentumsvorbehalt ergibt sich aber noch folgendes Problem: Lehnt der Verwalter die Vertragserfüllung ab, kann der Lieferant die Vorbehaltsware aussondern und daneben einen Schadensersatzanspruch nach §§ 107 II, 103 II 2 InsO geltend machen[985].
Entscheidet sich der Verwalter hingegen für die Vertragserfüllung, wird die Kaufpreisforderung des Lieferanten zur Masseschuld, § 55 I Nr. 2 1. Fall InsO. Fraglich ist dann allerdings, ob der Lieferant noch zur Aussonderung berechtigt ist, ob ihm ein Absonderungsrecht zusteht, oder ob das Eigentum am Vorbehaltsgut in die Masse fällt. Würde das Vorbehaltsgut nach der Erfüllungswahl nicht in die Masse fallen, sondern weiterhin dem Sicherungsgläubiger zur Aus- oder Absonderung zur Verfügung stehen, wäre der Zweck von § 107 II InsO im Fall des erweiterten Eigentumsvorbehaltes sehr begrenzt. Denn § 107 II InsO ist darauf gerichtet, Fortführungs- und Sanierungschancen zu wahren. Wenn der Verwalter sich zu diesem Zwecke für die Vertragserfüllung entscheidet, und die Vorbehaltsware aber dennoch nicht in die Masse fällt, würde die Funktion von § 107 II InsO unterlaufen.
Gegen den Fortbestand eines Aussonderungsrechts des Lieferanten spricht zunächst, dass sich die Funktion des Eigentumsvorbehaltes mit Tilgung der zunächst sicherten

---

984 Dies ist dann der Fall, wenn der Vorbehaltskäufer die Vorbehaltsware erlaubterweise vor Verfahrenseröffnung verarbeitet hat. Denn in diesem Fall ist die dem Lieferanten obliegende Pflicht zur Übereignung der ursprünglich gelieferten Sache lediglich unmöglich geworden, der Leistungserfolg ist jedoch noch nicht eingetreten.

985 Das Aussonderungsrecht des Lieferanten und sein Anspruch auf Schadensersatz sind in der Weise miteinander verknüpft, als der Wert der ausgesonderten Ware auf den Schadensersatzanspruch angerechnet wird. Ein Mehrwert muss der Vorbehaltsverkäufer der Masse zur Verfügung stellen, *Serick*, BB 1978, 1477, 1484; *ders.*, Bd. I, § 13 II 2 b i.V.m. § 13 II 3.

Kaufpreisforderung verändert hat. Der Eigentumsvorbehalt sichert den Lieferanten nun nicht mehr für den Fall, dass der Vorbehaltskäufer den Kaufpreis nicht zahlt und er infolgedessen die Herausgabe des Vorbehaltsgutes verlangt. Er dient nun der Sicherung anderer Forderungen des Lieferanten, die in keinem Zusammenhang mit dem Kaufgegenstand stehen. Die Position des Lieferanten hat sich von der eines Waren- in die eines Geldkreditgebers gewandelt. Die Funktion des Eigentumsvorbehaltes kommt von nun an der einer Sicherungsübereignung gleich[986]. Diese begründet aber zweifelsfrei nur ein Recht auf abgesonderte Befriedigung, § 51 Nr. 1 1. Fall InsO. Hinzu kommt, dass der Kaufvertrag mit der Zahlung der restlichen Raten an den Lieferanten als Folge der Erfüllungswahl durch den Verwalter erfüllt ist. Die gegenseitigen Ansprüche aus dem Kaufvertrag sind erloschen. Fehlt es an diesen kann aber auch kein Aussonderungsrecht mehr bestehen[987]. Denn wenn der Erweiterungsfall vor Verfahrenseröffnung eingetreten wäre, hätte der Lieferant die Sache nicht mehr aussondern können. Hinsichtlich der nun gesicherten Forderungen wäre ihm lediglich ein Recht auf abgesonderte Befriedigung verblieben. Nichts anderes kann aber dann - zumindest hinsichtlich des Aussonderungsrechts - gelten, wenn der Erweiterungsfall nach Verfahrenseröffnung eintritt.
Darüber hinaus wird sich der Verwalter nur dann für die Vertragserfüllung entscheiden, wenn sich dies positiv für die Masse auswirkt. Wäre der Lieferant aber nach Erfüllungswahl weiterhin zur Aussonderung berechtigt, hätte diese keinen Vorteil für die Masse gebracht. Im Gegenteil, der Verwalter würde ohne Gegenleistung die restlichen Raten als Masseschuld begleichen. Das würde aber im Ergebnis dazu führen, dass dem Verwalter die Erfüllungswahl praktisch unmöglich gemacht werden würde, weil diese niemals einen Vorteil für die Masse brächte. Hinzu kommt, dass es auf diesem Wege doch zu einem Einheitsschuldverhältnis käme, in das die durch den Vorbehalt gesicherten Forderungen eingestellt wären, und das der Verwalter als Gesamtheit erfüllen müßte, um das Eigentum an der Vorbehaltsware für die Masse verwerten zu können. Ähnliches gilt aber auch für ein Absonderungsrecht. Zwar wäre der Verwalter dann, wenn der Lieferant nach Eintritt des Erweiterungsfalls absonderungsberechtigt wäre, nach § 166 I InsO zur Verwertung der Sache berechtigt, die Erfüllungswahl brächte der Masse aber auch dann keine nennenswerten Vorteile. Denn dann hätte der Verwalter die Kaufpreisforderung als Masseschuld zu begleichen, das Eigentum an der Vorbehaltssache flöße aber auch hier nicht in die Masse, diese würde vielmehr im Gegenzug mit dem Absonderungsrecht des Lieferanten belastet.
Im Ergebnis führt die Erfüllungswahl des Verwalters mit Zahlung des vollständigen Kaufpreises dazu, dass das Eigentum an der Vorbehaltsware in die Masse fällt.
Für die Anwendung von § 107 II InsO beim weitergeleiteten Eigentumsvorbehalt in der Insolvenz des Zweitkäufers sowie in der des Erstkäufers in Bezug auf den Einkaufvertrag, wenn der Zweitkäufer nicht von seinem Recht aus § 107 I InsO Gebrauch macht spricht zunächst, dass der Lieferant ebenso, wie beim einfachen Eigentumsvorbehalt in der Insolvenz des Erst-/Zweitkäufers zur Aussonderung berechtigt ist[988]. Es fragt sich aber, ob der

---

986 vgl. zu diesem Problem auch *Serick*, BB 1978, 1477, 1483, der den erweiterten Eigentumsvorbehalt in zwei Blöcke einteilt. Der erste Block, der sich mit Zahlung der vollständigen Kaufpreisforderung erledigt habe, beinhalte die Vereinbarung eines einfachen Eigentumsvorbehaltes, die in der Insolvenz als Sicherheit in Anspruch genommen werde. Der zweite Block werde mit der Erfüllung der zunächst gesicherten Kaufpreisforderung aktiviert und sei nur eine abgekürzte Sicherungsübereignung. Er müsse demzufolge auch eine entsprechende insolvenzrechtliche Behandlung erfahren.

987 *Bork*, FS f. Gaul, 71, 79.

988 Kübler/Prütting-*Prütting*, § 51 InsO Rn. 16. Der einzige Unterschied liegt darin, dass der Erstverkäufer in der Erstkäuferinsolvenz sofort nach Erfüllungsablehnung aussondern kann, während er im Fall der Insolvenz des Zweitkäufers sein Aussonderungsrecht nur dann geltend machen kann, wenn er wirksam vom ersten Kaufvertrag

Schutzzweck von § 107 II InsO in beiden Fällen seine Anwendung gebietet. In der Insolvenz des Zweitkäufers ist das zweifellos der Fall. Denn hier entspricht die Rechtslage derjenigen beim einfachen Eigentumsvorbehalt. Anders verhält es sich aber, wenn dem Verwalter in der Käuferinsolvenz das Wahlrecht hinsichtlich des Einkaufvertrages wieder zusteht, weil der Zweitkäufer nicht von seinem Recht aus § 107 I InsO Gebrauch gemacht hat. Denn dadurch, dass der Zweitverkäufer den unmittelbaren Besitz an der Vorbehaltsware bereits vor Verfahrenseröffnung auf seinen Abkäufer übertragen hat, wird deutlich, dass die Sache zur Unternehmensfortführung nicht zwingend erforderlich ist. § 107 II InsO greift daher nicht. Der Verwalter ist vielmehr direkt nach § 103 InsO wahlberechtigt.

Beim nachgeschalteten Eigentumsvorbehalt scheidet die Anwendung von § 107 II InsO in der Insolvenz des Erstkäufers bereits deshalb aus, weil der Zweitkäufer infolge der Anwendung von § 107 I InsO auf den Verkaufvertrag Eigentum am Vorbehaltsgut erlangt und damit auch der Leistungserfolg aus dem Einkaufvertrag eintritt. Etwas anderes gilt nur dann, wenn der Zweitkäufer den zur Vollendung seines Rechtserwerbs noch ausstehenden Kaufpreis nicht tilgt, sei es dass er mit den Kaufpreisraten in Verzug gerät und der Zweitverkäufer aufgrund dessen zurücktritt, sei es dass er von der Möglichkeit aus § 107 I InsO keinen Gebrauch machen möchte. Denn dann kommt es nicht zum Eigentumserwerb des Zweitkäufers, mit der Folge, dass auch der Einkaufvertrag beiderseits noch nicht vollständig erfüllt ist. Ebenso, wie beim weitergeleiteten Eigentumsvorbehalt stellt sich dann die Frage, ob der Verwalter bezüglich des Einkaufvertrages nach § 103 oder §§ 107 II InsO wahlberechtigt ist. Und ebenso, wie beim weitergeleiteten Eigentumsvorbehalt spricht für ersteres, dass der Erstkäufer mit der Veräußerung der Vorbehaltsware an seinen Abkäufer zum Ausdruck gebracht hat, dass er diese nicht zwingend zur Unternehmensfortführung benötigt.

In der Insolvenz des Zweitkäufers muss dem Verwalter die verlängerte Entscheidungsbefugnis nach § 107 II InsO hingegen obliegen. Denn die kürzere Entscheidungsfrist nach § 103 InsO würde hier ebenso, wie beim weitergeleiteten Eigentumsvorbehalt zu den negativen Folgen führen, die mit der verlängerten Entscheidungsfrist nach § 107 II InsO gerade ausgeräumt werden sollen.

II. Nutzung von Aussonderungsgut

Obwohl in den Fällen des einfachen, erweiterten und verlängerten Eigentumsvorbehaltes vor Eintritt des Erweiterungs-/Verlängerungsfalls, des umgekehrten Konzernvorbehaltes auf Käuferseite sowie des weitergeleiteten und nachgeschalteten Eigentumsvorbehaltes in der Insolvenz des Zweitkäufers die Gefahr, dass das Vorbehaltsgut bereits kurz nach der Verfahrenseröffnung aus dem schuldnerischen Unternehmen herausgelöst wird, mit § 107 II InsO beseitigt ist, indem das Verwalterwahlrecht einer dreimonatigen Ausübungssperre[989] unterliegt, innerhalb dieser die für die Unternehmensfortführung notwendigen Betriebsmittel im schuldnerischen Unternehmen verbleiben, fragt sich, ob der mit § 107 II InsO verfolgte Zweck allein auf diese Weise gewährleistet wird.

Haben die Parteien einen verlängerten Eigentumsvorbehalt vereinbart, besteht die unternehmerische Tätigkeit des Vorbehaltskäufers hauptsächlich darin, die gekaufte Vorbehaltsware zu verarbeiten und weiterzuveräußern oder auf direktem Wege seinem Abnehmer zukommen zu lassen. Die zumindest zeitweilige Unternehmensfortführung, so wie

---

zurückgetreten ist und damit das Besitzrecht des Erstkäufers beendet hat, vgl. Nerlich/Römmermann-*Andres*, § 47 Rn. 21.

989 *Haarmeyer/Wutzke/Förster*, Handbuch, Kap. 5 Rn. 179; *Marotzke*, ZZP 109 (1996), 429, 431; Nerlich/Römmermann-*Balthasar*, § 107 Rn. 15.

sie von § 107 II InsO bezweckt ist, kann daher durch das bloße Behaltendürfen von Aussonderungsgut in der Masse nicht erreicht werden.
Ähnlich gelagert ist die Problematik auch beim einfachen und erweiterten Eigentumsvorbehalt sowie beim umgekehrten Konzernvorbehalt. Auch hier genügt der bloße Verbleib des Vorbehaltsgutes im Unternehmen zur Unternehmensfortführung allein nicht. Um das Unternehmen fortführen zu können muss der Verwalter Vorbehaltsgut vielmehr nutzen und seinem bestimmungsgemäßen Gebrauch zukommenlassen dürfen.
Dies mag folgendes Beispiel verdeutlichen:
Betreibt der Gemeinschuldner die Herstellung von Endprodukten, die er mit ihm unter einfachem Eigentumsvorbehalt gelieferten Maschinen herstellt, und entscheidet die Gläubigerversammlung im Berichtstermin über die Art der Abwicklung des Insolvenzverfahrens erst zu dem dafür vorgesehenen spätesten Termin, drei Monate nach Verfahrenseröffnung, so ist dem Lieferanten der Maschinen zwar nicht erlaubt, diese vor der Entscheidung des Verwalters über die Vertragsfortführung herauszuverlangen. Wenn der Verwalter aber der Maschinen bedarf, um bestehende Aufträge auszuführen, um das Unternehmen bis zur endgültigen Entscheidung der Gläubigerversammlung fortzuführen, er die Maschinen aber nicht nutzen darf, ist die Wahrscheinlichkeit sehr groß, dass das Insolvenzverfahren eingestellt wird. Zumindest aber sind Fortführungs- und Sanierungschancen zunichte gemacht. Das mit § 107 II InsO verfolgte Ziel könnte nicht erreicht werden[990].
Um Fortführungs- und Sanierungschancen des Unternehmens zu ermöglichen, genügt es daher nicht, dass die Eigentumsvorbehaltsgläubiger während der Entscheidungsphase des Verwalters von ihrem Rücknahmerecht keinen Gebrauch machen dürfen und damit die wirtschaftliche Einheit eines Unternehmens zusammengehalten wird. Notwendig ist vor allem, dass diese Einheit auch genutzt werden kann[991]. Denn die im späteren Berichtstermin zu treffende Entscheidung über die Betriebsfortführung kann nur dann sinnvoll getroffen werden, wenn der Betrieb bis zu diesem Zeitpunkt fortgeführt wurde und sich dabei mögliche Sanierungschancen abzeichnen.

1. Stellungnahmen der Literatur

Wie selbstverständlich wird daher teilweise davon ausgegangen, dass § 107 II InsO die Nutzung einer unter Eigentumsvorbehalt gelieferten Sache im benannten Zeitraum ohne Beeinträchtigungen bewirke[992]. Obwohl der Insolvenzverwalter bis zur Abhaltung des Berichtstermins zum Besitz und zur Nutzung der Sache berechtigt sei, lehnt *Goetsch* eine Nutzungsentschädigung des Vorbehaltskäufers aber ab. Insbesondere könne nicht auf § 169 InsO zurückgegriffen werden, weil dieser ein Verwertungsrecht an der Kaufsache voraussetze, ein solches aber nur an Absonderungsgut bestehe[993]. Auch *Wellensiek* befürwortet mit dem Hinweis darauf, dass die Vorteile des § 107 II InsO für die Betriebsfortführung anderenfalls sehr begrenzt seien, ein Nutzungsrecht des Verwalters[994]. Im Gegensatz zu *Smid*, der davon ausgeht, dass das Nutzungspotential der gelieferten Sache in

990 Zu dem Beispiel einer Druckerei vgl. *Smid/Rattunde*, Insolvenzplan, Rn. 361.
991 BK-*Breutigam*, § 172 Rn. 7; *Niesert*, InVo 1998, 85, 90.
992 BK -*Goetsch*, § 107 InsO Rn. 17; *Kirchhof*, ZInsO 1999, 436, 437; *Schlegel*, DZWiR 2000, 94, 103; Smid, BB 1999, 1, 6.
993 BK -*Goetsch*, § 107 Rn. 14.
994 *Wellensiek*, BB 2000, 1, 4.

der Gewalt des Insolvenzverwalters verbleibe[995], leitet er dieses aber nicht unmittelbar aus § 107 II InsO ab, sondern spricht sich eben so wie *Breutigam*[996] für eine analoge Anwendung des § 172 I 1 InsO aus. Mit Verfahrenseröffnung seien die beiderseits noch nicht vollständig erfüllten Kaufverträge automatisch suspendiert[997]. Damit erlösche ein bezüglich des Vorbehaltsgutes bestehendes vertragliches Nutzungsrecht, das erst im Fall der Erfüllungswahl wieder auflebe. Unabhängig davon, welche Entscheidung der Verwalter treffe, habe er aufgrund dessen in der Zeit zwischen Verfahrenseröffnung und der Entscheidung hinsichtlich der Vertragserfüllung kein vertragliches Benutzungsrecht. Für den Fall der Erfüllungsablehnung bleibt es dabei, wähle er die Erfüllung, lebe das Benutzungsrecht wieder auf. Es fehle damit an einer ausdrücklichen gesetzlichen Regelung, die den Verwalter vor Erfüllungswahl zur Verwendung von Vorbehaltsgegenständen für die Masse berechtige.
Der Nutzen des § 107 II InsO für die Masse sei damit recht begrenzt.
Um das Ziel des Gesetzgebers nicht aus den Augen zu verlieren, müsse daher § 172 I 1 InsO analog angewendet werden. Die insofern ausfüllungsbedürftige Regelungslücke liege in der Intention des Gesetzgebers, durch § 107 II InsO eine im Berichtstermin zu treffende Entscheidung über die Betriebsfortführung offenzuhalten. Um eine solche Entscheidung treffen zu können müsse aber der Betrieb nicht nur bis zu diesem Zeitpunkt fortgeführt werden, notwendig sei auch die Weiterbenutzung der Vorbehaltswaren. Obwohl die analoge Anwendung des § 172 I 1 InsO in nicht unproblematischer Weise Aus- mit Absonderungsrechten gleichsetze, gebiete das annähernd gleiche wirtschaftliche Interesse beim Kauf unter Eigentumsvorbehalt mit dem der Absonderungsrechte eine solche Behandlung. Im übrigen habe sich das Interesse des Vorbehaltsverkäufers mit Abschluß des Kaufvertrages und der dadurch bedingten Aufgabe des Nutzungsrechts an der Sache auf die Bezahlung des Kaufpreises und nicht auf die Rückgabe des Vorbehaltsgutes konzentriert.
Anderer Auffassung ist *Marotzke*[998]. Auch er erwägt die analoge Anwendung des § 172 I 1 InsO[999], schließt sie aber mit dem Hinweis darauf, dass § 107 II InsO den Herausgabeanspruch des Vorbehaltsverkäufers nur vorübergehend suspendieren will aus[1000]. Diese nur zeitweilige Suspendierung mache eine analoge Anwendung des zu endgültigen Ergebnissen führenden § 172 InsO unmöglich. Zuzubilligen sei dem Lieferanten aber eine Nutzungsentschädigung analog § 172 I InsO, soweit § 107 II InsO die Durchsetzung des Rückgabeanspruchs des Verkäufers hinsichtlich der gelieferten Sache behindere[1001]. Dieser Argumentation schließt sich auch *Niesert* an[1002]. Er stützt seine Ansicht darauf, dass eine Sichtweise, nach der Primäransprüche beiderseits nicht vollständig erfüllter Kaufverträge mit Verfahrenseröffnung automatisch suspendiert werden, mit Art. 14 GG unvereinbar seien. Da es also unter Umständen zu einer entschädigungslosen Enteignung kommen kann, komme eine analoge Anwendung des § 172 I InsO nicht in Betracht[1003].
Delhaes billigt dem Insolvenzverwalter nur dann ein Nutzungsrecht gegen Zahlung einer Nutzungsentschädigung entsprechend § 172 I InsO zu, wenn sich der Verwalter ohnehin für die Vertragserfüllung entscheidet[1004].

---

995 *Smid*, DZWiR 1998, 197, 198.
996 BK -*Breutigam*, § 172 InsO Rn. 8.
997 *Wellensiek*, Kölner Schrift zur InsO, 403, 414, Rn. 38.
998 *Marotzke*, ZZP 109 (1996), 429, 454.
999 *Marotzke*, JZ 1995, 803, 813; *ders.*, ZZP 109 (1996), 429, 454.
1000 *Marotzke*, ZZP 109 (1996), 429, 454.
1001 *Marotzke*, ZZP 109 (1996), 429, 454.
1002 *Niesert*, InVo 1998, 85, 90 insbes. Fn. 19.
1003 *Niesert*, InVo 1998, 85, 91.
1004 *Delhaes*, NZI 1999, 47, 50.

Aus der Erwähnung des Vorbehaltskaufs in § 107 II InsO schließt *Tintelnot*, dass dem Vorbehaltslieferanten nicht wegen der Funktionsähnlichkeit des Vorbehaltseigentums mit dem Sicherungseigentum bis zur Entscheidung des Verwalters eine Nutzungsentschädigung, wie sie Absonderungsberechtigte nach § 172 I InsO erhalten, zugebilligt werden könne[1005]. Unklar bleibt hier aber, ob *Tintelnot* damit meint, dass keine Entschädigung gewährt werden soll und aufgrunddessen auch keine Nutzung stattfinden darf, oder ob nur keine Entschädigung, wohl aber Nutzung erfolgen soll.
Wegener gesteht dem Verwalter an Aussonderungsgut hingegen nur dann ein Nutzungsrecht zu, wenn dieser nach §§ 107 II, 103 InsO die Vertragserfüllung gewählt hat[1006].

2. Eigene Auffassung

a. Ausdrückliche Regelung

An einer ausdrücklichen, § 172 I 1 InsO entprechenden Regelung für die Nutzung von Aussonderungsgut durch den Verwalter fehlt es.
Der Wortlaut des § 107 II 1 InsO verlängert lediglich die Entscheidungsfrist des Verwalters hinsichtlich der Vertragserfüllung bis unverzüglich nach dem Berichtstermin, während Satz 2 diese Erweiterung bereits wieder für solche Sachen zurücknimmt, bei denen bis zum Berichtstermin eine erhebliche Verminderung des Wertes zu erwarten ist.

b. Nutzungsrecht aus dem Kaufvertrag

Am naheliegensten ist daher ein aus dem Vorbehaltskaufvertrag resulierendes Nutzungsrecht. Ein solches kommt jedoch nur dann in Betracht, wenn entgegen der Erlöschenstheorie davon ausgegangen wird, dass die Verfahrenseröffnung keine Auswirkungen auf das Bestehen der gegenseitigen Erfüllungsansprüche aus dem Kaufvertrag hat. Denn anderenfalls erlöschen die vertraglichen Ansprüche mit Verfahrenseröffnung und leben erst mit der Erfüllungswahl ex nunc wieder auf. Nach der hier vertretenen Erlöschenstheorie scheidet also ein aus dem Vorbehaltskauf abgeleitetes Nutzungsrecht aus.

c. Regierungsbegründung, Funktion sowie geschichtliche Entwicklung von § 107 II InsO

Die Regierungsbegründung beschreibt die § 107 II InsO zugrundeliegende Intention als Gewährleistung dafür, dass bewegliche, unter Eigentumsvorbehalt gelieferte Sachen, die zur Unternehmensfortführung notwendig sind, nicht schon kurz nach der Verfahrenseröffnung aus dem schuldnerischen Unternehmen gezogen werden können, um Fortführungs- und Sanierungschancen zu wahren[1007]. Eine ausdrückliche Nutzungsbefugnis wird dem Verwalter also auch hier nicht zugesprochen. Wenn die Regierungsbegründung aber davon spricht, dass der Verwalter die zur Fortführung des Unternehmens notwendigen Sachen zunächst in der Masse behalten darf, so liegt ihr eine solche aber zugrunde. Denn ein Unternehmen kann nicht fortgeführt werden, wenn es die dazu erforderlichen Betriebs- und Produktionsmittel nur inne hat. Entscheidend ist, dass diese auch zur Produktion genutzt werden können.
Dies zeigt auch ein Vergleich mit § 172 InsO. § 172 I InsO setzt den Verwalter in die Lage, die Masse im Interesse einer potentiellen späteren Unternehmensfortführung zunächst vor

[1005] *Tintelnot*, ZIP 1995, 616, 617.
[1006] FK-*Wegener*, § 172 Rn. 8.
[1007] RegBegr. zu § 121 RegE, abgedruckt in: *Uhlenbruck*, Insolvenzrecht, S. 433.

partieller Verwertung durch die absonderungsberechtigten Gläubiger zu bewahren, bis über die Zukunft des Unternehmens entschieden ist[1008]. § 107 II InsO soll verhindern, dass unter Eigentumsvorbehalt gelieferte Ware bereits kurz nach der Verfahrenseröffnung aus dem schuldnerischen Unternehmen gezogen wird[1009]. Dahinter steht die Überlegung, dass die Entscheidung zugunsten einer Vertragserfüllung oftmals nur dann wirtschaftlich sinnvoll getroffen werden kann, wenn das schuldnerische Unternehmen zunächst fortgeführt wird[1010]. Sowohl § 107 II InsO als auch § 172 InsO dienen daher dem Ziel, das schuldnerische Vermögen zunächst zusammenzuhalten, um Fortführungs- und Sanierungschancen zu wahren[1011]. Wenn aber beide Normen auf ähnlichen Motiven beruhen, dann kann vom Gesetzgeber nicht nur die Nutzung von Absonderungsgut, wie sie in § 172 InsO zum Ausdruck kommt, gewollt sein. Aus der Funktionsidentität der §§ 107 II, 172 InsO geht vielmehr hervor, dass der Verwalter auch zur Nutzung von Aussonderungsgut berechtigt sein muss, sofern dies für die Unternehmensfortführung notwendig ist. Das Fehlen einer § 172 InsO entsprechenden Regelung für Aussonderungsgut führt damit nicht zwingend zu dem Schluß, dem Verwalter das Nutzungsrecht an diesem zu versagen.
Etwas anderes könnte sich jedoch aus der Entstehungsgeschichte ergeben. Dazu müßte aus den Vorentwürfen zur InsO hervorgehen, dass der Gesetzgeber gerade kein Nutzungsrecht des Verwalters an Aussonderungsgut befürwortet hat.
Nach Leitsatz 2.4.4.2 Abs. 1 des ersten Berichtes der Kommission für Insolvenzrecht war der Insolvenzverwalter in den Grenzen einer ordnungsgemäßen Wirtschaft berechtigt, mit besitzlosen Mobiliarsicherheiten belastetes Sicherungsgut i.S.v. Leitsatz 1.1.5 Abs. 2, namentlich Vorbehalts- und zur Sicherheit übereignetes Gut, zu verwerten, und dieses nach Leitsatz 2.4.4.3 Abs. 1 Nr. 1 auch zu nutzen. Zu Bedenken ist jedoch, dass jegliche Form von Eigentumsvorbehalten zu diesem Zeitpunkt weder zur Aus- noch zur Absonderung berechtigen sollte, Leitsatz 3.3.1 Abs. 1. Daran änderte sich durch den Diskussionsentwurf insofern etwas, als dessen § 55 vorsah, sämtlichen eigentumsvorbehaltsberechtigten Gläubigern die Stellung von Absonderungsberechtigten zuzuweisen[1012]. An diesen Sachen oblag dem Verwalter nach § 181 I DiskE das Verwertungs- nach § 186 I DiskE das Nutzungsrecht. Die Entwurfsbegründung zu § 181 führte dazu aus, dass auf diese Weise dem Ziel, Fortführungs- und Veräußerungschancen des Unternehmens zu erhalten Rechnung getragen werden solle[1013].
Mit Ausnahme der Streichung von § 40 DiskE änderte sich an dieser Rechtslage durch den Referentenentwurf nichts. Erst durch den Regierungsentwurf erlangte der einfache Eigentumsvorbehalt wieder Aussonderungskraft[1014], was dazu führte, dass sich das Nutzungsrecht des Verwalters nicht mehr auf zur Aussonderung berechtigende Gegenstände erstreckte. Dieses veränderte Verständnis beruhte jedoch nicht ausschließlich auf der unterschiedlichen Sicherungsfunktion von einfachem Eigentumsvorbehalt und seinen Erweiterungs- und Verlängerungsformen. Von Bedeutung waren vor allem auch praktische Erwägungen: So führt *Landfermann* in einer Stellungnahme zum Regierungsentwurf als

---

1008 BK-*Breutigam*, § 172 Rn. 7; RegBegr. zu § 197 RegE, abgedruckt in: *Uhlenbruck*, Insolvenzrecht, S. 543.
1009 Begr. zum RegE. BT-Drucks. 12/2443, S. 146.
1010 *Marotzke*, JZ 1995, 805, 812.
1011 BT-Drucks. 12/2443, S. 146; *Bork*, FS f. Gaul, S. 71, 71; *Gaul*, ZInsO 2000, 256, 260; *Uhlenbruck*, Insolvenzrecht, S. 433, 543.
1012 Hiervon war auch der einfache Eigentumsvorbehalt erfaßt, denn § 40 I Nr. 1 DiskE legte fest, dass Sachen, die unter einfachem Eigentumsvorbehalt veräußert wurden zur Insolvenzmasse gehören sollten und nach § 52 DE ausdrücklich nicht zur Aussonderung berechtigten.
1013 DE zur InsO, Begründung zu den einzelnen Vorschriften, S. B 172, 173.
1014 RegBegr. zu § 58 RegE , DR-Drucks. 1/91, S. 125.

Gründe für die Einordnung des einfachen Eigentumsvorbehaltes als Aussonderungsrecht einerseits umsatzsteuerliche Gründe, andererseits Schwierigkeiten bei den Kostenbeiträgen an[1015]. Während die Kostenbeiträge der Sicherungsübereignung von Sachen und Forderungen dadurch aufgefangen werden könnten, dass der Gläubiger eine Sicherheit ausreichend bemessen läßt, indem er bei der Kreditvergabe sicherstellt, dass der Verwertungserlös des Sicherungsgutes sowohl seine Forderung als auch die Kostenbeiträge decke, stoße eine derartige Übersicherung[1016] auf praktische Schwierigkeiten. Und nicht zuletzt würde mit der Einordnung des einfachen Eigentumsvorbehaltes als Aussonderungsrecht eine Umsatzsteuerbelastung der Masse vermieden.
Da die Herausnahme des einfachen Eigentumsvorbehaltes aus dem Kreis der Absonderungsrechte also nicht ausschließlich von der qualitativ verschiedenen Sicherungsfunktion von einfachem Eigentumsvorbehalt und Sicherungsübereignung motiviert war, ist es befremdlich, die Verwehrung eines Nutzungsrechts an Aussonderungsgut allein daran festzumachen, dass es sich beim einfachen Eigentumsvorbehalt um ein zur Aussonderung berechtigendes Recht handelt. Dies gilt erst recht vor dem Hintergrund, dass das Verständnis des einfachen Eigentumsvorbehaltes als Absonderungsrecht das Ergebnis eines langen Diskussionsprozesses war, während die letztendliche Qualifizierung als Aussonderungsrecht eher überraschend[1017] und vor allem ohne nähere Begründung des Gesetzgebers erfolgte.
Dies wiederum läßt den Schluß zu, das Fehlen eines ausdrücklichen Nutzungsrechts des Verwalters an Aussonderungsgut auf die ohnehin nicht sehr gelungene Formulierung von § 107 InsO zurückzuführen und davon auszugehen, dass dieses der raschen gesetzgeberischen Wende zum Opfer gefallen ist. Denn anderenfalls ließe sich die Diskrepanz zwischen dem § 107 II InsO zugrundeliegenden Bestreben, Fortführungs- und Sanierungschancen zu wahren und dem Fehlen eines ausdrücklichen Nutzungsrechtes nicht erklären.
Für ein Nutzungsrecht des Verwalters an Aussonderungsgut spricht ferner, dass bereits der Konkursverwalter dazu berechtigt war, Vorbehaltsgut entsprechend den Maßgaben des zwischen dem Verkäufer und dem Gemeinschuldner geschlossenen Vertrages weiter zu nutzen und Nutzungen aus diesem zu ziehen[1018]. Wenn aber die Nutzung von Vorbehaltsgut bereits im Konkursverfahren zulässig war, obwohl eine Unternehmensfortführung hier lediglich vorübergehender Natur war[1019], muss einer Nutzung von Vorbehaltsgut erst recht unter Geltung der Insolvenzordnung, die Fortführungs- und Sanierungschancen vermehrt fördern will, zugestimmt werden.

d. Verfassungsmäßigkeit eines Nutzungsrechts

Es fragt sich aber, ob die Gewährung eines Nutzungsrechts an Aussonderungsgut in Einklang mit verfassungsrechtlichen Grundsätzen steht.

aa. Vereinbarkeit mit Art. 14 GG

Insofern ist zunächst problematisch, dass die Regierungsbegründung zu § 107 II InsO ausführt, dass die Sachen nur „zunächst" also bis zu einer ablehnenden Entscheidung des

---

1015 *Landfermann*, ZIP 1991, 1660, 1661.
1016 Siehe zur Übersicherung auch *Gottwald/Adolphsen*, Kölner Schrift zur InsO, S. 1043, 1076 Rn. 128 ff.
1017 So auch *Gottwald/Adolphsen*, Kölner Schrift zur InsO, 1043, 1054 Rn. 36.
1018 *Henckel*, Aktuelle Probleme, S. 34; *Kuhn/Uhlenbruck*, § 117 Rn. 14.
1019 *Kuhn/Uhlenbruck*, § 117 Rn. 14.

Verwalters hinsichtlich des Vorbehaltskaufs in der Masse verbleiben sollen[1020], während dem Verwalter das Nutzungsrecht an mit Absonderungsrechten belasteten Gegenständen auch dann zusteht, wenn der Verwalter die Vertragserfüllung ablehnt. § 107 II InsO suspendiert den Herausgabeanspruch daher nur vorübergehend[1021], während § 172 I InsO zu endgültigen Ergebnissen führt[1022]. Insofern könnten sich, insbesondere im Hinblick auf mögliche daraus entstehende entschädigungslose Enteignungen[1023], Bedenken hinsichtlich der Vereinbarkeit mit Art. 14 GG ergeben.

aaa. Schutzbereichsbetroffenheit

Eine rechtswidrige Beeinträchtigung von Art. 14 I 1 GG setzt zunächst voraus, dass der Schutzbereich von Art. 14 I GG betroffen ist. Dazu muss die Nutzung von Vorbehaltseigentum zum bestandsgeschützten Eigentum gehören. Eigentum i.S.v. Art. 14 GG sind alle durch Rechtssätze zugeordneten und anerkannten Vermögenspositionen, die „zur Rechtsstellung erhoben und verdichtet" sind[1024]. Entscheidend ist, dass sich die Befugnisse des Eigentümers erst aus dem Zusammenspiel aller Gesetze ergeben[1025]. Das verfassungsrechtliche Eigentumsrecht deckt sich daher nicht zwingend mit dem zivilrechtlichen Eigentumsverständnis der §§ 903 ff BGB, sondern definiert sich anhand aller formell und materiell verfassungskonformen Normen des einfachen Rechts. Dazu gehört zweifellos sowohl das Vorbehaltseigentum des Lieferanten als auch das sich aus § 903 BGB ergebende Nutzungsrecht desselben als Eigentümer[1026].

bbb. Eingriff

Durch das Nutzungsrecht des Verwalters wird aussonderungsberechtigten Gläubigern in der Zeit zwischen Verfahrenseröffnung und der Entscheidung des Verwalters über die Fortführung des Vertrages das Recht genommen, selbst zu entscheiden, wer ihr Eigentum in welcher Form nutzen darf.
Von besonderer Bedeutung ist, ob es sich bei dieser Beschränkung der Eigentumsrechte aus § 903 BGB um eine Enteignung oder eine Inhalts- und Schrankenbestimmung handelt.
Obwohl die Abgrenzung dogmatisch schwierig ist, wird im folgenden den Vorgaben des Bundesverfassungsgerichtes gefolgt, weil es um die verfassungsrechtliche Beurteilung eines Nutzungsrechts des Verwalters an Aussonderungsgut und nicht um Fragen der dogmatischen Struktur des Art. 14 GG geht[1027]. Auf dieser Grundlage findet eine Abgrenzung nach formalen Kriterien statt. Eine Enteignung i.S.v. Art. 14 GG liegt demzufolge bei einer zwangsweisen staatlichen Güterbeschaffung vor. Es müssen daher konkrete, subjektive Rechtspositionen, die durch Art. 14 GG gewährleistet werden, entzogen werden[1028]. Ist das nicht der Fall, enthält das einschränkende Gesetz aber eine Entschädigungsregelung, zu der der Gesetzgeber bei einer Enteignung infolge der Junktimklausel des Art. 14 III GG genötigt ist, so spricht auch diese Tatsache für das Vorliegen einer Enteignung. Fehlt es daran, und will der Gesetzgeber

[1020] RegBegr. zu § 121 RegE, abgedruckt in :*Uhlenbruck*, Insolvenzrecht, S. 433.
[1021] *Marotzke*, ZZP 109 (1996), 429, 454.
[1022] *Marotzke*, ZZP 109 (1996), 429, 454.
[1023] *Niesert*, InVo 1998, 85, 91.
[1024] Maunz/Dürig/-*Papier*, GG II, Art. 14 Rn. 150.
[1025] BVerfGE 58, 300, 336.
[1026] Palandt-*Bassenge*, § 903 Rn. 5.
[1027] Vgl. zur dogmatischen Struktur von Art. 14 GG *Schmidt-Bleibtreu/Klein*, Art. 14 GG Rn. 6 a.
[1028] BVerfGE 52, 1 ff; 38, 180; 45, 326; 56, 249 ff; 58, 300 ff; 70, 191 ff; 79, 174 ff.

den Regelungsbereich vielmehr abstrakt neu ordnen, ist das ein Indiz für eine Inhalts- und Schrankenbestimmung.
Da die InsO keine ausdrückliche Regelung über die Nutzung von Aussonderungsgut enthält, fehlt es zwangsläufig auch an einer entsprechenden Entschädigungsregelung. Sowohl aus der historischen Entstehung des § 107 II InsO und der Begründung zum Regierungsentwurf als auch unter Heranziehung des Rechtsgedankens aus § 172 I InsO ergibt sich aber, dass ein Nutzungsrecht nur dann gewährt werden kann, wenn dies entsprechend der Nutzung von Absonderungsgut mit laufenden Ausgleichszahlungen korrespondiert. Dieses Kriterium spricht daher dafür das Nutzungsrechts als Enteignung einzustufen. Das Nutzungsrecht des Vorbehaltskäufers an Aussonderungsgütern wird den Vorbehaltslieferanten zwar entzogen, um es auf den Insolvenzverwalter des Vorbehaltskäufers zu übertragen. Dieser Entzug erfolgt aber weder endgültig noch im Rahmen einer zwangsweisen Güterbeschaffung, sondern im Zuge der vom Gesetzgeber beabsichtigten, grundlegenden Reform des Insolvenzrechts. Anlaß dafür war die weitgehende Funktionsunfähigkeit von Konkurs- und Vergleichsverfahren, sowie die seit langem beklagte Rechtswirklichkeit des Konkurses des Konkurses[1029]. Um deren Folgen entgegenzuwirken, und die Zerschlagungsautomatik durch die Zugriffsmöglichkeiten der Sicherungsgläubiger zu beseitigen, und so Sanierungschancen zu ermöglichen, sah der Gesetzgeber eine generelle Neuordnung des Insolvenzrechts vor. Seine Intention zielte folglich nicht darauf ab, einem bestimmten Personenkreis konkrete Rechtspositionen zu entziehen, um diese einem anderen Personenkreis zuzuordnen, sondern darauf, der ihm im Rahmen von Art. 14 I 2 GG obliegenden Möglichkeit, Eigentümerrechte- und pflichten in gewissen verfassungsrechtlichen Grenzen neu zu gestalten, nachzukommen[1030].
Die Intention des Gesetzgeber indiziert daher dessen Absicht, mit der InsO eine abstrakt-generelle Neudefinition des Eigentums für den Bereich des Insolvenzrechts vornehmen zu wollen. Eine Nutzungsbefugnis an Aussonderungsgut stellt daher eine Inhalts- und Schrankenbestimmung i.S.v. Art. 14 I 2 GG dar.
Diese ist dann verfassungsgemäß, wenn Gründe des Allgemeinwohls unter Berücksichtigung des Grundsatzes der Verhältnismäßigkeit rechtfertigen[1031], dass der Gesetzgeber in bestehende Rechte eingreift, diesen einen neuen Inhalt gibt[1032], und dieser den Anforderungen der Institutsgarantie des Art. 14 I 1 GG genügt.

ccc. Verhältnismäßigkeit

(1) Legitimer Zweck

Die veränderten Nutzungsbefugnisse müssen zunächst der Verfolgung eines legitimem Zwecks dienen. Mit der grundlegenden Reform des Insolvenzrechts soll das Insolvenzrecht wieder funktionsfähig gemacht werden. Das heißt, es wird ein rechtlicher Rahmen sowohl für die Sanierung von Unternehmen als auch für eine optimale Verwertung der Masse geschaffen[1033]. Hinzu kommt, dass die zumindest vorrübergehende Unternehmensfortführung auch der Erhaltung von Arbeitsplätzen sowie der eines funktionierenden, gerade für die

[1029] Allgemeine Begründung zum Diskussionsentwurf , S. A 1 ff.
[1030] BVerfGE 31, 275, 284, 285; 42, 263, 293.
[1031] BVerfGE 70, 191, 202.
[1032] BVerfGE 31, 275, 284, 285.
[1033] *Baum*, KTS 1989, 553, 554 ff.

Beteiligten wichtigen Wirtschaftsgliedes dient[1034]. Das Interesse an einem funktionsfähigen Insolvenzrecht liegt daher im öffentlichen Interesse und dient folglich zumindest auch dem Wohl der Allgemeinheit i.S.v. Art. 14 II 2 GG[1035]. Hinzu kommt, dass speziell durch die Befugnis des Verwalters, das zum schuldnerischen Unternehmen gehörende Produktions- und Anlagevermögen weiternutzen zu dürfen, bestehende Aufträge abgewickelt werden können. Dies beinhaltet den Vorteil, dass so das Auflaufen von Schadensersatzansprüchen vermieden wird, für die ihrerseits gegebenenfalls Sicherheiten bestellt wurden[1036].
Der Reformzweck ist daher ein verfassungslegitimer.
Die Nutzung von Aussonderungsgut muss für die Umsetzung dieses Ziels geeignet, erforderlich und angemessen sein.

(2) Geeignetheit

Die Eignung einer Maßnahme setzt voraus, dass sie ein objektiv taugliches Mittel zur Erfüllung des angestrebten Zwecks ist[1037].
Der Grundsatz der Rechtsstaatlichkeit gebietet zwar, den einzelnen vor unnötigen Eingriffen der öffentlichen Gewalt zu bewahren, zu bedenken ist aber, dass die Schaffung von Normen allein dem Gesetzgeber obliegt. Es liegt daher in seinem Ermessen, welchen Rang er Sicherheiten einräumt und wie er deren Realisierung regelt[1038]. Sowohl die Aufwertung von Sanierungschancen als auch die Befriedigung der Gläubiger läßt sich aber oftmals nur dann optimal verwirklichen, wenn das insolvente Unternehmen zunächst fortgeführt wird, denn die richtige Entscheidung im Hinblick auf die Vertragserfüllung kann häufig nur auf dieser Grundlage sinnvoll getroffen werden. Dazu ist aber gerade die Nutzung von Gegenständen des Anlagevermögens, wie beispielsweise die zur Weiterproduktion notwendigen, unter einfachem Eigentumsvorbehalt gelieferten Maschinen, notwendig.
Zunächst können sich im Rahmen der Weiterproduktion Sanierungschancen abzeichnen, die dazu veranlassen, das schuldnerische Unternehmen nicht zu zerschlagen sondern fortzuführen.
Andererseits können durch eine geregelte Ausproduktion auch noch erhebliche Vermögenswerte zur Masse gezogen werden, so dass zur Befriedigung der Gläubiger ein größeres Vermögen zur Verfügung steht. So lohnt sich beispielsweise die Fertigstellung von Halbfertigprodukten, die oftmals keinen oder nur einen sehr geringen Wert haben. Dies gilt um so mehr, je mehr Aufwand für dieses halb fertige Produkt bisher getätigt wurde[1039]. Zu bedenken ist weiterhin, dass der Wert eines werbenden Unternehmens wirtschaftlich weitaus höher ist als die Summe seiner veräußerbaren Einzelteile, was insbesondere dann wichtig ist, wenn das Unternehmen als ganzes verkauft werden soll oder eine übertragende Sanierung[1040]

1034 A. A. *Wellensiek*, WM 1999, 405, 406, der aus der Tatsache, dass die Unternehmenssanierung kein eigenständiger Gesetzeszweck, sondern nur ein mögliches Mittel zur Befriedigung der Gläubiger sei, *Smid/Rattunde*, Der Insolvenzplan, 1998, Rn. 76, schlußfolgert, dass weder die Erhaltung eines insolventen Unternehmens noch die Erhaltung insolvenzgefährdeter Arbeitsplätze Abstriche bei der Haftungsverwirklichung der Gläubiger rechtfertigen dürften.

1035 Im Gegensatz zu Eingriffen in Form der Enteignung, die nach Art. 14 III 1 GG zum Wohl der Allgemeinheit erforderlich sein müssen, ist das Wohl der Allgemeinheit i.S.v. Art. 14 II 2 GG bei einer Inhalts- und Schrankenbestimmung nur eine Richtschnur bei der Ausgestalung der Eigentumsordnung, vgl. *Böhmer*, Sondervotum zu BVerfGE 56, 249, 275 f.

1036 *Wellensiek*, WM 1999, 405, 406.

1037 BVerfGE 16, 147, 181; 17, 306, 317; 19, 119, 126 f; 30, 250, 263.

1038 *Baum*, KTS 1989, 553, 573; *Koenen*, Bankrechtliche Aspekte der Insolvenzreform, 1988, S. 103.

1039 *Wellensiek*, WM 1999, 405, 406.

1040 Dabei werden einzelne Vermögenswerte des Unternehmens als Funktionseinheit im Paket an einen Erwer-

angestrebt ist. Denn dann steht mehr Vermögen zur Verteilung an die Gläubiger zur Verfügung. Die zumindest zeitweilige Fortführung des schuldnerischen Unternehmens, für die die grundsätzliche Nutzung von Aussonderungsgut unerläßlich ist, ist daher auch aus der Perspektive der Gläubiger erstrebenswert.
Die Nutzungsmöglichkeit des Verwalters an Aussonderungsgut vergrößert daher nicht nur die Chance auf eine Reorganisation, sondern trägt auch zur Vermehrung der zur Gläubigerbefriedigung zur Verfügung stehenden Masse bei, und ist zur Erreichung des verfolgten Zweckes damit objektiv tauglich.

(3) Erforderlichkeit

Als nächstes gilt es zu untersuchen, ob es ein milderes Mittel gibt, das den angestrebten Zweck genauso effektiv fördert[1041].
Zu denken wäre etwa daran, das Nutzungsrecht an Aussonderungsgut nicht generell auf den Verwalter zu übertragen, sondern dieses gewissen Voraussetzungen und Beschränkungen zu unterwerfen.
Eine solche Handhabe ist aber in vielerlei Hinsicht unpraktikabel:
Denn zunächst müßten Kriterien aufgestellt werden, nach denen sich das Nutzungsrecht des Verwalters richtet. Als nächstes stellt sich die Frage, wer über die Erforderlichkeit entscheidet. Problematisch ist ferner, dass es sich bei dem hier zur Diskussion stehenden Zeitraum nur um maximal drei Monate handelt. Denn nach dem Berichtstermin muss sich der Verwalter für oder gegen die Vertragserfüllung entscheiden. Lehnt er diese ab, muss er das Vorbehaltsgut herausgeben. Entscheidet er sich hingegen für dieselbe, ist er fortan ohnehin zur Nutzung berechtigt. Wenn nun aber zunächst der Bestand des Unternehmens aufgelistet werden muss, um zu prüfen, bei welchen Gegenständen es sich um Aussonderungsgut handelt, würde die Unternehmensfortführung bis zur endgültigen Entscheidung darüber welche Gegenstände zwingend erforderlich sind eingestellt werden müssen, um nicht Gefahr zu laufen, Schadensersatzansprüche wegen der Nutzung solcher Güter zu begründen, die von den aufgestellten Kriterien letztendlich doch nicht erfaßt sind. Hinzu kommt, dass bis zur Erfassung des schuldnerischen Unternehmens und seines Bestandes, je nach dessen Größe, eine geraume Zeit vergehen kann, die im ärgsten Fall an die Dreimonatsfrist des § 107 II 1 InsO grenzt oder diese sogar überschreitet, so dass die Gefahr besteht, dass mit einer solchen Lösung nicht viel gewonnen ist. Kann der Insolvenzverwalter das Unternehmen hingegen ohne Rücksicht auf dererlei Unterscheidungskriterien zunächst fortführen, so ist dem angestrebten Zweck mehr gedient.
In Betracht kommt ferner die Möglichkeit, die Nutzung von Aussonderungsgut von der Absprache mit dem jeweiligen Sicherungsgläubiger abhängig zu machen. Aber auch hier ergeben sich die bereits dargelegten Probleme. Neben diese tritt die Schwierigkeit, mit den Sicherungsgläubigern verhandeln zu müssen. Diese nimmt nicht nur Zeit in Anspruch, sondern verlangt darüber hinaus einiges an Verhandlungsgeschick. Daneben besteht schließlich noch die Gefahr, dass Verhandlungen nicht zum Erfolg führen. Insbesondere ist problematisch, dass die Unternehmensfortführung von einzelnen Sicherungsgläubigern abhängig wäre. Dieser Gefahr könnte zwar dadurch vorgebeugt werden, dass nicht die einzelnen Gläubiger über die Nutzung der von ihnen gelieferten Güter entscheiden, sondern vielmehr die Gesamtheit aller Gläubiger über die Unternehmesfortführung beschließt, mit der Folge, dass sich einzelne Sicherungsgläubiger dem Mehrheitsbeschluß beugen müssen und

ber verkauft, vgl. zum Begriff *Karsten Schmidt*, ZIP 1980, 328, 336.
[1041] BVerfGE 64, 72, 58.

ihnen so die Möglichkeit genommen wird, Sanierungschancen zu boykottieren. Diese Möglichkeit ist aber zweifellos zu umständlich und dürfte der Dringlichkeit, die eine solche Entscheidung bedarf abträglich sein. Sie eignet sich daher ebenfalls nicht als adäquate Alternative.
Da der Gesetzgeber hinsichtlich der Ausgestaltung seiner Regelungen einen weiten Gestaltungsspielraum hat, und ihm insbesondere verfassungsrechtlich nicht vorzuschreiben ist, welcher von verschiedenen Regelungsmöglichkeiten er sich zu bedienen hat[1042], muss man zu dem Ergebnis gelangen, dass kein milderes ebenso geeignetes Mittel zur Erreichung des angestrebten Zwecks ersichtlich ist.

(4) Angemessenheit

Letztendlich muss die Beeinträchtigung der Eigentümerbefugnisse unter Abwägung mit dem Zweck des Gesetzes auch angemessen sein. D.h. Eingriff und Zweck müssen verhältnismäßig sein. Ob dies der Fall ist, ist im Rahmen einer umfassenden Güterabwägung zu prüfen.

(4 a) Nutzungsmöglichkeit und Institutsgarantie

Die Nutzungsmöglichkeit des Verwalters bis nach dem Berichtstermin ändert an der grundsätzlichen Zuordnung des Eigentums im Warenverkehr nichts. Insbesondere bleibt es entsprechend der bisherigen Rechtslage dabei, dass der Vorbehaltslieferant zur Aussonderung berechtigt ist. Genommen wird ihm lediglich die Nutzungsmöglichkeit in der Zeit zwischen Verfahrenseröffnung und der Entscheidung des Verwalters über die Vertragsfortführung. Fraglich ist, ob der Verlust des Nutzungsrechts in diesem Zeitraum mit der Institutsgarantie des Art. 14 GG in Einklang steht. Mit der objektiv-rechtlichen Institutsgarantie wird das Institut „Eigentum", und damit die Existenz frei verfügbarer Vermögenswerte an sich garantiert[1043], indem dem Gesetzgeber verboten ist, solche Sachbereiche der Privatrechtsordnung zu entziehen, die zum elementaren Bestand grundrechtlich geschützter Betätigung in vermögensrechtlicher Hinsicht gehören[1044]. Der Gesetzgeber muss also zunächst einen Freiraum zur Gewährung von Nutzungs- und Verfügungsrechten bereit stellen[1045], kann bestehende Spielräume aber ebenso einzuschränken oder ihnen einen neuen Inhalt zu geben[1046]. Er ist also nicht auf die traditionellen Vorgaben und Begrifflichkeiten beschränkt[1047], sondern kann Inhalt und Funktion des Eigentums an die gesellschaftlichen und wirtschaftlichen Verhältnisse anpassen[1048]. Nicht jede mögliche Nutzung gehört folglich zum Inhalt des Eigentums[1049]. Gewährleistet werden muss lediglich eine angemessene Nutzung und Verwertung, die die Privatnützigkeit des Eigentums gewährleistet[1050]. Wird dem Verwalter im benannten Zeitraum die Nutzung von Aussonderungsgut gewährt, wird die Nutzungsmöglichkeit der zur Aussonderung berechtigten Gläubiger zwar beschnitten. Potentielle Nutzungsmöglichkeiten werden jedoch nicht geschützt[1051]. Zu bedenken ist ferner,

---

[1042] BVerfGE 31, 275, 286; 68, 361, 367 ff; BVerfG, NJW 1986, 1159, 1160.
[1043] Maunz/Dürig-*Papier*, Art. 14 GG Rn. 12.
[1044] BVerfGE 24, 367, 389; 58, 300, 339.
[1045] BVerfGE 31, 229, 239.
[1046] BVerfGE 31, 229, 241; 53, 257, 290.
[1047] Maunz/Dürig-*Papier*, Art. 14 GG Rn. 253.
[1048] BVerfGE 24, 367, 389.
[1049] BVerfGE 31, 275, 287; 45, 63, 81.
[1050] BVerfGE 31, 229, 239, 241; 50, 290, 334 f; 352, 355, 357; 53, 257, 290.
[1051] *Baum*, KTS 1989, 553, 568.

dass den Lieferanten die Nutzung bereits durch die Regelung des § 107 II 1 InsO entzogen worden ist. Ohne das Nutzungsrecht des Verwalters müßte Aussonderungsgut bis zur Entscheidung des Verwalters ungenutzt in der Masse verbleiben. Dies ist aber nicht nur der Unternehmensfortführung abträglich, sondern oft auch nicht für den Erhalt von Vorbehaltsgütern förderlich. Denn dem Erhalt deren Funktionsfähigkeit dient häufig die Weiternutzung mehr als ihre Stillegung.
Im übrigen hat sich der Gläubiger seines Nutzungsrechtes an der Sache durch den Verkauf bereits begeben. Sein Interesse ist auf Zahlung des Kaufpreises und nicht auf Rückgabe der Sache gerichtet[1052]. Er wird gegen die Nutzung seines Sicherungsgutes daher zumindest dann nichts einzuwenden haben, wenn sich der Zustand des Aussonderungsgutes und damit seine Position nicht ändert[1053]. Gläubiger, die mit ihrem Schuldner kontrahiert haben, sind darüber hinaus grundsätzlich der Gefahr ausgesetzt, dass dieser insolvent wird. Zwar haben sie für diesen Fall das Eigentum an der Vorbehaltssache vorbehalten, sie bilden aber zusammen mit den übrigen Gläubigern des Gemeinschuldners eine Risikogemeinschaft, die sich in der Insolvenz ihres Vertragspartners zur Verlustgemeinschaft konkretisiert[1054]. Der rein zivilrechtliche Eigentumsbegriff kann hier folglich kein Maßstab sein, da der Lieferant als Vorbehaltseigentümer nicht nur die Position eines Eigentümers, sondern infolge seiner Teilnahme am Wirtschaftsverkehr auch die eines Gläubigers inne hat[1055]. Es kommt vielmehr zu einer Überschneidung zivilrechtlicher und insolvenzrechtlicher Eigentumsbefugnisse, bei der sich die spezielleren insolvenzrechtlichen Vorschriften durchsetzten[1056]. Um den mit der Insolvenzordnung verfolgten Gedanken, eine möglichst umfassende Befriedigung aller Gläubiger entweder durch Sanierung oder durch eine optimale Verwertung der Masse zu verwirklichen, müssen alle Beteiligten einen Beitrag leisten, der im Falle der aussonderungsberechtigten Gläubiger eben in der Übertragung der Nutzungsbefugnis auf den Insolvenzverwalter liegt.
Daneben ist zu bedenken, dass das Nutzungsrecht des Verwalters auch unter einem anderen Aspekt nicht zu ungewollt dauerhaften Folgen führt, die von der nur vorübergehenden Wirkung des § 107 II InsO nicht gedeckt sind. Denn die Nutzung obliegt dem Verwalter nur solange, bis er die Vertragserfüllung ablehnt, also nur in dem von § 107 II InsO erfaßten Zeitraum. Danach kann der Lieferanten die Sache aussondern, womit das Nutzungsrecht des Verwalters endet. Entscheidet sich der Verwalter jedoch für die Vertragserfüllung, so obliegt ihm das Nutzungsrecht an der Vorbehaltssache ab diesem Zeitpunkt ohnehin wieder aufgrund des nun neu begründeten Vertragsverhältnisses. Auch unter diesem Aspekt wird also deutlich, dass es widersinnig ist, das Nutzungsrecht für maximal drei Monate auszusetzen, zumal es schwer vorstellbar ist, dass ein Unternehmen nach dreimonatiger Pause wegen mangelnder Erlaubnis Aussonderungsgut zu nutzen wieder produktiv wird.
Hinzu kommt noch, dass die verfassungsrechtliche Eigentumslage wesentlich von der Funktion des Eigentums geprägt wird[1057]. Formales Eigentum an Sicherungsgut hat daher weitaus geringeren Verfassungsrang als Eigentum an eigenen Produktionsmitteln oder gar an Privatvermögen[1058]. Im übrigen unterstehen sowohl rein schuldrechtliche Forderungen des

---

1052 *Tintelnot*, ZIP 1995, 616, 617; *Wellensiek*, Kölner Schrift zur InsO, S. 403, 414, Rn. 39.

1053 Anderenfalls muss ihm Ersatz für den Wertverlust gewährt werden. Siehe dazu aber eingehend unten S. 346 ff.

1054 *Baum*, KTS 1989, 553, 578.

1055 *Baum*, KTS 1989, 553, 578.

1056 *Baum*, KTS 1989, 553, 577.

1057 vgl. dazu *Pieroth/Schlinck*, Staatsrecht II, Grundrechte, Rn. 1006 ff ; *Gottwald*, Insolvenzrecht im Umbruch, Bd. I, 197, 207.

1058 *Gottwald*, Insolvenzrecht im Umbruch, Bd. I, 197, 207.

Gläubigers, als auch das dingliche Recht am Sicherungsgut dem Schutz des Art. 14 I GG[1059]. Im Insolvenzfall stehen sich daher Rechte gleichen Verfassungsranges gegenüber. Wird dem Insolvenzverwalter nun die Nutzung von Aussonderungsgut zugebilligt, so ist dies vergleichbar mit Bauverboten, Veräußerungsverboten, Ausschluß oder Beschränkungen von Mietkündigungen im Mietrecht usw[1060].
Letztlich ist noch zu bedenken, dass die Eigentümerbefugnisse der absonderungsberechtigten Vorbehaltslieferanten durch die §§ 166 ff InsO weitaus stärker eingeschränkt werden als durch das Nutzungsrecht des Verwalters an Aussonderungsgut. Denn mit der Verwertungsbefugnis des Verwalters wird ein Beendigungstatbestand geschaffen, der weitaus radikaler in die Eigentümerbefugnisse der Vorbehaltsverkäufer eingreift als die Nutzungbefungnis an Aussonderungsgut. Wenn dies aber im Hinblick auf Art. 14 I GG nicht bedenklich ist, kann das für das Nutzungsrecht an Aussonderungsgut ebenfalls nicht der Fall sein.
Im Ergebnis ist durch die Übertragung der Nutzungbefugnis auf den Verwalter daher keine Aushöhlung des Eigentumbegriffes zu befürchten.
Das Nutzungsrecht des Verwalters ist folglich mit der Institutsgarantie des Art. 14 I 1 GG vereinbar.

(4 b) Wahrung der beiderseitigen Interessen

Die Entscheidung ein Unternehmen langfristig fortzuführen und zu sanieren, kann nur dann sinnvoll getroffen werden, wenn dieses zumindest bis zu dem Zeitpunkt der Entscheidung fortgeführt wird und sich dabei Sanierungschancen abzeichnen[1061]. Das setzt aber voraus, dass die Produktionsfähigkeit des Unternehmens bewahrt und geschützt werden muss, bis im Berichtstermin über die Zukunft des Unternehmens entschieden ist[1062].
Für ein Nutzungsrecht des Verwalters an Aussonderungsgut streiten neben den Interessen des Gemeinschuldners auch die der gesicherten Gläubiger.
Denn häufig ist es so, dass für Spezialanfertigungen, wie beispielsweise im Maschinenbau oder in der Computerindustrie kaum ein Markt besteht, das ausgesonderte Vorbehaltsgut anderweitig abzusetzen[1063]. Sondert der Vorbehaltseigentümer seine Vorbehaltsware aus, so führt das in der Regel folglich nicht dazu, dass er in der Höhe des noch vorhandenen Wertes der Kaufsache befriedigt wird. Hinzu kommt, dass der Verwalter sich nur in seltenen Fällen für die Vertragserfüllung entscheiden wird, weil der noch vorhandene Wert der Sache den Kaufpreis oftmals nicht erreichen wird[1064]. Der Lieferant wird daher in solchen Fällen sogar mehr daran interessiert sein, dass sein Vorbehaltsgut im gemeinschuldnerischen Unternehmen verbleibt, als die Sachen auszusondern und anderweitig abzusetzen. Dies gilt gerade für Gegenstände des Anlagevermögens, die bei der Zerschlagung des Unternehmens umsomehr an Wert verlieren, je spezifischer sie auf die Unternehmensbedürfnisse zugeschnitten sind. Der Wertverlust steigt daher mit zunehmender Komplexität des Unternehmens und kann bei einer Einzelverwertung sogar nur noch beim Schrottwert liegen, der gegebenenfalls noch durch die Demontagekosten aufgezehrt wird[1065].

[1059] BVerfGE 45, 142, 179; 68, 193, 222; 77, 370, 377; *Seuffert*, ZIP 1986, 1157, 1157, 1158.
[1060] *Seuffert*, ZIP 1986, 1157, 1158.
[1061] *Wellensiek*, Kölner Schrift zur InsO, S. 403, 414 Rn. 39.
[1062] BK-*Breutigam*, § 172 Rn. 7.
[1063] *Niesert*, InVo 1998, 85, 89.
[1064] Begr. zu § 55 RfE, S. 49, 50.
[1065] *Wellensiek*, WM 1999, 405, 406.

Da die Sicherungsgläubiger infolge der Nutzung ihres Sicherungsgutes häufig einen höheren Erlös als nur den Zerschlagungswert erzielen können, wird deutlich, dass sich die Nutzung von Aussonderungsgut auch auf die Sicherungsgläubiger positiv auswirkt.

ddd. Zwischenergebnis

Zusammenfassend läßt sich daher festhalten, dass ein Nutzungsrecht des Verwalters an Aussonderungsgut nicht gegen Art. 14 I GG verstößt.

bb. Gleichheitsgrundsatz

Die Nutzung von Aussonderungsgut durch den Insolvenzverwalter muss sich ferner auch an Art. 3 I GG messen lassen. Dabei kommt es entscheidend darauf an, ob durch die unterstellte Ungleichbehandlung von Aussonderungs- und Absonderungsgut im Hinblick auf deren Nutzung durch den Insolvenzverwalter die Grenzen der gesetzgeberischen Gestaltungsfreiheit im Rahmen des Gleichheitsgrundsatzes überschritten werden.

aaa. Ungleichbehandlung

Dies setzt zunächst eine Ungleichbehandlung von wesentlich Gleichem voraus[1066]. Nach § 172 I 1 InsO obliegt dem Insolvenzverwalter das Nutzungsrecht an Absonderungsgut, während es für Aussonderungsgut an einer entsprechenden Regelung fehlt. Eine Ungleichbehandlung setzt aber voraus, dass beide Güter unter einen gemeinsamen Oberbegriff zusammengefaßt werden können[1067]. Aus- und Absonderungsgut ist gemeinsam, dass beide der Sicherung ihrer Gläubiger im Insolvenzfall des Schuldners dienen. Eine Vergleichbarkeit liegt damit vor.

bbb. Verfassungsrechtliche Rechtfertigung

Diese Ungleichbehandlung wäre dann gerechtfertigt, wenn die vorgenommene Differenzierung hinsichtlich des Differenzierungsziels, wie auch bezüglich der Differenzierungskriterien verfassungsgemäß ist.

(1) Differenzierungsziel

Mit dem Nutzungsrecht des Verwalters an Absonderungsgut wird das Ziel verfolgt, Gegenstände, die mit Absonderungsrechten belastet sind, die aber zur wirtschaftlichen Einheit des Unternehmens gehören und für die Fortführung des schuldnerischen Unternehmens notwendig sind, weiter für das gemeinschuldnerische Unternehmen nutzen zu können[1068]. Damit unterstützt § 172 InsO den § 166 InsO zugrundeliegenden Zweck, den Unternehmensverbund auch nach Eröffnung eines Insolvenzverfahrens zusammenzuhalten, der bisher durch das Herauslösen von mit Absonderungsrechten belasteten Gegenständen gefährdet war[1069]. Die für eine Fortführung unentbehrlichen Betriebsmittel verbleiben daher zunächst im schuldnerischen Unternehmen und erhöhen so dessen Sanierungschancen.

[1066] BVerfGE 49, 148, 165.

[1067] *Pieroth/Schlink*, Staatsrecht II, Grundrechte, Rn. 478.

[1068] Vgl. RegBegr. zu § 197 RegE, abgedruckt in: *Uhlenbruck*, Insolvenzrecht, S. 543.

[1069] RegBegr. zu § 191 RegE, abgedruckt in: *Uhlenbruck*, Insolvenzrecht, S. 529, 530.

Für Gegenstände, an denen ein einfacher Eigentumsvorbehalt besteht, hat der Gesetzgeber die Regelung des § 107 II InsO als ausreichend erachtet, weil durch sie sichergestellt werde, dass Sachen an denen ein einfacher Eigentumsvorbehalt bestehe zunächst nicht herausgegeben werden müßten[1070]. Als Differenzierungsziel ist daher die Schaffung eines funktionsfähigen Insolvenzrechts zu verstehen, durch das in die zivilrechtliche Güterzuordnung so wenig, wie möglich eingegriffen wird. Mit dieser Bevorzugung von Aussonderungsgläubigern, wird die äußere Grenze der gesetzgeberischen Gestaltungsfreiheit nicht überschritten.

(2) Differenzierungskriterium

Der Gesetzgeber knüpft das Nutzungsrecht des Verwalters an die Absonderungseigenschaft von Sicherungsgut. Dies stellt dann ein zulässiges Differenzierungskriterium dar, wenn "Unterschiede von solcher Art und solchem Gewicht bestehen, dass sie eine Ungleichbehandlung rechtfertigen"[1071]. Grundlage der Aussonderung ist ein auf Herausgabe oder Rückgewähr gerichtetes dingliches oder persönliches Recht, das darin fußt, dass der Gegenstand haftungsrechtlich nicht dem Schuldner zugeordnet ist. Mit der Aussonderung machen Gläubiger daher ein massefremdes Recht geltend. Demgegenüber haben absonderungsberechtigte Gläubiger nur das Recht, den Gegenstand der Sicherheit unabhängig vom Insolvenzverfahren und damit außerhalb der allgemeinen Verfahrensbeschränkungen und quotalen Ausschüttungen zu verwerten und sich aus dem erzielten Erlös zu befriedigen.
Zwischen Sicherungsgut, das zur Aus- und solchem, welches zur Absonderung berechtigt bestehen daher erhebliche Unterschiede derart, dass die Anknüpfung des Nutzungsrechts des Verwalters an die Absonderungseigenschaft von Sicherungsgut ein zulässiges Diferenzierungskriterium darstellt.

(3) Verhältnismäßigkeit

Obwohl Differenzierungsziel- und Kriterium verfassungsgemäß sind, kann sich die Verletzung des Gleichheitsgrundsatzes daraus ergeben, dass der Gesetzgeber das falsche Kriterium zur Erreichung des angestrebten Zwecks gewählt hat.
Die Regierungsbegründung zu § 172 InsO führt aus, dass Gegenstände, an denen Verlängerungs- und Erweiterungsformen des Eigentumsvorbehaltes bestehen für die Fortführung des gemeinschuldnerischen Unternehmens unerläßlich sind, und dem Verwalter deswegen das Nutzungsrecht an diesen obliegt[1072]. Um den angestrebten Zweck, Sanierungschancen zu fördern, erreichen zu können wird es für Gegenstände, an denen ein einfacher Eigentumsvorbehalt besteht, aber als ausreichend empfunden, dass diese zunächst nicht herausgegeben werden müssen, § 107 II InsO[1073]. Diese Argumentation erscheint nicht willkürlich, sondern das Ergebnis einer sachgerechten Abwägung zu sein. Zu bedenken ist aber, dass das Umlauf- und Anlagevermögen des schuldnerischen Unternehmens nicht nur mit Absonderungs- sondern auch mit Aussonderungsrechten belastet sein kann. Zu denken ist beispielsweise an unter einfachem Eigentumsvorbehalt gelieferte Maschinen, die zur Produktion unerläßlich sind. Auch solche Gegenstände gehören daher zum technisch-organisatorischen Verbund des Schuldnervermögens, so dass deren Nutzung für den Erhalt des wirtschaftlichen Verbundes des Unternehmens und dessen Produktivität ebenso

---

1070 RegBegr. zu § 191 RegE, abgedruckt in: *Uhlenbruck*, Insolvenzrecht, S. 530.
1071 BverfGE 94, 241, 260.
1072 RegBegr. zu §§ 191, 197 RegE, abgedruckt in: *Uhlenbruck*, Insolvenzrecht, S. 529, 530, 543.
1073 RegBegr. zu § 191 RegE, abgedruckt in: *Uhlenbruck*, Insolvenzrecht, S. 530.

erforderlich ist, wie die von Gegenständen, die mit Absonderungsrechten belastet sind. Hinzu kommt, dass zwischen Aus- und Absonderungsgut regelmäßig ein Verbund besteht. Das heißt, die einen können ohne die anderen nicht sinnvoll genutzt werden. In vielen Fällen, ist die Nutzung von Aussonderungsgut zur Verwirklichung des Reformziels daher erforderlich. Ebenso, wie die Insolvenzordnung die Nutzung von Gegenständen, die mit Aussonderungsgut belastet sind nicht ausdrücklich vorschreibt, schließt sie diese Möglichkeit, aber auch nicht ausdrücklich aus. Insbesondere bleibt den Parteien die Möglichkeit eine entsprechende Regelung zu treffen. Das Fehlen einer ausdrücklichen Befugnis des Verwalters, Aussonderungsgut nutzen zu dürfen ist daher nicht die zweckmäßigste Lösung, liegt aber dennoch im Rahmen der verfassungsrechtlichen Vorgaben von Art. 3 I GG. Denn der dem Gesetzgeber in Art. 3 I GG zugebilligte weite Gestaltungspielraum wird durch das Fehlen einer ausdrücklichen Regelung nicht verlassen.
Das Fehlen einer ausdrücklich gesetzlich geregelten Nutzungsbefugnis des Verwalters für Aussonderungsgut verstößt demgemäß nicht gegen das Gleichheitsgebot des Art. 3 I GG.

e. Vergleich mit der Rechtslage im Eröffnungsverfahren

Im Gegensatz zur Konkursordnung, in deren § 106 Sicherungsmaßnahmen während des Konkurseröffnungsverfahrens nur rudimentär geregelt waren[1074], wird mit der Einführung der §§ 21, 22 InsO weitgehend Rechtssicherheit geschaffen. § 21 InsO regelt die Anordnung von Sicherungsmaßnahmen, während § 22 InsO der Rechtsstellung des vorläufigen Insolvenzverwalters gewidmet ist.
Ist dem Schuldner nach neuem Recht ein allgemeines Verfügungsverbot auferlegt worden, verpflichtet § 22 I 2 Nr. 1 InsO den vorläufigen Insolvenzverwalter zur Sicherung und zum Erhalt des schuldnerischen Vermögens, während ihn Nr. 2 zur Unternehmensfortführung anhält, um erhebliche Vermögensminderungen zu vermeiden. Die Vermögenssicherung zielt sowohl darauf ab, Vermögensnachteile für die Masse und gegenüber allen Beteiligten zu vermeiden, als auch darauf, den Schuldner vor einer vorweggenommenen Gesamtverwertung im Eröffnungsverfahren zu schützen[1075]. Zu diesem Zweck hat der vorläufige Verwalter das schuldnerische Unternehmen gemäß § 22 I 2 Nr. 2 InsO bis zur Entscheidung über die Eröffnung des Insolvenzverfahrens fortzuführen[1076]. Der Sicherungs- und Fortführungsauftrag des § 22 I 2 Nr. 1, 2 InsO gebietet also die Fortführung des schuldnerischen Unternehmens im Interesse der Gläubiger im Eröffnungsverfahren[1077], und verfolgt damit den Zweck, eine zumindest zeitweilige Betriebsfortführung zu ermöglichen[1078]. Das Besitz- und Nutzungsrecht des vorläufigen Verwalters am schulderischen Vermögen basiert daher auf § 22 I Nr.1, 2 InsO[1079]. Da die nach § 22 I InsO auf den Verwalter übergegangene Verwaltungsbefugnis rein wirtschaftlich zu verstehen und auf die Förderung des Schuldnervermögens als Ganzes gerichtet ist[1080], darf der vorläufige Verwalter alle Handlungen vornehmen, die für die Fortführung des schuldnerischen Unternehmens im bisherigen Schnitt anfallen; wozu auch die Verarbeitung von Rohstoffen und der Verkauf von Fertigprodukten gehört[1081].

1074 Vgl. dazu *Kuhn/Uhlenbruck*, § 106 KO.

1075 *Hess*, § 22 InsO Rn. 34; *Pohlmann*, Befugnisse, Rn. 94 ff; RegBEgr. zu § 26 RegE, abgedruckt in *Uhlenbruck*, Insolvenzrecht, S. 325.

1076 RegBegr. zu § 26 RegE, abgedruckt in: *Uhlenbruck*, Insolvenzrecht, S. 325 .

1077 *Wellensiek*, WM 1999, 405, 406.

1078 *Grub*, ZIP 1993, 393, 393; Pape, WM 1999, 29, 31; *Wellensiek*, WM 1999, 405, 406.

1079 Vgl. *Schlegel*, DZWiR 2000, 94, 95.

1080 *Kirchhof*, ZInsO 1999, 436, 436.

1081 *Kirchhof*, ZInsO 1999, 436, 436.

An einer Regelung über die Behandlung von späterem Absonderungsgut im Eröffnungsverfahren fehlt es jedoch. Zwar kann § 166 InsO hier nicht herangezogen werden, weil es sich erstens um eine Norm des Eröffnungsverfahrens handelt und zweitens noch kein Absonderungsrecht des Sicherungsgläubigers entstanden ist. Zu bedenken ist aber, dass späteres Absonderungsgut zum schuldnerischen Vermögen zählt und die §§ 165 ff InsO auch dann schon ab Verfahrenseröffnunng gelten, wenn der Verwalter sein Wahlrecht nach § 103 InsO noch nicht ausgeübt hat[1082]. Vor diesem Hintergrund findet das Recht des vorläufigen Verwalters zum Besitz und zur Nutzung von späterem Absonderungsgut seine Grundlage nicht nur in der entsprechenden Vereinbarung im Kaufvertrag, sondern zusätzlich noch in § 22 I InsO[1083].

Wegen der ausschließlichen Erstreckung von § 22 InsO auf Bestandteile des schuldnerischen Vermögens[1084], kann das Nutzungsrecht des vorläufigen Verwalters an Aussonderungsgut nicht auf dieser Norm basieren.

Da die vertraglichen Primäransprüche nach der hier vertretenen Erlöschenstheorie aber erst mit Verfahrenseröffnung erlöschen, ergibt sich das Besitz- und Nutzungsrecht des vorläufigen Insolvenzverwalters zu diesem Zeitpunkt noch aus dem Kaufvertrag[1085].

Hinzu kommt, dass die Wertungen von § 107 II InsO durch Maßnahmen im Eröffnungsverfahren nicht mehr unterlaufen werden dürfen[1086]. Mit § 107 II InsO soll erreicht werden, dass zur Aussonderung berechtigendes Sicherungsgut erst nach der Wahlrechtsausübung durch den Verwalter, und damit spätestens nach dem Berichtstermin aus dem Unternehmen gelöst werden darf, um dem Verwalter den Zugriff auf für eine zumindest vorübergehende Betriebsfortführung notwendiges schuldnerfremdes Vorbehaltsgut zu ermöglichen, und so Fortführungs- und Sanierungschancen des schuldnerischen Unternehmens zu wahren[1087].

Wenn Sicherungsgläubiger ihr Sicherungsgut aber bereits während des Eröffnungsverfahrens aus dem schuldnerischen Unternehmen ziehen würden, wäre die Möglichkeit einer

---

1082 Kübler/Prütting-*Kemper*, § 166 Rn. 2.

1083 A.A. *Kirchhof*, ZInsO 1999, 436, 437, der aus § 22 I InsO lediglich die Verarbeitungs- und Veräußerungsbefugnis des vorläufigen Verwalters an schuldnereigenem Vermögen ableitet, während dessen Nutzungsrecht an Sicherungsgut lediglich in der vertraglichen Vereinbarung zwischen Schuldner und Gläubiger wurzele.

1084 *Delhaes*, NZI 1999, 47, 50; *Windel*, Jura 1999, 1, 4 f; *Pohlmann*, Befugnisse, Rn. 114 hingegen sieht den Besitz am Vorbehaltsgut als Bestand des zu sichernden Schuldnervermögens an. Er bejaht einen Herausgabeanspruch jedoch nach erfolgtem Rücktritt.

1085 *Pohlmann*, Befugnisse, Rn. 439. Um eine ungestörte Fortführung des schuldnerischen Unternehmens im Eröffnungsverfahren entsprechend den Vorgaben von § 22 I 2 Nr. 2 InsO zu gewährleisten, schlägt *Marotzke*, Das neue Insolvenzrecht, S. 32, 33 vor, das Nutzungsrecht des vorläufigen Verwalters an späterem Aussonderungsgut auf § 112 Nr. 1 InsO analog zu stützen, denn auch das Rücktrittsrecht des Vorbehaltslieferanten sei ab dem Zeitpunkt der Antragstellung durch eine Analogie zu § 112 Nr. 1 InsO ausgeschlossen (siehe dazu aber unten S. 329). Wenn es an einer Rücktrittsmöglichkeit fehle, müsse der vorläufige Verwalter das Vorbehaltsgut nicht nur nicht herausgeben, sondern dürfe es auch weiterhin benutzen.

Die Herleitung eines Nutzungsrechts aus § 112 Nr. 1 InsO analog scheint sehr weit hergeholt, da § 112 Nr. 1 InsO lediglich die Kündigungsmöglichkeit des Vermieters oder Verpächters ausschließt. Hinweise darauf, dass § 112 Nr. 1 InsO auch das Nutzungsrecht des Mieters/Pächters gewährleisten will lassen sich weder dem Wortlaut noch der RegBegr. entnehmen, mit der Folge, dass ein Nutzungsrecht an Aussonderungsgut auf der Grundlage von § 112 Nr. 1 InsO ausscheidet.

Ähnlich *Kirchhof*, ZInsO 1999, 436, 437, indem er davon ausgeht, dass der vorläufige Verwalter Sachen im Besitz des Schuldners auch dann im vertraglich vereinbarten Rahmen weiternutzen darf, wenn an ihnen Aussodnerungsrechte bestehen.

1086 So FK-*Schmerbach*, § 22 Rn. 13; *Kirchhof*, ZInsO 1999, 436, 437; Kübler/Prütting-*Pape*, § 22 Fn. 71; *Obermüller/Hess*, Rn. 840; *Schlegel*, DZWiR 2000, 94, 103; *Uhlenbruck*, Kölner Schrift zur InsO, 325, 351 Rn. 28; A.A.: *Mönning*, Betriebsfortführung, Rn. 929; *Lohkemp*, ZIP 1995, 1641, 1650.

1087 RegBegr. zu § 121 RegE, abgedruckt in: *Uhlenbruck*, Insolvenzrecht, S. 433.

Unternehmenssanierung bereits im Vorverfahren unmöglich gemacht. Die Gleichwertigkeit der in § 1 S. 1 InsO genannten Alternativen zur Erreichung der gleichmäßigen Gläubigerbefriedigung wäre daher nicht mehr gegeben. Denn drei Monate nach Verfahrenseröffnung gibt es nichts mehr zu sanieren, wenn das Unternehmen bis dahin nicht nahtlos fortgeführt wird. Es bleibe daher lediglich, das schuldnerische Unternehmen zu liquidieren und den Verwertungserlös an die Gläubiger zu verteilen.
Die Weichen werden daher bereits im Eröffnungsverfahren gestellt[1088].
Für ein Besitz- und Nutzungsrecht des vorläufigen Insolvenzverwalters an späterem Aussonderungsgut spricht weiterhin, dass Fremdeigentum für den vorläufigen Insolvenzverwalter regelmäßig nicht auf Anhieb zu erkennen ist. Um zu vermeiden, dass er sich entweder schadenersatzpflichtig macht, weil er seiner Nutzung nicht obliegendes Sicherungsgut in Besitz und Nutzung genommen hat oder mit der Nutzung von Sicherungsgut zu vorsichtig war und deswegen seiner Pflicht aus § 22 I Nr. 2 InsO nicht nachgekommen ist, muss sich das Recht zur Inbesitznahme und Nutzung zunächst sowohl auf Aus- als auch auf Absonderungsgut beziehen.
Hinzu kommt, dass die Bemühungen des vorläufigen Verwalters hinsichtlich der Vermögenssicherung und Aufrechterhaltung der Betriebsgeschäftigkeit bis zur Verfahrenseröffnung wegen der Abhängigkeit der Produktion sowohl von Aus- als auch von Absonderungsgut weitgehend ins Leere laufen würden, wenn er nicht auch zur Nutzung von Aussonderungsgut berechtigt ist. Er könnte seiner Pflicht aus § 22 Nr. I Nr. 2 InsO daher regelmäßig nicht nachkommen. Denn insbesondere dann, wenn es sich bei dem schuldnerischen Unternehmen um ein solches der verarbeitenden Industrie handelt, ist der Erhalt des bisherigen Vermögenswertes wie gezeigt nur dann möglich, wenn die Produktion fortgeführt wird, wozu sowohl die Nutzung der regelmäßig unter einfachem Eigentumsvorbehalt gelieferten Maschinen, als auch die Verarbeitung von Rohstoffen gehört[1089]. Dies legt den Schluß nahe, dass die Befugnis des vorläufigen Verwalters zur Nutzung von Aussonderungsgut bereits in § 22 I 2 Nr. 2 InsO indirekt miterwähnt ist.
Die Nutzung von Aussonderungsgut liegt aber nicht nur im Interesse der Masse und des vorläufigen Verwalters, sondern entspricht auch den Gläubigerinteressen, da eine Weiter- oder zumindest geregelte Ausproduktion den Wert des schuldnerischen Unternehmens in der Regel erhöht, zumindest aber nicht verringert. Ein Produktionsstop hingegen führt zu Kundenverlusten, wodurch sich wiederum die Produktivität und damit der Vermögenswert des schuldnerischen Unternehmens verringert.
Hinzu kommt, dass die allermeisten Unternehmen nach einer kurzfristigen Einstellung der Produktion nicht mehr werbend tätig sein könnten. Das würde aber dazu führen, dass die Entscheidung über eine Betriebsfortführung oder Stillegung des schuldnerischen Unternehmens, über die allein die Gläubigerversammlung im Berichtstermin, oder zuvor der Gläubigerausschuß erstmals befindet, § 157 InsO, nicht nur vorweggenommen sondern bereits ausgeschlossen wäre. Denn für ein ohnehin sanierungsbedürftiges und massearmes Unternehmen ist bereits ein Produktionsstop von nur ein paar Tagen und die damit verbundenen Lieferverzögerungen und Kundenverluste nicht verkraftbar[1090]. Es fehlte dann folglich nicht nur an Aufträgen, sondern auch an Liquidationsmitteln, die für die Entscheidung des Verwalters zugunsten einer Vertragserfüllung notwendig wären. Die für eine Unternehmensfortführung erforderlichen Produktionsmittel wären daher nicht mehr

---

1088 *Mönning*, Betriebsfortführung, Rn. 272.
1089 So auch *Kirchhof*, ZInsO 1999, 436, 436.
1090 *Grub*, ZIP 1993, 393, 393.

erforderlich, so dass die Erfüllung der insofern zum Zeitpunkt der Verfahrenseröffnung bestehenden gegenseitigen noch nicht vollständig erfüllten Verträge abgelehnt werden müßte. Eine Wiederaufnahme der Geschäftstätigkeit hätte daher kaum noch eine Erfolgsaussicht. Bestehende Chancen auf eine Betriebsfortführung, die dann von der Gunst der Sicherungsgläubiger oder dem Verhandlungsgeschick des Verwalters oder beidem abhingen würden von Anfang an im Keim erstickt.
Da die Entscheidungsgrundlage der Gläubigerversammlung im Berichtstermin der Bericht des Verwalters zur wirtschaftlichen Lage und den Aussichten das Unternehmen ganz oder in Teilen zu erhalten ist, § 156 InsO, wird auch hieran deutlich, dass das schuldnerische Unternehmen im Eröffnungsverfahren fortgeführt werden muss, was auch die Nutzung von späterem Aussonderungsgut mitumfaßt.
Dies verdeutlicht noch einmal, dass die Wahlmöglichkeit des Insolvenzverwalters gemäß §§ 107 II 1, 103 InsO nur noch auf dem Papier bestünde, wenn dem vorläufigen Verwalter das Nutzungsrecht an späterem Aussonderungsgut verweigert würde.
Letztendlich läßt sich für das Nutzungsrecht des vorläufigen Verwalters noch ein Vergleich mit dem Verwertungsrecht des Insolvenzverwalters aus §§ 166 ff InsO ins Feld führen. Wenn dieses bewirkt, dass der vorläufige Verwalter das Sicherungsgut den Gläubigern nicht mehr zur Eigenverwertung herausgeben darf, weil ein solches Vorgehen nicht mit den §§ 166 ff InsO in Einklang steht[1091], muss gleiches auch für § 107 II InsO gelten. § 107 II InsO zeigt daher ebenso, wie die §§ 166 ff InsO bereits dann Vorwirkungen im Eröffnungsverfahren, wenn seine Wertungen drohen, unterlaufen zu werden. Und auch durch die Möglichkeit der Untersagung oder einstweiligen Einstellung von Vollstreckungsmaßnahmen nach § 21 II Nr. 3 InsO wird deutlich, dass der InsO ein Vorgriff auf Beschränkungen, die erst nach Verfahrenseröffnung in Kraft treten nicht fremd ist[1092].
Problematisch ist jedoch, dass später zur Aussonderung berechtigte Sicherungsgläubiger regelmäßig daran interessiert sind, ihre Vorbehaltsware bereits während des Eröffnungsverfahrens aus dem schuldnerischen Unternehmen zu lösen, sie sicherzustellen oder Ablösung zu beanspruchen[1093]. Die Realisierung dieser Vorhaben führt aber dazu, dass der vorläufige Verwalter sein Besitzrecht verliert.
Zu bedenken ist aber, dass die Funktion des vorläufigen Verwalters nicht auf Bereinigung der Ist- zur Soll-Masse gerichtet ist[1094] und er während der Eröffnungsverfahrens auch nicht dazu in der Lage ist, das Bestehen geltend gemachter Herausgabeansprüche zu prüfen[1095]. Sein Besitzrecht endet daher rein tatsächlich nur dann, wenn die Rechtslage derart deutlich ist, dass der Lieferant nach Verfahrenseröffnung zur Aussonderung berechtigt sein wird[1096]. Diese Eindeutigkeit liegt in der Regel aber nur dann vor, wenn der Vorbehaltsverkäufer nach Antragstellung wegen vor diesem Zeitpunkt eingetretenen Verzuges zurücktritt[1097] oder wenn ein rechtskräftiger Herausgabeanspruch vorliegt[1098]. Der erste Fall ist aber bereits durch die analoge Anwendung von § 112 Nr. 1 InsO auf Vorbehaltskäufe, deren Herleitung und Begründung wegen des sachlich größeren Bezuges erst weiter unter[1099] dargestellt wird,

---

1091 Kübler/Prütting-*Pape*, § 22 Rn. 26; *Uhlenbruck*, Kölner Schrift zur InsO, Rn. 33.
1092 Vgl. dazu RegBegr. zu § 25 RegE, abgedruckt in: *Hess*, § 21 InsO Rn. 6.
1093 *Mönning*, Betriebsfortführung, Rn. 929.
1094 *Pohlmann*, Befugnisse, Rn. 114 f.
1095 *Pohlmann*, Befugnisse, Rn. 115 ; vgl. dazu auch RegBegr. zu § 26 RegE, abgedruckt in: *Hess*, § 22 InsO Rn. 6.
1096 *Schlegel*, DZWiR 2000, 94, 103 .
1097 BGHZ 54, 214.
1098 *Schlegel*, DZWiR 2000, 94, 103 .
1099 S. 328 ff.

ausgeschlossen. Hat der Sicherungsgläubiger bereits einen rechtskräftigen Herausgabetitel, so herrscht Uneinigkeit in Bezug auf die Frage, ob seine Herausgabevollstreckung im Eröffnungsverfahren zulässig ist. Während die überwiegende Ansicht dies bejaht[1100], lehnt *Uhlenbruck* selbiges mit dem Hinweis darauf, dass die Vollstreckung das Wahlrecht des Insolvenzverwalters im späteren Insolvenzverfahren ausschließen würde ab[1101]. Zu bedenken ist aber, dass es an einem Vertrag, über dessen Erfüllung der Insolvenzverwalter nach §§ 107 II, 103 InsO zu entscheiden hat[1102], fehlt, wenn der aussonderungsberechtigte Gläubiger bereits einen rechtskräftigen Vollstreckungstitel inne hat. Da der Sicherungsgläubiger dann im späteren Insolvenzverfahren zur Aussonderung berechtigt ist, ist auch kein Grund ersichtlich, aus dem ihm die Vollstreckung seines Herausgabetitels gemäß der §§ 883 ff ZPO bereits im Eröffnungsverfahren verweigert werden sollte[1103].
All das macht deutlich, dass der vorläufige Insolvenzverwalter auf der Grundlage des Vorbehaltskaufs und um die Wertungen entscheidender Vorschriften aus dem Insolvenzverfahren nicht zu unterlaufen zum Besitz und zur Nutzung von späterem Aussonderungsgut berechtigt ist.

f. Rückschlüsse aus § 107 I 1 InsO sowie „Sonstige Rechte" i.S.v. § 166 II InsO

Aus den §§ 107 I 1, 166 II InsO wird überdies deutlich, dass ungeschriebene Tatbestandsmerkmale keine Seltenheit in der Insolvenzordnung sind. Denn bereits im Tatbestand von § 107 I 1 InsO fehlt es an der ausdrücklichen Erwähnung einer bedingt dinglichen Einigung, die die Parteien vor Verfahrenseröffnung getroffen haben müssen. Ein weiteres Beispiel findet sich in § 166 II InsO: Nach § 166 II InsO ist der Verwalter zur Verwertung von Forderungen berechtigt, die der Schuldner zur Sicherung eines Anspruchs abgetreten hat. „Sonstige Rechte", wie Patente, Marken, Urheberrechte oder Computerprogramme werden in § 166 II InsO nicht ausdrücklich erwähnt. Dennoch soll der Verwalter analog § 166 II InsO zur Verwertung dieser Rechte berechtigt sein, weil dies dem bisherigen Recht entspricht[1104] und der Gesetzgeber die Stellung des Verwalters stärken wollte[1105]. Obwohl § 199 I 2 RegE das Verwertungsrecht des Verwalters an diesen Rechten noch ausdrücklich vorsah, wurde er zur Entlastung der Insolvenzgerichte nicht verabschiedet[1106]. Der Regierungsbegründung zu § 191 RegE ist aber zu entnehmen, dass die Einfügung von sonstigen Rechten in den Wortlaut des § 166 II InsO lediglich vergessen wurde[1107]. Hinzu kommt, dass die Einbeziehung „sonstiger Rechte" auch dem der InsO zugrundeliegenden Bestreben, Betriebsfortführungen durch eine einheitliche Verwertungsbefugnis des Verwalters zu erleichtern, Rechnung trägt.

[1100] FK-*Schmerbach*, § 21 Rn. 77; Lohkem*per*, ZIP 1995, 1641, 1650; *Marotzke*, Das neue Insolvenzrecht, S. 32; *Pohlmann*, Befugnisse, Rn. 439 ff ; *Vallender*, ZIP 1997, 1993, 1997.

[1101] *Uhlenbruck*, in: Braun/Uhlenbruck, Unternehmensinsolvenz, S. 254 f.

[1102] Etwas anderes gilt aber dann, wenn das Wahlrecht des späteren Insolvenzverwalters noch nicht vollkommen ausgeschlossen ist, weil über das Bestehen des Vertrages noch nicht abschließend entschieden ist. Das kommt etwa dann in Betracht, wenn das Urteil lediglich vorläufig vollstreckbar ist oder nur eine Maßnahme im Rahmen des einstweiligen Rechtsschutzes vorliegt.

[1103] FK-*Schmerbach*, § 21 Rn. 77; *Lohkemper*, ZIP 1995, 1641, 1650; *Marotzke*, Das neue Insolvenzrecht, S. 32; *Pohlmann*, Befugnisse, Rn. 439 ff; *Schlegel*, DZWiR 2000, 94, 103; *Vallender*, ZIP 1997, 1993, 1997.

[1104] *Gottwald*, Insolvenzrechts-Handbuch, 1990, § 45 Rn. 16; *Jaeger/Weber*,§ 127 Rn. 6 ; *Kuhn/Uhlenbruck*, § 127 KO Rn. 13 a; *Marotzke*, ZZP 109 (1996), 429, 450.

[1105] *Marotzke*, ZZP 109 (1996), 429, 450; Nerlich/Römmermann-*Becker*, § 166 Rn. 33; A.A. HK-*Landfermann*, § 166 Rn. 19; Kübler/Prütting-*Kemper*, § 166 Rn. 9; *Wallner*, ZInsO 1999, 453, 454 ff.

[1106] BK-*Breutigam*, § 166 Rn. 48.

[1107] Abgedruckt in: *Kübler/Prütting*, Bd. I, S. 389.

Wenn sich aber aus Entstehungsgeschichte und Schutzzweck von § 166 II InsO ergibt, dass sich dieser auch auf „sonstige Rechte" erstreckt, kann für das Nutzungsrecht des Verwalters an Aussonderungsgut wegen des vergleichbaren Hintergrundes und der Tatsache, dass ungeschriebene Tatbestandsmerkmale in der InsO keine Ausnahme sind, nichts anderes gelten.

g. Résumée

Im Ergebnis ist für die Anerkennung des Nutzungsrechts an Aussonderungsgut daher keine Analogie zu § 172 I 1 InsO notwendig, da Schutzzweck, Funktion und Entstehungsgeschichte von § 107 II InsO sowie Systematik eine zu diesem Ergebnis führende extensive Auslegung von § 107 II InsO bereits gebieten.
Die Nutzungsbefugnis des Verwalters im Hinblick auf Aussonderungsrechte ist daher als ungeschriebenes Tatbestandsmerkmal in § 107 II InsO hineinzulesen.
Leider hat sich rückblickend auf ein Jahr Insolvenzordnung herausgestellt, dass nur in den wenigsten Fällen nach eingetretener Insolvenzreife für kleine und mittlere Unternehmen Sanierungschancen bestehen[1108]. Grund dafür ist, dass Insolvenzanträge häufig erst dann gestellt werden, wenn die Insolvenz unabwendbar ist, und auch die gesetzlichen Fristen, innerhalb derer der Antrag zu stellen ist, häufig nicht eingehalten werden[1109].
Da eine dem Verwalter zugebilligte Nutzungsbefugnis hinsichtlich der mit Aussonderungsrechten belasteten Gegenstände aber Sanierungschancen grundsätzlich fördert, und damit dem primären Ziel der InsO der Haftungsverwirklichung zugute kommt, kann hier nicht der Ansatzpunkt für die Verweigerung der Nutzungsbefugnis festgemacht werden. Entscheidend ist vielmehr, Instrumentalien zu finden, die dazu führen, dass Insolvenzanträge zu einem Zeitpunkt gestellt werden, zu dem Fortführungsmöglichkeiten nicht von Anfang an aussichtslos sind, um so dem der InsO zugrundeliegenden Bestreben, die bestmögliche Befriedigung aller Gläubiger zu erreichen[1110], zu entsprechen.

III. Einschränkungen des Nutzungsrechts bei Verarbeitung und Veräußerung von Aussonderungsgut

Zu erwägen ist aber, Aussonderungsgut, dessen bestimmungsgemäße Nutzung in seiner Verarbeitung, Verbindung, Vermischung und oder Weiterveräußerung besteht[1111], wegen des damit einhergehenden Austausches von Sicherheiten aus dem Nutzungsrecht des Verwalters auszuklammern.

1. Los der Verarbeitungsermächtigung

Voraussetzung dafür ist aber zunächst, dass die dem Gemeinschuldner erteilte Verarbeitungserlaubnis über den Zeitpunkt der Verfahrenseröffnung hinaus überhaupt Bestand hat.

[1108] *Wellensiek*, BB 2000, 1, 2.

[1109] *Wellensiek*, BB 2000, 1, 2.

[1110] *Smid/Rattunde*, Der Insolvenzplan, Rn. 76; *Wellensiek*, WM 1999, 405, 406.

[1111] Bei der Verarbeitung, Verbindung und Vermischung handelt es sich um die Nutzung der Sache in der Produktion, vgl. dazu BK-*Breutigam*,§ 172 Rn. 18; Nerlich/Römmermann-*Becker*, § 172 Rn. 8, 49.

a. „Kritische Zeit" i.S.v. § 130 I Nr. 1 InsO

Uneinigkeit herrscht bereits darüber, ob die Erlaubnis zur Weiterverarbeitung/Veräußerung über den Beginn der „kritischen Phase" i.S.v. § 130 I Nr. 1 InsO hinaus bestehen bleibt.

aa. Stimmen der Literatur

Serick befürwortete dies unter Geltung der Konkursordnung, indem er einerseits darauf abstellte, dass die Verarbeitung den Wert der Sachsicherheit in der Regel erhöhe und andererseits wirtschaftliche Gesichtspunkte ins Feld führte. Wenn mit der Verarbeitung bereits vor Beginn der kritischen Zeit begonnen und mit ihrer Fertigstellung erst im Laufe der kritischen Phase zu rechnen sei, stünde das automatische Erlöschen der Verarbeitungserlaubnis mit dem Sicherungszweck der Verarbeitungsklausel in Widerspruch[1112].

Mit der gleichen Argumentation, mit der *Serick* unter Geltung der KO den Fortbestand der Verarbeitungsbefugnis begründete, wird für die Insolvenzordnung überwiegend davon ausgegangen, dass die Verarbeitungs- und Veräußerungsbefugnis in der kritischen Zeit des § 130 I Nr. 1 InsO bestehen bleibt[1113]. Der Sicherungsnehmer könne die Verarbeitungserlaubnis jedoch widerrufen, wenn der begründete Verdacht bestünde, dass der Produktionsvorgang nicht mehr zu Ende geführt werden könne, oder sich der Verarbeitende erkennbar vertragsuntreu verhalte, was insbesondere dadurch zum Ausdruck komme, dass ein Eigentumserwerb des Stofflieferanten verhindert werden solle[1114].

bb. Schicksal der Verarbeitungsbefugnis nach neuem Recht

aaa. Ausproduktion und höhere Verteilungsgerechtigkeit

Ebenso wie unter Geltung der Konkursordnung ist zunächst von Bedeutung, dass das generelle Erlöschen der Verarbeitungserlaubnis mit Beginn der kritischen Zeit in vielen Fällen zu einem wirtschaftlichen Nachteil des Sicherungsgläubigers führen würde. Denn wenn mit der Verarbeitung bereits vor Zahlungseinstellung begonnen worden ist, führt das Erlöschen der Verarbeitungserlaubnis mit Beginn der kritischen Zeit zur Entstehung von Halbfertigprodukten, deren Wert oft nur gering ist, und häufig sogar gegen Null tendiert. Hinzu kommt, dass es für solche Produkte in der Regel keinen Markt gibt. Ist dem Schuldner aber gestattet bereits eingeleitete Verarbeitungsvorgänge zu Ende zu führen, so erhöht sich regelmäßig der Wert der Sachsicherheit, da auch die gelieferte Sache infolge der Verarbeitung wertvoller wird. Die Aufrechterhaltung der Verarbeitungserlaubnis bedeutet für den Lieferanten daher in der Regel dann einen wirtschaftlichen Vorteil, wenn durch teilweise Verarbeitung bereits Halbfertigprodukte entstanden sind.

Aber auch wenn das Sicherungsgut noch unverarbeitet im schuldnerischen Unternehmen vorhanden ist, ist ein Verarbeitungsverbot mit Beginn der kritischen Zeit nicht generell gerechtfertigt[1115]. Zwar besteht hier die Gefahr der Produktion von Halbfertigprodukten

---

1112 *Serick*, Bd. V, § 63 II 5, *ders.*, ZIP 1982, 507, 508 ff; vgl. auch *Jaeger/Henckel*, § 1 Rn. 128; *Kuhn/Uhlenbruck*, § 1 Rn. 103; Soergel/Siebert/Siebert-*Mühl*, § 950 Rn. 16.

1113 *Bork*, FS. f. Gaul, 71, 89; *Elz*, ZInsO 2000, 478, 481; *Schlegel*, DZWiR 2000, 94, 97.

1114 *Elz*, ZInsO 2000, 478, 481.

1115 Vgl. dazu auch *Bähr*, ZIP 1998, 1553, 1553, der auf die Notwendigkeit hinweist, dass Rohmaterialien auch nach Antragstellung weiterhin in Anspruch genommen werden müssen.

infolge Stillegung des Betriebes. Obwohl die Sanierung von notleidenden Unternehmen kein eigenständiges Ziel des InsO ist[1116], ergibt sich aus den §§ 1 S. 1, 158 InsO aber, dass diese als gleichwertige Alternative zur gemeinschaftlichen Befriedigung der Gläubiger neben der Verwertung und Erlösverteilung steht[1117]. Sofern eine Sanierung daher in Betracht kommt, darf sie daher nicht von vornherein im Keim erstickt werden. Dies gilt insbesondere unter dem Aspekt, dass ein werbendes Unternehmen regelmäßig einen höheren Wert hat als ein zerschlagenes, so dass die Unternehmensfortführung häufig die günstigere Form der Masseverwertung darstellt[1118]. Um auf diese Weise insbesondere auch für die ungesicherten Gläubiger eine höhere Verteilungsgerechtigkeit erzielen zu können, darf die Entscheidung der Gläubiger über die Fortführung des schuldnerischen Unternehmens im Berichtstermin weder vor noch während des Eröffnungsverfahrens illusorisch gemacht werden. Das erfordert aber auch, dass der Schuldner zur Verarbeitung von Sicherungsgut, das sich mit Beginn der kritischen Phase noch unverarbeitet im schuldnerischen Unternehmen befindet, berechtigt sein muss, wenn dies zur Unternehmensfortführung notwendig ist.

Ein weiterer Aspekt ist, dass das Erlöschen der Verarbeitungserlaubnis das Wahlrecht des Insolvenzverwalters aus §§ 103, 107 II InsO im späteren Insolvenzverfahren faktisch unmöglich machen würde. Denn der Produktionsstopp, der nach Beendigung der Verarbeitung der bis dato nur halb fertig produzierten Stoffe eintritt, führt dazu, dass sich der Verwalter zugunsten der Masse nur noch gegen die Vertragserfüllung entscheiden kann. Das Wahlrecht bestünde damit nur noch auf dem Papier.

bbb. Vergleich mit der Rechtslage im Eröffnungsverfahren

Zu bedenken ist ferner, dass sich die kritische Phase nach neuem Recht auf einen Zeitraum bemessen von drei Monaten ab Antragstellung zurückrechnet. Sie ist dem Eröffnungsverfahren daher direkt vorgelagert, während sie sich unter Geltung der Konkursordnung noch mit diesem überschnitt, da sie nach § 33 KO einen Zeitraum von sechs Monaten vor Verfahrenseröffnung ausmachte. Von Bedeutung für die Frage, ob die Verarbeitungserlaubnis in der kritischen Zeit des § 130 I Nr. 1 InsO bestehen bleibt ist daher auch, ob der vorläufige Insolvenzverwalter im Eröffnungsverfahren zur Verarbeitung berechtigt ist. Denn in diesem Fall muss auch in der vorangegangenen kritischen Phase die Verarbeitungserlaubnis aufrecht erhalten bleiben, da es anderenfalls zu einem Produktionsstop käme, der die Geschäftstätigkeit des schuldnerischen Unternehmens im Eröffnungsverfahren wegen der bis dahin entstandenen Lieferverzögerungen und des Verlustes von Kunden und Arbeitnehmern nahezu unmöglich machen würde.

(1) § 172 II InsO analog

In Betracht zu ziehen ist zunächst, den vorläufigen Insolvenzverwalter analog § 172 II InsO zur Verarbeitung von späterem Aussonderungsgut zu ermächtigen[1119]. Dies birgt jedoch

---

1116 Allgemeine Begründung zur InsO, abgedruckt in: *Uhlenbruck*, Insolvenzrecht, S. 231.

1117 *Bähr*, EWiR 1999, 899, 900.

1118 *Wellensiek*, WM 1999, 405, 406 ff.

1119 So *Marotzke*, Das neue Insolvenzrecht, S. 31 für Absonderungsgut. Denn die analoge Anwendung von § 172 InsO auf das Eröffnungsverfahren führe dazu, dass die Betriebsfortführung des vorläufigen Verwalters erheblich erleichtert werde.

Für Absonderungsgut liege die analoge Anwendung von § 172 II InsO auf die Zeit vor Verfahrenseröffnung hingegen zu fern, vgl. S. 33.

Schlegel, DZWiR 2000, 94, 103, 104 leitet das Recht des vorläufigen Insolvenzverwalters zur Verarbeitung von

zweierlei Probleme: Erstens unterliegen der Verarbeitungsbefugnis des § 172 II InsO wegen deren Bezug zu § 166 I InsO nur bewegliche Sachen, an denen ein Absonderungsrecht besteht. Zweitens ist § 172 II InsO eine Vorschrift aus dem Insolvenzverfahren und untersteht dem Abschnitt der Insolvenzordnung, in dem es um „Gegenstände mit Absonderungsrechten" geht. Die generelle Herleitung einer Verarbeitungsbefugnis des vorläufigen Verwalters für Aussonderungsgut aus § 172 II InsO würde daher zu einer doppelten Analogie führen. Aus diesem Grund erwägt *Pohlmann* die Heranziehung von § 172 II InsO nur für den Fall, dass mit der Verarbeitung bereits vor Antragstellung begonnen wurde, denn dann handele es sich nicht mehr um späteres Aus- sondern um Absonderungsgut[1120]. Zu bedenken sei dabei aber, dass eine Verarbeitung auf der Grundlage von § 172 II InsO nur dann zulässig sei, wenn diese nicht zu einer Beeinträchtigung der Gläubigersicherheit führe. Infolge der Verarbeitung komme es aber regelmäßig zu einer solchen, die selbst durch eine Verarbeitungsklausel nicht ausgeschlossen werden könne[1121]. Eine Analogie zu § 172 II InsO scheidet daher aus.

(2) Vorbehaltskauf

Wie bereits dargestellt obliegt dem vorläufigen Insolvenzverwalter das Besitz- und Nutzungsrecht am Vorbehaltsgut auf der Grundlage des Vorbehaltskaufes. Da es sich bei der Verarbeitung von Rohstoffen um die bestimmungsgemäße Nutzung der Sache in der Produktion handelt[1122], gründet die Verarbeitungsbefugnis des vorläufigen Verwalters auch im Vertragsverhältnis zwischen dem Schuldner und dem Lieferanten[1123]. Problematisch ist jedoch, dass diese regelmäßig aufgrund ausdrücklicher Erklärung der Parteien oder im Wege des durch ergänzende Vertragsauslegung ermittelten Parteiwillens mit Antragstellung erlischt[1124].

Es fragt sich daher, ob entsprechende vertragliche Vereinbarungen in Einklang mit der Intention der Insolvenzordnung stehen.

(3) Erhöhte Gefahr der Produktion von Halbfertigprodukten ab Antragstellung

Im Gegensatz zur „kritischen Phase" i.S.v. § 130 I Nr. 1 InsO erscheint die Wahrscheinlichkeit, dass die Produktion vor Fertigstellung des neuen Produktes eingestellt wird im Eröffnungsverfahren größer zu sein, als sie es noch in der „kritischen Phase" war, und dies besonders dann, wenn zum Zeitpunkt der Antragstellung noch nicht mit der Verarbeitung begonnen worden war. Unter Hinweis darauf hat die überwiegende Ansicht zur Konkursordnung vertreten, dass die Verarbeitungserlaubnis mit Antragstellung automatisch erlischt[1125]. Mit der Begründung, dass zahlreiche Fachkräfte abgeworben werden und viele Lieferanten neue Abnehmer suchen werden schließt sich *Pohlmann* dem auch für die Insolvenzordnung an[1126]. Zu bedenken ist aber, dass der Produktionsbetrieb mit

---

späterem Absonderungsgut hingegen aus dem Sicherungs- und Fortführungsauftrag des § 22 I Nr. 1, 2 InsO her. Einer vertraglichen Ermächtigung des vorläufigen Verwalters zur Verarbeitung bedürfe es aber, wenn dieser späteres Aussonderungsgut verarbeiten möchte

1120 *Pohlmann*, Befugnisse, Rn. 455, 456.

1121 *Pohlmann*, Befugnisse, Rn. 456 ff.

1122 BK-*Breutigam*,§ 172 Rn. 18; Nerlich/Römmermann-*Becker*, § 172 Rn. 8, 49.

1123 HK-*Marotzke*, § 107 Rn. 35.

1124 *Pohlmann*, Befugnisse, Rn. 451 f.

1125 *Kuhn/Uhlenbruck*, § 106 Rn. 15 b; *Henckel*, Aktuelle Probleme, S. 62 f; *Mohrbutter*, Insolvenzverwaltung, Rn. I. 33; *Herbert*, Sequestration im Konkursantragsverfahren, S. 147 f.

1126 *Pohlmann*, Befugnisse, Rn. 452.

Verfahrenseröffnung im Gegensatz zur KO nicht zwingend zum Erliegen gebracht wird. Denn die Insolvenzordnung legt weitaus größeren Wert auf Unternehmenssanierungen, als es die Konkursordnung getan hat. Ab- und aussonderungsberechtigte Gläubiger können ihr Sicherungsgut nun nicht mehr direkt nach Verfahrenseröffnung aus dem schuldnerischen Unternehmen herauslösen. Für Aussonderungsgut regelt § 107 II InsO, dass dieses zunächst im schuldnerischen Betrieb verbleibt und dort auch genutzt werden kann, während dem Insolvenzverwalter nach den §§ 166 ff InsO das Verwertungsrecht an Absonderungsgut obliegt. Hinzu kommt, dass dem vorläufigen Verwalter die Suche nach neuen Kreditgebern durch die Masseschuldprivilegierung des § 55 II InsO wesentlich erleichtert wird.
Die Gefahr, dass die Produktion der neuen Sache nicht beendet werden kann ist daher weitaus geringer als sie es unter Geltung der KO war.

(4) Fortwirkung der dem Schuldner erteilten Verarbeitungserlaubnis mangels entgegenstehender Gläubigerbeeinträchtigung

Zu bedenken ist weiter, dass die Verarbeitung der beim Schuldner lagernden Materialbestände gerade dann für die Fortführung des gemeinschuldnerischen Unternehmens zwingend erforderlich ist, wenn es sich bei diesem um einen Produktionsbetrieb handelt. Denn nur dann, wenn der Geschäftsbetrieb nach Stellung des Insolvenzantrages so normal, wie möglich fortgeführt wird, können sich die Gläubiger ein Bild von der Sanierungsfähigkeit des Unternehmens machen und auf dieser Grundlage im Berichtstermin eine sinnvolle Entscheidung über Erhalt oder Liquidation des schuldnerischen Unternehmens treffen, § 157 S. 1 InsO. D.h. bereits verlorengegangenes Vertrauen bei Kreditinstituten, Kunden und Lieferanten muss wiedergewonnen werden, um bestehende Sanierungschancen nicht zunichte zu machen. Denn anderenfalls hätten es einzelne Sicherungsnehmer in der Hand, die Produktion mit ihrer Antragstellung zum Stillstand zu bringen und damit eine Unternehmensfortführung zu vereiteln[1127].
Auf der anderen Seite ist aber zu bedenken, dass der Vorbehaltsverkäufer die Verarbeitung in aller Regel einem liquiden Geschäftspartner erteilt haben wird, und sie auch nur solange aufrecht halten will, wie sie im Rahmen eines ordnungsgemäßen Geschäftsganges erfolgt[1128]. Denkbar ist aber auch, dass es mit der Liquidität des Vorbehaltskäufers bereits zum Zeitpunkt des Vertragsschlusses nicht zum Besten bestellt war. Denn der Lieferant wird in der Regel nicht erst nach eingehender Prüfung der finanziellen Lage eines potentiellen Geschäftspartners mit diesem kontrahieren. Festzuhalten ist daher, dass der Lieferant in der Regel wohl davon ausgehen wird, einen liquiden Geschäftspartner zu haben, sich dessen aber nie sicher sein kann. Allein die Tatsache, dass der Vorbehaltskäufer in die Illiquidität abgerutscht ist kann daher nicht die Grundlage für das Erlöschen der Verarbeitungserlaubnis sein. Andererseits darf die Verarbeitung von Vorbehaltsgut im Eröffnungsverfahren aber nicht dazu führen, dass die Befriedigungsaussichten des Sicherungsnehmers konkret gefährdet werden.
Es stellt sich daher die Frage, wie der Konflikt zwischen dem Interesse der Insolvenzgläubiger an einer werterhaltenden und wertsteigernden Unternehmensfortführung und dem der aussonderungsberechtigten Gläubiger, ihre Sicherheit zu realisieren, gelöst werden kann.

1127 Zu bedenken ist dabei auch, dass eine vorherige Stillegung aber nur mit gerichtlicher Zustimmung zulässig ist, § 22 I 2 Nr. 2 InsO.

1128 *Pohlmann*, Befugnisse, Rn. 451 ff.

Verarbeitet der vorläufige Insolvenzverwalter die Vorbehaltsware führt das dazu, dass das Absonderungsrecht an der neu hergestellten Sache an die Stelle des Aussonderungsrechtes an der verarbeiteten Sache tritt. Es findet daher ein Austausch der Sicherheiten statt, der dem beim ordentlichen Geschäftsgang entspricht. Der typische Sicherungsmechanismus wird durch die Verarbeitung des vorläufigen Verwalters daher nicht gefährdet[1129].

(5) Zwischenergebnis

Die Verarbeitungsbefugnis hat daher im Eröffnungsverfahren Bestand, und überdauert daher auch die kritische Phase des § 130 I Nr. 1 InsO.

ccc. Insolvenzanfechtung

Der bereits erwähnte Aspekt, dass die Verarbeitung von Vorbehaltsgut auch den Gläubigerinteressen entspricht läßt sich ferner dadurch stützen, dass die im Zeitraum der kritischen Phase des § 130 I InsO vorgenommene Verarbeitung nicht der Insolvenzanfechtung untersteht.

Voraussetzung für eine Insolvenzanfechtung nach §§ 129, 130 InsO ist eine vor Verfahrenseröffnung vorgenommene Rechtshandlung des Schuldners, die mit einer Benachteiligung der Interessen der Insolvenzgläubiger in ihrer Gesamtheit einhergeht[1130]. Rechtshandlung i.S.d. § 129, 130 BGB ist jedes Handeln, das eine rechtliche Wirkung auslöst[1131]. Dabei kann es sich auch um Realakte, wie die Verarbeitung oder Verbindung von Sachen handeln[1132]. Maßgeblicher Zeitpunkt für die Rechtshandlung des späteren Gemeinschuldners ist die Beendigung des Verarbeitungsprozesses[1133]. Da die Rechtshandlung aber zu einer Beeinträchtigung der Insolvenzgläubiger führen muss, die dann vorliegt, wenn das Vermögen des Schuldners, durch die Auswechselung der Sicherheit gemindert worden ist[1134], scheidet eine Insolvenzanfechtung aus. Denn bei der Beurteilung, ob eine Vermögensbenachteiligung vorliegt, sind allein wirtschaftliche Gesichtspunkte maßgeblich[1135].

Der Verwertungserlös, den der Insolvenzverwalter, dem die Verwertung nach § 166 I InsO obliegt, erzielt, steht nach Abzug der Verwertungskosten und des auf den gesicherten Gläubiger entfallenden Teils zur Befriedigung der Insolvenzgläubiger zur Verfügung[1136]. Würde der Schuldner hingegen nicht zur Verarbeitung befugt sein, hätte der Vorbehaltslieferant das Recht, das Vorbehaltsgut auszusondern, mit der Folge, dass dieses dem Zugriff der Insolvenzgläubiger vollständig entzogen wäre. Im Ergebnis führt die Verarbeitung durch den künftigen Gemeinschuldner daher im Gegenteil zu einer Besserstellung der Insolvenzgläubiger, indem auf sie der die Befriedigung der Forderung des Sicherungsgläubigers übersteigende Wert entfällt. Und selbst für den Fall, dass der Veräußerungserlös gerade die Verwertungskosten und die noch ausstehende Forderung des

---

[1129] A.A. *Pohlmann*, Befugnisse, Rn. 451 ff, der davon ausgeht, dass die dem Schuldner erteilte Verarbeitungserlaubnis regelmäßig mit Stellung des Eröffnungsantrages erlischt. Etwas anderes könne sich nur durch Auslegung der vertraglichen Regelung im Einzelfall ergeben.

[1130] *Hess*, § 129 InsO Rn. 51.

[1131] *Breuer*, Beilage zu NJW Heft 1/1999, 1, 16; *Heidland*, BauR 1998, 643, 658.

[1132] *Hess*, § 129 InsO Rn. 18; FK-*Dauernheim*, § 129 Rn. 25.

[1133] *Serick*, ZIP 1982, 507, 509 .

[1134] *Hess*, § 129 InsO Rn. 51, 54.

[1135] BGH WM 1981, 1206; *Hess*, § 129 InsO Rn. 64.

[1136] *Elz*, ZInsO 2000, 478, 482.

Vorbehaltslieferanten deckt fehlt es an einer Gläubigerbenachteiligung, da das Vorbehaltsgut, wäre es nicht verarbeitet worden, ohnehin nicht Teil der Masse gewesen wäre. Die Verarbeitung führt daher schlimmstenfalls nicht zu einer Besserstellung der Insolvenzgläubiger. Eine Gläubigerbenachteiligung kommt jedoch in keinem Fall in Betracht. Hinzu kommt noch, dass es befremdlich anmutet, die Verarbeitung einer Sache im Wege der Insolvenzanfechtung "rückgänig" zu machen.

cc. Fazit

Im Ergebnis führt die Verarbeitung durch den Schuldner sowohl in der kritischen Zeit des § 130 I Nr. 1 InsO als auch im Eröffnungsverfahren in der Regel weder zu einer Benachteiligung des konkret gesicherten Gläubigers noch zu einer solchen der übrigen Insolvenzgläubiger. Die dem Schuldner erteilte Verarbeitungserlaubnis erlischt daher weder mit Eintritt in die kritische Phase noch mit Stellung des Insolvenzantrages automatsich.
Um aber der nie vollständig auszuschließenden Gefahr, dass der Vorbehaltskäufer den bereits eingeleiteten Produktionsvorgang nicht mehr zu Ende führen kann, oder sich nach außen erkennbar vertragsuntreu verhält[1137] vorzubeugen, müssen die Lieferanten in Einzelfällen zum Widerruf der Erlaubnis berechtigt sein[1138].

b. Rechtslage ab Verfahrenseröffnung

Fraglich ist aber, ob dies auch für den Zeitraum ab Verfahrenseröffnung gilt, oder ob hier andere Maßstäbe anzulegen sind.

aa. Schicksal der Verarbeitungsbefugnis nach der KO

In der Tat wurde die Befugnis des Verwalters nach Verfahrenseröffnung weiterverarbeiten zu dürfen mangels ausdrücklicher Regelung in der Konkursordnung nach bisherigem Recht überwiegend verneint[1139]. *Gottwald* ging davon aus, dass die mit Verfahrenseröffnung erlöschende Erlaubnis zur Verarbeitung nur bei besonderer Erlaubnis des Lieferanten oder wenn die Ware bezahlt wurde bestehen bleibt[1140]. *Kuhn/Uhlenbruck* argumentierten, dass die vom Lieferanten angestrebte Sicherung infolge Eröffnung des Insolvenzverfahrens über das Vermögen seines Abnehmers zunichte gemacht oder zumindest geschwächt würde, mit der Folge, dass die Verarbeitungsbefugnis mit Verfahrenseröffnung grundsätzliche erlösche[1141]. Im übrigen handele es sich ab dem Zeitpunkt der Verfahrenseröffnung nicht mehr um eine Handlung im Rahmen des ordentlichen Geschäftsverkehrs[1142]. Eine Ausnahme von diesem Grundsatz sei nur dann zu machen, wenn besondere Umstände für Gegenteiliges sprächen. Unter Hinweis auf zahlreiche Unsicherheitsfaktoren, die die Sicherheit des Lieferanten beeinträchtigen würden, wenn der Käufer nach Verfahrenseröffnung ohne besondere Erlaubnis weiterverarbeiten dürfte, schloß sich auch *Serick* dieser Ansicht an[1143]. Nicht nur, dass die geeigneten Arbeitskräfte abwandern und Maschinen aus- oder abgesondert würden,

---

[1137] *Serick*, Bd. IV, § 44 II 3.

[1138] *Serick*, ZIP 1982, 507, 512.

[1139] *Gottwald*, Insolvenzrechts-Handbuch, § 45 Rn. 42; *Kuhn/Uhlenbruck*, § 43 Rn. 35 c; *Serick*, Bd. V, § 63 III 2 b, c.

[1140] *Gottwald*, Insolvenzrechts-Handbuch, § 45 Rn. 42.

[1141] *Kuhn/Uhlenbruck*, § 43 Rn. 35 c.

[1142] *Kuhn/Uhlenbruck*, § 43 Rn. 36 a.

[1143] *Serick*, Bd. V, § 63 III 2 b.

Probleme ergäben sich insbesondere auch unter dem Aspekt der Finanzierung unter Konkursbedingungen. Aber nicht nur der Sicherungszweck würde erheblich beeinträchtigt, dem Sicherungsgläubiger würde zudem ein Risiko aufgebürdet, welches ihm nur dann aufgelastet werden könne, wenn er sich mit diesem einverstanden erkläre[1144]. Wolle der Gemeinschuldner die Vorbehaltsware auch nach Verfahrenseröffnung noch verarbeiten, müsse er die Erfüllung des Kaufvertrages nach § 17 KO wählen. Zu beachten sei jedoch, dass die Verarbeitungserlaubnis nicht automatisch mit der Erfüllungswahl entstehe, sondern gesondert erteilt werden müsse[1145]. Demgegenüber versuchte *Henckel* Möglichkeiten aufzuzeigen, durch die die Verarbeitungserlaubnis über den Zeitpunkt der Verfahrenseröffnung hinaus bestehen bleiben kann, um den sich widerstreitenden Interessen von Sicherungsnehmer und Sicherungsgeber gerecht zu werden. Im Ergebnis kam aber auch er dazu, dass der Gemeinschuldner nur dann weiterverarbeiten dürfe, wenn er nach sorgfältiger Prüfung zu der Annahme gelangt sei, dass er den Kaufpreis für die Vorbehaltsware als Masseschuld begleichen kann, indem er sich für die Vertragserfüllung entscheidet[1146]. *Wiegand* versuchte einen Mittelweg zu finden, indem er den Sicherungsnehmer zum Widerruf berechtigte, wenn über das Vermögen des Sicherungsgeber ein Insolvenzverfahren eröffnet wurde. Denn in diesem Fall stelle die Verarbeitung des Sicherungsgutes keine Handlungen im Rahmen eines ordnungsgemäßen Geschäftsbetriebes mehr dar[1147].

bb. Veränderungen durch die InsO

Im folgenden gilt es daher zu untersuchen, ob der Verarbeitungserlaubnis unter Geltung der Insolvenzordnung ein anderes Schicksal widerfährt. Ein solches könnte sich dann ergeben, wenn es im Gegensatz zur Konkursordnung aus speziellen insolvenzrechtlichen Vorschriften hergeleitet werden kann.

aaa. Meinungsstand

Einigkeit herrscht zunächst darin, dass sich die Verarbeitungsbefugnis des Verwalters nicht aus § 172 II InsO ergibt. Dieser nehme Bezug auf § 166 I InsO und gelte daher nur für Absonderungsgut[1148].

Überwiegend wird aber auch heute noch vertreten, dass es an einer Regelung fehlt, die eine Aussage über das Schicksal der Verarbeitungserlaubnis nach Eröffnung des Insolvenzverfahrens trifft[1149]. *Bork* argumentiert, dass die Verarbeitungserlaubnis mit Verfahrenseröffnung deshalb nicht erlösche, weil Rechte des Gemeinschuldners lediglich nach den §§ 103 ff InsO untergingen und die Verarbeitungsbefugnis zur Insolvenzmasse zähle, so dass sie nach § 80 I InsO auf den Verwalter übergehe[1150]. Dennoch seien die Auswirkungen der Verfahrenseröffnung auf die Verarbeitungserlaubnis einzelfallabhängig[1151], wobei die Auslegung der schuldrechtlichen Abrede zwischen

---

1144 *Serick* Bd. V, § 63 III 2 b.
1145 *Serick*, ZIP 1982, 507, 513, 514.
1146 *Henckel*, Aktuelle Probleme, S. 60.
1147 Staudinger-*Wiegand*, Anh. Zu §§ 929-931 Rn. 74 Nr. 11.
1148 *Bork*, FS f. Gaul, 71, 89; *Elz*, ZInsO 2000, 478, 481; *Schlegel*, DZWiR 2000, 94, 97.
1149 *Bork*, FS f. Gaul, 71, 89; *Elz*, ZInsO 2000, 478, 481; Kübler/Prütting-*Lüke*, § 91 Rn. 46; *Smid*, § 107 Rn. 11.
1150 *Bork*, FS f. Gaul, 71, 89.
1151 *Bork*, FS f. Gaul, 71, 90.

Sicherungsnehmer und Insolvenzschuldner den Ausschlag gebe[1152]. Enthalte diese keine ausdrückliche Regelung über das Schicksal der Verarbeitungserlaubnis, müsse entscheidend auf Sinn und Zweck der Abrede abgestellt werden. Aus dieser ergebe sich, dass die Grundlage für die Verarbeitungserlaubnis entfalle, wenn der Lieferant das Vorbehaltsgut zur Verwertung herausverlangen könne. Denn das Vorbehaltseigentum diene dem Lieferanten zum Erhalt seiner Sicherheit bis zu deren Ablöse oder Verwertung und gebe dem Käufer die Möglichkeit, im Rahmen ordnungsgemäßer Wirtschaft ertragreich zu wirtschaften[1153]. Von besonderer Bedeutung für die Auslegung der Verarbeitungserlaubnis sei die Gefahr, die der Sicherungsgläubiger eingehen wollte, nicht aber, ob sich das Bestehenbleiben der Erlaubnis positiv auf die Masse auswirke. Bei der Abwägung stehe daher im Vordergrund, ob die Sicherheit durch mögliches Mißlingen oder Unvollendetbleiben der Produktion, Verlust von Arbeitskräften oder fehlendes Geld für Rohstoffe und andere zur Produktion notwendige Maßnahmen beeinträchtigt werde. Bedacht werden müsse aber auch, dass mit der InsO Fortführungschancen des gemeinschuldnerischen Unternehmens ermöglicht werden sollen[1154]. Im Gegensatz zu *Bork* schließt sich *Elz* der unter Geltung der Konkursordnung herrschenden Ansicht an und betrachtet die Verarbeitungserlaubnis als mit Verfahrenseröffnung erloschen[1155]. Grund dafür sei, dass die Verarbeitung nach Verfahrenseröffnung ebenso, wie bereits unter Geltung der Konkursordnung erheblichen Risiken, wie beispielsweise dem Abbau von Arbeitsplätzen oder dem Herausverlangen von unter Eigentumsvorbehalt gelieferter Maschinen ausgesetzt sei. Eine Weiterproduktion sei daher nur nach Erfüllungswahl oder mit Erlaubnis des Vorbehaltslieferanten zulässig. *Smid* zufolge berührt die Verfahrenseröffnung den Bestand der Verarbeitungserlaubnis nicht, sofern der Verwalter den Kaufpreis als Masseschuld gemäß § 55 I Nr. 1 InsO begleicht[1156]. *Lüke* schließt sich der von *Serick* zur KO vertretenen Ansicht an, indem er davon ausgeht, dass die Verarbeitungserlaubnis mit Verfahrenseröffnung erlischt und der Verwalter sie nur durch Erfüllungswahl nach § 103 InsO zurückerlangen kann[1157].

bbb. Eigener Lösungsansatz

(1) Verarbeitung auf der Grundlage des Vorbehaltskaufs

Im Gegensatz zum Eröffnungsverfahren kann das Besitz- und Nutzungsrecht des Insolvenzverwalters nach Verfahrenseröffnung nicht mehr aus dem Vorbehaltskauf abgeleitet werden, da dieser nach der hier vertretenen Erlöschenstheorie mit Verfahrenseröffnung erloschen ist. Daher ist der Verwalter auf der Grundlage des Vorbehaltskaufs auch nicht mehr zur Verarbeitung als Form der Nutzung des Vorbehaltsgutes in der Produktion berechtigt.

(2) Übergang der Verarbeitungsbefugnis auf den Insolvenzverwalter

In Betracht kommt daher zunächst, dass die Verarbeitungsbefugnis, die anfänglich dem jetzigen Gemeinschuldner oblag mit Verfahrenseröffnung auf den Verwalter übergeht. Als Übergangstatbestand kommt fürs erste § 80 I InsO in Betracht. Danach geht die Verwaltungs-

---

[1152] *Bork*, FS f. Gaul, 71, 89.
[1153] *Bork*, FS f. Gaul, 71, 89.
[1154] *Bork*, FS f. Gaul, 71, 90.
[1155] *Elz*, ZInsO 2000, 478, 481.
[1156] *Smid*, § 107 Rn. 11.
[1157] Kübler/Prütting-*Lüke*, § 91 Rn. 46.

und Verfügungsbefugnis mit Verfahrenseröffnung auf den Insolvenzverwalter über. Da die Verarbeitungserlaubnis auf einen Realakt ausgerichtet ist[1158], handelt es sich bei der in der Verarbeitungsklausel enthaltenen Erlaubnis zur Verarbeitung um eine schuldrechtliche Erlaubnis und nicht um eine Ermächtigung zu einer Verfügung nach § 185 BGB[1159]. Bereits aus diesem Grund scheidet eine durch den Verwalter veranlaßte Verarbeitung auf der Grundlage von § 80 I InsO aus, denn um eine Verwaltungsmaßnahme handelt es sich dabei ebenfalls nicht. Hinzu kommt, dass der Verwalter nach § 80 I InsO lediglich dazu befugt ist, über die zur Insolvenzmasse gehörenden Gegenstände zu verfügen[1160]. Vor Verarbeitung ist der Lieferant im Fall der Erfüllungsablehnung durch den Verwalter noch zur Aussonderung des Vorbehaltsgutes berechtigt. Mit dieser macht er aber gerade die Nichtzugehörigkeit des Gegenstandes zur Masse geltend[1161]. Ein Übergang der Verarbeitungserlaubnis auf den Verwalter nach § 80 I InsO scheidet daher aus. Aus gleichem Grund kann die Verarbeitungserlaubnis des Verwalters auch nicht auf § 148 I InsO gestützt werden. Denn mit § 148 I InsO soll nach außen dokumentiert werden, dass die Masse, § 35 InsO, ab Verfahrenseröffnung dem Insolvenzbeschlag unterliegt, indem sie sobald als möglich vom Verwalter in Besitz und Verwaltung genommen wird[1162]. Obwohl sich Aussonderungsgut regelmäßig in der Masse befindet und daher zur Ist-Masse gehört, ist dieses nicht vom Massebegriff des § 35 InsO erfaßt, da sich dieser nur auf die Soll-Masse, zu der Aussonderungsgüter nicht zählen, bezieht[1163].

(3) Verarbeitung als Form der Nutzung i.S.v. § 172 II InsO

Für Gegenstände, zu deren Verwertung der Verwalter nach den §§ 166 ff InsO berechtigt ist, hat der Gesetzgeber dem Umstand, dass sie aus dem Umlaufvermögen im Rahmen des Produktionsprozesses regelmäßig in andere Produktionsstufen oder in das Endprodukt eingehen, Rechnung getragen, indem er den Verwalter nach § 172 II InsO zur Verarbeitung, Verbindung und Vermischung berechtigte, sofern die Sicherheit des absonderungsberechtigten Gläubigers dadurch nicht beeinträchtigt wird.
Diese häufig vorkommende Nutzung in Form der Verwendung in der Produktion ist in den Grenzen des § 172 II InsO daher weiterhin möglich. § 172 II InsO findet jedoch nur dann Anwendung, wenn die ursprünglich gelieferte Ware bereits vor Verfahrenseröffnung in eine andere Produktionsstufe eingegangen ist. Hat der Vorbehaltskäufer die Vorbehaltsware vor Eröffnung des Insolvenzverfahrens noch nicht verarbeitet, ist der Lieferant bei Erfüllungsablehnung durch den Verwalter noch zu deren Aussonderung berechtigt, mit der Folge, dass eine Verarbeitungsbefugnis des Verwalters im Rahmen von § 172 II InsO ausscheidet[1164].

1158 Die Verarbeitung nach § 950 BGB ist ein Realakt.

1159 *Bork*, FS f. Gaul, 71, 88; *Elz*, ZInsO 2000, 478, 481; *Serick*, Bd. V, § 63 II 5, *ders.*, ZIP 1982, 507, 509.

1160 Kübler/Prütting-*Lüke*, § 80 Rn. 20.

1161 Kübler/Prütting-*Prütting*, § 47 Rn. 1.

1162 Kübler/Prütting-*Holzer*, § 148 Rn. 1.

1163 Kübler/Prütting-*Holzer*, § 35 Rn. 16, 65.

1164 Nerlich/Römmermann-*Becker*, § 172 Rn. 52.

(4) Verarbeitung als Form der Nutzung i.S.v. § 107 II InsO

Da die Verarbeitung eines Stoffes aber eine Form seiner Nutzung, und der Verwalter nach § 107 II InsO zur Nutzung von Aussonderungsgut berechtigt ist, liegt es nahe, auch die Verarbeitungsbefugnis des Insolvenzverwalters aus § 107 II InsO herzuleiten.

(4 a) Vereinbarkeit mit § 91 I InsO

Die Verarbeitung von Rohstoffen auf der Grundlage einer Verarbeitungsklausel führt dazu, dass der Lieferant kraft antezipierter Einigung nach § 929 S. 2 BGB Vorbehaltseigentum an der neu hergestellten Sache erlangt. Gleichzeitig wird er zur Absonderung der neuen Sache befugt, während sein an der verarbeiteten Sache bestehendes Aussonderungsrecht untergeht. Infolge der Verarbeitung erwirbt der Lieferant folglich zwei neue Rechte. In Frage steht daher, ob der Erwerb dieser Rechte in Einklang mit § 91 I InsO steht. Nach § 91 I InsO können nach Verfahrenseröffnung keine Rechte mehr an Gegenständen der Insolvenzmasse erworben werden. Voraussetzung für die Anwendung von § 91 I InsO ist daher, dass es sich bei dem Eigentumserwerb des Lieferanten an der neu hergestellten Sache um den Erwerb eines Rechtes an einem zur Masse gehörenden Gegenstand handelt. Zum Zeitpunkt der Verfahrenseröffnung gehörte die nun verarbeitete Sache aber noch nicht zur Insolvenzmasse i.S.v. § 35 InsO, weil der Lieferant zu deren Aussonderung berechtigt war. Es handelte sich daher um insolvenzfreies Vermögen[1165]. § 91 I InsO steht einem Eigentumserwerb der Lieferanten an der neuen Sache gemäß § 929 S. 2 BGB folglich nicht entgegen[1166].
Und auch der Erwerb des Absonderungsrechtes an der neuen Sache scheitert aus benanntem Grund nicht an § 91 I InsO. Denn zum Zeitpunkt der Verfahrenseröffnung gehörte das Vorbehaltsgut noch nicht zur Insolvenzmasse. Hinzu kommt, dass der Erwerb eines Absonderungsrechtes durch den Lieferanten nicht zu einem Verlust von Massegegenständen, sondern vielmehr zu einer Erweiterung des Haftungsvermögens führt. Denn der Erwerb des Absonderungsrechtes geht mit dem Verlust des Aussonderungsrechtes an der verarbeiteten Sache einher.
Der durch die Verarbeitung bedingte Austausch der Gläubigersicherheit verstößt weiterhin auch nicht gegen die Rückschlagsperre des § 88 InsO, so dass der Erwerb des Absonderungsrechtes an der neu hergestellten Sache auch auf diese Weise nicht vereitelt wird. § 88 InsO bestimmt, dass ein Insolvenzgläubiger, der im letzten Monat vor dem Antrag auf Eröffnung des Insolvenzverfahrens oder nach diesem Antrag durch Zwangsvollstreckungsmaßnahmen eine Sicherung an dem zur Insolvenzmasse gehörenden Vermögen des Schuldners erlangt hat, diese Sicherung mit Verfahrenseröffnung verliert. Der Erwerb des Absonderungsrechts vollzieht sich aber weder durch Zwangsvollstreckung, noch handelt es sich bei dem Vorbehaltsgut um zur Insolvenzmasse gehöriges Vermögen i.S.v. § 35 InsO. Denn vor der Verarbeitung hat der Sicherungsgläubiger ein Aussonderungsrecht an diesem. Hinzu kommt, dass § 88 InsO nur die Vollstreckung durch Insolvenzgläubiger betrifft[1167], aussonderungsberechtigte Vorbehaltslieferanten aber Massegläubiger sind.

1165 Vgl. insofern bereits zur KO *Serick*, ZIP 1982, 507, 517.
1166 I.E. ebenso Kübler/Prütting-*Lüke*, § 91 Rn. 46; vgl. auch FK-*App*, § 91 Rn. 14 m.w.N.
1167 Kübler/Prütting-*Lüke*, § 88 Rn. 5.

(4 b) Wirtschaftliche Gesichtspunkte

Während die über den Zeitpunkt der kritischen Phase hinaus aufrechtzuhaltende Verarbeitungserlaubnis sowohl im Interesse des Sicherungsnehmers als auch in dem des Sicherungsgebers liegt, ist der Lieferant bei einer nach Verfahrenseröffnung vorgenommenen Verarbeitung auf den ersten Blick zusätzlichen Gefahren ausgesetzt, die nicht mehr in seinem Interesse liegen. Denn wenn das Vorbehaltseigentum erst in der kritischen Phase oder noch später in die Fabrikation eingeht, besteht mehr denn je die Gefahr, dass Produktionsvorgänge nicht mehr abgeschlossen werden können. Hinzu kommt, dass im Gegensatz zur kritischen Phase i.S.v. § 130 I Nr. 1 InsO die Verarbeitung nun unter konkursrechtlichen Bedingungen erfolgt. Das bedeutet, dass die Möglichkeit besteht, dass bereits eingeleitete Arbeiten nicht zu Ende geführt werden, weil die dazu erforderlichen Arbeitskräfte nicht bezahlt werden können. Intensiviert werden diese Faktoren noch, wenn die Verarbeitung bei Verfahrenseröffnung noch nicht eingeleitet war, denn die zur Fertigstellung benötigte Zeitspanne ist dann besonders groß. Hinzu kommt, dass der Verkäufer im Fall der Erfüllungsablehnung durch den Verwalter beim Absatz von unverarbeiteten Rohstoffen nicht mit ähnlichen Schwierigkeiten konfrontiert ist wie beim Vertrieb von Halbfertigprodukten. Ferner besteht durchaus die Gefahr, dass dem Insolvenzverwalter die Mittel fehlen, um weitere Rohstoffe einzukaufen, die für die Herstellung des End- oder eines Zwischenproduktes notwendig sind, oder um andere für die Produktion notwendige Maßnahmen zu treffen.
Nach eröffnetem Insolvenzverfahren ist der Sicherungsgeber daher vermehrten Unsicherheitsfaktoren ausgesetzt.

(4 c) Erhalt von Sanierungschancen

Zu bedenken ist aber, dass sich gegenüber der Konkursordnung das Risiko, dass die Produktion wegen Aussonderung der unter Eigentumsvorbehalt gelieferten Maschinen sofort nach Verfahrenseröffnung eingestellt werden muss mit Einführung des § 107 II InsO verringert hat. Denn diese müssen erst nach Erfüllungsablehnung, die bis nach dem Berichtstermin hinausgezögert werden kann, herausgegeben werden und dürfen nach der hier vertretenen Ansicht auch genutzt werden[1168].
Und auch die zur Fortführung des Unternehmens notwendigen Betriebsmittel, die ihre Sicherungsgläubiger nur zur Absonderung berechtigen, hindern die Unternehmensfortführung nicht. Denn nach § 172 I InsO obliegt dem Verwalter die Nutzung solcher Gegenstände. Aus dieser Ecke droht den Rohstofflieferanten daher keine Gefahr.
Wenn dem Verwalter aber die zur Produktion notwendigen Maschinen und Absonderungsgüter weiterhin zur Verfügung stehen und damit die Voraussetzungen für eine Aufrechterhaltung der Produktion technisch gegeben sind, ist der Anreiz für Arbeitnehmer, die den Erhalt der Betriebsstrukturen und die Fortführung des Unternehmens ohnehin als das entscheidende Verfahrensziel ansehen[1169], nicht vorzeitig aus dem insolventen Unternehmen auszuscheiden erheblich größer, als es unter Geltung der KO war. Erwähnenswert ist weiter, dass dies auch mit einer finanziellen Entlastung der Sozialkassen einhergeht, und damit auch im öffentlichen Interesse liegt.

1168 Hieraus ergibt sich im übrigen ein weiteres Argument für die Nutzungsbefugnis des Verwalters an Aussonderungsgut.
1169 *Mönning*, Betriebsfortführung, Rn. 345.

Unterstützung findet die Aufrechterhaltung der Verarbeitungsbefugnis ferner durch die Hinwendung des Gesetzgebers zur Sanierungsaufgabe des Insolvenzverfahrens[1170]. Wenn aber bereits unter Geltung der KO bekannt war, dass ein Verarbeitungsstopp nach Verfahrenseröffnung zur zwangsweisen Stillegung des Betriebes führt[1171], dann gilt es, dem in § 1 S. 1 InsO zum Ausdruck kommenden Ziel der InsO, eine gleichmäßige Gläubigerbefriedigung durch Liquidation oder Sanierung, die gleichwertig nebeneinander stehen, so gut wie möglich zu entsprechen. Insbesondere Unternehmen der verarbeitenden Industrie sind zur Betriebsfortführung aber darauf angewiesen, Vorbehaltsware weiterzuverarbeiten. Wird ihnen dies versagt, ist die Gleichwertigkeit von Sanierung und Liquidation nicht mehr gegeben. Aber selbst dann, wenn sich bereits abgezeichnet hat, dass das Unternehmen liquidiert werden soll, ist die mit der Aufrechterhaltung der Verarbeitungsbefugnis einhergehende Betriebsfortführung im Interesse der Masse und der Insolvenzgläubiger einer raschen Liquidation vorzuziehen. Denn durch eine geregelte Ausproduktion erhöht sich in der Regel der Wert des Unternehmens und damit steigen auch die Befriedigungsaussichten der ungesicherten Gläubiger. Im Rahmen der Verlustminderung für die Gläubiger muss weiter berücksichtigt werden, dass die zumindest vorübergehende Betriebsfortführung auch zur Verminderung von Masseverbindlichkeiten führt. Denn noch vorhandene Verträge können abgewickelt werden, so dass aufgewandte Löhne und Gehälter einer den Aufwand ausgleichenden Wertschöpfung zugunsten der Masse gegenüberstehen[1172]. Da die Voraussetzungen für eine Weiterproduktion gegeben sind, hat sich auch die Gefahr verringert, dass die neue Ware nur halb fertig gestellt wird und in ihrem Wert hinter dem des unverarbeiteten Produktes zurückbleibt, wodurch die Sicherheit des Lieferanten entwertet würde. Die InsO hat damit Möglichkeiten geschaffen, die Unsicherheitsfaktoren für Lieferanten, deren Ware vor Verfahrenseröffnung noch nicht in die Verarbeitung eingegangen war zu verkleinern. Diese Möglichkeiten setzen bereits mit dem Fortführungsauftrag des vorläufigen Verwalters aus § 22 I 2 Nr. 2 InsO im Eröffnungsverfahren an. Würde die Verarbeitung von Rohstoffen aber nicht von der Nutzungsbefugnis des Verwalters umfaßt sein, wären entsprechende Bemühungen des vorläufigen Verwalters umsonst gewesen.
Praktisch würde das dazu führen, dass die vorhandenen Rohstoffe bis zur Entscheidung des Verwalters über die Fortführung der einzelnen Verträge im schuldnerischen Unternehmen gelagert werden müßten, ohne der Nutzung zugänglich zu sein. Man bedenke nur, das Unternehmen hat seine Lagerbestände vor Verfahrenseröffnung erst aufgefüllt und deshalb keinen Raum, um neue Verträge über die Lieferung neuer Rohstoffe abzuschließen[1173].
Hinzu kommt die Frage, wer die Kosten der Lagerung zu tragen hat, die maximal drei Monate dauern kann. Einerseits scheint es absurd, diese dem Gemeinschuldner aufzubürden, weil § 107 II InsO gerade der Massestärkung dienen soll. Andererseits wirkt es auch befremdlich, wenn die Gäubiger Lagerungskosten an die Masse abführen müssen, damit die Ware dort bis zu einer endgültigen Entscheidung verbleibt, ohne dass sie davon einen Vorteil hätten.
Nicht zuletzt ergibt sich aus der geordneten Vorbereitung einer Betriebsstillegung auch der Vorteil eines gleitenden Personalabbaus.

[1170] Vgl. dazu nur die §§ 107 II, 172 InsO.

[1171] *Henckel*, Aktuelle Probleme, S. 56.

[1172] *Mönning*, Betriebsfortführung, Rn. 719.

[1173] Oft wird es dem Verwalter jedoch mangels hinreichender Liquiditätsmittel nicht möglich sein, solche Geschäfte zu tätigen.

Insgesamt zeigt sich daher, dass die Unternehmensfortführung, zu der auch die Verarbeitung von Vorbehaltsware erforderlich sein kann, sowohl im Interesse einer Liquidation als auch in dem der Reorganisation und Erhaltung des insolventen Unternehmens liegt[1174].
Es wird also deutlich, dass die Verarbeitung von Rohstoffen nur dann im Einklang mit der gesetzgeberischen Intention von § 107 II InsO steht, wenn auch diese Güter nach Eröffnung des Verfahrens ihrem bestimmungsgemäßen Gebrauch zugeführt werden dürfen.

c. Zwischenergebnis

Nach all dem ist festzuhalten, dass die entscheidenden Gründe für ein Aufrechthalten der Verarbeitungserlaubnis über den Zeitpunkt der Verfahrenseröffnung hinaus sprechen.

d. Einschränkung der Verarbeitungserlaubnis analog § 172 II InsO

Zu bedenken ist aber, dass der Vorbehaltslieferant die Sicherheit für den Eintritt des Sicherungsfalls bestellt hat. Dieser stimmt zwar nicht zwangsläufig mit dem Zeitpunkt der Verfahrenseröffnung überein, denn für den Fall, dass sich der Verwalter für die Vertragserfüllung entscheidet, wird der Kaufpreisanspruch zur Masseschuld, so dass das Risiko der Verarbeitung von da an in die Sphäre des Verwalters fällt[1175], anders stellt es sich aber dar, wenn der Verwalter die Vertragserfüllung ablehnt. Dann ergibt sich das Problem, dass das Aussonderungsrecht des Lieferanten an der gelieferten Sache infolge der Verarbeitung nach Verfahrenseröffnung durch ein Absonderungsrecht an dem neuen Produkt ersetzt ist. Dieser „Austausch von Sicherheiten" führt dazu, dass die neu hergestellte Sache in die Insolvenzmasse fällt und der Verwalter nach § 166 ff InsO zu deren Verwertung berechtigt ist.
Für Absonderungsgut hat der Gesetzgeber in § 172 II InsO bestimmt, dass die Verarbeitung nur dann zulässig ist, wenn die Sicherung des absonderungsberechtigten Gläubigers nicht beeinträchtigt wird. Die Verarbeitungsbefugnis des Insolvenzverwalters für Aussonderungsgut folgt aus § 107 II InsO. Hier fehlt es jedoch an einer § 172 II InsO entsprechenden Einschränkung der Verarbeitungsbefugnis. Vor dem Hintergrund des Gleichbehandlungsgrundsatzes erscheint es aber befremdlich, dass dem Insolvenzverwalter die Nutzung an bestimmtem Sicherungsgut in Form der Verarbeitung nur unter der Bedingung gewährt wird, dass dies nicht mit einer Beeinträchtigung der Gläubigersicherheit einhergeht, während die Verarbeitung anderen Sicherungsgutes ohne eine entsprechende Einschränkung zulässig ist. Dies gilt umsomehr, als es sich bei letzerem um Aussonderungsgut handelt. Mangels entsprechender gesetzlicher Regelung ist der Rechtsgedanke des § 172 II InsO daher auch bei Aussonderungsgut heranzuziehen, mit der Folge, dass eine Verarbeitung nur dann zulässig ist, wenn diese nicht zur Beeinträchtigung der Gläubigersicherheit führt.
Von entscheidender Bedeutung ist daher, ob der Wechsel von dem an der ursprünglichen Sache bestehenden Aussonderungs- zu einem Absonderungsrecht an der neu hergestellten Sache eine Sicherheitenbeeinträchtigung beinhaltet. Infolge der Verarbeitung ist der Vorbehaltslieferant nicht mehr befugt, das Vorbehaltsgut nach Erfüllungsablehnung aus der Masse auszusondern und selbst zu verwerten. Die Verwertung obliegt nun dem Verwalter. Diese veränderte Befriedigungsform stellt jedoch nur dann eine Beeinträchtigung des Gläubigers dar, die zu einem Verarbeitungsverbot führt, wenn seine bisherigen

---

[1174] *Mönning*, Betriebsfortführung, Rn. 725.
[1175] *Henckel*, Aktuelle Probleme, S. 55.

Befriedigungsaussichten auch geschmälert werden[1176]. Entscheidend ist daher, ob sich die Befriedigungsaussicht des Vorbehaltsverkäufers durch den Verlust seines Aussonderungs- und den Gewinn eines Absonderungsrechts vermindert.
Festzuhalten ist zunächst, dass die Verwertung durch den Verwalter nicht zwingend dazu führt, dass die Sache „unter Wert verwertet wird", während der Sicherungsgläubiger, der zur Befriedigung seiner Forderung das bestmögliche Ergebnis erzielen will, gesteigerte Bemühungen in die Verwertung der Vorbehaltsware stecken wird. Von einem generell schlechteren Verwertungsergebnis infolge Verwertung durch den Verwalter kann daher nicht ausgegangen werden. Zu bedenken ist aber, dass dem Verwalter mit der Verarbeitung daran gelegen ist, einen Produktionsgewinn für die Masse zu erzielen. Sein Interesse gilt im Gegensatz zum Aussonderungsberechtigten primär der Masse[1177]. Hinzu kommt, dass eventuell erzielte Mehrerlöse bei der Verwertung von Absonderungsgut der Masse gebühren, während sie bei der Verwertung von Aussonderungsgut dem Sicherungsgläubiger zustehen.
Von Bedeutung ist weiterhin, dass die Kosten der Aussonderung, mit Ausnahme der Kostenpauschale nach § 170 I 1 InsO, entsprechend dem bisherigen Recht der Masse zur Last fallen, § 171 I 1 InsO. Denn bei diesen handelt es sich um Kosten, die daraus erwachsen, dass der Verwalter die Ist- auf die Soll-Masse reduziert. Demgegenüber und im Gegensatz zur Konkursordnung, unter deren Geltung die Bearbeitungskosten nicht von den gesicherten Gläubigern getragen, sondern aus der Masse aufgebracht wurden und damit zu einer Kürzung der Quote der ungesicherten Gläubiger führten, werden absonderungsberechtigte Gläubiger nun zur Finanzierung des Insolvenzverfahrens herangezogen, § 170 I 1 InsO. Dies geschieht in der Form, dass der Verwertungserlös vor der Befriedigung des absonderungsberechtigten Gläubigers um den Kostenbeitrag i.H.v. 4 % des Verwertungserlöses für die Feststellung der Sicherheit, weiteren 5 % für die Verwertung und den entsprechenden Umsatzsteuerbeitrag gekürzt wird, §§ 170 I, 171 I 1 InsO. Erst nach Abzug dieser Posten ist der Verwertungserlös an den Gläubiger auszukehren, § 170 I 2 InsO. Unter diesem Aspekt muss sich der für das Sicherungsgut erzielte Erlös zwar nicht zwingend verringern, die Befriedigungsaussicht aber ist geschmälert, so dass die abgesonderte Befriedigung an der infolge der Verarbeitung neu hergestellten Sache keine gleichwertige Alternative zur Aussonderung des ursprünglichen Sicherungsgutes ist. Eine Verarbeitung nach Verfahrenseröffnung, die mit einem Übergang des Aus- zum Absonderungsrecht einhergeht ist daher nicht zulässig, denn sie verschlechtert wegen der benannten Unsicherheitsfaktoren die Stellung des Lieferanten.
Will der Gesetzgeber hieran etwas ändern, dann muss er nicht nur die generelle Nutzungsbefugnis des Verwalters an Aussonderungsgut in § 107 II InsO aufnehmen. Vielmehr muss er diese auch mit einer entsprechenden Regelung über die Nutzung in Form der Verarbeitung sowie deren Grenzen versehen.
Nach der bisherigen gesetzlichen Regelung besteht die Verarbeitungsbefugnis aber nicht weiter.

2. Schicksal der Veräußerungsermächtigung mit Vorausabtretungsklausel

a. Los der Veräußerungserlaubnis in der „kritischen Phase" und im Eröffnungsverfahren

Hinsichtlich der Befugnis zur Weiterveräußerung vertraten *Franke* und *Gottwald* die Ansicht, dass die Veräußerungsermächtigung in der Zeit zwischen Zahlungseinstellung und

1176 Nerlich/Römmermann-*Becker*, § 172 Rn. 36 ff.
1177 BK-*Breutigam*, § 172 Rn. 23, der daraus schlußfolgert, dass die Verarbeitung auf der Grundlage einer Verarbeitungsklausel mit einer Beeinträchtigung des Sicherungsgläubigers einhergeht.

Konkurseröffnung sowie während des späteren Konkursverfahrens nicht mehr gelte[1178]. Grund dafür sei, dass die Veräußerung ab diesem Zeitpunkt regelmäßig nicht mehr im Rahmen des ordnungsgemäßen Geschäftsbetriebes erfolge[1179]. Denn häufig werde das Vorbehaltsgut durch einen Schleuder- oder Scheinverkauf veräußert, der außerhalb eines ordnungsgemäßen Geschäftsbetriebes liege. Gegenüber seinem Lieferanten handele der Vorbehaltskäufer häufig deshalb nicht im Rahmen seines ordnungsgemäßen Geschäftsbetriebes, weil dessen Aussonderungsrecht infolge der Veräußerung vereitelt werde, ohne dass eine gleichwertige Ersatzsicherheit gestellt werde. Im Ergebnis führe die Aufrechterhaltung der Veräußerungsermächtigung daher zur rechtlich und wirtschaftlichen Verschlechterung des Vorbehaltsverkäufers[1180].

Dem ist jedoch damit zu begegnen, dass die Weiterveräußerung von Vorbehaltsgut für den Fall, dass es sich um ein Unternehmen handelt, das vorwiegend Zwischenhandels- oder Fabrikationsgeschäften nachgeht, für die Unternehmensfortführung ebenso notwendig ist wie die Verarbeitung für ein Unternehmen der verarbeitenden Industrie. Denn solche Unternehmen erwerben Ware nur zum Zwecke der Weiterveräußerung[1181]. Und auch in den Fällen, in denen die Verarbeitungserlaubnis des Schuldners mit einer Veräußerungsermächtigung gekoppelt ist, ist die Veräußerung der neu hergestellten Sache für die Unternehmensfortführung notwendig.

Der vorläufige Verwalter hat daher auch in diesem Fall ein berechtigtes Interesse daran, das schuldnerische Unternehmen fortzuführen, um so den Wert des Unternehmens zu erhalten und damit die Befriedigungsaussichten der Insolvenzgläubiger zu vergrößern.

Dieses Interesse ist aber ebenso wie bei der Berechtigung des vorläufigen Insolvenzverwalters zur Weiterverarbeitung nur dann schutzwürdig, wenn es nicht mit einer konkreten Gefährdung der Befriedigungsaussichten der Sicherungsnehmer einhergeht[1182].

Infolge der Weiterveräußerung tritt die aus dem Weiterverkauf resultierende, im voraus abgetretene Kaufpreisforderung an die Stelle der veräußerten Sache, mit der Folge, dass sich der Vorbehaltslieferant im anschließenden Insolvenzverfahren aus ihr befriedigen kann[1183]. Um zu verhindern, dass diese Befriedigungsmöglichkeit vereitelt wird, indem der Schuldner die abgetretene Forderung im Rahmen seiner Einziehungsbefugnis, die ihm regelmäßig mit der Weiterveräußerungsermächtigung erteilt wurde[1184], einzieht, und so die Sicherung des Vorbehaltslieferanten ins Leere läuft, weil der vorläufige Verwalter die daraus resultierenden Gelder in die Geschäftsfortführung einfließen läßt, muss die Einziehungsbefugnis mit Antragstellung erlöschen[1185]. Der vorläufige Insolvenzverwalter ist daher im Eröffnungsverfahren zwar zur Weiterveräußerung, nicht aber zur Einbeziehung der abgetretenen Forderung berechtigt. Da dies aber nur dann einen Sinn gibt, wenn sie nicht bereits in der kritischen Phase des § 130 I Nr. 1 InsO erloschen ist, muss die Veräußerungsbefugnis über diesen Zeitraum hinaus erst Recht fortbestehen.

Ebenso wie bei Verarbeitungsklauseln kommt hinzu, dass die Weiterveräußerung von Vorbehaltsware in der kritischen Phase auch keine Insolvenzanfechtung rechtfertigt, da es auch hier an einer Gläubigerbenachteiligung fehlt.

1178 *Franke*, KTS 1957, 139, 141; *Gottwald*, Insolvenzrechts-Handbuch, § 43 Rn. 11.

1179 *Franke*, KTS 1957, 139, 139 ff.

1180 *Franke*, KTS 1957, 139, 141.

1181 *Serick*, Bd. I, § 8 II 1.

1182 Vgl. auch *Pohlmann*, Befugnisse, Rn. 447.

1183 § 91 I InsO steht hier nicht entgegen, weil dieser erst nach Verfahrenseröffnung Anwendung findet.

1184 BGH WM 1972, 995, 997; Staudinger-*Honsell*, § 455 Rn. 61 m.w.N.

1185 *Mohrbutter*, Insolvenzverwaltung, Rn. I. 35; *Herbert*, Sequestration im Konkursantragsverfahren, S. 147, *Pohlmann*, Befugnisse, Rn. 448 ff.

Die Veräußerungsermächtigung erlischt daher weder automatisch mit Beginn der kritischen Phase i.S.v. § 130 I Nr. 1 InsO, noch mit Antragstellung. Denn solange sich der Käufer vertragstreu verhält, insbesondere die Bezahlung des restlichen Kaufpreises nicht gefährdet ist, besteht kein Anlaß, die Ermächtigung, die ihre Rechtsgrundlage einerseits in der zu diesem Zeitpunkt noch bestehenden Vereinbarung zwischen dem Schuldner und dem Sicherungsgläubiger und andererseits in § 22 I InsO findet[1186], erlöschen zu lassen[1187]. Der Käufer muss sich also weiterhin darauf verlassen dürfen, dass die Ermächtigung Bestand hat.
Will der Lieferant die Weiterveräußerung jedoch vor Verfahrenseröffnung verhindern, so bleibt ihm nur die Möglichkeit die Veräußerungsermächtigung zu widerrufen, sofern dafür hinreichende Gründe vorliegen.
Im Ergebnis ergeben sich daher keine Unterschiede gegenüber dem zum Fortbestand der Veräußerungsbefugnis gesagten.

b. Veräußerungsberechtigung nach Verfahrenseröffnung

Zwar ist die Aufrechterhaltung der Weiterveräußerungsermächtigung auch nach Verfahrenseröffnung für benannte Betriebe notwendig, um Sanierungschancen nicht von Anfang an aussichtslos zu machen und damit die Entscheidung der Gläubigerversammlung über eine Betriebsfortführung oder Liquidation vorwegzunehmen, dennoch muss die Weiterveräußerungsermächtigung mit Eröffnung des Insolvenzverfahrens erlöschen[1188]. Dafür spricht zunächst, dass der Vorbehaltskäufer nur im Rahmen seines normalen Geschäftsganges zur Veräußerung berechtigt sein soll, die Veräußerung nach Verfahrenseröffnung aber eine Verwertungsmaßnahme in der Insolvenz darstellen würde[1189], zu der der Verwalter nicht berechtigt ist. Ebensowenig wie die Verarbeitungserlaubnis kann auch die Veräußerungsermächtigung des Verwalters nicht aus § 80 I InsO hergeleitet werden. Zwar liegt ihr gesetzlicher Ausgangspunkt in § 185 BGB[1190], so dass es sich bei der Veräußerungsermächtigung um eine Verfügung handelt[1191], die nach § 80 I InsO dem Verwalter obliegt. Das Vorbehaltsgut gehört aber nicht zur Insolvenzmasse i.S.v. § 35 InsO, so dass die Weiterveräußerungsermächtigung nicht nach § 80 I InsO auf den Verwalter übergeht.
Gegen den Fortbestand der Weiterveräußerungsermächtigung nach Verfahrenseröffnung läßt sich weiterhin ins Feld führen, dass dies zu einem ersatzlosen Untergang der Sicherheit des Vorbehaltslieferanten führen würde. Denn infolge der Veräußerung würde er sein Aussonderungsrecht am Vorbehaltsgut verlieren, und dieses würde auch nicht, wie außerhalb des Insolvenzverfahrens, durch ein Absonderungsrecht an der infolge Vorauszession erlangten Forderung gegen den Abkäufer ersetzt werden können, weil einem solchen Erwerb § 91 I InsO entgegen stünde.
Denn die Vorausabtretung künftiger Forderungen ist erst mit der Entstehung der Forderung vollendet[1192]. Hat der Gemeinschuldner aber vor Verfahrenseröffnung eine erst nach Verfahrenseröffnung entstandene Forderung abgetreten, scheitert der Forderungserwerb des

---

1186 A.A. *Kirchhof*, ZInsO 1999, 436, 436, der von § 22 I InsO nur den Verkauf von Fertigprodukten, die im Eigentum des Schuldners stehen, erfaßt sieht.
1187 *Serick*, Bd. I, § 8 II 5.
1188 BGH NJW 1953, 217; Jaeger-*Henckel*, § 15 Rn. 47; Kübler/Prütting-*Lüke*, § 91 Rn. 32; *Serick*, Bd. I, § 8 II 5.
1189 Jaeger-*Henckel*, § 15 Rn. 47; *Serick*, Bd. I, § 8 II 5.
1190 *Serick*, Bd. I, § 8 II 1.
1191 *Baur/Stürner*, Sachenrecht, § 59 I 4 b.
1192 BGHZ 32, 367, 369.

Zessionars an § 91 I InsO[1193]. Der Lieferant kann wegen § 91 I InsO an der nach Verfahrenseröffnung entstandenen Forderung kein Absonderungsrecht erwerben[1194]. Die Vorauszession ist daher nicht insolvenzfest.
Und auch die teilweise unter Geltung der Konkursordnung vertretene Ansicht, die Weiterveräußerung nach Verfahrenseröffnung als Erfüllungswahl zu werten steht weder in Einklang mit der InsO noch mit dem Willen des Verwalters. Denn bereits die verlängerte Entscheidungsfrist des Verwalters nach § 107 II InsO schließt die Annahme einer solch konkludenten Erfüllungswahl aus, weil die Gewährung der Weiterveräußerung als konkludente Erfüllungswahl die Zielsetzung von § 107 II InsO unterlaufen würde. Hinzu kommt, dass der Verwalter oftmals keine Kenntnis davon hat, dass an dem Gegenstand, über den er im Rahmen der Aufrechterhaltung der Geschäftstätigkeit verfügt, ein verlängerter Eigentumsvorbehalt besteht[1195].

3. Ergebnis

Das sich aus § 107 II InsO ergebende Nutzungsrecht des Insolvenzverwalters umfaßt zwar generell auch die Nutzung von Aussonderungsgut in Form der Verarbeitung, wegen der mit einer Verarbeitung einhergehenden Substitution des Aussonderungsrechts am ursprünglichen Sicherungsgutes durch ein Absonderungsrecht an der neuen Sache werden die Befriedigungsaussichten des Lieferanten aber derart geschmälert, dass eine Verarbeitung nach Verfahrenseröffnung nur dann zulässig ist, wenn durch individuelle Verhandlungen mit dem Sicherungsgläubiger eine Gestattung herbeigeführt werden kann.
Demgegenüber erlischt die dem Vorbehaltskäufer erteilte Weiterveräußerungsermächtigung bereits mit dem Zeitpunkt der Verfahrenseröffnung. Will der Verwalter die Vorbehaltsware auch nach Verfahrenseröffnung weiterveräußern, muss er dies ebenfalls mit dem Sicherungsgläubiger selbst aushandeln.

IV. Ausgleichszahlung

1. Generelle Nutzungsentschädigung

Im weiteren bleibt zu untersuchen, ob und bejahendenfalls wie Sicherungsgläubiger für die Nutzung durch den Verwalter zu entschädigen sind. Dabei ist zunächst an eine generelle Nutzungsentschädigung zu denken. Problematisch ist jedoch, dass der Lieferant dann im Fall der Erfüllungswahl neben dem vollständigen Kaufpreis Zahlungen für die Nutzung des Vorbehaltsgutes erhielte. Der Vorbehaltsverkäufer hat sich im Rahmen des Vorbehaltskaufes aber freiwillig seines Nutzungsrechts begeben und dieses auf den Käufer übertragen. Mit der Vereinbarung des Kaufpreises sind die Parteien darin übereingekommen, dass dieser als Austausch für die Übertragung des Besitz- und Nutzungsrechtes am Vorbehaltsgut auf den Käufer stehen soll. Es bestand daher Einigkeit, dass der Kaufpreis auch die Nutzungen durch den Käufer abdecken sollte. Die Gewährung einer darüber hinausgehenden Nutzungsentschädigung für den Fall der Insolvenz des Vorbehaltskäufers würde im Ergebnis eine nicht gerechtfertigte Privilegierung des Sicherungsgläubigers in der Insolvenz seines Vertragspartners bedeuten, die er außerhalb des Insolvenzverfahrens nicht erfahren hätte.

[1193] BGH ZIP 1980, 851, 854 ; FK-*App*, § 91 Rn. 1, 12 ; *Hess*, § 91 InsO Rn. 33 m.w.N.; Kübler/Prütting-*Lüke*, § 91 Rn. 27, 28 m.w.N .

[1194] FK-*App*, § 91 Rn. 1; RegBegr. zu § 102 RegE, abgedruckt in: *Uhlenbruck*, Insolvenzrecht, S. 404.

[1195] Kübler/Prütting-*Lüke*, § 91 Rn. 33.

Hinzu kommt noch, dass die Befugnis des Verwalters zur Nutzung von Absonderungsgut, mit Ausnahme des Ausgleiches von Wertverlusten nach § 172 I InsO, entschädigungslos erfolgt.[1196]. Wenn der Gesetzgeber die ausdrücklich geregelte Nutzung von Absonderungsgut aber ohne eine generelle Entschädigung vorsieht, dann muss gleiches auch für die nicht einmal explizit im Gesetz erwähnte Nutzung von Aussonderungsgut gelten. Auch dieser Aspekt spricht also gegen eine generelle Nutzungsentschädigung der zur Aussonderung Berechtigten.

2. Nutzungsentschädigung infolge Rücktritts vom Vertrag

In Betracht kommt aber eine Nutzungsentschädigung des Vorbehaltslieferanten infolge Rücktritts vom Kaufvertrag nach §§ 455 I, 346 S. 2, 347 S. 2, 987 BGB a.F.[1197].
Voraussetzung dafür ist jedoch, dass der Vorbehaltslieferant nach Verfahrenseröffnung noch berechtigt ist, gemäß § 455 I BGB a.F. / § 449 BGB n.F. wegen Verzugs des Käufers mit den Kaufpreisraten vom Kaufvertrag zurückzutreten.

a. Meinungsstand

Eine Ansicht geht davon aus, dass der Rücktritt des Vorbehaltslieferanten nach § 455 I BGB a.F. / § 449 I BGB n.F. sowohl nach Antragstellung als auch nach Verfahrenseröffnung noch zulässig ist[1198]. Als Begründung führt *Hilgers* an, dass die Möglichkeit der Anfechtung des Rücktritts, einen Ausschluß des Rücktrittsrechts nicht notwendig mache. Die Ausübung eines Rücktrittsrechts sei daher weder vor noch während des Insolvenzverfahrens von Nachteil[1199]. Im übrigen sei ein frühzeitiger Rücktritt deshalb nicht schädlich, weil dadurch eine frühzeitige Warnung aller Gläubiger bewirkt werde. *Balthasar* spricht sich vornehmlich entschieden gegen eine analoge Anwendung der Kündigungssperre des § 112 Nr. 1 InsO aus. Diese habe der Gesetzgeber ausdrücklich nur auf Miet- und Pachtverträge begrenzt, während er für andere Verträge die gesetzlich vorgesehenen Schutzmechanismen für ausreichend hielt[1200].
Andererseits wird vertreten, dass der Rücktritt wegen Verzugs mit Kaufpreisraten bereits ab Antragstellung nicht mehr erlaubt sein könne, weil dies sowohl die Wertungen von § 107 II InsO unterlaufe[1201] als auch dem Prinzip gleichmäßiger Gläubigerbefriedigung widerspreche[1202]. Nicht zuletzt stünde auch entgegen, dass ein uneingeschränktes Rücktrittsrecht wegen Verzugs das Wahlrecht des Verwalters aushebeln würde[1203].

1196 KP-*Kemper*, § 172 Rn. 4.

1197 Eine solche war bereits unter Geltung der Konkursordung anerkannt, vgl. *Kuhn/Uhlenbruck*, § 1176 Rn. 14.

1198 FK-*Wegener*, § 107 Rn. 16, 17; *Hilgers*, Mobiliarsicherheiten, S. 77 ff; Nerlich/Römmermann-*Balthasar*, § 112 Rn. 16; *Pohlmann*, Befugnisse, Rn. 439, 440 ; Vgl. auch zur KO *Mellwig*, Vorbehaltsgut, S. 147.

1199 *Hilgers*, Mobiliarsicherheiten, S. 78.

1200 Nerlich/Römmermann-*Balthasar*, § 112 Rn. 16.

1201 *Breuer*, Beil. zu NJW Heft 1/1999, 1, 12; HK-*Marotzke*, § 107 Rn. 29 ff; *Krull*, ZInsO 1998, 291, 294; Kübler/Prütting-*Tintelnot*, § 112 Rn. 5; *Marotzke*, Gegenseitige Verträge, Rn. 3.46, 4.113, 7.41/58/66; *ders.*, JZ 1995, 803, 813; *ders.*, Das neue Insolvenzrecht, S. 17; *Pape*, Kölner Schrift zur InsO, 531, 565, Rn. 52; *Schlegel*, DZWiR 2000, 94, 100.

1202 *Delhaes*, NZI 1999, 47, 48; *Schlegel*, DZWiR 2000, 94, 100.

1203 *Schlegel*, DZWiR 2000, 94, 100.

b. Auseinandersetzung

aa. Notwendigkeit einer Rücktrittssperre ab Antragstellung

§ 107 II InsO schützt den Verwalter davor, dass Vorbehaltsgut, das zur Fortführung des schuldnerischen Unternehmens benötigt wird, in der Zeit zwischen der Verfahrenseröffnung und dem Berichtstermin aus dem unternehmerischen Verbund herausgelöst wird. Diese masseschützende Vorschrift kann aber dadurch unterlaufen werden, dass die Vorbehaltsware bereits zu einem früheren Zeitpunkt aus dem schuldnerischen Unternehmen gezogen wird.
Wird über das Vermögen des Vorbehaltskäufers ein Insolvenzverfahren eröffnet, so ist der insolvente Käufer regelmäßig schon mit vor der Antragstellung fälligen Kaufpreisraten in Zahlungsverzug geraten. In diesem Fall ist der Vorbehaltslieferant dazu berechtigt, nach § 455 I BGB a.F. / §§ 449 I, 323 BGB n.F. vom Kaufvertrag zurückzutreten. Das hätte aber zur Folge, dass er die Vorbehaltssache nach §§ 346 S. 1, 985 BGB i.V.m. § 47 InsO aussondern könnte, noch bevor die verlängerte Entscheidungsfrist des Verwalters nach § 107 II 1 InsO überhaupt begonnen hätte, mit der Folge, dass das nach § 107 II 1 InsO verfolgte Ziel, den organisatorischen Verbund des insolventen Unternehmens zunächst zu halten, um so Sanierungschancen zu wahren[1204], aussichtslos werden würde.
Es steht zwar zu befürchten, dass der Ausschluß einer Rücktrittsmöglichkeit Vorbehaltslieferanten in Zukunft früher und haltloser zum Rücktritt bewegen wird, und sie versuchen werden, mit dem Vorbehaltskäufer im Anschluß veränderte, günstigere Konditionen auszuhandeln[1205]. Zu berücksichtigen ist aber, dass diese Bedenken ihre Wurzeln im Referentenentwurf haben, der dem Vorbehaltslieferanten lediglich ein Absonderungsrecht zubilligte. Hinzu kommt, dass es sich hierbei um Überlegungen rein spekulativer Natur[1206] handelt, die jeglicher Empirie entbehren. Und auch die Lieferanten werden häufig keine Kenntnis von dem finanziellen Stand ihres Vertragspartners haben, so dass ihnen in der Regel schon die Kenntnis von ihrer Rücktrittsmöglichkeit fehlen wird. Nicht zuletzt ist entgegenzuhalten, dass die Lieferanten schon allein wegen ihrer hinreichenden Sicherung nicht frühzeitig das „sinkende Schiff" verlassen werden[1207].
Ein Rücktritt des Lieferanten nach § 455 I BGB a.F. / § 449 II BGB n.F. infolge eines vor Stellung des Insolvenzantrages eingetretenen Verzugs führt neben der Tatsache, dass die Sanierungschancen verringert würden, weil Vorbehaltsgut frühzeitig aus dem Unternehmen herausgezogen würde auch dazu, dass der Verwalter entweder die ausstehenden Raten begleicht und damit den Verzug beendet oder falls dies mangels Liquidität nicht möglich ist, mit dem Vorbehaltslieferanten Sondervereinbarungen trifft, auf deren Grundlage das Vorbehaltsgut im schuldnerischen Unternehmen verbleiben und weiterhin genutzt werden darf. Diese Vereinbarungen führen jedoch zu einer zusätzlichen Belastung der Insolvenzmasse und stehen überdies mit dem Grundsatz gleichmäßiger Gläubigerbefriedigung in Widerspruch[1208]. Hinzu kommt, dass dem Verwalter die Möglichkeit genommen wird, sich für die Vertragserfüllung zu entscheiden. Denn entweder hätte der Lieferant die Vorbehaltsware bereits vor dem Zeitpunkt des § 107 II InsO vindiziert und somit die Erfüllungswahl vereitelt, oder das Wahlrecht wäre mit der Sondervereinbarung bereits

---

1204 RegBegr. zu § 121 RegE, abgedruckt in: *Uhlenbruck*, Insolvenzrecht, S. 433; BR-Drucks. 1/92, S. 146.
1205 *Hilgers*, Mobiliarsicherheiten, S. 78; *Marotzke*, Insolvenzrecht im Umbruch, 183, 192, 193.
1206 *Marotzke*, FS f. Zöllner, 1193, 1194.
1207 *Schlegel*, DZWiR 2000, 94, 100.
1208 *Schlegel*, DZWiR 2000, 94, 100.

vorweggenommen. Mit einer Rücktrittssperre wäre die Wahlrechtsausübung des Verwalters in diesen Fällen aber gesichert.
Und noch ein systematisches Argument spricht gegen die Rücktrittsmöglichkeit des Vorbehaltsverkäufers wegen Verzuges mit vor Antragstellung fälligen Kaufpreiszahlungen. Eine Rücktrittssperre ist ebenso wie das bis zur Entscheidung im Berichtstermin dem Verwalter zuzusprechende Nutzungsrecht an Aussonderungsgut unerläßlich, um Fortführungschancen zu gewährleisten und auch um § 22 I 2 Nr. 2 InsO nicht überflüssig zu machen. Denn ebenso wie die Verweigerung des Nutzungsrechtes an Aussonderungsgut kann dem schuldnerischen Unternehmen auch infolge eines Rücktritts von Vorbehaltskäufen Gegenstände entzogen werden, die für die Unternehmensfortführung dringend notwendig sind. Die Verweigerung einer Rücktrittssperre würde im Ergebnis also zu den gleichen negativen Auswirkungen führen, wie die Verweigerung eines Nutzungsrechts an Aussonderungsgut durch den Verwalter. Namentlich würden Sanierungschancen vereitelt, der Gläubigerversammlung das Wahlrecht nach § 157 InsO genommen und damit auch § 22 I 2 Nr. 2 InsO überflüssig gemacht.
Nicht zuletzt ist auch das Argument der Gegenansicht, die Möglichkeit der Rücktrittsanfechtung mache den Ausschluß des Rücktrittsrechts obsolet, nicht haltbar. Denn in sanierungsrechtlicher Hinsicht macht es einen großen Unterschied, ob Vorbehaltsware zunächst im Unternehmen verbleiben darf und erst nach der Ausübung des Wahlrechts ausgesondert wird, oder ob es bereits frühzeitig infolge wirksamen Rücktritts aus dem schuldnerischen Unternehmensverbund herausgelöst wird. Im ersten Fall kann es nach der hier vertretenen Ansicht genutzt werden, so dass der mit § 107 II InsO verfolgten gesetzgeberischen Intention entsprochen wird. Wird die Vorbehaltsware hingegen bereits frühzeitig aus dem Unternehmen gelöst, steht sie dem Verwalter zwecks zumindest vorübergehender Unternehmensfortführung nicht mehr zur Verfügung. Dies kann bei einem Rücktritt zahlreicher oder derjenigen Gläubiger, die wichtige Produktionsmittel- und maschinen geliefert haben zu einem Produktionsstopp führen, dessen Folgen durch eine Rückgewähr der Vorbehaltsgüter als Folge nach Verfahrenseröffnung vorgenommener Insolvenzanfechtung auch nicht mehr beseitigt werden können. Dies gilt erst recht, als die Insolvenzanfechtung mit einer Klage auf Erfüllung des Rückgewähranspruchs geltend gemacht wird[1209], wodurch die Rückgabe von Vorbehaltsgütern noch weiter verzögert und eine Chance auf Sanierung unmöglich gemacht wird.
Eine Herausnahme von Vorbehaltsgütern aus dem schuldnerischen Unternehmen führt daher zur Gefährdung des mit § 107 II InsO verfolgten Zwecks. Um dies zu verhindern ist eine Rücktrittssperre zwingend notwendig.

bb. Rechtsgrundlage der Rücktrittssperre

Die überwiegende Ansicht im Schrifttum will daher die Kündigungssperre des § 112 InsO ab dem Zeitpunkt der Stellung des Insolvenzantrages über das Vermögen des Vorbehaltskäufers entsprechend anwenden[1210]. *Pape* hebt indes hervor, entscheidend sei, dass dem Verwalter die Nutzung des Vorbehaltsgutes, die durch die Ausübung des Rücktrittsrechts vereitelt werden könne, ermöglicht bleiben müsse. Ob dies aber durch eine analoge Anwendung von § 112

[1209] *Hess*, § 129 InsO Rn. 89.

[1210] *Breuer*, Beil. zu NJW Heft 1/1999, 1, 12; HK-*Marotzke*, § 107 Rn. 29 ff; Kübler/Prütting-*Tintelnot*, § 112 Rn. 5; *Krull*, ZInsO 1998, 291, 294; *Marotzke*, Das neue Insolvenzrecht, Rn. 62; *ders.*, JZ 1995, 803, 813; *ders.*, Gegenseitige Verträge, Rn. 3.46, 4.113, 7.41/58/66; *ders.*, ZZP 109 (1998), 429, 431; *Tintelnot*, ZIP 1995, 616, 623.

InsO zu geschehen habe oder bereits durch den Wortlaut von § 107 II InsO geboten sei, läßt er offen[1211].

aaa. Ausschluß des Rücktrittsrechts nach § 242 BGB

Zunächst ließe sich daran denken, das Rücktrittsrecht nach § 242 BGB auszuschließen[1212]. Denn dem Insolvenzverwalter stehen gegen den Aussonderungsanspruch alle Einreden und Einwendungen zu, die der Gemeinschuldner dem Anspruch außerhalb des Insolvenzverfahrens hätte entgegensetzen können[1213]. Voraussetzung für einen Ausschluß des Aussonderungsanspruchs war unter Geltung der KO, dass die Gelttendmachung des Herausgabeanspruchs wegen schutzwürdiger Interessen des Schuldners rechtsmißbräuchlich erschien. Dies war beispielsweise dann der Fall, wenn die Buchhaltung des Gemeinschuldners EDV-mäßig erfaßt und die Hardware mit Drittrechten belastet war, die einen Herausgabeanspruch rechtfertigten[1214]. Das Interesse des Schuldners an einer Fortführung seines Unternehmens bis zur Entscheidung der Gläubigerversammlung im Berichtstermin über die Unternehmensfortführung genügt als schutzwürdiges Interesse. Nicht so ganz eindeutig kann aber die Frage beantwortet werden, ob das Herausgabeverlangen des Vorbehaltslieferanten rechtsmißbräuchlich ist. Auf den ersten Blick erscheint es zwar rechtsmißbräuchlich, Gegenstände aus dem schuldnerischen Unternehmen zu ziehen, die für die Unternehmensfortführung zwingend erforderlich sind. Zu bedenken ist aber das Interesse des Sicherungsgläubigers, seine Sicherheit gerade in dem Fall realisieren zu können, für den er sie bestellt hat. Die Ausübung des Aussonderungsrechts ist daher nicht generell rechtsmißbräuchlich, sondern vielmehr vom Einzelfall abhängig. Gleiches muss daher auch für den Ausschluß des Rücktrittsrechts nach § 242 BGB gelten.

bbb. § 107 II InsO

Zu überlegen ist aber, die Rücktrittssperre, ebenso, wie das Nutzungsrecht aus § 107 II InsO herzuleiten. Der entscheidende Unterschied liegt jedoch darin, dass das Nutzungsrecht an Aussonderungsgut aus dem Wortlaut i.V.m. der Regierungsbegründung zweifellos hervorgeht. Indem § 107 II 1 InsO dem Insolvenzverwalter die Möglichkeit eröffnet, sein Wahlrecht erst unverzüglich nach dem Berichtstermin auszuüben wird deutlich, dass Vorbehaltsgut erst nach diesem Zeitpunkt ausgesondert werden kann. Bis dahin verbleibt es also im schuldnerischen Unternehmen. Bereits diese Tatsache läßt die logische Schlußfolgerung zu, dass damit auch eine Nutzungsbefugnis des Verwalters einhergehen muss. Denn der bloße Verbleib im Unternehmen macht keinen Sinn. Unterstützt wird diese Annahme noch durch einen Blick in die Regierungsbegründung, in der der Aufschub des Wahlrechts mit dem Ziel der Unternehmensfortführung- und sanierung begründet wird[1215].
Anders verhält es sich aber mit der Rücktrittssperre. Denn aus dem Wortlaut von § 107 II InsO geht deren Notwendigkeit für die Erreichung der mit § 107 II InsO verfolgten Ziele nicht auf den ersten Blick hervor. Erst bei näherer Untersuchung und einem Vergleich der gesetzlich geregelten Kündigungssperre für Miet- und Pachtverhältnisse aus § 112 InsO wird deren Erforderlichkeit deutlich.

[1211] *Pape*, Kölner Schrift zur InsO, 531, 565, Rn. 52.
[1212] Vgl. dazu unter Geltung der KO, *Mohrbutter*, Insolvenzverwaltung, Rn. I. 31.
[1213] Vgl. allerdings zur KO *Kuhn/Uhlenbruck*, § 43 Rn. 75.
[1214] *Mohrbutter*, Insolvenzverwaltung, Rn. I.31.
[1215] RegBegr. zu § 121 RegE, abgedruckt in: *Uhlenbruck*, Insolvenzrechts, S. 433.

ccc. § 112 Nr. 1 InsO analog

Zweck der Kündigungssperre aus § 112 Nr. 1 InsO ist es, „die wirtschaftliche Einheit im Besitz des Schuldners nicht zur Unzeit" auseinanderzureißen[1216]. Dem Verwalter sollen keine Sachen entzogen werden, die er zur Unternehmensfortführung benötigt. Damit verfolgt § 112 Nr. 1 InsO das gleiche Ziel, wie die §§ 107 II, 166 InsO[1217]. Vermietete oder verpachtete Gegenstände sollen ebenso wie Vorbehaltsware oder mit Absonderungsrechten belastete Gegenstände zunächst in der Verfügungsgewalt des Verwalters verbleiben, um Fortführungs- und Sanierungschancen des insolventen Unternehmens zu ermöglichen[1218]. Der Gesetzgeber hat die Kündigungssperre des § 112 InsO eingeführt, damit die Einheit der Masse im Interesse einer Betriebsfortführung nicht auseinandergerissen werden kann[1219]. Durch die bereits in der Regierungsbegründung aufgezählte Parallele zu § 107 InsO wird deutlich, dass dort wie hier die gleiche Interessenlage besteht. Denn für die zumindest zeitweilige Fortführung des Unternehmens ist Vorbehalts- und Absonderungsgut ebenso erforderlich, wie es miet- oder pachtweise überlassene Gegenstände sein können[1220].

Indem die Regierungsbegründung zu § 107 InsO zu diesem Zwecke ausführt, dass der Verwalter die für die Fortführung notwendigen Sachen auch dann zunächst in der Insolvenzmasse behalten darf, wenn ihm in der ersten Phase des Insolvenzverfahrens keine ausreichenden Mittel für die Erfüllungswahl zur Verfügung stehen[1221], macht sie deutlich, dass diese Gegenstände nicht vor der Entscheidung des Verwalters aus dem schuldnerischen Unternehmen gezogen werden sollen. Wenn ein Rücktritt wegen Verzugs mit vor Antragstellung fälligen Kaufpreisraten aber über den Zeitpunkt der Antragstellung hinaus dieses Ziel vereitelt, ist ein Rückgriff auf § 112 Nr. 1 InsO geboten, um der § 107 II InsO zugrundeliegenden gesetzgeberischen Intention genüge zu tun. Eine Analogie zu § 112 Nr. 1 InsO hätte zudem den großen Vorteil, dass sie auch schon im Eröffnungsverfahren Wirkung entfaltet[1222].

§ 112 Nr. 1 InsO analog schließt einen Rücktritt des Lieferanten nach Antragstellung aber nur dann aus, wenn die Verzugsgründe bereits vor Antragstellung eingetreten sind. Tritt der Verzug erst nach Antragstellung ein, scheidet die Anwendung von § 112 Nr. 1 InsO aus[1223]. Unter diesem Gesichtspunkt ließe sich einwenden, dass der Nutzen einer Analogie recht begrenzt ist. Dazu ist jedoch zu sagen, dass ein Verzug mit der Kaufpreiszahlung auf der Grundlage der Erlöschenstheorie, nach der gegenseitige Erfüllungsansprüche mit der Verfahrenseröffnug erlöschen und die erst mit der Erfüllungswahl ex tunc neu entstehen, nicht mehr möglich ist[1224]. Denn die Pflicht zur Kaufpreiszahlung entsteht erst mit der Erfüllungswahl durch den Verwalter neu[1225]. Was bleibt sind daher in der Zeit zwischen

---

[1216] RegBegr. zu § 126 RegE, abgedruckt in: *Uhlnbruck*, Insolvenzrecht, S. 438.

[1217] RegBegr. zu § 126 RegE, abgedruckt in: *Uhlenbruck*, Insolvenzrecht, S. 438 , vgl. auch *Marotzke*, FS f. Zöllner, 1193, 1198.

[1218] BK-*Goetsch*, § 112 Rn. 2; F/K-*Wegener*, § 112 Rn. 2; *Huber*, NZI 1998, 97, 101; *Krull*, ZInsO 1998, 291, 291, 294; Kübler/Prütting-*Tintelnot*, § 112 Rn. 1; *Niesert*, InVo 1998, 85, 87; *Pape*, Kölner Schrift zur InsO, S. 531, 568 Rn. 59; *ders.*, WPrax 1995, 25, 29; RegBegr. zu § 126 RegE, abgedruckt in: *Hess*, § 112 InsO Rn. 2.

[1219] F/K-*Wegener*, § 112 Rn. 1.

[1220] RegBegr. zu § 126 RegE, abgedruckt in: *Hess*, § 112 InsO Rn. 2.

[1221] RegBegr zu § 121, abgedruckt in: *Hess*, § 107 InsO Rn. 6.

[1222] *Marotzke*, Das neue Insolvenzrecht, S. 17.

[1223] RegBegr. zu § 126 RegE, abgedruckt in: *Hess*, § 112 InsO, Rn. 6.

[1224] *Häsemeyer*, Insolvenzrecht, Rn. 18.35 Fn. 99 verweigert das Rücktrittsrecht des Lieferanten nach Verfahrenseröffnung mit einem Hinweis auf § 91 InsO .

[1225] Was jedoch möglich ist, ist dass der Verwalter nach der Erfüllungswahl mit der Zahlung des restlichen Kaufpreises in Verzug gerät. In diesem Fall muss dem Lieferanten aber ein Rücktrittsrecht nach § 455 I BGB

Antragstellung und Verfahrenseröffnung eintretende Verzugsgründe. Für Mietverhältnisse ging der Gesetzgeber davon aus, dass zur Wahrung der Interessen des Vertragspartners eine Kündigung wegen in diesem Zeitraum eintretender Verzugsgründe zulässig bleiben soll[1226]. Die Regierungsbegründung führt dazu weiterhin aus, dass im übrigen dafür gesorgt werde, „dass während dieser Zeit in der Regel kein solcher Verzug eintritt", indem der vorläufige Verwalter, soweit er gemietete Gegenstände für das verwaltete Vermögen nutzt, dazu verpflichtet ist, den entsprechenden Mietzins zu zahlen[1227]. Dabei entstehende Rückstände sind bei Abweisung des Eröffnungsantrages nach § 25 II InsO, im Fall der Verfahrenseröffnung nach § 55 II InsO nachträglich auszugleichen[1228]. Zwar handelt es sich bei Vorbehaltskäufen nicht um Dauerschuldverträge, aus § 455 I BGB a.F. / § 449 I BGB n.F. wird jedoch deutlich, dass dem Vorbehaltskäufer das Besitz- und Nutzungsrecht am Vorbehaltsgut nur dann zustehen soll, wenn der Käufer seiner Zahlungspflicht in vereinbarten Zeitabständen nachkommt. Dies führt zu einer mit einem Mietverhältnis vergleichbaren Situation. Was fehlt ist jedoch eine den §§ 25 II, 55 II InsO entsprechende Regelung, wodurch der Anspruch des Lieferanten auf Zahlung der Kaufpreisraten während des Eröffnungsverfahrens zur Masseverbindlichkeit erhoben wird, und durch die der vorläufige Verwalter davon abgehalten wird, nachlässig mit seinen Verpflichtungen gegenüber den Lieferanten umzugehen. Das macht zwar deutlich, dass auch an dieser Stelle Handlungsbedarf des Gesetzgebers besteht, um zu vermeiden, dass Lieferanten ihre Vorbehaltswaren während des Eröffnungsverfahrens aus dem schuldnerischen Unternehmen lösen, es spricht aber nicht gegen die analoge Anwendung von § 112 Nr. 1 InsO auf Vorbehaltskäufe, bis der Gesetzgeber eine insofern eindeutige und vor allem lückenlose Regelung geschaffen hat. Denn eine teilweise Besserstellung durch die mit § 112 I Nr. 1 InsO erreichte Vorverlegung der Wirkung der Verfahrenseröffnung dort, wo sie erreicht werden kann ist besser, als deren gänzliche Ablehnung, unter Hinweis darauf, dass sie nur einen Teilerfolg bringe. Denn wie sich aus dem mit § 107 II InsO verfolgten Zweck, „dass unter Eigentumsvorbehalt gelieferte bewegliche Sachen nicht schon kurz nach der Eröffnung des Verfahrens aus dem Unternehmen des Schuldners herausgezogen werden können" und der Begründung zum Regierungsentwurf, die eine sanierungsrechtliche Perspektive einnimmt, ergibt, muss die Masse durch eine analoge Anwendung des § 112 Nr. 1 InsO vor dem auf § 455 I BGB a.F. / § 449 II BGB n.F. beruhenden Rücktrittsrecht des Verkäufers geschützt werden.

Um eine umfassende Betriebsfortführung zu ermöglichen, weist die Regierungsbegründung in diesem Zusammenhang den Leasing-Vertrag als besonders bedeutsam aus und unterstellt ihn wegen seines stark mietrechtlichen Einschlags[1229] der Kündigungssperre des § 112 InsO[1230]. Obwohl die Gebrauchsüberlassung auf Zeit überwiegt, weisen Leasingverträge auch kaufvertragliche Elemente auf[1231]. Vergleicht man beispielsweise die beim Leasinggeschäft

---

a.F. gewährt werden, weil insolvenzspezifische Gründe, die die Masse schützen nicht entgegenstehen. Vielmehr ist durch den nach der Erfüllungswahl eintretenden Verzug die Rechtsposition des Lieferanten bedroht, mit der Folge, dass er die Möglichkeit haben muss, vom Vertrag zurückzutreten und die Sache auszusondern, vgl. insofern zur Kündigungsmöglichkeit von Leasingverträgen bei Zahlungsverzug nach Erfüllungswahl des Verwalters, *Pape*, Kölner Schrift zur InsO, 405, 434, Rn. 57.

1226 *Hess*, § 112 InsO Rn. 17, 21.

1227 RegBegr. zu § 112 RegE, abgedruckt in: *Hess*, § 112 InsO Rn. 6.

1228 RegBegr. zu § 112 RegE, abgedruckt in: *Hess*, § 112 InsO Rn. 6.

1229 BGHZ 71, 189, 192 .

1230 BT-Drucks. 12/2443, S. 146, vgl. auch BK-*Goetsch*, § 112 Rn. 2 ; *Pape*, Kölner Schrift zur InsO, S. 531, 568 Rn. 59.

1231 Der BGH qualifiziert Leasingverträge als atypische Mietverträge, die überwiegend mietvertragliche aber auch kaufrechtliche Elemente enthalten, BGHZ 71, 189, 193, 194. A.A. RGRK-*Mezger*, Vor § 433 Rn. 24; *Meilicke*, BB 1964, 691, 693, 694.

zu zahlenden Raten mit den ratenweisen Kaufpreiszahlungen des Vorbehaltskäufers, und legt man dabei das besondere Augenmerk auf Leasingverträge mit Kaufoption, so stellt sich deren vergleichbare Qualität heraus[1232]. Da Leasingverträge sowohl miet- als auch kaufvertragliche Elemente enthalten, ist der Weg zu § 112 InsO auch nicht mehr weit[1233]. Und denkt man insbesondere an die Leasinggeschäfte, die wirtschaftlich Kaufverträge sind[1234], liegt die Anwendung von § 112 Nr. 1 InsO auf Vorbehaltskäufe besonders nahe. Dies gilt umsomehr, als eine Abgrenzung zwischen Kauf- und Leasingverträgen im Einzelfall oft schwierig ist.
Aus all dem wird daher deutlich, dass der Rücktritt des Lieferanten durch § 112 Nr. 1 InsO ausgeschlossen sein muss.

c. Fazit

Ist der Vorbehaltskäufer mit vor Stellung des Insolvenzantrages fälligen Kaufpreisraten in Verzug geraten, stehen der Ausübung des Rücktritts nach § 455 I BGB a.F. / § 449 II BGB n.F. durch den Lieferanten nach Antragstellung insolvenzrechtliche Hindernisse entgegen, mit der Folge, dass dieser nach § 112 Nr. 1 InsO analog ausgeschlossen ist[1235]. Denn nur wenn der Verwalter sowohl durch eine verlängerte Schonfrist vor den Folgen der Wahlrechtsausübung als auch durch eine Rücktrittssperre vor denen des Rücktritts des Lieferaten geschützt wird, kann das mit § 107 II InsO verfolgte Ziel optimal erreicht werden.

d. Umgehung der Rücktrittssperre durch Vertragsaufhebungsklauseln

Die sich aus der Rücktrittssperre analog § 112 Nr. 1 InsO ergebenden Mißlichkeiten für die Sicherungsgläubiger werfen die Frage auf, ob und unter welchen Umständen sich der Partner des insolventen Schuldners durch die Vereinbarung von Lösungsklauseln für den Insolvenzfall dennoch von seinem Vertragspartner lösen kann.

aa. Vertragsauflösungsklausel für den Verzugsfall

In Betracht kommen zunächst solche Vereinbarungen, die dem Vertragspartner der Schuldners ein Vertragsaufhebungsrecht für den Fall des Verzugs zubilligen. Auf den ersten Blick spricht der Wortlaut von § 119 InsO gegen die Zulässigkeit solcher Lösungsklauseln, denn er erklärt Vereinbarungen, die im voraus die Anwendung der §§ 103 bis 118 InsO beschränken oder ausschließen für unwirksam. Aus dem Regierungsentwurf geht jedoch hervor, dass § 137 III RegE die Anwendung von § 137 I RegE, der dem heutigen § 119 InsO

[1232] *Marotzke*, JZ 1995, 805, 813; vgl. auch die Nachweise in BGHZ 71, 189, 193 m.w. N.

[1233] Einschränkend insofern *Obermüller/Livonius*, DB 1995, 27, 29, die die Kündigungsspere des § 112 InsO nur auf solche Leasingverträge anwenden wollen, die mietvertraglichen Charakter haben.

[1234] *Krull*, ZInsO 1998, 291, 294; *Marotzke*, JZ 1995, 805, 813.

[1235] Unbenommen bleibt jedoch ein Rücktritt des Lieferanten wegen vertragswidrigen Verhaltens des Vorbehaltslieferanten, der dann in Betracht kommt, wenn der Vorbehaltskäufer das Vorbehaltsgut unsachgemäß behandelt oder den Sicherungszweck gefährdet, vgl. Palandt-*Bassenge*, § 929 Rn. 40. Ein solches Rücktrittsrecht kommt etwa dann in Betracht, wenn das Aussonderungsrecht des Lieferanten gefährdet ist. Dazu wird aber regelmäßig die bloße Nutzung des Sicherungsgutes nicht ausreichen.
Infolge der Neuregelung des Rücktrittsrechts des Verkäufers durch § 449 II BGB ist die Analogie zu § 112 Nr. 1 InsO in vielen Fällen zu eng geworden, denn sie knüpft an den Verzug mit Kaufpreisraten an, während der Verkäufer nach §§ 449 II, 323 I BGB n.F. bereits dann zum Rücktritt berechtigt ist, wenn er die fälligen Kaufpreisraten trotz Fristsetzung nicht erbringt, vgl. oben Fn. 77. Dies verdeutlicht einmal mehr den dringenden Handlungsbedarf des Gesetzgebers.

entspricht, ausschließt. Die Regierungsbegründung führt dazu aus, dass die Vereinbarung einer Vertragsauflösung oder eines Vertragsaufhebungsrechts für den Fall des Verzugs, von § 137 I, II RegE nicht berührt werde[1236]. Eine Vertragsauflösungsklausel, die an den Verzug anknüpft sollte daher auch nach Verfahrenseröffnung noch ausgeübt werden dürfen. Im Zuge des Gesetzgebungsverfahren wurde § 137 III RegE jedoch mit der Begründung gestrichen, dass sich die Wirksamkeit von Vereinbarungen, die an den Verzug oder an andere Vertragsverletzungen anknüpfen, auch ohne ausdrückliche Regelung ergebe[1237]. Von § 137 III RegE ausgenommen war aber die Kündigungssperre des heutigen § 112 Nr. 1 InsO sein[1238]. Das bedeutet, dass § 119 InsO nicht auf Vereinbarungen anwendbar ist, die an den Verzug des Vertragspartners anknüpfen. Denn trotz seiner Streichung wirkt § 137 III RegE bis in die InsO fort, weil sein Inhalt so selbstverständlich ist, dass er keiner eigenständigen gesetzlichen Regelung bedurfte[1239]. Davon ausgenommen sind aber Lösungsklauseln, mit denen die Rücktrittssperre des § 112 Nr. 1 InsO umgangen werden soll. Diese sind weiterhin unzulässig.

bb. Eröffnungsanküpfende Lösungsklauseln

Um dies zu umgehen besteht aber die Möglichkeit, dass Vertragauflösungsklauseln vereinbart werden, die an eine wesentliche Vermögensverschlechterung des Käufers anknüpfen oder den Kaufvertrag unter die auflösende Bedingung des Insolvenzantrages stellen.

aaa. Zulässigkeit nach bisherigem Recht

Unter Geltung der KO befürwortete die höchstrichterliche Rechtsprechung vornehmlich im baurechtlichen Kontext des § 8 Nr. 2 VOB/B die Wirksamkeit derartiger Lösungsklauseln für den Insolvenzfall[1240]. Zur Begründung hob sie den Gedanken, dass der Konkursverwalter nach dem Wortlaut des § 17 KO seine Wahl an Stelle des Gemeinschuldners treffe und der Konkursverwalter den Vertrag so hinzunehmen habe, wie er sich im Zeitpunkt der Konkurseröffnung darstelle, hervor. Überdies sei mit dem Konkurs die Zahlungs- und Vertrauenswürdigkeit des Geschäftspartners als Grundlage der Vertragsbeziehung entfallen[1241]. In der Konkursliteratur wurde die Zulässigkeit derartiger Lösungsklauseln unterschiedlich beurteilt. Unter Berufung auf die vom BGH angeführten Argumente befürwortete ein Teil der Literatur[1242] die Zulässigkeit von Lösungsklauseln für den Konkursfall[1243], während die überwiegende Ansicht uneingeschränkte Lösungsklauseln, die eine automatische Vertragsauflösung oder Kündigung wegen Unvereinbarkeit mit dem zwingenden Charakter von § 17 KO und unzulässiger Aushöhlung des Verwalterwahlrechts unter Berufung auf die Motiv zur KO[1244] für unzulässig hielt[1245].

[1236] RegBegr. zu § 137 RegE, abgedruckt in: *Uhlenbruck*, Insolvenzrecht, S. 447.

[1237] Beschl.-Empfehlung des RechtsA zu § 137, abgedruckt in: *Uhlenbruck*, Insolvenzrecht, S. 448.

[1238] RegBegr. zu § 137, abgedruckt in: *Uhlenbruck*, Insolvenzrecht, S. 447.

[1239] Beschl.-Empfehlung des RechtsA zu § 137, abgedruckt in: *Uhlenbruck*, Insolvenzrecht, S. 447.

[1240] BGHZ 68, 379, 381; 96, 34, 36 ff; BGH WM 1963, 964, 965; WM 1971, 1474, 1474; vgl. aber auch BGH ZIP 1994, 41 ff; OLG Celle, ZIP 1985, 1013 ff.

[1241] BGHZ 96, 34, 36.

[1242] Dabei handelte es sich im wesentlichen um bank- und baurechtliches Schrifttum.

[1243] *Decker*, WM 1990, 1011, 1014; Heiermann/Riedl/Rusam-*Riedl*, Handkommentar VOB, B § 8 Rn. 14; *Kiesel*, VOB-Teil B, § 8 Anm. 1; Nicklisch/Weick-*Nicklisch*, VOB, § 8 Rn. 15; *Obermüller*, Handbuch Insolvenz für die Kreditwirtschaft, Rn. 1979.

[1244] *Hahn*, Materialien, S. 86.

bbb. Rechtslage nach der InsO

Von entscheidender Bedeutung ist daher, ob es die Insolvenzordnung vermag, Klarheit in dieser bisher strittige Frage um die Zulässigkeit derartiger Lösungsklauseln für den Insolvenzfall zu bringen.

Ursprünglich wurde zugunsten der unter Geltung der KO h.L. von der Unwirksamkeit solcher Klauseln ausgegangen[1246]. Als Begründung wurde angeführt, dass die Reorganisation eines insolventen Unternehmens daran scheitern könne, dass zur Fortführung notwendige Sachen aus dem Unternehmensverbund herausgelöst werden. Dabei wurde insbesondere zu § 8 Nr. 2 Teil B VOB Bezug genommen[1247]. Unter Hinweis darauf, dass dem Verwalterwahlrecht die Grundlage nicht nur dann entzogen wäre, wenn die Verfahrenseröffnung zur Auflösung gegenseitiger Verträge führen würde, sondern auch dann, wenn vertragliche Kündigungsmöglichkeiten wegen Verschlechterung der Vermögensverhältnisse des Schuldners noch nach Verfahrenseröffnung zulässig wären, setzte sich diese Auffassung auch in § 127 II RefE durch[1248]. Und auch § 137 II RegE ordnete die Unwirksamkeit solcher Klauseln noch ausdrücklich an. Erst mit der ersatzlosen Streichung dieser Vorschrift vollzog sich die Wende. Hintergrund des Wegfalls war die Entscheidung des BGH vom 11. November 1993, in der der BGH ausdrücklich bemerkt hatte, dass § 8 Nr. 2 VOB Teil B für den Fall der Gesetzwerdung von § 137 II 1 RegE unwirksam würde[1249]. Hinzu kamen die in einer Anhörung am 28.4.1993 zum Ausdruck gebrachten Befürchtungen der Wirtschaftsverbände, § 137 II 1 RegE habe eine sanierungsfeindliche Wirkung, weil die Unwirksamkeit von Auflösungsklauseln die Insolvenzgefahr für Unternehmen erhöhe, die in der kritischen Phase Sanierungsversuche unternähmen. Denn im Fall der Unwirksamkeit von Lösungsklauseln würden potentielle Vertragspartner das Risiko der drohenden Insolvenz ihres potentiellen Vertragspartners nicht mehr in Kauf nehmen. Überdies müsse mit Blick auf den internationalen Geschäftsverkehr von der Unwirksamkeit solcher Klauseln abgesehen werden. Diese Argumentation machte sich auch der Bundestag zur Begründung der Streichung von § 137 II RegE zu eigen. Hinzu fügte er noch, dass derartige Vereinbarungen, die das Wahlrecht des Verwalters mittelbar einschränkten, keinen derartig schweren Eingriff in die Vertragsfreiheit wie Unwirksamkeit einer vertraglichen Vereinbarung über die Auflösung eines gegenseitigen Vertrages im Falle der Eröffnung eines Insolvenzverfahrens rechtfertigen könnten[1250].

Gesetz geworden ist daher nur § 119 InsO, durch den Vereinbarungen, durch die die Anwendung der §§ 103 bis 118 InsO ausgeschlossen oder beschränkt werden, unwirksam sind.

Die Streichung von § 137 II RegE nahmen einige Autoren zum Anlaß, auf eine uneingeschränkte Zulässigkeit von Vertragsauflösungsklauseln für den Insolvenzfall zu schließen[1251]. Andere sehen von § 119 InsO auch solche Lösungsklauseln erfaßt, die dem

---

1245 *Berger*, ZIP 1994, 173, 184; *Gottwald*, Insolvenzrechts-Handbuch, § 36 Rn. 12; Jaeger-*Henckel*, § 17 Rn. 214; *Kuhn/Uhlenbruck*, § 17 Rn. 4; *Rosenberger*, BauR 1975, 233, 236, 237; *van de Loo*, ZIP 1988, 352, 356.

1246 Erster Bericht der Kommission für Insolvenzrecht, LS 2.4.1.11.

1247 Erster Bericht der Kommission für Insolvenzrecht, S. 226.

1248 Begr. zu § 127 RefE, S. 129.

1249 BGH ZIP 1994, 40, 42.

1250 BT-Drucks. 12/7302, S. 170.

1251 *Bosch*, WM 1995, 413, 424 ; *ders.*, Kölner Schriftz zur InsO, S. 1009 ff. Rn. 16, 85 ff; *Bruns*, ZZP 110 (1997), 305, 324 ff ; *Haarmeyer/Wutzke/Förster*, Handbuch, Rn. 5. 172; *Heidland*, Baur 1998, 643, 653 f, jedenfalls für die Kündigungsmöglichkeit nach § 8 Nr. 2 VOB/B; *Hess*, § 119 InsO Rn. 23 ff; *Huber*, NZI 1998, 97, 99 für Lösungsklauseln generell, auf S. 101 spricht er sich jedoch für eine entsprechende Anwendung des § 112

anderen Teil an die Verfahrenseröffnung oder die damit einhergehende Vermögensverschlechterung Rücktrittsrechte einräumen oder den Vertrag dadurch auflösend bedingt vereinbaren[1252]. Zur Begründung wird angeführt, dass sich solche weder mit dem Verwalterwahlrecht noch mit den Grundsätzen der Gläubigergleichbehandlung vertragen und auch unter Masseschutzgesichtspunkten unvereinbar sind[1253].

ccc. Stellungnahme

Von besonderer Bedeutung ist zunächst, welche Zielsetzung des Gesetzgeber hinter der Streichung von § 137 II RegE steht.

Die Beschlußempfehlung des Rechtsausschusses zu § 137 RegE führt dazu aus, dass die in § 137 II RegE erfaßten vertraglichen Vereinbarungen über die Vertragsauflösung im Fall der Verfahrenseröffnung oder Vermögensverschlechterung eines Vertragspartners in ihrer Wirksamkeit nicht eingeschränkt werden sollen. Ein derart schwerwiegender Eingriff in die Vertragsfreiheit, wie ihn die Unzulässigkeit solcher Vertragsklauseln darstelle, sei auch nicht durch dessen mittelbaren Eingriff in das Verwalterwahlrecht zu rechtfertigen. Darüber hinaus führt der Rechtsausschuß das Anliegen der Wirtschaftsverbände, dem gerecht zu werden sei, sowie die Sanierungsfeindlichkeit von § 137 II RegE an. Die Unwirksamkeit von Lösungsklauseln führe nicht nur dazu, dass potentielle Vertragspartner das Risiko scheuen werden, eine Bindung an den Vertragspartner im Fall einer drohenden Insolvenz einzugehen, sondern auch zur Behinderung von Geschäftsabschlüssen im internationalen Verkehr, in dem Wert auf Vertragsauflösungsklauseln gelegt werde[1254]. Diese eindeutige Stellungnahme des Rechtsausschusses läßt zwar den Schluß zu, Lösungsrechte für unwirksam zu erklären, zu bedenken ist aber, dass er das Argument der Sanierungsfeindlichkeit lediglich im Zusammenhang mit dem Verwalterwahlrecht, nicht aber mit der Kündigungssperre des § 112 InsO vorbringt. In die Wertung einzubeziehen ist weiterhin, dass der Rechtsausschuß ferner darauf aufmerksam macht, dass mit der Streichung von Absatz 2 auch Absatz 3 entbehrlich werde. Wenn aber Absatz 3 deshalb entbehrlich ist, weil dessen Inhalt bereits ohne ausdrückliche Regelung selbstverständlich ist, und ein Bezug zwischen der Streichung von Absatz zwei und drei besteht[1255], dann ist die Streichung von Absatz 2 ebenso, wie die des Absatzes 3 aus dem Grund erfolgt, dass sie wegen der Eindeutigkeit ihres Inhaltes keiner gesetzlichen Kodifizierung bedarf.

Den Formulierungen des Rechtsausschusses ist daher nicht eindeutig zu entnehmen, dass die Kündigungssperre des § 112 InsO zur Parteidisposition steht.

InsO für Lösungsklauseln und damit für deren Unwirksamkeit aus, weil dies die mit § 112 InsO verfolgte Unternehmensfortführung- und Sanierung gebiete; zweifelnd: *Treffer*, MDR 2000, 1178, 1179.

1252 *Berger*, Kölner Schrift zur InsO, 499, 518 Rn. 38; BK-*Goetsch*, § 112 Rn. 15; *Eckert*, ZIP 1996, 879, 902 f; FK-*Wegener*, § 112 Rn. 12, § 119 Rn. 5 ff; *Häsemeyer*, Insolvenzrecht, Rn. 20.12, der ausdrücklich darauf hinweist, dass Vorbehaltskäufe von § 119 InsO erfaßt und nicht durch vertragliche Lösungsrechte abbedungen werden dürfen; H/K-*Marotzke*, § 119 Rn. 4; *Hess*, § 119 InsO Rn. 28; *Huber*, NZI 1998, 97, 101, einschränkend für Auflösungsklauseln mit denen § 112 InsO umgangen werden soll; Kübler/Prütting-*Tintelnot*, § 119 Rn. 15 ff; Nerlich/Römmermann-*Balthasar*, § 119, Rn. 14 ff; *Pape*, Kölner Schrift zur InsO, S. 531, 570 Rn. 61; *Schlegel*, DZWiR 2000, 94, 102; *Sinz*, Kölner Schrift zur InsO, 593, 606 Rn. 31; *Smid*, Grundzüge des neuen Insolvenzrechts, § 11 Rn. 22 ; Smid-*Meyer*, § 119 Rn. 19, 28 , § 112 Rn. 6 ; *Smid*, BB 1999, 1, 6; *Tintelnot*, ZIP 1995, 616, 623.

1253 *Berger*, Kölner Schrift zur InsO, 499, 518, Rn. 38; *Sinz*, Kölner Schrift zur InsO, 593, 606 Rn. 31.

1254 Beschl.-Empfehlung des RechtsA zu § 137, abgedruckt in: *Uhlenbruck*, Insolvenzrecht, S. 448.

1255 Beschl.-Empfehlung des RechtsA zu § 137, abgedruckt in: *Uhlenbruck*, Insolvenzrecht, S. 448.

Zu bedenken ist ferner, dass der Bericht des Rechtsausschusses zwar zur Auslegung der InsO herangezogen werden kann[1256], letztendlich aber nur eine Rechtsmeinung und damit nicht bindend ist[1257]. Entscheidend ist vielmehr der sich aus Wortlaut und Sinnzusammenhang ergebende objektivierte Wille des Gesetzgebers[1258]. Hätte der Gesetzgeber mit der Streichung von § 137 II RegE den Stimmen des Wirtschaftsausschlusses und des Rechtsausschusses folgen wollen, dann hätte er dies eindringlicher getan, indem er eine ausdrückliche Zulassung von Lösungsklauseln in den Wortlaut des Gesetzes aufgenommen hätte. Ganz im Gegenteil zu § 104 II InsO[1259] hat er es statt dessen bei der Regelung des § 119 InsO belassen, was darauf hindeutet, dass § 137 II RegE lediglich § 137 I RegE unterstützen sollte[1260].
Und auch der zeitliche Zusammenhang zwischen der Streichung von Abs. 2 und der Feststellung des BGH, § 8 Nr. 2 VOB/B wäre unwirksam, wenn § 137 II 1 RegE Gesetz würde, ist nicht mehr als eine Tatsache, und kann nicht als Hinweis darauf gewertet werden, dass dies doch zu unterlassen sei.
Die Rechtsprechung hat sich bei der Beurteilung der Frage, ob Lösungsklauseln zulässig sind oder nicht zunächst am Wortlaut des Gesetzes und nicht an dem des Rechtsausschusses zu orientieren. § 119 InsO erklärt aber jegliche Vereinbarungen, die die Anwendung der §§ 103 bis 118 InsO im voraus ausschließen oder beschränken für unwirksam, eine Differenzierung nach unmittelbaren und mittelbaren Beschränkungen findet nicht statt. Der Wortlaut von § 119 InsO erfaßt daher bereits jegliche Beschränkung der §§ 103 ff InsO[1261], mithin auch solche, die in Widerspruch zu § 112 Nr. 2 InsO, der eine Kündigung von Seiten des Vermieters/Verpächters nach dem Antrag auf Verfahrenseröffnung wegen einer Verschlechterung der Vermögensverhältnisse des Schuldners untersagt stehen. Dies läßt den Schluß, der auch von der Tatsache, dass die Streichung von Absatz 2 und in Zusammenhang steht, getragen ist, zu, dass § 137 II RegE aus dem Grund nicht Gesetz geworden ist, weil er nur deklarative Funktion[1262] inne hatte.
Im übrigen stellt sich auch die Frage nach dem Anwendungsbereich von § 119 InsO für den Fall, dass Lösungsklauseln nicht erfaßt werden.
Aus all dem wird deutlich, dass weder die rechtspolitischen Hintergründe noch die Streichung des § 137 II RegE eindeutige Hinweise dafür liefern, dass Vertragsauflösungsklauseln künftig zulässig sein sollen.
Es stellt sich daher die Frage, nach den bei der Ermittlung der Zulässigkeit von Lösungsklauseln zu berücksichtigenden Interessen.
Einerseits ist ins Feld zu führen, dass der Vertragspartner des Gemeinschuldners ab dem Zeitpunkt der Verfahrenseröffnung der Unsicherheit ausgesetzt ist, ob sein Anspruch auf die Gegenleistung auch realisiert werden kann. Um diese auszuräumen hat er ein legitimes Interesse an der Vertragsauflösung[1263]. Dem steht gegenüber, dass das Individualinteresse einzelner Vertragspartner mit Verfahrenseröffnung hinter dem Kollektivinteresse der Gläubigergemeinschaft zurückstehen muss, was besonders dann gilt, wenn vertragliche

---

1256 *Obermüller/Hess*, InsO, Rn. 4.

1257 *Berger*, Kölner Schrift zur InsO, S. 499, 511, 512 Rn. 27, 28.

1258 *Berger*, Kölner Schrift zur InsO, S. 499, 512, Rn. 28.

1259 RegBegr. zu § 118 RegE, abgedruckt in: *Uhlenbruck*, Insolvenzrecht, S. 429, 430; vgl dazu auch *Berger*, Kölner Schrift zur InsO, 499, 520, Rn. 44 ff.

1260 Kübler/Prütting-*Tintelnot*, § 119 Rn. 18.

1261 Kübler/Prütting-*Tintelnot*, § 119 Rn. 18 ; *Pape*, Kölner Schrift zur InsO, S. 499, 591 Rn. 63; *Schlegel*, DZWiR 2000, 94, 102.

1262 Siehe auch Kübler/Prütting-*Tintelnot*, § 119 Rn. 18.

1263 *Bruns*, ZZP 110 (1997), 305, 320.

Vereinbarungen in Widerspruch zu wesentlichen Grundsätzen des Insolvenzrecht stehen[1264]. Denn das Insolvenzrecht ist am Ideal der Wohlfahrtsoptimierung orientiert und stellt dieses über das Individualinteresse einzelner Gläubiger[1265]. Das Interesse des Vertragspartners an der Vertragsauflösung ist daher an den in den §§ 1, 35, 80, 91, 103, 119 InsO zum Ausdruck kommenden allgemeinen Rechtsgedanken vor allem der haftungsrechtlichen Gleichbehandlung der Gläubiger im Insolvenzverfahren zu messen. Daraus ergibt sich, dass sich die diesen Normen zugrundeliegenden Wertungen auch gegenüber Einzelabsprachen durchsetzen müssen. Und das selbst dann, wenn diese zivilrechtlich einwandfrei sind[1266]. Dieser Gedanke wurzelt nicht nur bereits in den Motiven der KO, und hat sich in den einzelnen Begründungen des Gesetzgebungsverfahrens fortgesetzt[1267], sondern kommt auch in § 119 InsO zum Ausdruck, indem dieser Vereinbarungen für unwirksam erklärt, die das Verwalterwahlrecht und auch die Kündigungssperre des § 112 Nr. 1 InsO einschränken. Würde man Vertragsauflösungsklauseln für den Insolvenzfall anerkennen, würde nicht nur § 119 InsO zur leeren Hülse, sondern auch die §§ 103 ff InsO Makulatur werden[1268]. Der Wortlaut von § 103 InsO, nach dem der Verwalter in den Vertrag an die Stelle des Gemeinschuldners eintritt, ist auf dem Hintergrund des Gedankens einer vollständigen Masseerhaltung zugunsten der Gläubigergemeinschaft so zu verstehen, dass der Verwalter in die vorinsolvenzliche Stellung des Schuldners eintritt, die eine Umgestaltung des Vertragsverhältnisses ab dem Zeitpunkt der Verfahrenseröffnung nicht mehr gestattet[1269]. Das mit § 107 II InsO bezweckte Ziel, Fortführungs- und Sanierungschancen zu fördern würde unerreichbar, denn vertragliche Lösungsklauseln würden den Entzug von Vorbehaltsgegenständen aus der Masse bedeuten[1270]. Hinzu käme, dass das Gestaltungsrecht des Verwalters nach § 107 II InsO erst nach dem Berichtstermin über die Vertragserfüllung zu befinden, durch die Auflösungsklausel aufgehoben werden würde. Die Frist des § 107 II InsO kann jedoch nicht verkürzt werden[1271]. Auch hier wird erneut deutlich, dass zwingende insolvenzrechtliche Bestimmung gegen die Zulässigkeit von Lösungsklauseln für den Insolvenzfall sprechen. Doch nicht nur dies würde zur Vereitelung von Sanierungszwecken führen. Wären Lösungsklauseln für den Insolvenzfall zulässig, würden auch die §§ 166 ff InsO sowie alle vor und nach Verfahrenseröffnung auf Sanierung ausgerichteten Normen in Frage gestellt. Denn wenn die Vertragspartner des insolventen Schuldners sobald als möglich von ihrem Lösungsrecht Gebrauch machen würden, stünden dem Insolvenzverwalter keine hinreichenden Betriebsmittel mehr zur Verfügung, um an eine Unternehmensfortführung oder gar an eine Sanierung denken zu können. Der mit der zu § 112 InsO gezogenen Analogie verfolgte Zweck könnte nicht erreicht werden, weil Vorbehaltslieferanten dann auf die Aufnahme von Lösungsklauseln für den Insolvenzfall drängen würden, die es ihnen erlauben sich mit Verfahrenseröffnung einseitig vom Vertrag zu lösen[1272]. Für die Unzulässigkeit von Lösungsklauseln streiten daher auch die Bestrebungen des Gesetzgebers, Sanierungs- und Reorganisationsmöglichkeiten des Schuldners aufzuwerten. Die Zulässigkeit von Lösungsklauseln steht aber nicht nur in Widerspruch zu dieser Absicht, sondern hebelt auch

---

1264 *Schlegel*, DZWiR 2000, 94, 102.

1265 *Berger*, Kölner Schrift zur InsO, 499, 502 Rn. 7.

1266 *Berger*, Kölner Schrift zur InsO, 499, 502 Rn. 7.

1267 Begr. zu LS 2.4.1.11 des ersten Berichts der Kommission für Insolvenzrecht, S. 226; Begr. zu § 127 II RefE, S. 129; Begr. zu § 137 II RegE, abgedruckt in: *Uhlenbruck*, Insolvenzrecht, S. 447.

1268 *Pape*, Kölner Schrift zur InsO, 531, 568 Rn. 60; *Sinz*, Kölner Schrift zur InsO, 593, 606 Rn. 31.

1269 *Tintelnot*, Vereinbarungen für den Konkursfall, S. 141.

1270 FK-*Wegener*, § 119 Rn. 6.

1271 FK-*Wegener*, § 119 Rn. 9.

1272 *Huber*, NZI 1998, 97, 101.

die auf dieses Ziel ausgerichtete Normen der InsO aus und hat damit kontraproduktiven Charakter. Lösungsklauseln für den Insolvenzfall sind daher mit dem wesentlichen Ziel der InsO, eine gleichmäßige Gläubigerbefriedigung zu bewirken unvereinbar, mit der Folge, dass sie einzuschränken sind, sobald eine Gefährdung dieses Ziels droht.
Für die Zulässigkeit von Lösungsklauseln führt *Bruns* ins Feld, dass mit diesen ohnehin nicht viel gewonnen wäre, weil die Primäransprüche mit Verfahrenseröffnung ohnehin enden würden. Mit der Kündigungssperre werde damit eine Recht unbedeutende Vorverlagerung der Wirkungen der Verfahrenseröffnung erreicht, was eine Kündigungssperre im Ergebnis sogar gänzlich überflüssig mache[1273]. Dieser Argumentationsversuch gründet jedoch mehr darin die Regelung des § 112 InsO in Frage zu stellen, als sich für Lösungsklauseln auszusprechen. Denn wenn es an einer Kündigungssperre fehle könne der Vermieter/Verpächter auch wegen nach dem Eröffnungsantrag eintretender Verzugsgründe kündigen. Einer Lösungsklauseln für den Insolvenzfall bedarf es dann nicht. Vorliegend geht es aber nicht darum, die Notwendigkeit der Kündigungssperre des § 112 InsO zu diskutieren, sondern um die Frage, ob diese durch die Vereinbarung von Lösungsklauseln umgangen werden kann.
Berger und *Sinz* weisen auf die Parallele zu § 53 VerglO, der Abreden, die die Anwendung der §§ 50 bis 52 VerglO ausschließen oder beschränken, für unwirksam erklärt, hin, und wollen damit verdeutlichen, dass mit § 119 InsO ein System, das bereits aus der VerglO bekannt ist in die InsO eingeführt wird[1274]. Dagegen spricht aber einerseits, dass § 50 I VerglO zwar ein Ablehnungs- nicht aber ein Erfüllungsrecht festschreibt. Hinzu kommt, dass die genannten Vorschriften der VerglO auch keine Rücktrittssperre enthalten, so dass § 53 VerglO für die Auslegung des § 119 InsO nicht viel hergibt[1275].
Zuletzt ist noch anzumerken, dass auch die Tatsache, dass insolvenzbezogene Lösungsklauseln in AGB unter Geltung der KO dann mit § 10 Nr. 3 AGBG in Einklang standen, wenn die Lösungsgründe an den Insolvenzantrag, die Verfahrenseröffnung oder an andere Insolvenzgründe anknüpften, auch nicht für die Zulässigkeit von Lösungsklauseln nach neuem Recht streitet.
Denn gegenüber der Konkursordnung ergeben sich insofern Unterschiede, als dass die InsO nicht auf Zerschlagung und Versilberung des gemeinschuldnerischen Unternehmens ausgerichtet ist, sondern die gleichmäßige Gläubigerbefriedigung entweder durch Liquidation oder Reorganisation, die gleichwertig nebeneinander stehen zu erreichen versucht. Aus diesem Grund kann mit dem Auftreten von Insolvenzgründen nicht automatisch von einer wesentlichen Vermögensverschlechterung i.S.v. § 321 BGB, der unter Geltung der KO das gesetzliche Leitbild für die Beurteilung einer Lösungsklauseln bildete, ausgegangen werden[1276]. Hinzu kommt, dass auch die Richtlinie des Rates über mißbräuchliche Klauseln in Verbraucherverträgen[1277], zu deren Umsetzung das AGBG geändert wurde, nicht zu einer Verschärfung der Inhaltskontrollen geführt hat. Zwar sieht Art. 3 II RiL i.V.m. Anh Nr. 1 g die Unwirksamkeit von Klauseln vor, die dem Gewerbetreibenden ein außerordentliches Kündigungsrecht für unbefristete Vertrag einräumen. Da eine solche Kündigung ausnahmsweise jedoch dann zulässig ist, wenn schwerwiegende Gründe vorliegen entspricht Anh Nr. 1 g im wesentlichen § 10 Nr. 3 AGBG, so dass dieser durch die Richtlinie keine wesentlichen Änderungen erfahren hat[1278]. Hinzu kommt im übrigen, dass der im Anhang zur

---

1273 *Bruns*, ZZP 110 (1997), 305, 324.
1274 *Berger*, Kölner Schrift zur InsO, 499, 514 Rn. 32; *Sinz*, Kölner Schrift zur InsO, 593, 606 Rn. 31.
1275 I.E. ebenso *Berger*, Kölner Schrift zur InsO, 499, 514 Rn. 32.
1276 A.A. Erman-*Battes*, § 321 Rn. 4, allerdings mit Verweis auf die konkursrechtliche Rechtsprechung.
1277 Abgedruckt in NJW 1993, 1838 ff.
1278 *Heinrichs*, NJW 1993, 1817, 1821.

Richtlinie enthaltene Klauselkatalog nur als Hinweis auf Klauseln , die für mißbräuchlich erklärt werden können zu verstehen ist und für die Mitgliedstaaten daher nicht bindend ist[1279].

Im Ergebnis ist festzuhalten, dass mit der Streichung von § 137 II InsO keine generelle Zulässigkeit von Lösungsklauseln manifestiert werden sollte, so dass ihr auch kein Argument für die Zulässigkeit von Lösungsklauseln, die an eine wesentliche Vermögensverschlechterung des Käufers anknüpfen, entnommen werden kann.
Aus den gleichen Gründen ist auch der Abschluß des Kaufvertrages unter der auflösenden Bedingung des Insolvenzantrages unzulässig. Solche werden vom Wortlaut des § 112 InsO zwar nicht ausdrücklich erfaßt, weil es an einer Kündigung fehlt. Sie führen aber zum gleichen Ergebnis, wie Vertragsauflösungsklauseln, die eine Beendigung des Vertragsverhältnisses durch Kündigung vorsehen[1280]. Es kann daher nicht erheblich sein, mit welchem Ausdruck die Parteien die Lossagungsmöglichkeit vom Vertrag bezeichnen. Hierbei ist als weiterer Aspekt zu berücksichtigen, dass der BGB-Gesetzgeber mit seiner Entscheidung der Zwangsvollstreckungs- und Konkursfestigkeit bedingter Rechtsgeschäfte nicht die Möglichkeit eröffnet hat, durch bedingte Rechtsgeschäfte Gegenstände des Vermögens beliebig der Zwangsvollsteckung zu entziehen[1281]. Wenn aber das BGB das Institut der Bedingung nicht für haftungsvereitelnde Vermögensverschiebungen zur Verfügung stellt, dann ist dies unter dem Aspekt der Einheitlichkeit der Rechtsordnung auch auf die InsO übertragbar. Eine weitere Stütze findet sich in dem in § 851 II ZPO zum Ausdruck kommenden Prinzip, dass Gegenstände auf die eine Forderung, deren Abtretung durch die Parteien zuvor ausgeschlossen wurde, gerichtet ist, dennoch gepfändet werden kann, wenn der Gegenstand der Pfändung unterliegt. Auf Lösungsklauseln übertragen bedeutet das, dass die Vereinbarung der Parteien, dass der auf den Insolvenzfall auflösend bedingt geschlossene Vertrag im Interesse der Gläubigermehrheit fortbestehen muss. Denn wenn die Begründung eines Rechts unter der auflösenden Bedingung des Gläubigerzugriffs die Pfändung nicht ausschließt, muss auch die Einbeziehung eines Rechts in das Insolvenzverfahren zulässig sein, wenn dieses unter der auflösenden Bedingung der Verfahrenseröffnung übertragen wurde[1282].

cc. Ergebnis

Lösungsklauslen, die der Umgehung des Kündigungsverbotes des § 112 InsO dienen sind wegen Unvereinbarkeit mit Systematik und Zweck des § 112 InsO sowie dem Wortlaut von § 119 InsO unzulässig, da sonst das Regelungswerk des § 112 InsO weitgehend überflüssig werden würde.

e. Resultat

Eine Nutzungsentschädigung des Lieferanten wegen Rücktritts vom Vertrag aus §§ 455 I, 346 S. 2, 347 S. 2, 987 BGB a.F. scheidet daher aus[1283].

1279 *Heinrichs*, NJW 1993, 1817, 1821.
1280 *Eckert*, ZIP 1996, 897, 903 ; *Huber*, NZI 1998, 97, 101.
1281 *Mugdan*, Motive zum BGB, Bd. I, S. 260; vgl auch *Tintelnot*,Vereinbarungen für den Konkursfall, S. 37 ff; 146 f; 151.
1282 Vgl. dazu HK-*Marotzke*, § 119 Rn. 4.
1283 Aus dem gleichen Grund kann der Lieferant auch keinen Schadensersatz für schuldhafte Verschlechterung der Sache aus §§ 347, 989 BGB geltend machen. Zu dieser unter Geltung der KO aber bestehenden Möglichkeit vgl. *Kuhn/Uhlenbruck*, § 117 Rn. 14.

V. Herausgabe von Nutzungen nach §§ 987 I, 990 I BGB

In Betracht kommt aber die Herausgabe von durch den Verwalter gezogenen Nutzungen ab dem Zeitpunkt der Verfahrenseröffnung nach §§ 987 I, 990 I BGB. Unproblematisch ist insofern, dass der Verwalter durch die Inbesitznahme nach § 148 I InsO unmittelbarer Fremdbesitzer der Massegegenstände wird[1284], während der Vorbehaltslieferant Eigentümer des Vorbehaltsgutes ist. Ein Recht zum Besitz aus dem Vorbehaltskauf scheidet aus, weil dieser mit dem Zeitpunkt der Verfahrenseröffnung und nach der hier vertretenen Erlöschenstheorie erlischt. Da der Vorbehaltslieferant sein Recht auf Herausgabe der Sache aber innerhalb der Frist des § 107 II InsO nicht geltend machen kann, und diese Einschränkung der Eigentümerrechte durch den mit § 107 II InsO verfolgten Zweck, die Unternehmenssanierung zu sichern, gerechtfertigt ist, hat der Verwalter innerhalb des durch § 107 II InsO ausgelösten Schwebezustandes ein Recht zum Besitz des Vorbehaltsgutes aus § 107 II InsO. Ein Anspruch aus §§ 987 I, 990 I BGB scheidet daher ebenfalls aus.

VI. Nutzungsentschädigung aus § 55 I Nr. 3 InsO i.V.m. §§ 812 ff BGB:

Anzudenken ist ferner eine Nutzungsentschädigung des Vorbehaltsverkäufers aus Bereicherung der Masse. Die Nutzung von Aussonderungsgut findet ihren Rechtsgrund jedoch in § 107 II InsO, so dass die Vermögensverschiebung mit Rechtsgrund erfolgt ist.

VII. Ausgleich von Wertverlusten

Letztendlich ist noch der Frage nachzugehen, ob und inwiefern durch die Nutzung des Aussonderungsgutes entstandene Wertverluste auszugleichen sind.
Für den Fall, dass mit der Nutzung von Absonderungsgut ein Wertverlust des Gegenstandes einhergeht, durch den die Sicherung des Gläubigers beeinträchtigt wird, ist in § 172 I InsO eine Ausgleichsanspruch vorgesehen. Mangels ausdrücklicher Regelung eines Nutzungsrechts an Aussonderungsgut fehlt es an einer für Aussonderungsgut entsprechenden Regelung. In Betracht kommt daher die Wertungsgrundsätze des § 172 I InsO heranzuziehen[1285].
Ausgangspunkt ist, dass aus der Regierungsbegründung und der geschichtlichen Entwicklung sowie des mit § 107 II InsO verfolgten gesetzgeberischen Interesses an der Unternehmensfortführung und Sanierung, die sich in der ganzen InsO widerspiegelt eindeutig die Notwendigkeit eines Nutzungsrechts herleitet. Wenn aber eine Nutzungsmöglichkeit gegeben ist, dann besteht auch die Notwendigkeit einer Ausgleichsregelung für Beeinträchtigungen der Gläubiger, die durch deren Inanspruchnahme entstehen. Denn die Nutzung von Aussonderungsgut kann gleichermaßen wie die von Absonderungsgut zu Wertverlusten, die mit einer Beeinträchtigung der Gläubigersicherheit einhergehen können führen. Dieser Gedanke ergibt sich bereits aus der Regierungsbegründung zu § 172 I InsO[1286]. Hätte der Gesetzgeber die Nutzung von Aussonderungsgut ausdrücklich normiert, hätte er auch eine Regelung für den Ausgleich von Wertverlusten vorgesehen. Denn es kann

---

1284 Vgl. dazu nur *Hess*, § 148 InsO Rn. 26; FK-*Wegener*, § 148 Rn. 6; vgl. dazu bereits *Kilger/Schmidt*, § 117 KO Anm. 3.

1285 Dagegen FK-*Wegener*, § 107 Rn. 31; *Tintelnot*, ZIP 1995, 616, 617. Dafür aber: BK-*Breutigam*, § 172 Rn. 8; *Wellensiek*, Kölner Schrift zur InsO, S. 403, 414, Rn. 39. Für eine analoge Anwendung von § 172 InsO für etwaige Nutzungsentschädigungen, wenn es wegen Rücktritts des Käufers zu einer Rückabwicklung des Kaufvertrages kommt, HK-*Marotzke*, § 107 Rn. 34; *Marotzke*, JZ 1995, 803, 813. Unschlüssig Nerlich/Römmermann-*Balthasar*, § 107 Rn. 17.

1286 RegBegr. zu § 172 RegE, abgedruckt in: *Uhlenbruck*, Insolvenzrecht, S. 543.

insbesondere im Hinblick auf Art. 3 I GG nicht sein, dass aussonderungsberechtigte Gläubiger schlechter gestellt werden als absonderungsberechtigte, obwohl Absonderungsgut zur Masse i.S.v. § 35 InsO gehört, während es sich bei Gegenständen, die zur Aussonderung berechtigen, um massefremde Gegenstände handelt.
Das Fehlen einer Ausgleichsregelung bedeutet daher nicht zwangsläufig, dass eine Ausgleichspflicht nicht besteht, sondern ist vielmehr auf die benannten Umstände zurückzuführen. Die mit der Nutzung von Aussonderungsgut einhergehenden Wertverluste, die die Sicherheit des Gläubigers beeinträchtigen, müssen daher ebenfalls ausgeglichen werden[1287].
Problematisch ist allerdings, dass der Masse infolge der Gewährung von Ausgleichszahlungen Liquidität entzogen wird. Dies könnte sich einerseits negativ auf bestehende Fortführungschancen auswirken[1288]. Andererseits könnte es zur Anhäufung von Masseverbindlichkeiten führen, die die Masse dermaßen zusätzlich belasten, dass die Gefahr einer Einstellung des Verfahrens innerhalb der Dreimonatsfrist steigt, § 260 InsO[1289]. Die Gewährung von Ausgleichszahlungen wäre dann kontraproduktiv zu der Gewährung eines Nutzungsrechts.
Zunächst ist aber zu bedenken, dass ein Ausgleich nur dann zu gewähren ist, wenn das Sicherungsgut einen wesentlichen Wertverlust erleidet[1290].
Voraussetzung dafür ist, dass der Marktwert des Sicherungsgutes im Vergleich zu dessen Wert im Zeitpunkt des Berichtstermins erheblich gesunken ist oder sinken wird[1291]. Von entscheidender Bedeutung ist dabei, ob die Sache nach der Nutzung durch den Verwalter einen geringeren Erlös erzielt, als zuvor[1292]. Wie bereits dargestellt ist der Wertverlust eines Gegenstandes infolge der Nutzung durch den Verwalter regelmäßig weitaus geringer, als der, der durch eine Einzelverwertung eintritt. Auf dieser Grundlage hält sich der Wertverlust, den das Aussonderungsgut infolge der Nutzung erleidet in Grenzen. Der insofern zu gewährende Ausgleich kann daher kein ausschlaggebender Grund für die Einstellung des Verfahrens nach § 260 InsO sein. Im Gegenteil führt die Weiterbenutzung von Aussonderungsgut gerade zur Aufwertung der Masse und damit zu einer größeren Befriedigungschance der Gläubiger.
Für eine Gleichbehandlung von Aus- und Absonderungsgut streiten ferner verfassungsrechtliche Gesichtspunkte[1293]. Denn die Interessenlage von aus- und absonderungsberechtigten Gläubigern ist im Hinblick auf den Ausgleichsanspruch identisch[1294]. Denn bei beiden Gruppen kann die Sicherung infolge der Nutzung durch den Verwalter beeinträchtigt werden. Zwar besteht die Möglichkeit, dass die Parteien die Zahlung von Ausgleichszahlungen selbständig vereinbaren, dies wäre aber ebenso, wie die Abhängigkeit des Nutzungsrechts von einer individuellen Absprache zu langwierig und würde damit dem mit § 107 II InsO verfolgten Zweck abträglich sein.
Weiterhin ist zu erwägen, einen bestimmten Zeitraum von der Ausgleichsfrist auszusparen[1295]. Im Hinblick darauf, dass die zu erwartende Masseschmälerung infolge des für die Nutzung von Aussonderungsgut zu zahlenden Ausgleichs durch die Aufwertung des Unternehmens weitgehend ausgeglichen wird, kann eine solche Freistellung nicht generell,

---

[1287] BK-*Breutigam*, § 172 Rn. 8; *Wellensiek*, Kölner Schrift zur InsO, S. 297, 307 Rn. 39.
[1288] So *Gottwald*, Insolvenz im Umbruch, Bd. I, 197, 203.
[1289] So *Gottwald*, Insolvenz im Umbruch, Bd. I, 197, 203.
[1290] KP-*Kemper*, § 172 Rn. 5.
[1291] KP-*Kemper*, § 172 Rn. 4.
[1292] BK-Breutigam, § 172 Rn. 10.
[1293] insbesondere Art. 14 I, 3 I GG.
[1294] BK-*Breutigam*, § 172 Rn. 8.
[1295] *Gottwald*, in: Insolvenzrecht im Umbruch, Bd. I, 197, 203.

sondern nur bei einer entsprechenden Vereinbarung zwischen den jeweiligen Gläubigern und dem Verwalter angenommen werden[1296]. Dies muss auch schon deshalb gelten, weil hier keine Benachteiligung gegenüber den zur Absonderung berechtigten Gläubiger entstehen darf. Diese haben aber ab dem Zeitpunkt der Nutzung einen Ausgleichsanspruch[1297], so dass bereits der Zeitpunkt der Verfahrenseröffnung zum Stichtag wird, wenn der Verwalter hier mit der Nutzung beginnt.

Aussonderungsberechtigte Gläubiger haben daher entsprechend den Wertungen des § 172 I InsO einen Anspruch auf Ausgleich von infolge Abnutzung und Beeinträchtigung des Sicherungsgutes entstanden Wertverlusten, die mit einer Beeinträchtigung der Gläubigersicherheit einhergehen[1298].

1296 Die Bemessung der Freistellung variert zwischen 6 Monaten ab Verfahrenseröffnung, *Baur/Stürner*, Zwangsvollstreckungs-, Konkurs- und Vergleichsrecht, Bd. II, Rn. 4.48; *Gottwald*, Insolvenzrecht im Umbruch, 197, 203, und 3 Monaten, so *Serick*, ZIP 1989, 409, 418.

1297 RegBegr. zu § 197 RegE in: *Uhlenbruck*, Insolvenzrecht, S. 543.

1298 Demgegenüber scheidet eine Analogie zu § 169 InsO aus, denn nach § 169 InsO werden Nachteile ausgeglichen, die absonderungsberechtigten Gläubigern bei verzögerter Verwertung durch den Verwalter zustehen. Da der Verwalter aber nicht zur Verwertung von Aussonderungsgut berechtigt ist, ist auch eine diesbezüglich nicht rechtzeitige Vornahme i.S.v. § 159 InsO nicht möglich. In Betracht käme daher höchstens eine verzögerte Nutzung des Aussonderungsgutes durch den Verwalter. Dies dürfte aber einerseits unwahrscheinlich sein, da mit der Unternehmensfortführung eine Nutzung regelmäßig einhergeht. Andererseits wäre eine solche auch nicht zum Nachteil des aussonderungsberechtigten Sicherungsgläubiergs, sondern im Gegenteil eher zu dessen Vorteil, weil dann nicht die Gefahr bestehe, dass das Sicherungsgut einen Wertverlust erleidet. *Pape*, Kölner Schrift zur InsO, 405, 431, Rn. 52 will dem Vorbehaltslieferanten einen Entschädigungsanspruch analog § 169 InsO zubilligen, wenn der Insolvenzverwalter sein Wahlrecht verspätet ausübt. Da ein solcher Anspruch aber allenfalls nach dem Berichtstermin in Anspruch kommt, und der Lieferant zu diesem Zeitpunkt neben der Möglichkeit Schadensersatzansprüche wegen Nichterfüllung des Kaufvertrages geltend zu machen bereits zur Aussonderung des Vorbehaltsgutes berechtigt ist, ist ein zusätzlicher Schutz nach § 169 InsO nicht notwendig.

Ergebnisse und Schlussbetrachtung:

A. Zusammenfassung der wichtigsten Ergebnisse

I. Zum 1. Teil

1. Obwohl es an der ausdrücklichen Erwähnung einer dinglichen Einigung der Parteien im Wortlaut des § 107 I 1 InsO fehlt und diese Notwendigkeit auch weder durch die Verwendung des Wortes „Eigentumsvorbehalt“ noch durch das Besitzübertragungserfordernis ersetzt wird, setzt die Anwendung von § 107 I InsO voraus, dass sich die Parteien vor Verfahrenseröffnung dinglich über den bedingten Eigentumsübergang des Vorbehaltsgutes geeinigt haben. Diese Notwendigkeit ergibt sich aus dem systematischen Zusammenhang der §§ 103, 107 I, 108 I 2 InsO sowie der Entstehungsgeschichte von § 107 I InsO und der dieser Norm zugrundeliegenden gesetzgeberischen Intention. Einen weiteren Anhaltspunkt für die Notwendigkeit einer dinglichen Einigung ist Art. 7 II InsV zu entnehmen, dem nicht nur die gleiche Schutzrichtung wie § 107 I InsO zugrundeliegt, sondern der auch nahezu inhaltsgleich formuliert ist.

2. Die Erwägungen, dass die dingliche Einigung der Parteien Teil des Tatbestands und nicht der Rechtsfolge von § 107 I InsO ist, wird ferner dadurch verdeutlicht, dass die als Erfüllungsverlangen formulierte Rechtsfolgenseite durch die Plazierung der dinglichen Einigung der Parteien auf der Tatbestandsseite keineswegs inhaltsleer werden würde. Das Erfüllungsverlangen i.S.v. § 107 I InsO ist so zu verstehen, dass der Vorbehaltskäufer die Unterlassung sämtlicher Handlungen verlangen kann, die die Vollendung des Rechtserwerbs beeinträchtigen könnten. Daneben würde sich das Erfüllungsverlangen i.S.v. § 107 I InsO entsprechend dem Verständnis des Erfüllungsbegriffs und der Formulierung von § 107 I InsO auch auf die Nachlieferung und die vertraglich vereinbarte Nachbesserung bei Gattungskäufen, sowie die Beseitigung behebbarer Rechtsmängel erstrecken. Dies widerspricht jedoch der mit § 107 I InsO verfolgten gesetzgeberischen Intention, entsprechend der die Rechtsfolge von § 107 I InsO teleologisch zu reduzieren ist.

3. Weder rein formal noch von der ratio legis werden gesetzliche sowie weitere vom Verkäufer im Rahmen von § 107 I 2 InsO übernommene Nebenpflichten erfaßt. Die Aussage von § 107 I 2 InsO erschöpft sich darin, die Rechtsfolge des § 107 I 1 InsO auch für den Fall festzulegen, in dem der Verkäufer weitere Pflichten i.S.v. § 107 I 2 InsO übernommen hat.

4. Auch nach Inkrafttreten des Schuldrechtsmodernisierungsgesetzes am 1.1.2002 wird deutlich, dass die Rechtsfolgenseite von § 107 I InsO nicht zur inhaltsleeren Hülse wird, wenn die dingliche Einigung der Parteien Tatbestandsvoraussetzung ist. Zudem wird die Notwendigkeit einer teleologischen Reduktion noch erhärtet. Denn nun erstreckt sich das Erfüllungsverlangen rein formal auch bei Stückkäufen auf Mängelbeseitigung oder Lieferung einer mangelfreien Sache.
Gleiches gilt, wenn der Sache kein Sach- sondern ein Rechtsmangel anhaftet. Hinzu kommt noch, dass dadurch, dass § 434 II BGB n.F. auch Leistungen, die bisher nur Nebenleistungen waren und im Rahmen der p.V.V. abgegolten wurden zu Hautleistungspflichten erhebt, wodurch diese nun auch dem Erfüllungsbegriff des § 107 I 1 InsO unterfielen.

5. Daneben haben die Untersuchungen gezeigt, dass der Besitzübertragung i.S.v. § 107 I 1 InsO eigenständige Bedeutung in der Weise zukommt, wie Besitz im Rahmen einer aufschiebend bedingten Übereignung grundsätzlich übertragen werden kann und für den konkreten Fall übertragen werden muss.

6. Im Rahmen der Analyse hat sich ferner ergeben, dass die Insolvenzrechtsreform keine eindeutige Antwort auf die Frage nach den Auswirkungen der Verfahrenseröffnung auf den Bestand gegenseitiger noch nicht vollständig erfüllter Verträge gibt. Es zeichnet sich jedoch die Tendenz ab, dass der Erlöschenstheorie auch nach der Reform der Vorzug gebührt.

7. Von § 107 I InsO erfaßt sind neben dem einfachen und dem verlängerten Eigentumsvorbehalt mit Vorausabtretungsklausel vor Eintritt des Verlängerungsfalls sowie dem verlängerten Eigentumsvorbehalt mit Verarbeitungsklausel, wenn vor Verfahrenseröffnung noch keine Verarbeitung stattgefunden hat, sowie dem erweiterten Eigentumsvorbehalt vor Eintritt des Erweiterungsfalls auch der umgekehrte Konzernvorbehalt, der weder direkt noch analog § 455 II BGB a.F. / § 449 III BGB n.F.unwirksam ist. Daneben findet die Regelung des § 107 I InsO beim weitergeleiteten Eigentumsvorbehalt sowohl in der Insolvenz des Erst- als auch in der des Zweitverkäufers Anwendung. Beim nachgeschalteten Eigentumsvorbehalt steht in der Insolvenz des Erstverkäufers sowohl dem Erst- als auch dem Zweitkäufer das Recht aus § 107 I InsO zu. Darüberhinaus findet § 107 I InsO auch in der Insolvenz des Zweitverkäufers hinsichtlich des Verkaufvertrages Anwendung.

II. Zum 2. Teil

1. Die Schutzfunktion des § 107 II InsO greift dann ein, wenn im Zeitpunkt der Verfahrenseröffnung ein noch nicht vollständig erfüllter gegenseitiger Vorbehaltskauf vorliegt und der Vorbehaltskäufer den Besitz am Vorbehaltsgut in der Form erlangt hat, dass er unmittelbarer Besitzer desselben ist oder es seinem Abkäufer oder Lieferanten mittelt.
Damit erstreckt sich § 107 II InsO auf den einfachen, den erweiterten und verlängerten Eigentumsvorbehalt vor Eintritt des Erweiterungs-/Verlängerungsfalls, auf den Konzernvorbehalt auf Käuferseite, sowie den weitergeleiteten und nachgeschalteten Eigentumsvorbehalt in der Insolvenz des Zweitkäufers.

2. Aus der § 107 II InsO zugrundeliegenden gesetzgeberischen Intention hat sich weiterhin ergeben, dass es nicht ausreicht, wenn der Verwalter bis zur Entscheidung über die Vertragserfüllung lediglich zum bloßen Behaltendürfen von Aussonderungsgut befugt ist. Es muss ihm vielmehr ein darüberhinausgehendes Nutzungsrecht zugebilligt werden, dessen Rechtsgrundlage in § 107 II InsO liegt.
Hinsichtlich dieses Nutzungsrechts haben sich, insbesondere im Hinblick auf die Art. 14 I, 3 I GG keine verfassungsrechtlichen Bedenken ergeben.

3. Im Eröffnungsverfahren basiert das Nutzungsrecht des vorläufigen Verwalters an späterem Absonderungsgut neben der vertraglichen Vereinbarung zwischen Gläubiger und Schuldner auf § 22 I InsO.
Die Rechtsgrundlage für Aussonderungsgut stellt einerseits ebenfalls die vertragliche Vereinbarung mit dem Liefernaten dar. Andererseits wurzeln sie in der Tatsache, dass die Wertungen des § 107 II InsO durch Maßnahmen im Erfflönungsverfahren nicht mehr unterlaufen werden dürfen.

4. Die Befugnis zur Verarbeitung und zur Weiterveräußerung von Vorbehaltsgut überdauert sowohl die kritische Phase i.S.v. § 130 I InsO, als auch das Eröffnungsverfahren Mit Verfahrenseröffnung erlöschen beide Ermächtigungen jedoch.
Zwar steht die Verarbeitung von Rohstoffen auch mit der gesetzgeberischen Intention von § 107 II InsO in Einklang, da die Nutzung von zur Verarbeitung bestimmten Rohstoffen gerade in deren Verarbeitung liegt, eine Einschränkung dieser Verarbeitungsbefugnis ergibt sich aber analog § 172 II InsO. Da die Verarbeitung nach Verfahrenseröffnung mit einem Übergang des Aus- zum Absonderungsrecht einhergeht, ergibt sich unter Heranziehung der Grundsätze aus § 172 II InsO, dass die Verarbeitung nach Verfahrenseröffnung nicht mehr zulässig ist.
Und auch die Veräußerung von Vorbehaltsgut ist nach Verfahrenseröffnung nicht mehr statthaft. Grund dafür ist jedoch, dass der infolge der Weiterveräußerung untergegangene Eigentumsvorbehalt nach Verfahrenseröffnung nicht mehr durch ein Absonderungsrecht an der durch Sicherungszession entstandenen Forderung entstehen kann, da ein solcher Erwerb an § 91 I InsO scheitert.

5. Eine gernelle Nutzungsentschädigung erhält der Sicherungsgläubiger, dessen Vorbehaltsware im Rahmen von § 107 II InsO durch den Verwalter genutzt wird nicht. Darüberhinaus scheidet auch eine Nutzungsentschädigung infolge Rücktritts vom Vertrag aus. Grund dafür ist, dass der Lieferant nach Verfahrenseröffnung analog § 112 Nr. 1 InsO nicht mehr berechtigt ist nach § 455 I BGB a.F. wegen Verzugs des Käufers zurückzutreten. Die Rücktrittssperre des § 112 Nr. 1 InsO ist ab Antragstellung entsprechend anzuwenden, um zu verhindern, dass die Wirkungen von § 107 II InsO unterlaufen werden.

6. Die sich für die Sicherungsgläubiger aus der analogen Anwendung von § 112 Nr. 1 InsO ergebenden mißlichen Umstände können weder durch Lösungsklauseln für den Verzugsfall, noch durch eröffnungsanknüpfende Lösungsklauseln wirksam umgangen werden, denn diese sind weder mit Systematik und Zweck des § 112 InsO noch mit dem Wortlaut von § 119 InsO vereinbar.

7. Daneben scheiden Ansprüche auf Herausgabe von Nutzungn aus §§ 987 I, 990 I BGB aus, und auch eine Nutzungsentschädigung aus §§ 55 I Nr. 3 InsO i.V.m. §§ 812 ff BGB greift nicht.

8. Für den Fall, dass die Nutzung des Aussonderungsgutes mit einem Wertverlust des Sicherungsgutes einhergeht ist dem Sicherungsgläubiger entsprechend den Wertungen des § 172 I InsO ein Ausgleichanspruch zuzubillligen.

B. Schlussbetrachtung

Zusammenfassend läßt sich sagen, dass die Tatbestandsseite von § 107 I InsO zu eng formuliert ist. Insofern bedarf es der Ergänzung der bis dato lediglich als ungeschriebenes Tatbestandsmerkmal enthaltenen aufschiebend bedingt dinglichen Einigung der Parteien. Dies könnte beispielsweise durch die Formulierung „unter Eigentumsvorbehalt veräußern" oder durch die ausdrückliche Aufnahme des Wortes Anwartschaftsrecht in den Tatbestand von § 107 I InsO geschehen. Demgegenüber ist die Rechtsfolgenseite von Absatz eins zu weit gefaßt und muss entsprechend dem mit der Norm verfolgten Zweck dahingehend teleologisch reduziert werden, dass der Käufer vom Verkäufer nur verlangen kann, dass dieser all das unterläßt, was die Vollendung des Rechtserwerbs durch den Käufer beeinträchtigen kann.

Auch insofern liegt es nahe, um die benannten Mißverständnisse und Auslegungsschwierigkeiten zu vermeiden, die Rechtsfolge von § 107 I InsO entsprechend neu zu formulieren.

Hinsichtlich § 107 II InsO hat die Untersuchung gezeigt, dass das mit dieser Regelung verfolgte Ziel des Gesetzgeber, Fortführungs- und Sanierungschancen zu fördern allein dadurch, dass aussonderungsberechtigte Gläubiger ihr Aussonderungsgut bis nach dem Berichtstermin nicht aussondern können nicht erreicht werden kann. Notwendig ist vielmehr, dass der Verwalter auch zur Nutzung berechtigt ist. Diese muss sich insbesondere auch auf die Nutzung von unter verlängertem Eigentumsvorbehalt gelieferten Rohstoffen erstrecken, die vor Verfahrenseröffnung noch nicht verarbeitet worden sind. Denn anderenfalls ist der Nutzen von § 107 II InsO insbesondere für Unternehmen der Verarbeitendenindustrie recht begrenzt. Dieses Nutzungsrecht kann aber entsprechend den Wertungen von § 172 I 1 InsO nur dann zugebilligt werden, wenn die aussonderungsberechtigten ebenso wie absonderungsberechtigten Gläubiger einen Ausgleichsanspruch für die mit der Nutzung einhergehenden Wertverluste verlangen können. Um Sanierungschancen wirklich zu fördern bedarf es schlußendlich noch der Einführung einer § 112 Nr. 1 InsO entsprechenden Rücktrittssperre für den Verkäufers.

Die Analyse hat folglich verdeutlicht, dass der Gesetzgeber seine mit § 107 I InsO verfolgten Ziele zwar durchaus fördert, sie aber nicht eindeutig erreicht. Er ist daher angehalten, § 107 I 1 InsO entsprechend den vorgenannten Anregungen neu zu fassen, um die mit der Formulierung von § 107 I InsO auftretenden „Nebenwirkungen“ zu vermeiden.
Gleiches gilt auch für § 107 II InsO. Um der gesetzgeberischen Intention Ausdruck zu verleihen und Sanierungschancen nicht von Anfang an im Keim zu ersticken bedarf es hier der Ergänzung eines Regelungsgeflechts für die Nutzung von Aussonderungsgut, ähnlich dem für Absonderungsgut.

Kolibri 360 GmbH
Ferdinand-Jühlke-Straße 7
99095 Erfurt, Deutschland
produktsicherheit@kolibri360.de

Druck:
CPI Druckdienstleistungen GmbH
im Auftrag der
Kolibri 360 GmbH
Ferdinand-Jühlke-Str. 7
99095 Erfurt